U0798974

中国当代语言学丛书

上海声调实验录

上海教育出版社
SHANGHAI
EDUCATIONAL
PUBLISHING
HOUSE

（第二版）

An Experimental Study in Shanghai Tones

朱晓农 著

我常说，如果你能把你所讨论的事物加以测量，并用数字表达，你就对它有所了解了。如果你无法把考察对象量化，那么你对它的知识就很肤浅，实在难以令人满意。

——开尔文勋爵（中文初版和英文版题记）

从语音数据到音法范畴……
说起来是短短半句话，
认知上是高高万仞山！

——作者（再版题记）

出版者前言

“中国当代语言学”丛书是上海教育出版社的重点出版项目之一。本丛书于 1990 年春由游汝杰(复旦大学)、张洪明(美国威斯康辛大学麦迪逊校区)和唐发铙(本社)策划,并开始组稿和编辑工作。当初拟定的丛书编辑宗旨如下:

中国语言学在 20 世纪二三十年代开始摆脱传统小学的樊篱,进入现代语言学的新阶段。半个多世纪以来,中国语言学已经积累了可观的研究成果,特别是最近十多年来,许多领域在海内外又有了长足的发展。这套丛书希望总结中国当代语言学各个分支学科领域的研究成果,特别是反映最新的研究进展,以期收到承前启后、继往开来的效果,促进中国语言学的现代化。丛书作者则不限国别地域,不限门户学派,唯求高明独到,力争每一本书都能达到当代该学科的最高水平。

1992 年 6 月组稿者将丛书的编辑宗旨、计划和撰稿人名单告知当时在美国访问的朱德熙先生,请他为本丛书撰写总序。朱先生十分赞赏丛书的编辑宗旨,并且认为撰稿者也都是“一时之选”,欣然答允为序。孰料朱先生病情日益加剧,天不假年,未及提笔就不幸逝世。丛书的总序也因此暂付阙如。

从 2000 年开始,刘丹青(中国社会科学院语言研究所)、张荣(本社)也参加了丛书的编辑工作,编辑和出版的方针也有所调整。本丛书原拟五年内出齐,结果未能如愿,因为有的作者忙于其他工作,未能按计划完成书稿;有的作者虽然已经完成书稿,但是希望有时间反复修改,使之完善,而不想匆匆交稿。考虑到学术研究需要艰苦的劳动和大量的时间,限定出版时间,不利保证书稿质量。又考虑到学术研究的特点是学无止境、与时俱进、推陈出新,丛书的出版工作也应该是册数开放、不设时限、常出常新。基于上述认识,我们将不设本丛书终止出版的时限,即没有出完的一天。我们不想追求轰动效应,只要优秀书稿不断出现,我们就不断出版。

本丛书将成为一套长期延续出版的丛书。希望本丛书的编辑和出版方针,能对学术著作的出版工作走上健康发展的道路有所贡献。

上海教育出版社

2003 年 10 月

Preface

The series *Contemporary Chinese Linguistics* is one of the important projects of Shanghai Educational Publishing House. The planning of the series and the soliciting of contributions began in the spring of 1990 with the joint efforts of Rujie You (Fudan University), Hongming Zhang (University of Wisconsin at Madison) and Fanao Tang (Shanghai Educational Publishing House), who were brought together to edit the series by such following common grounds.

Not until the twenties and thirties of 20th century could Chinese linguistics break down the barriers of the traditional Chinese philology and enter its modern stage. Since then, and especially in the last ten years, rapid progress has been made in various different fields of Chinese linguistics and considerable wealth of research achievements have been accumulated. The series tries to present these achievements so as to stimulate the further research.

In June 1992 the editorial committee apprised Prof. Dexi Zhu of the target and the policy of the series with a name list of contributors and invited him to write a preface for the series. Prof. Zhu appreciated the target of the series and the contributors, and promised to write a preface. But his cancer situation turned worse and worse day by day, and did not allow him to write it. So the preface remains unfinished, it is a great pity.

Prof. Liu Danqing of Sciences and Mr. Zhang Rong, the editor of the Shanghai Educational Publishing House, joined the editorial committee from the year of 2000, and the policy of editing and publication has been adjusted since then. We planned to publish the serials within 5 years at the beginning, but the plan was not realized because some authors were too busy with some projects else, and did not finish writing according to the schedule, while others who had finished the manuscripts would like to revise them to perfect.Considering academic study needs hard work and a plenty of time, if we set deadline, the quality could not be guaranteed, and it is the feature of academic study that there is not limit to knowledge and the old should be weeded through while the new should be brought forth, we will not restrict the number of series volumes and their dates of publication. We would not like to pursuit sensational effort, and what we want to do is to publish qualified manuscripts whenever we have.

This series will be published successively in China. We hope our policy and publication would make contribution to the publication of academic works healthily in China.

目　　录

图表目录

再版自序

一转眼本书出版已有15年，而距离最初的英文版则有25年了。

我也老了。

我的意思不是说老了爱唠叨，所以再版就得唠叨个序。我是有话要说。

最早的英文版是我1995年初在澳大利亚国立大学完成的博士论文。十年后稍事修葺出了中文版，这次通知我要再版，让我修订。我的第一反应是没什么要改的，可看着看着，发现不用修改的是语音学基本技术层面上的七章（第三章到第八章，第十章），还有全书开头第一句关于研究宗旨也没法改：

> 声调相对于声母韵母而言，好像比较简单。其实不然，我们对声调的研究是最不充分的。不管是起源、演变，还是共时的分布、变异、习得还是单字调和连字调的关系，声调和其他语言单位的关系，等等，我们都对之了解最少最浅。究其原因，首先在于描写手段的欠缺。

再版很有把握地说，现在我们对于声调的了解，在下列几方面都有了实质性提高，而最后三点已经远远超过了对元音辅音的认识水平：

1）关于语音学的基本理论，一般语音学还缺乏普遍性理论。

2）关于声调的属性，它是音节的直属成分，这解决了过去几十年不知所云的"Tone Baring Unit"（TBU）问题。

3）发现并音法化发声态系统，发声态在音节中构成声域。

4）在此基础上建立了声调构造模型。过去只知道声调是区别词义的音高，但实际上有声域、长度和音高三个成分。

5）构建了通用调型库，这是声调类型学成熟的标志。相比之下，元音辅音都还没有一个具备充要性条件的类型系统。

6）在类型学基础上，建立了声调起因理论。

7）在类型学基础上，发现了声调演化律。

由于当年声调研究落后是本项研究的驱动力之一，所以这宗旨没法改，只能在此交代几句。

关于第二版，有几点可以总结的。

第一，技术层面的操作当年做得系统而彻底，至今看来还是没什么大毛病，最多可以说音强的测量和两字调的测量与表达，都还没有深究它们的理论意义，即它们的音法学功能。

第二，本项研究为我以后的音法学大厦打下了第一根桩基，下述意义是后来逐渐显示的：

1）首先是发现了发声态的音法意义。以往的研究都是从生理、物理学角度来探讨发声态的。发声态的语言学意义是很早以前就为大语言学家如霍克特(Charles Hockett)等人注意到的，但一直无法在语言学内范畴化。本书是第一次把它音法化，即把它作为音系学特征进行了系统处理。具体来说，就是把语音学中的发声态和音系学中的声域关联起来，用发声态来定义声域。

2）由此发展出一个分域的声调模型，当时是阴阳两域，即为后来上、常、下三域中的常域和下域。

3）这个两域声调模型也是五度，但分布在相差一度的两个声域中，每个声域四度，加起来是五度。这是后来的三域六度的原型。

第三，第二版的主要修订是第二章和第九章中的音法认知范畴。第二章音法分析所改甚多，至于类型学和发声态系统，那时候还没这概念，所以第九章中加了两节。

第四，语音学技术方面还是有可增补者，主要是气声的测量。根据通行的语音学理论，语音四要素(音色、音高、音长、音强)中没有发声态的地位，所以最初的英文版没有这内容。再版要增补有点不现实，因为这是另一项大规模的实验。上海话在最近二三十年中由于受普通话影响变化很大，最显著者之一就是气声的弱化甚至消失，所以，这倒是一项很急迫的田野语音学课题。

还有几个术语修改要说明一下：1)“音韵”在大部分场合改为“音法”，如“音法单位”“音法派生”“共时音法学”等，少部分场合还保留，如“传统音韵学”“音韵组合”等。2)“音法学”是一个把历时音韵学、共时音系学、语言语音学、音法类型学、演化音法学等都网罗在内的总括性名词。共时音系学有各种流派,如音位学、生成音系学、自主音段音系学、优选论音系学,还有我主张的音节音系学,本节采用的是音节音系学,简称音节学。3)“韵基”改为“韵体”(=韵母-韵头)。这个成分以前没有专门名词。叫“韵基”也许是考虑到它是押韵之“基”,但其实像 eng 和 ong 韵基不同,照样押韵,i 和 y, in～ing,甚至 an～am 都可押韵,所以它不是“基”。再说,韵基既指韵腹如 a,也指韵腹和韵尾的组合如 an,后者是个组合体,不是基本体,更不能叫“基”了。叫“韵体”好多了,它继承了拟人式叫法,韵头接韵体,韵体再分上半截的韵腹和下半截的韵尾,般配得很。4)“韵核”改回“韵腹”。5)“通音”在需要的场合改为“近音”。6)“介音”在需要的场合改为“韵头”(介音用于三分音节,韵头用于两分音节)。7)“阴域/阳域”改为“常域/下域”。

本书初版和英文版的扉页上都以大物理学家开尔文勋爵下列名言作为主题引语:

> 我常说,如果你能把你所讨论的事物加以测量,并用数字表达,你就对它有所了解了。如果你无法把考察对象量化,那么你对它的知识就很肤浅,实在难以令人满意。

没承想赖福吉(2005)的最后一本著作《语音数据分析》(朱晓农等译,2018)扉页也引了同一段话,可见当年语音学家对理论音系学脱离经验材料的形式倾向所感略同,对语言语音学即音法学的科学化渴望至极。三十年河东三十年河西,如今语音数据铺天盖地,所以再版扉页上引了相反意思的话,要把学术方向拉回到音法学理论中来:

> 从语音数据到音法范畴……
> 说起来是短短半句话,
> 认知上是高高万仞山!

斯人已逝!看不到他下一种著作了,否则也会引一句相似的题记吧。

2019 阳春日

序于　不知处

初版费国华序

我非常高兴有机会写几句介绍本书及其作者。《上海声调实验录》是朱晓农博士在 1995 年澳大利亚国立大学通过的博士论文 *Shanghai Tonetics* 的修订中文本。本书详细描写了上海话单字调和两字调的声学性质,这样的研究还是第一次。所用方法系统而彻底,值得赞赏。他不但描写了五个单字调的基频,还描写了时长和音强的性质。最为重要的是,依我看,他的描写是基于许多人的发音材料。此项研究能出中文版是件好事:它可以使晓农的发现和方法为更多对声调语音学感兴趣的学者所了解。从他完成此项研究至今,晓农在几家大学工作过,其中包括在堪培拉的澳大利亚国立大学获取了一项声誉极高的“澳大利亚研究院基金”(Australian Research Council Fellowship),资助他继续进行吴语声调的声学研究。

很久以前,你们——本书读者——中的大部分人还未出世,有一位世界级的大语言学家、大学者对吴语方言的声调进行了描写研究。赵元任在他那开创性的著作《现代吴语的研究》(1928)中描写了 33 点吴语方言的声调。那时没有录音机,更没计算机。但这难不倒赵元任,因为他不但是个大语言学家,还是个天才音乐家。他使用一种渐变音高管来模仿发音人的声调旋律,然后用乐谱记录下来。他的乐符记得如此精细,他人甚至可以据此推算出声学基频值,跟真的声学测量也差不到哪儿。就在赵元任实地调查吴语之前两三年,另一位中国学者刘复,正在为首次对汉语声调作声学描写而埋头苦干——描写的对象也是一个吴语方言(江阴)。

因此,晓农的书在研究对象(吴语方言),研究取向(描写性的),研究方法(声学分析)几方面,甚至连中文书名,都是一项由很多令人尊敬的中国语言学家倡导的长期研究传统的一部分。当然,了解并承继以往的学问是任何学术研究的一个重要组成部分,因为我们的研究问题都由此而来。但是，对于一项有特殊重要意义的研究来说，它必须在某些方面与众不同，所以下面我花点时间来指出本书特殊之处的最重要的方面。

在言语分析和描写中使用声学材料是必不可少的：它使得我们能量化描写对象并加以比较，而这是听感描写的方法无法做到的。不过，声学是把双刃剑：好的方面是能进行量化，但所要付出的代价是多了很多额外的复杂变体。因为有了声学，没有什么东西会是一样的，想要寻找声调简单而不变的声学相关性是找不到的。对于某个特定声调类的某个读例，我们可以轻而易举地测量它的声学值，例如上海话“边”pì 或“爸”pà 字的发声起始处的基频。但那单一的基频值不但反映了调值（那是我们想要的），还反映了一些非声调的效应（那是我们不要的）。例如，即使声调相同，但如果元音不同，基频值也会不同——到底有多不同，读者可以从本书中读到。更重要的是，不同发音人的声学值各不相同：例如，一位上海女性发音人在发同一个声调时，与一位男性发音人的声学值会大相径庭。事实上，很多人声调的声学性质都不一样，而本书就详细描写了这些具体差别。

因此，如果我们想描写一个方言，譬如上海话声调的声学特性，我们不能仅用一两个发音人、只选用一个元音，就认为他们的测量值可作为代表。要进行语言学语音学（linguistic-phonetics）的声调描写工作，就必须使用许多个发音人，多个不同的承载声调的元音。一位世界级的语音学家和田野工作者赖福吉教授（Peter Ladefoged）反复强调，你必须使用许多个发音人才能从某个方言或语言的说话人的个人特性中找到该语言的规律。本书作者对上海话声调的描写工作就用了不少于十一位发音人——六男五女——来描写分析单字调，在中文著作中这是第一次对单字调进行这样彻底的描写，同时也是首次在汉语中进行多个发音人的连字调的分析。这项研究还对声调在不同元音上的实现进行了观察，所用例字都精心挑选，从而使我们能更好地控制材料。

想取得能代表某方言的声学数据（这也是“语言调音学”linguistic-tonetics 的目标之一），单单取平均值是不够的：我们必须使用一种归一化的算法，这才能从语言学信息中分离出个人成分，把偏离归一化平均值的变异加以量化，这才使跨方言/语言的声调比较成为可能。晓农的这项工作是中文著作中首次充分而又恰如其分地使用了这样一种归一化的算法。

评价一项学术研究，当然不必考虑它的工作条件，但它常常能告诉我们研究者的气质。例如，赵元任那时军阀割据，国共内战，世道混乱，他在进行吴语调查时的困难可想而知。

近年来，由于使用计算机，提取声学数据变得轻而易举。但十多年前晓农在进行本项研究的声学测量时，他可没有用计算机来快速提取基频那份奢侈。他解释道，由于当时用数码方法来处理上海话材料有很多不足，而为了科学上的一致性，他用的是老式但更可靠的模拟式语图仪。这架机器尽管还没达到刘复那时用的浪纹仪那么个老爷程度，但仍需要巨大的耐心和献身精神：晓农先后做了数千张语图，然后手工测量各种声学值，长期的超量工作甚至损伤到了他的健康。当你在本书中读到为上海调音学画出代表性图像的浩瀚的测量结果时，读者诸君须记得作者当时的工作条件。

本书为从语言学语音学角度来描写声调设立了新标准。我希望它能帮助促进更多的以声学为基础、使用多个发音人的汉语方言的声调研究——在这引人入胜的领域中我们还有那么多东西要学！

费国华博士(Dr.Philip J.Rose)
语音学和中国语言学教授(Reader)
2004 年 2 月于
澳大利亚国立大学，堪培拉

第一章　导　　言

1.1　研究目标和范围

声调相对于声母韵母而言，好像比较简单。其实不然，我们对声调的研究是最不充分的。不管是起源、演变，还是共时的分布、变异、习得，还是单字调和连字调的关系，声调和其他语言单位的关系，等等，我们都对之了解最少最浅。究其原因，首先在于描写手段的欠缺。本项研究以上海方言声调为对象，探讨更为有效的描写声调的方法。我们录音测量以获取详尽的单字调（第四至第八章）和双字调（第十章）的声学数据，尝试了一种语音学上的连续描写方法。与以往声调研究有所不同的是，本项研究使用了多个发音人的录音材料，这就需要合适的标准化程序。为此我们把已有的和新设计的一种归一化的方法加以比较，然后制订一个最佳的 Log Z-score 方案（第三章）。本项研究表明，使用多个发音人不但对语音学研究来说是必要的，而且对音节学而言也是必需的。

其次，一个更重要的原因是缺乏范畴认识的分类框架。描写的充分性是为了达到解释的充分性。即使描写技术得到改进，我们所获得的声学数据本身并不说明什么问题，就像告诉你 17 岁 11 个月 23 小时 59 分 59 秒，本身并无意义，意义在于你知道再过一秒钟就从“少年”成长为“青年”。这“17 岁 11 个月……”等等就是用技术描写手段获得的连续性的生理数据，而“少年”“青年”则是基于社会性分类的认知范畴。所以，在我们改进技术手段获得声调的连续性的声学数据之后，更重要的还要有离散型的音法学认知范畴。这些认识是在初版之后获得的，于是再版第二章有了一个逻辑定义声调的音节模型，即反映声调本质属性的“音节—声调—声域—发声态”（STRP）模型（§2.3）；第九章给出一个反映听感为主声学为辅的分域四度制（§9.7）和一个声调类型框架——通用调型库（§9.6），上海话声调的声学数据便可在分域四度制中定型，并到调型库中去定位，从而获得自己的声调身份——调型(tonotype)。由此可以与其他语言/方言中的声调相比较，进而可以据此推断声调的演化之路。

跨出上述语音描写第一步花了我五年之久，而从语音描写到音法认知这第二步，足足走了 30 年，差不多贯穿整个职业生涯。不过这不冤，赖福吉从提出“语言语音学”(linguistic phonetics, Ladefoged 1971)到生前最后一篇挂在他网上的文稿“How to relate phonetics to phonology”(2005)，一辈子都在跨越这第二步的天堑。我把这一步总结为如下一句话：

从语音数据到音法范畴……

说起来是短短半句话，

认知上是高高万仞山！

本书包括十一章。第一章介绍上海话及其研究的背景情况，以及上海方言的内部变体，并回顾以往的研究。

第二章提出一个音节模型，对上海话的音节结构作一扼要分析。根据新获取的声学材料和音节学考虑，探讨一些引起广泛兴趣的语音学和音节学问题。还以上海音系为材料讨论了音位的作用和地位。

第三章交代实验程序，讨论各种对基频、相对音强和音长的归一化方法，在此基础上发展出一个最佳的 Log Z-score 方案。

第四至第八章给出上海话五个单字调的基频、音长、音强等声学数据，并加以讨论。

第九章总结基频、音长、音强和元音高度的相互关系。提出用一元二次多项式刻画声调的连续性的表达方法。然后提出一个以听感为主、辅以声学数据的音法学的分域四度标调法。还给出一个声调分类系统——通用调型库，上海话声调，实际上是所有声调语的声调都可在其中找到自己的地位。

第十章处理双字调的基频和音长的声学数据。

第十一章总结本项研究中有理论意义的发现，并对语音学和音系学的关系问题提出一些看法。

1.2 关于上海方言

1.2.1 方言系属

上海位于我国东海岸线的中心，江浙之间。在 20 世纪 80 年代以前，上海市管辖 10 区 10 县，20 世纪 80 年代后期起改县为区行政区划大调整。本书讲的上海话指的是早先十个区中西南 4 区（徐汇、卢湾、静安、长安）的市区话。

上海话属于北部吴方言，与太湖片各方言接近，可无障碍通话，但他变化最快，单字调只剩五个（邻近方言都有七到八个），连字调是最彻底的左控式，及有句法含义的右控式，因而有资格独立为一小方言片。吴方言分布在上海、浙江、江苏南部，以及邻近安徽、江西的一些地方（傅国通等 1986）。赵元任（1928）提出以塞音三分作为吴方言的区别标准。吴方言的另一个特征是曾引起空前兴趣并有极大理论意义的左控式和右控式连字调。

1.2.2 内部变体

上海是全国人口最多的城市，但大部分上海人或他们的父祖辈是外地移民。自开埠 170 多年以来，上海人口增长了二三十倍：从 1852 年的 50 万（许/汤 1988），到 1990 年代初约 1 300 万，其中 700 多万住在市区（《上海经济年鉴 1992》）。根据胡明扬（1978）的估计，在 1930 年代，上海居民中近一半来自其他吴语区，加上约占四分之一原有居民，共四分之三的上海人说吴语。其余四分之一来自官话、粤语等地区。在 20 世纪上半叶，苏州话和宁波话对上海话影响很大（胡明扬 1978）。20 世纪后半叶普通话对上海话的影响极大。许多老的说法、老的发音、甚至整个音类迅速消失。例如，只有少数老人还保留尖团音。不少年轻人甚至无法用上海话读字表。我有两个发音人在录音时就时时露出普通话痕迹。

现时的上海话有多个共时变体，大体上按年龄划分。这些变体在语音和人口上都是连续变化的。为便于分析，在这连续统上可以划分出几个变体。【1A】给出了老中新三大变体，七个次变体，以及资料来源。老中新三派在语音方面的区别在于：老派有 51～52 个韵母，中派 43～46 个，新派只有 32 个。声母差别不大，如果响音按前喉塞和气声两套计算，老派和中派都是 33 个，新派 32 个，少一个[ʑ]。声调方面，老派也复杂点。老派 I 和 II 有 6 个单字调。中派、新派都是 5 个。老派 III 也是 5 个单字调，但它的连字调比中、新派复杂。各派具体调值见表 1.01。

[1A]

变　　体	资料来源
老派-Ia	赵元任 1928 中的老派
-Ib	赵元任 1928 中的新派
老派-II	许宝华/汤珍珠 1988 中的老派
老派-III	沈同 1981 所记
中派-I	本项研究的五位发音人
中派-II	本项研究的六位发音人;许/汤 1988 的中派
新派	许/汤 1988 的新派

表 1.01　上海话老派和中新派的调值

	阴平 1a	阳平 1b	阴上 2a	阳上 2b	阴去 3a	阳去 3b	阴入 4a	阳入 4b
老派 I	$\underline{41}$	(＝3b)	$\underline{3}^{b}\underline{2}^{b2}$	(＝3b)	$^{2}\underline{2}^{b}\underline{3}$	$1\underline{3}^{b}$	$\underline{4}^{\#}$	$\underline{23}$
	[51				34	13	$\underline{55}$	$\underline{24}$]
老派 II	53	(＝3b)	44	(＝3b)	34	23	$\underline{55}$	$\underline{12}$
老派 III	52	(＝3b)	(＝3a)	(＝3b)	33/24	113/13	$\underline{55}/\underline{44}$	$\underline{23}$
中新派	53/52	(＝3b)	(＝3a)	(＝3b)	334/434	113/223	$\underline{55}/\underline{54}$	$\underline{12}/\underline{23}$

上面的调值除了老派 I,都是用赵元任(1930)的五度制,底下加线表示短调。老派 I(赵元任 1928)用的是简谱。赵元任当时用音高渐变管定调,用乐谱描写 33 个吴语方言的声调。对大部分方言他给出一个定音符,比如 1＝G,但他没给出上海话的定音符。Rose(1993:215)假定上海话也是 1＝G,并把五个声调(他把阴上看成阴去的变体)的乐谱转换成赫兹。根据 Rose(1993:216)图 5 中归一化了的基频值,我把这五个声调用五度制转写成[51, 34, 13, $\underline{55}$, $\underline{24}$]。老派 I 和 II 都有六个声调,尽管原来用的标尺不同,但曲线大致相当,只有两个差别:(1)老派 I 的阴上比老派 II 稍低,稍凹;(2)老派 I 的阴平终点比老派 II 的稍低。中、新派调值引自许/汤(1988)。老派 III 和中新派都是五个调类,调值也相同,但连调不同。例如老派 III“到处”$\underline{\text{totsï}}$(T2＋T2)是[55＋31](沈同 1981:134),但中新派是[33＋44]。此外,双音节连调老派 III 有 15 种,中新派只有 10 种。老派 III 中相同的单字调因不同的历史来源可能变电调有别(沈同 1981:140)。老派 II 和 III 现在只有很少数老年人使用。根据钱乃荣(1985),老派 I 的音系很接近 19 世纪以来外国学者的三项记载(Edkins 1868; Karlgren 1915—1926; Bourgeois 1941),也接近于现在上海郊县松江的老派发音,而

松江话在 1950 年前是当地的标准。钱乃荣的新作《上海语言发展史》(2003)记述了上海开端口 150 年来的语言变化情况,并有详尽的共时变体描述。最近二十年来,由于教育政策的影响,绝大部分中小学生都不会说上海话了(不但上海,很多大城市都如此),很多人都是在工作后重新学说上海话。“新(一代)上海人完全不知上海话该怎么说”(陶寰 2019)。这两年又在呼吁保护方言,这就显得本项研究更有必要了。

本项研究单字调的声学材料取自 11 位中派发音人,其中 5 位属中派 I,6 位中派 II。连字调的材料取自中派 I 的四位发音人。因此老派声调下文不再讨论。中派和新派的单字调和连字调都相同,声母只差一个,区别主要在于韵母。

1.3 回顾上海话语音研究

对上海话最早的研究可追溯到 19 世纪中叶传教士(如 Edkins 1868, 1869)。Sherard(1980)列出一份详细的文献清单,包括日本学者的工作。

Forrest(1965:7)指出:“对汉语及其性质、历史、系属等开始进行的彻底的科学调查很难说早于 20 世纪。”现代汉语方言研究始于赵元任的先驱性工作《现代吴语的研究》(1928)。赵氏在该书中对上海话给出一个相当详细的语音描写,并把他与其他吴语和中古汉语作了比较。

从 1950 年代中期起,为推广普通话,在全国各地进行了大规模的方言普查。上海话和 27 处苏南方言的语音调查材料后来发表在《江苏省和上海市方言概况》(1960,以下简称《苏沪》)。许宝华和汤珍珠(1962)据此比较了上海话的内部差异。对上海话声调的研究始于 20 世纪 80 年代(许宝华、汤珍珠、钱乃荣 1981—1983;沈同 1981—1982)。《上海市区方言志》(1988)是许宝华、汤珍珠和游汝杰、钱乃荣、石汝杰、沈亚明等对上海话描写的综合成果。钱乃荣(2003)根据西方传教士的记录材料和他本人的调查材料描述 150 年来的上海话变化情况。

在西方学者中,Sherard(1972, 1980)第一个对上海话作了详尽的语音分析,提出音节是基本单位。Sherard 根据 Firth 的方法,在音节层提出超音段特征如音高、气声。其他有关上海话的语音著作包括 Walton(1983), Austerlitz(1988), Svantesson(1989)等。

自 1970 年代中期起,声调成为音系学的主要关注对象。上海话引人入胜的声调变化吸引了很多自主音段音系学的研究(如 Zee & Maddieson 1980; Yip 1980, 1993;沈同 1985; Jin 1985; Shih 1986; Lu 1987;徐云扬 1988; Hung 1989; Duanmu 1990 等)。

对上海话的实验研究不算多,研究辅音的有 Shen, Wooters & Wang(1987), Ren(1988, 1992), Cao & Maddieson(1992),研究元音的如 Ren & Chan(1988), Schiefer & King(1988), Zhu(1990),还有研究声调对初浊(VOT)的影响(King & Schiefer 1988)。Sokolov (1965)简要报道了他对上海话声调的实验。Zee & Maddieson(1980)的调系学研究根据的是一位发音人的基频材料。Rose(1990, 1993)使用七位发音人的基频和音长材料与镇海话作比较。Zee & Maddieson (1980)只用了一位发音人,而 Rose 的研究只涉及单字调。他们都没涉及声调的第三个声学变量"音强"和第四个变量"发声态"(包括气声和张声)。

1.4 回顾声调研究

1.4.1 标准定义的缺陷

从一个世纪前声调研究开始,就有了一个基本共识,声调由音高(再加时间)构成(Bardley 1909; Jones 1912, 1918;刘复 1924/26),按赵元任(1922)的说法就是,音高作为时间的函数。这个看法一直保留至今,例如 Yip(2002:1)认为,所谓声调就是能改变词义的音高。我本人直到写《语音学》(2010)一书,尽管已经初步构建了一个发声系统,但仍没跳出这声调认识的窠臼:

> 声调是音高在<u>语言</u>中<u>系统</u>地用以区别<u>词汇意义</u>、具有<u>音位意义</u>、落实在音节上并<u>多于两个</u>的类别。(p.272)

比起标准定义只有"区别词义"这么一个定语,我的定义看上去严密多了,有足足六个定语,但其实只是五十步与一百步的差别,仍然只是个"描写定义"(关于三种定义,可参看朱晓农 2018),而没有给出科学所需要的逻辑定义。

那么，声调的标准定义错在哪儿呢？

这有五方面的缺陷：第一、这是声调的外部定义，而不是语言学内部的定义，即不知声调的属。第二、不知用什么区别特征区别它的对立面，即不知种差。第三、既不知属，又不知种差，那么就无法进行逻辑定义，也就是不知道声调的本质属性。第四、声调的构成成分除了音高、时长外，还有实现为发声态的声域，即不知道声调的成分。第五、如果成分都不明了，就遑论基本单位了。第六、那就更不明白声调的结构了。

先来看第一个缺陷，把声调看成是音高的下位概念。这可以区别于任何非声调的音高，如唱歌、咳嗽，就好像把张三定义为“会说话的动物”。这是个外部定义，用以区别人类以外的狗熊、兔子，而不是区别同为人类的李四、王五。所以，声调的语言学定义，它的上位概念不应该是音高，而应该是某个语言学范畴。

因为第一点属错了，所以第二点种差也必然错了。

所谓本质属性，就是给出逻辑定义。所谓逻辑定义，就是给出属加种差。既然前两点都错了，第三点对声调本质的认识必然也错了。

第四个缺陷是对声调构成的认识错了：声调不单单是音高，还有发声态和时长。这一点研究东/南亚声调语的西方学者已经认识到 cf. § 1.5。

因为成分都没搞清楚，所以第五点声调的内部层次结构就无从说起了。

缺陷这么大，这么明显，所以直到十多年前，我（朱晓农 2005a）还在说：“对于声调这栋大厦，我们才刚一条腿迈进门槛”，尽管此前剑桥大学出版社出了两本形式派声调研究的经典大作——Yip(2002)的 *Tone*，陈渊泉(2002)的 *Tone Sandhi*——像是声调研究的胜利宣言，从此可以告一段落。

从我说那话之后又过了六年，其间音节理论建立了（朱晓农 2008b），等到调型库雏形提出后，我才挺起了点胸膛：“我们两脚跨进了声调大厦，我们要登堂入室了”（朱晓农/衣莉 2011）。

1.4.2 上海声调的特征表达

后文要讨论的分域四度制和通用调型库，和赵元任的五度制一样，都是听感范畴的，也是类型学范畴，而不是单单属于个别语言音位性的。如果单从个别语言具体情况具体分析，那么就可以表达为音位性或区别特征性的，只要本语言内部有区别就可以了。这就是 20 世纪八九十年代国外流行的分析法，也是本书以前版本的处理。不过，国外流行的特征表达法基于标准定义，所以只用“H/M/L”，或者再加个“提高”符号如“↑M/↑L”，这差不多就是五度制的字母加附加符号的繁复表达。当然也有更精致点的，先把音高分为上下两个域，每个域里再分“H/L”，这相当于四度制。要是问碰到五个平调怎么办呢？那基本上就是回避了事。现在六平调都在鱼粮苗语中发现了(朱晓农等 2016)，估计也没人来回答了。

本书以前的版本还在音高之外考虑了发声态和长度，所以用了三对特征：区别舒入长短的[截度(或长度)]，区别阴阳调发声态的[声域]，区别音高升降的[拱度]，由此区别五个声调，见图 1.01。这样处理，当然有点委屈或者扭曲 T4，把他看成是/lh/升调。理由总是找得到的，如初版中说：“T4 在声学和听感两方面都有三个或更多的表层实现值：[34/45]，[44/55]或[54]。考虑到 T4 零声母字的升调基频(§7.2.5)，以及后文(图 10.22d)要讨论的连调模式，T4 在音系学上可以看成是 T2 的短型。”

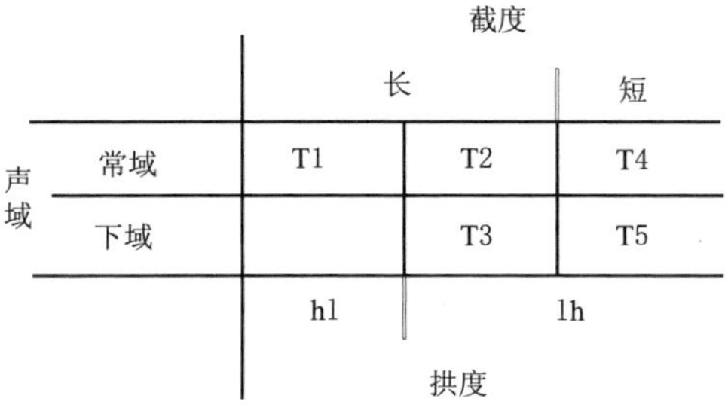

图 1.01　用 3 个参数刻画上海话 5 个声调

不过，在以往的理论音系学中，这些委屈还真谈不上扭曲，因为对于 T4，还有 T3 和 T5 来说，拱度(h/l 这两个调素)是冗余的，拱度只需区别 T1 和 T2，因为这两个声调同时是[＋长，＋常域]，后三个声调用长度和声域就足以区别了。所以，音位性或区别特征性最终导向具体情况具体分析的特设性假设。曲拱只用来区分 T1 和 T2。可见音高对于上海话来说，音位负担很轻，而且只需要高低两度。从这个意义上来说，上海话已经不像一般的声调语言，而像日语那样的轻重调(accentral tone)语言。

1.5 回顾发声态研究

如上所说，上海话声调还涉及发声态。尽管对发声态的生理、物理研究开始得很早(Catfoed 1963)，到 20 世纪八九十年代已经有很系统的描述(Catford 1977; Laver 1980, 1994)，但他们的语言学功能却一直未能得到充分认识。Ladefoged & Maddieson(1996)从语言语音学角度，根据声门开闭程度分出五个发声态：气声、弛声、常态、嘎裂声、喉闭态；又从声门开闭时间分出不送态和清送态。可惜他们错把发声态归结到塞音名下。其实要说塞音，也得说声母塞音，因为韵尾塞音没那些非常态发声。其实不但塞音，响音也同样有那些发声态，不但响音，元音也有，这可以从零声母音节上看到。所以，发声态首先是属于音节的。

西方学者注意到发声态很早，例如结构派大人物霍克特在他那本经典教材 *A Course in Linguistics*(Hockett 1958:60—61)中指出：

> Further research may show that we are wrong to exclude voice-quality modulation from language. Pending this, as a matter of convenience, we must exclude it from further discussion in this book.进一步的研究将会表明我们把声质调节[即发声态]排除出语言是错误的。但在能解决之前，本书中为便宜行事需把它排除在外。

不过，由于欧洲、阿尔泰等非湿热大陆的语言是调音为主型，发声简单，历来便宜行事，处理为音段的附加特征，所以对这方面的语言学研究一直滞后。

与此相反的是，东/南亚和中/西非语言等低纬度湿热大陆的语言是发声活跃型。因此，一个完备的语音学理论应该发声和调音同时并重。这个完备的语音学理论的突破口在于声调和发声态。这就是我们音节-声调-发声态理论的两个核心观点：声调作为音高、音长和发声态的综合体（观点 I），可以定义为音节的非线性直接成分（观点 II），与音列对立——这样的认识也顺带解决了音系学半个世纪来困扰至今的声调承载单位（TBU：tone bearing unit）问题。

这两个观点——“I.声调是个综合体”和“II.声调是音节的直属成分”，分开看都不是新的，都是咱们音韵学延续千年的前瞻观点。全新的是把他们组合为一个自洽理论，并有大量新事实和系列相关理论（音节理论、发声系统、通用调型库、分域四度制）支撑。观点 I 在西方几十年前也注意到了，Henderson（1967：171）说：

> A phonological tone is in [Southeast Asia] very frequently a complex of other features besides pitch—such as intensity, duration, voice quality, final glottal stop and so on.东南亚的音系学中的声调经常是一个集音高、音强、音长、声质[按即发声态]、喉塞尾[按亦为发声态，即张声]等因素的综合体。

Thurgood（2002）对“声调即音高”这种标准定义批评得非常严厉：

> Such configurations are found in tone systems throughout the world, not just Southeast Asia, making the standard definition of tone as the lexical phonemicization of pitch distinctions at best a misleading simplification, at worst a serious impediment to understanding.声调的这种综合体结构其实不仅在东南亚，而是在全世界声调系统中都可看到。这就使得声调是音高区别在词汇上音位化这种标准理论，最多是个误导性简化，而最坏呢就严重阻碍到理解。

只是在过去半个多世纪中的发声态研究还浮在物理和生理学圈子里，以为发声态是单个音段的附加特征，而无法从音节层面上观察它的非线性、跨音段的属性，没能在语言学中把它音法化、概念化、范畴化、形式化。Henderson（1978）说：

> There is obviously great attraction in the theory of a single feature that could plausibly account for such a diversity of associated phenomena, but in my view it is too early

to think in terms of "phonological features".音系学理论显然有极大的兴趣想用一个单一的特征来说明这些个纷乱而相关联的现象,但依我看,现在就考虑'音法特征'为时尚早。

这个很多年来困惑语言学界的涉及语音学和音法学基本框架的系统性难题,在尝试了二十多年后总算拼出了个完整图案。最早的雏形就是出现于本书英文稿(1995)中为处理上海话的阴阳调(即清声和气声的对立)所提出的以发声态定义的分域概念。到"论分域四度标调制"一文(朱晓农 2006),尝试提出了一个发声态系统,那时还有"全紧声"这么个概念(后来分解为假声和张声)。这以后开展了大规模的田野调查,事情突然变得容易了——"一力降十会",那是我当时的感觉:超分量的可靠新材料往那儿一压,什么理论都玩不转了。不过别误会了,以为这就材料称大王了。不是的,一力降了十会后就得有套更会的理论去驾驭材料。这就是学术认识的两个过程。先是在泰山压顶的材料碾压下,什么华山论剑都是花拳绣腿。然后是从语音材料到音法概念,在认知上要翻越一座比泰山更高的山。

1.6 回顾音节研究

1.6.1 音节的重要性

求出一套音位是开始音法分析的标准步骤。但是在汉语音法学,尤其吴语音法学中,音位这一概念似乎不如"音节"那么管用。例如在上海话中,在音节这一层面有很多语音特征共同出现,如声域(实现为发声态)、曲拱、长度、起音和收音处的喉部紧张(属于发声态的'张声')、辅音在音节首尾分布的极端不对称等。因此,无论怎么提出一套音位,都会显得任意性太强,因为一般认为音位是首要的,导因性的特征,而其他特征则是次要的、结果性的现象。此外,汉语中元辅音出现在音节的不同位置。即使同一个辅音(鼻音或塞音),如果处于音节的不同位置,其语音和音法性质差异很大(Dong 1961)。因此在汉语音系学中首先应该研究音节的结构,以及各种音在音节中的位置,而不是辨认音位。

当 Sherard(1972, 1980)首次从现代语言学角度来系统地考察上海话音系时所能做的就是从实用角度肯定音节存在的权利。他觉得对一个描写性研究来说提出一个音节的普遍模型负担太重。

在生成音系学中,是 Kahn(1976)首先在英语音系学中引进了以音节分析为基础的方法,在经典的 SPE 模型中音节是没有地位的(Chomsky & Halle 1968)。与此同时,另一种分层模型在自主音系学中出现了(Goldsmith 1976)。各式各样的层次模型构成了非线性生成音系学,如音系几何(Clements 1985),三维音系学(Halle & Vergnaud 1980)等。音节为基础的分析法又发展为 CV 音系学(Clements & Keyser 1983),韵律音系学(Liberman & Prince 1977; Kiparsky 1979),并扩展到大于音节的韵律单位:音步、韵律词、音韵组、语调组、语句(Selkirk 1980)。这种分层模型把音系学带到一个未曾料想到的新领域,结果如何表达成了音系学的主要任务(Anderson 1985)。从 20 世纪 90 年代起,音节的重要性越出了汉藏语研究,他在理论音系学中找到了地位。当然,这些生成音系学中的新发现在中国音韵学中已经用了上千年。在西方的非生成文献中也时有所见,如 Firth(1957), Pike(1947), Sampson(1970), Sherard(1972, 1980), Rose(1981), Walton(1983), Ballard(1983)等。

1.6.2 音节结构的常规分析

音节有内部结构,但对于它的构成成分和结构方式有不同意见。传统的音韵学把一个字音即音节先分出声调,然后在音段里再分韵母和声母。韵母直接分为三个成分:韵头、韵腹、韵尾。由于这种分析法有两个特点:一是声调叫做“神”,二是韵母直接三分,所以可称为“神韵法”。

到 20 世纪六七十年代,受到形式派(从结构派到生成派)的影响,发展出“两分法”binary branching(如 R.Cheng 1966, C.Cheng 1973)。图 1.02 就是按照两分法分析的北京话音节的层级结构。一个整音节(S)先分为可省的声调(T)(也有人如 R.Cheng 认为是必要的)和必要的音段(σ)两部分,音段分为可省的声母(I)和必要的韵母(F)两部分。韵母又分成两部分:可省的介音(M)和必要的韵体(R)。韵体由必要的韵腹(Nu)和可省的韵尾(E)构成。神韵式和两分式音节分析的区别在于:(1)神韵式中声母是必要的,两分式中声母是可省的,(2)神韵式中韵母直接三分,两分式则按照形式派规定的程序层层两分。"韵体"对应英文 rhyme,相当于"韵腹+韵尾",但不包括介音。这在中国音韵学里是个新概念,此前的音节结构中没有这一层,传统上也有模模糊糊的叫法如"韵""韵部"等。可见直接把韵母三分的神韵式分析法影响之大,所以直到现在我们还没有一个统一的名称去称呼"韵腹+韵尾"的组合。

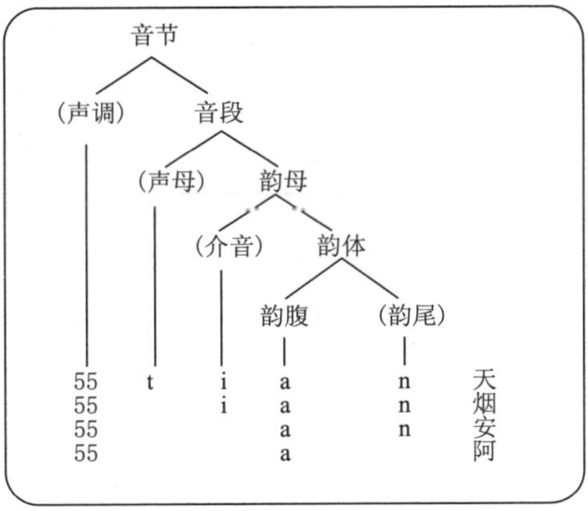

图 1.02 只有一个必要成分的结构派两分音节结构

形式派的分析没分清音法结构和语音实现。其实,作为音节成分的声调、声母、介音、韵腹、韵尾都是必有的,他们是一种结构位置,在这些位置上的语音实现则有所不同,韵腹位置上的元音是必有的(极少数情况下为响音取代),其他位置上的辅音实现则是可选的。声调在声调语的音节中也是必有的音节成分,他的四个成分的语音实现,高度和长度是必有的,声域中常域是底伏必有的,上域和下域是可选的,拱度是可选的。

Walton(1983)提出了一个反直觉的看法。他认为上海话的音节包括一个必需有的声母,一个可有可无的韵母。像"树"[zɿ]、"五"[ŋ]一类音节,一般认为是有韵母,但前者有声母而后者无声母,但 Walton 把它们处理为有声母而无韵母,如[ż][ŋ̇]。我想 Walton 可能把辅音等同于声母了。声母由辅音构成,辅音一般用作声母(及介音和韵尾)，但这并不意味着两者相等。它们是不同层次上的不同概念。在我们的音节模型中，韵腹必须有语音实现，其他成分则不一定，否则就无法解释一个押韵问题，押韵押的就是韵体，而韵体中只有韵腹是必须有语音实现的。Walton(1983)和 Sherard(1980)倒是对音节两分，但他们把介音从韵母中挪到声母下。声母于是包括一个辅音和一个滑音，失去韵头的韵母等同于韵体，包括韵腹和韵尾。这两点(韵腹可选和介音归声母)是西方音节理论的重点。这前一点不是好的理论，后一点则可包括在一个更一般的音节模型中，详后。

沈家煊(1993)提出一个音节音段部分的三分法：声母、介音、韵体(韵腹＋韵尾)。他的证据来自口误。某个音节中的声母和韵体都可能受到邻音节的声母和韵体的影响。介音也是如此。例如“面包”mian bao 会误发成 m*i*an b*i*ao，其他东西都没变，除了第二个音节中的介音被前音节的介音同化了。但是在他的口误材料中，有很多例子是介音跟着声母或韵体一起变的。再者，韵腹或韵尾也可独立受到邻音节的韵腹或韵尾的影响。例如“民歌”m*i*n ge＞m*e*n ge(仅韵腹变)，“把奶喝了”Ba na*i* he le＞Ba na*i* he*i* le(仅韵尾变)。沈家煊论证道，韵腹和韵尾应该同介音一样，也处理为音节的直接成分，因而声母、介音、韵腹、韵尾都是音节的直接成分。在分析官话音节时我采用他的三分法。

弗斯(Firth & Rogers 1937/1957, Firth 1948/1957)发展出一种韵律方法来分析长沙方言的音节。他从音段中提取了诸如声调、声质、喻化、唇-软腭化等特征，作为各种韵律域中的韵律素。换句话说，这些特征是音节的韵律素，而不是音段的属性，正如弗斯(1957:127)所说：“但音节上的这些韵律符号不是线性的接续成分，也不是分布在不同的时段上。”

1.6.3 上海话的五类音节

司马侃(Sherard 1980)用 Firth 的方法重新描写了上海话五个音节类的语音结构，这五个音节类对应于五个单字调。他用“音节类”，而不是“声调类”作为上海话音法分析的主要单位。费国华(Rose 1981)进一步论证了为什么他在描写镇海话时不用“声调类”，而用“音节类”。在很多语言中，声调的对立不单单靠音高的高低平仄，而且靠声素，包括时长和发声态(喉塞音、清浊音都属于发声态范畴)。

司马侃(Sherard 1980)对上海话五个音节类的刻画可以总结如下(见表 1.02)：(I)第一至第三类音节有个长元音，第四第五类是短元音。(II)第一、第二、第四类是阴声域，第三第五类是阳声域。(III)第一、第二、第四类有前喉塞，另两类没有。(IV)第一、第二、第四类的声母是清辅音，第三第五类是浊辅音。(V)第四、第五类有喉塞尾，其余三类没有。(VI)第一类是降调(阴平)，第二第四类平调(阴去、阴入)，第三类凹调(阳去)，第五类升调(阳入)。

表 1.02　上海话音节类中共现的语音特征

类	结　构	I	II	III	IV	V	VI
一	(IM)v {:/N}	+	+	+	−	−	+
二	(IM)v {:/N}	+	+	+	−	−	−(L)
三	x(IM)v̤ {:/N}	+	−	−	+	−	−(R)
四	(IM)vq	−	+	+	−	+	−(L)
五	x(IM)v̤q	−	−	−	+	+	−(R)
		+/−					

I 截度(音节长度)	长/短
II 声域(气声)	常域[−气声]/下域[+气声]
III 前紧喉	有/无响音前喉塞
IV 声母喉门控制	非首音节 VOT 负值/VOT 正值
V 后紧喉	有/无强制性的喉塞尾
VI 音高曲拱	降/非降(平或升)

对司马侃的描写有几点要补充说明。(1)第一至第三类是长音节或长韵体，但不一定长元音(I)。长音节的韵体可以是个长元音，也可以是个短元音加鼻韵尾。(2)第三第五类的声母辅音仅在元音之间时是浊的或带声的(IV)。在词首位置，它们是带气声的清辅音(弛声，即以前说的“清音浊流”)。第三第五类属于一个自然类，第一第二第四类另一个自然类，取决于有无气声。(3)第二第三类音节在大多数场合也有一个语音层次上的喉塞尾(V)。(4)关于声调曲拱，当然有比司马侃的描写多得多的话要说(VI)。上海话的五个音节类的语音特征

总结在表 2.01 中(I＝initial 声母，M＝medial 介音，v＝短元音，N＝鼻韵尾，q＝强制性喉塞尾，x 和 .. ＝气声，:＝长元音，{:/N}＝长元音或有鼻韵尾。

注意:第一第二类除了音高曲拱其他特征都相同(VI)。第五和第四类只有两点相同:短韵体(I)并有喉塞尾(V)，其他特征都不同。第三类同第一第二类只有两点相同:长韵体(I)并且没有强制性喉塞尾(V)，其他特征都两样。第一、第二、第四类同属一个阴声域(II)，响音都有前喉塞(III)，VOT 都是正值(IV)。第三和第五类同属阳声域，无前喉塞，VOT 可能负值。第一类是降调，另四类非降调。第二类和第四类在同一个常域中长短相配，前喉塞、VOT、音高各方面都相同。第三类和第五类是下域中长短相配，前喉塞、VOT、音高各方面都相同。

1.7 回顾非线性词几何

1.7.1 词几何模型

从 20 世纪 80 年代到 90 年代初，非线性音系学(如 Goldsmith 1990; Durand 1990; Hogg & McMully 1987)关注于表达形式，其中处理声调的自主音段音系学和处理重音和音节结构的韵律音系学最引人注目。本书的英文版和中文初版内结合了这两种方法，把上海话韵律词的自主音段层和其他成分表达在一个整合的“词几何”中，见图 1.03(模型 1.03)，把音韵词 phonological word 或“韵律词”prosodic word 定义为连调域和韵律域的一个音法单位。一个韵律词可以是单音节，也可以多音节。全书初版把单字调看作附着于一个单音节韵律词，具体而言，作为韵体的附加成分(不过再版时已经看做是音节的直接成分，见后)。当时的理论音系学撇开了画箭头的规则表达，正热衷于画分层表达式，还未进入画小手的优选论，音节也还未登场。本节内保留着近三十年前的处理方案以作对照，可看出三十年来的认识进步。图 1.03 是一个单音节韵律词的三维“词几何”表达式，图 1.04 是简化了的两维表达式。后文两节增补现在的音节观，显示出这些年来从跟风到自主的学术轨迹。

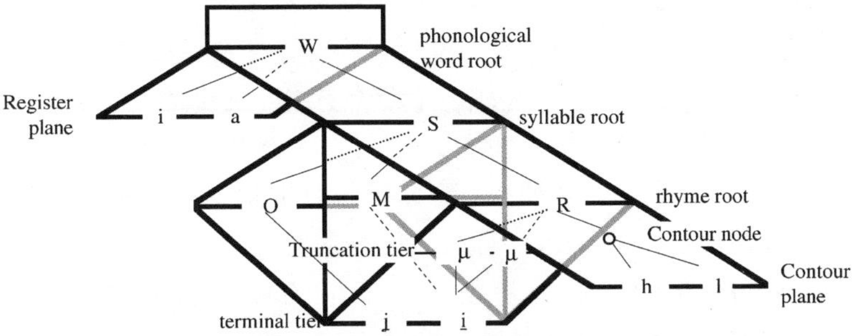

图 1.03　上海话韵律词和音节的几何模型

W:韵律词　S:音节　i:常域　a:下域　O:声母　M:介音　R:韵体

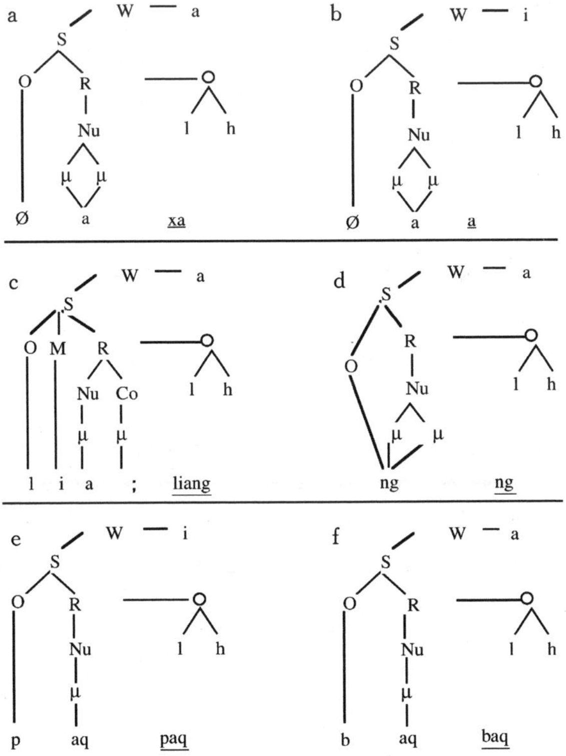

图 1.04　韵律词和音节的两维表达式

(Nu=韵腹,Co=韵尾)

1.7.2 韵律词的层级

在词几何模型 1.03 中，韵律词根统辖声域层和音节根。声域层实现为常态发声 A 或气声 B。音节根统辖三个音段根：声母(O)、介音(M)、韵体(R)。前两个根各有一个非莫拉格，直接连接于终点语音层。如果音节开头没有辅音，声母由“零”(ø)来填充。设立零声母的理由之一是一般不发生联诵①。韵体根统辖曲拱层面和截度层面，截度管长度，即莫拉性的 μ 槽。音段层的最后是音段。

曲拱层由韵体统辖，而不是由音节根统辖，这是因为在音系学中决定声调的只有韵体。声母和介音与语言学意义上的声调无关，尽管从纯粹语音角度来看，所有浊声部分都有基频轨迹，甚至清声母辅音也对基频曲线的起始部分起作用。语言学意义上的声调由韵体上的超音段成分来定义，毋须管有无介音，或声母是清是浊还是零。曲拱在语音学上有[high]和[mid]两个特征就够了，这两个特征可以定义四个高度：[＋high，－mid] /H/，[＋high，＋mid]/↑M/，[－high，＋mid] /M/，[－high，－mid] /L/。在上海话音系学中，仅需一个曲拱特征[high]，定义高[＋high]低[－high]两度。这两个赋值分别用两个调素/h/和/l/表示。T1 是降调，可表达为/hl/，另四个声调都是升调，表达为/lh/。

Snider & Hulst(1993)注意到声调的负载单位是什么并不确定：μ 槽、音节、还是别的什么如语素、元音、音节中的浊声部分等。“声调负载单位”(TBU)这个笼统的名称本身反映了这种不肯定性。曲拱和声域并不一定连接于同一个 TBU 层。在图 1.03 的词几何模型中，声调信息由声域和曲拱两个层面承载。换句话说，一个单字调由两个分离的层面表达。曲拱层面由韵体统辖，与截度层面不连接。这避免了多少调素可以连接于一个 μ 槽。调素与 μ 槽一一对应。例如，T5 是入声短调，只占一个 μ 槽，但有两个调素/l h/。曲拱结可有可无。如果没有曲拱结，调素可以单独进行音法派生如删除、拷贝、延展等。如果有曲拱结，结下所有调素会作为一个整体进行音法派生。

截度(长度)层也由韵体统辖，而不是音节根统辖。理由与曲拱相

① 例外有，但很少，如“勿要”[viɔ]<veq[vəʔ]＋io[ʔiɔ]，中间两个喉塞音失落，前字的元音也失落，两个音节合一。

同:声母和介音对音节长度依然无关,图 1.04 中"两"liang 和"矮"a 都是舒声,尽管"两"liang 的声母、介音、韵尾都填满,而"矮"a 都空着。上海话截度有两个值:[-/+truncated],分别称为舒声长调和入声短调,T1, T2 和 T3 是舒声,T4 和 T5 是入声。

入声 T4/5 是短韵体,也是短音节,只有一个不分叉的 μ 槽,韵体中的短元音和后接喉塞音共占一个终点位置。也就是说,短音节在韵体下层没有韵尾,音节末的喉塞尾属于韵体。这样的分析并非新奇。Pike(1971:387)从五方面论证了 Totonaco 语中元音后的喉塞音是韵腹的一部分,而不是韵腹后的辅音(或辅音丛的一部分)。把上海话的音节末的喉塞尾处理为韵腹的一部分的理由如下:1)入声音节,尤其阴入音节中的短元音和后接喉塞音在语音上融合为一,结果形成一个与喉塞尾无法分割的喉化元音。2)在合成词非末字位置这个喉塞音消失,元音的喉化减弱,但音节的[+truncated]犹存。这就是说,短性独立于喉塞尾,而喉塞尾不占据时量的 μ 槽。3)再者,如果上海话中的对立长度需要在音法学中加以注明,韵体或韵腹的分叉不分叉是个简单而直接的方法。因而,长音节或者韵体分叉(图 1.04c),或者韵腹分叉(图 1.04a, b, d)。在图(c)中韵体分叉为韵腹和韵尾,各占一个 μ 槽。前一个 μ 槽容纳一个短元音,后一个容纳一个鼻音韵尾。图(a, b, d)中韵腹分叉为两个 μ 槽,各连接一个长元音。这儿的情形类似于英语中的重(heavy)音节,"或者韵体分叉,或者……韵腹分叉"(Hogg & McMully 1987:45)。像 Hogg & McMully 为英语重音节的论证一样,我们可以简单地说:上海话的音节是长的当且仅当韵体分叉,并给出如图 1.03 中的更为更充分的表达。

在上述词几何表达中,声母和韵体都是音节必有的一部分。声母可以连接于零(ø)终点。上面提到的成音节辅音到底是声母还是韵母,在词几何中不再是个问题,图 1.04d 中,成音节的 ng 同时连接声母和韵体。

以上是初版时构建的韵律词和音节模型,反映了二三十年前的水平,绝大部分观点都已修改(详见后两节),主要有:1)音节作为音法学的基本单位。2)词几何中"单字调由两个分离的层面表达",其实还有第三个参数"长度",连接于韵腹 Nu 和韵尾 Co(如果有的话),因此,在词几何中声调分属三个不同的层面或根节。这种分崩离析的局面主要是由于当时的音系学(现在也差不多),实在不明白 TBU 到底是个什么东西。在我现在的音节学里声调直属音节,下辖三个成分:声域(实现为发声态),长度,音高(下分高度和拱度)。3)气声在传统音韵学和生成音系学中都是一个声母,但在上述词几何中不是声母,而是声域的一个实现值,而声域另属一个独立层,直接与韵律词相连接。在现在的音节学里有一个包括气声和清浊在内的发声态系统,他们都是声域的语音实现,而不是辅音的特征。4)隶属 ʃ 于韵体的时槽(μ-slot)在音节学中挪到声调根节下。5)过去的分析把声调、声母、介音或韵尾看作可选的,在我现在的音节模型中,这些都是音系学层面的概念,他们作为音节成分都是固有的,只是在语音层面可能不出现。6)声调用两个特征定义 4 个高度是引用 Yip(1980)的。那时见识短,后来知道高坝侗语有五个平调(朱晓农、吴和德 2007; Zhu 2012),鱼粮苗语有六个平调(朱晓农、韦名应、王俊芳 2016)。有关介音的位置,音节学吸收了原来的观点,即可以有三个位置,见 § 2.1.5。另外,成音节的 ng 同时连接声母和韵体这观点也保留了下来。

1.8 本项研究的理由和意义

1.8.1 一般理由

Catford(1977)指出,在全世界五千多种语言中,只有不到百分之十的语言得到充分而精确的语音学描写,或大致描写。上海话就在这百分之九十缺乏全面彻底声学描写的语言中。除此之外,上海话值得进行详细考察还有如下实用和理论原因:(1)人口众多,并对其他吴语方言具有强大的影响,(2)对语言语音学(linguistic phonetics)的意义,包括内部变异比较和跨方言比较,(3)对音节学的意义。

上海话是吴语区的通用语,来自吴语区的人在交谈时会模仿上海话。有几次坐火车时,我听到边上乘客互相介绍自己是上海人。从他们的口音判断,他们来自北部吴语区。有一次我问一位乘客是上海哪儿,她说镇海。镇海在浙江宁波附近,离上海大约 100 公里。不了解上海话的情况,周围一带的方言变异和变迁就没法解释(徐维源 1989)。

声学研究对语言学语音学能起很大作用。让我们来看个例子。上海话阴平 T1 是个降调,看似简单,但对它的描写却多种多样。从【1B】中可以看到,它的起点始于最高的[5]度或次高的[4]度,终点可以是[3]度,或[2]度,或[1]度。为描写这个降调,五度制中的每一度都用上了。那么阴平声真正的调值是多少呢?这就是本项研究要着重讨论的。后文将会看到,【1B】中的描写分歧源于多种原因,其中包括音位变体,人际变异等。阴平起点的不同描写可能反映了两个同位调(急降和缓降)的区别,急降变体起点高于缓降变体,这在统计学上有显著差别。终点的描写差异反映了上海阴平声在终点处人际随机差异最大,表现为方差最大。所有这些,都反映了声调描写工具、方法的不充分。

[1B]

调　值	出　处
[53]	《苏沪》,许宝华等 1981,许/汤 1988, Walton 1983
[52]	沈同 1981,许/汤 1988
[42]	袁家骅 1983, Norman 1988
[51]①	Zee & Maddieson 1980,徐云扬 1988
陡降	Sherard 1980

现有声调描写手段的欠缺,也危及到音法分析。例如,有的音系学家为了支持自己不允许声调跨越上下两域的观点,引用[53]的描写,而摒弃其他描写。但要是谁引用[52]的描写而不顾[53],他就可以作出不同的音法处理并发展出不同的理论。诸如此类分析中的任意性,如果想要避免,那就必须在经验基础上解释【1B】中的描写分歧。上海话声调被那么多的音法学家处理过,但它又那么缺少声学材料——这就是我要进行本项研究的重要理由。

我们都追求一种语音学上描写的充分性。那就是,(1)首先要满足刻画语言内部的变体差异的要求,(2)其次能够进行跨语言的比较。如果我们的描写工具、方法、框架能做到这两点,也就达到了语音学描写的充分性,并初步满足了解释的充分性,因为他为声调类型学提供

---

① Zee & Maddieson 使用五个调素表示五度:[H]最高,[L]最低。所以他们的[HL]对应于[51]。

了经验基础。

我们还追求一种音法学上刻画的必要性。那就是，不会因为琐碎的细节描写或无法离析个人特点，而造成(1)抹杀了内部同一性，(2)外部比较时潜在共性的不可比性。

本项研究就是在方法论上追求这种语音学上的充分性和音法学上的必要性。回过头来看，我后来发展出来的音节音系学、发声态系统、声调类型学和演化学，皆滥觞于本项上海声调实验。

尽管有个别极端的形式主义音系学家(如 Foley 1977)持一种排除所有外部因素的极端的观点，但对于大部分语言学家来说，至少音系学的某些方面可以从物理、心理、或社会等外部因素来解释。分歧在于音系学是否最终是自主的，音系学在多大程度上能以外部因素来解释。Anderson(1981:535)认为"音系学显然并不是'自然'的"，他否定了音系学和其他领域，包括语音学的直接关系。Anderson(1981:535)承认"语言的某些特定系统的特定内容可能基于其他方面的考虑"，但他坚持认为音系学"天生就是自主的"，音系学里的核心问题决不能参照外部因素。与此相对的是，Ohala(1984)坚信原则上没有什么音系学问题不能用外部因素来解释的。Anderson(1981)中提出了一些当时无法用外部因素来解释的音系学问题，Ohala(1984:216)并不认为这些问题能永远抗拒外部解释。事实上，Ohala 并不认为这样的解释是"外部"的，按他的说法，音系学和语音学是整合在一起的，两者之间没有绝对的分界线(Ohala 1990)。

Anderson 有他一定的道理为本学科的学生圈定一个不受外界干扰的核心地带。不过，这种便于知识传授的认识限定不应成为前沿探讨新知识的樊篱。我们确实也知道，最近十年来语音学、历史音法学和共时音法学(包括形式派音系学和其他音法学研究)的进展，使得好多原先以为纯音系学纯形式化的问题，其实是可以用语音学方法解决的。再进一步，即使 Anderson 是对的，我们依然能得出结论说：在穷尽外部努力之前，我们是无法说什么是音系学固有的，什么是无关的。

30 年前，在刚刚开始本项研究时，Ohala 和 Anderson 的争论正如火如荼，我还尽力以 Lehiste(1970:vi)的话"一个音系学家忽略语音学是很危险的"来鼓舞自己。15 年前出中文版时，这几乎已经是共识了。

也就是说,整合两者,以语音学作为音系学内涵,从中文初版起就已经是不言而喻了,其成果反映在第二版的第二章和第九章中。

1.8.2 特定意义

前几个小节简单回顾了以往多个领域的相关研究,这包括三种情况。

第一,作为对自己以往研究的反省,如词几何表达,说明二三十年前亦步亦趋跟风,给带到沟里还不自觉,所以得亮丑,得反省。

第二,作为本书语音研究的出发点,例如以往对上海话语音的研究。本书的大部分内容(第三到第九章)是对上海话单字调语音的探讨,我们提出了一些方法来处理声调的语音学数据,把以往单纯的声调听感记音方法,推广到听感辅以系统处理的声学证据的声调表达模型——分域四度制。

关于这方面的研究,有一点需要强调一下,即分域四度制和赵元任创制的五度制一样,本质上是个听感模型,系统的声学材料只是作为辅助,作为佐证,不是作为声调表达的充足依据。由于电脑现在强大的功能,很多人以为只要把基频数据输入,除以几就可以得到声调表达了。这是错的!否则叫个中学生就能完成的任务,还要什么博士教授。这种简单粗暴的做法在处理北京话天津话这样的简单调系时当然没问题,事实上,处理这种简单调系没方法都行。再者,声调还包含发声态,就更不是除一除就可以解决问题的。一个声调模型的合格性需要在侗台、苗瑶、浙南、湘东,尤其是赣北的复合声调系统中得到验证。

还有,本书关于连字调的声学研究,其意义还未彰显。

第三,作为本书音系学理论的基础,如对声调的属性和成分的认识,对音节的认识。这方面的内容在本书中只占第二章和第九章,但他的重要性甚至高于上述第二点,因为这就是语言学目标,你有了语音数据,就要为说明、解决语言学问题作出贡献。只不过这是非常非常困难的一项任务,用我在《语音答问》(2018)中谈到发声态研究进展时说的话就是:

从语音数据到音法范畴……

说起来只是短短半句话，

认知上却是高高一座山。

“这座山我爬了三十年，是不是翻越了，请读者诸君审阅本书第二和第九章。国外学界如果从霍克特(1958)认识到发声态的重要性算起，已经爬了整整一甲子，还在爬，还越爬越没方向感。我不知道这时候该鼓励他们加油好，还是劝他们读读我的书更厚道”(朱晓农 2018)。

我现在对声调的基本看法是综合了下面两点的“音节声调论”：

1) 属性：声调是音节的非线性直接成分，与线性的“音列”形成对立。

2) 成分：声调是一个包含声域、长度、音高的音系学综合体。声域的语音实现是发声态。

这个现已成熟的“音节—声调—声域—发声态”的语音学基本理论就肇端于本书的上海声调实验。

第二章　声调在音节学中

本章内从音节音系学角度给出声调的逻辑定义，即确定声调的属和种差，并分析声调的成分、结构(有关声调的类型到第九章去讨论)。先讨论音节结构，给出上海话的音节成分(§2.2)，然后讨论声调的属性和构造(§2.3)。§2.4 节讨论音位的地位。

2.1　音节构造和成分

声调是音节的直接成分，所以要讨论声调属性，先要明白什么是音节。本节内先介绍一个音节模型(§2.2.1)，然后给出中派 I 上海话的音节成分：声母(§2.2.2)，韵母(§2.2.3)，介音(§2.2.4)和音节表(§2.2.4)。§2.2.6 中简单介绍以往的给上海话声调的记音，详尽的音法分析见后两节(§§2.3—2.4)。

2.1.1　音节结构

本书主张的音系学是基于类型学的以音节为基本单位的音节音系学。

传统语音学以音素或音段作为基本单位，如下图 2.01A 所示，超音段作为附加特征。赖福吉(Ladefoged 2006)提出一个如图 2.01B 的模型，相当于把卡福(Catford 1977)的言语产生三个过程归到音段上：卡福的"启动"相当于图中的"气流"，发声相当于喉部，调音相当于喉上。问题是音段本来就是以喉上特征定义的，现在加上喉部和气流特征，所定义的应该是高于音段的单位。

我(朱晓农 2008，2011a)主张的是图 2.01C 中的音节作为语言语音学和音系学的基本单位的音法框架。这也是传统音韵学的观点。英国传统的 Abercrombie(1967)和弗斯也把音节作为语音学或音系学的基本枢纽单位。下面是一个通用音节结构图。

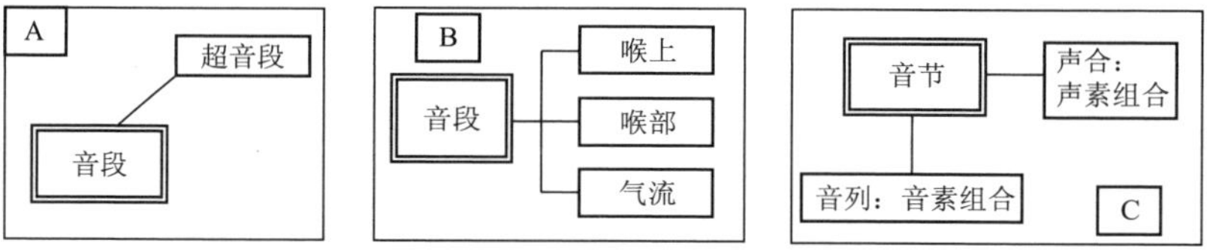

图 2.01　语音框架：(A) 传统的音段中心论模型，(B) 赖福吉模型，(C) 音节为基本单位的模型

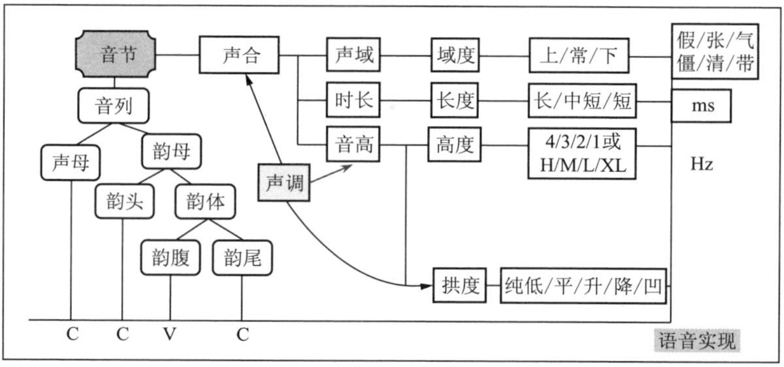

图 2.02　音节结构（音列＝音素排列；声合＝声素组合）

任何语言的音节都有音列和声合两个直接成分，音列是线性成分，声合是非线性成分。在非声调也非声域的印欧、阿尔泰、阿拉伯、南岛等语言中，声合比较简单，往往发声态只有清声（常声 1）和振声（常声 2），可以看作声母（辅音）的附加特征。时长也简单，最多长短两种；音高也简单，一般只有高低两度，没有拱度，两者都可看做韵体（元音）的附属成分。但在声调语，尤其是复合声调语（即有多种发声态）的语言中，声合下辖声域、时长、音高三个直接成分。声域有上常下三域，实现为假声等六类发声态。时长有长、中短、短三度。音高分高度和拱度。高度分四度，拱度包括低平升降凹五种。图中没有给出声调的位置，事实上，他有三个位置可选，一是直接等于声合，二是等于音高，三是等于拱度。我把他直接等同于声合，详后。

音列下有声母和韵母。韵母三分为头、腹、尾韵体。韵体下是韵腹和韵尾。下面来看上海话的音节成分。

2.1.2　音节的定义

上文把声调放到音节中去定义，得到很好的效果。但若要追问音节的定义是什么,那么回答就是:没有定义,也不必定义,因为音节是音系学的基本范畴或基本单位,基本单位是不必定义的,基本范畴是无法在本系统中定义的。

或者也可以这么回答,音系学不同于语音学,语音学尽可像物理学一样去追寻最小最小的分析性单位。音系学则像化学,化学的基本单位不是分析性单位,而是结构性单位——分子,分子由原子构成,化学研究需要多少元素,怎么组合,最终形成什么样的化合物。至于原子怎么构成,则是物理学的工作。音系学同样如此,他的基本单位不应该是过去一百年音系学追寻的分析性单位:从音位到区别特征,而是一个结构单位——音节。

结构性单位可以构成成分来定义,所以音节可定义为“音列和声合的组合”。这样的定义看似有点循环论证,的确如此,但谁让音节是基本单位呢? 基本单位就有此特权,他连不定义都可以。

过去有无数个音节定义,大多犯了个系统外定义的毛病,都满足不了充分性条件,所以没有一个令人满意的。

2.1.3 声母

中派 I 上海话有 33 个声母,表 2.01 上半给出上海话的拼音书写符号,可以看作是音位,下半是国际音标。

表 2.01 上海话声母

	唇			齿			颚			软颚			喉	
爆发音	p	p^{h}	b	t	t^{h}	d				k	k^{h}	g		
塞擦音				ts	c		j	c^{h}	dj					
擦 音	f		v	s		z	sj		zj				h	
鼻 音	qm		m	qn		n	qnj		nj	qng		ng		
近 音				ql		l							ø	x
爆发音	p	p^{h}	p̤/b	t	t^{h}	t̤/d				k	k^{h}	k̤/g		
塞擦音				ts	ts^{h}		tɕ	$tɕ^{h}$	tɕ̤/dʑ					
擦 音	f		f̤/v	s		s̤/z			ɕ̤/ʑ				h	
鼻 音	ʔm /m		m̤/m	ʔn /n		n̤/n	ʔȵ/ȵ		ȵ̤/ȵ	ŋ̤/ŋ		ŋ̇/ŋ		
近 音				l		l̤							ʔ	../ɦ

零声母　声母位置上没有固定辅音实现的音节叫做“零声母”音节，如：矮 a | 雅 ia。

清塞音　上海话清送态塞音 p^h，t^h，k^h 的 VOT 正值似比英语的长①；不送态硬塞音 p，t，k 听感上像法语的同类音(Chao 1936)，也像朝鲜语的硬(fortis)爆音。跟法、朝语一样，对上海话硬塞音也有一种猜测，认为他们有一个同时的喉塞音即前喉塞，或用司马侃的话(Sherard 1980)“起音时有喉门紧缩”。在发硬塞音音节时，整个声道有总体的紧张。

齿音　上海话齿阻音的发音部位在齿背与上龈间，比英语龈音/t，d，s，z/靠前得多，因此上海话擦音 s z 的能量区很高，在 7 k 和 12 kHz之间(我的测量)，而英语/s，z/在 4 kHz 以上(Borden & Harris 1980:122)，或在 3.5 kHz 和 8 k 多 Hz 之间(Strevens 1960)。

颚前音　硬颚前部到龈后的[ʨ，$ʨ^h$，ʥ，ɕ，ʑ，ȵ]仅出现于高元音 i ü 之前，与齿音分布互补。Sherard(1980)把 nj 看作 n 的条件变体。不过最好把 nj 处理为独立的声母，否则就把所有腭前音都看作相应齿音的同位音。

浊音(气声)　吴语包括上海话的“浊音”从古到今一直是作为声母处理的(国外如赖福吉更窄一步，作为塞音特征来处理，这错了好几层)。

吴语语音学和音系学中的最引人倾耳的现象就是这个不浊的“浊音”，他其实是气声类(breathy voice)下的弛声(slack voice)。这个不浊的浊音最早是艾约瑟牧师(1859)记录到的，他用斜体 *p*，*t*，*k* 以区别于帮母普通的 p，t，k。刘复后来用实验仪器证实，吴语里所谓的“浊塞音”/b d g/在词首位置并不振动声带，而是清塞音后有明显的浊送气，用赵元任的话就是“清音浊流”(赵 1928:21)，或“voiceless ... followed by a voiced aspiration”(Chao 1967)。在词中间的位置上，它们是普通的浊塞音，即没有初浊负值(VOT lead)，见 Shen *et al*. (1987)和 Ren(1988)做的上海话实验，曹剑芬(1982)做的常阴沙话

---

① 这是从比较了 Lisker & Abramson(1965)和任念麒(Ren 1992)的材料后得出的。据 L & A 报道，四位英语发音人的[p^h]的 VOT 均值是 58 ms，最短 20，最长 120 ms。任氏没报道 VOT 值，但他的一位上海发音人的[p^h]从最大喉门打开到声带振动是 96 ms，而最大喉门打开到除阻是 −6 ms，VOT 值等于前者减后者，即 96−(−6)=102 ms。

(在上海西北约 100 公里),石锋(1983)和 Iwata et al.(1991)做的苏州话。清音浊流不但出现于浊塞音,还出现于浊塞擦音、浊擦音、响音(马[mo̤]),甚至无辅音(鞋[a̤])的音节中。

下一节(2.2)会详细论证气声不是辅音或元音的伴随特征,那么它是不是个独立辅音"浊喉擦音",或辅音组成特征"a voiced aspiration(浊送气)"(Chao 1967)。这是大部分吴语研究者的做法,把它标为[ɦ]。如"鞋"[a̤]这种情况,传统上将这气声当作声母,标为[ɦa](见 Sherard 1980;许/汤 1988),而不是零声母。不过在我的音法分析中,这种音节被处理为零声母(朱晓农 1996),见 2.2 节。当然为方便标音起见,设立一个声母 x 作为标写符号不是不可以,这是音位学的主要功能:作为书写工具(Pike 1975)。从语音学角度来看,它的表现形式多种多样。书末的语图(附录 A2.01—2.05)显示:x 可以是个伴随的发声特征,有时既有摩擦又有浊声,有时仅有摩擦没有浊声,有时甚至有爆破的冲直条,在这冲直条和初浊之间,有时有清摩擦,有时没有摩擦。更重要的是,在单音节的声韵组合和双音节后字位置的声韵派生过程中,气声都不能处理为喉部浊擦音声母,见下 2.2.4 节。

2.1.4 韵母

2.1.4.1 韵母表

韵母由介音加韵体组成。注意,这些音节成分作为音节结构中的位置始终存在,可选的是语音实现。中派 I 的所有 46 个韵母列在表 2.02 中。表上半是拼写,下半是国际音标。中派 II 有 43 个韵母:i 和 ii 合并,ei 和 e 合并,uei 和 ue 合并。

表 2.02 上海话韵母=(介音+)韵体

-ø-	-i-	-u-	-ü-		-i-	-u-	-ü-		-i-	-u-	-ü-
ï	**i**	**u**	**ü**	**en**	**in**	uen	**ün**	**eq**	**iq**	ueq	üq
ei	**ii**	uei									
eu	ieu	**uo**			iung	**ung**			iuq	**uq**	
o	io			**ong**	iong	uong					
a	ia	ua		**ang**	iang	uang		**aq**	iaq	uaq	
e	ie	ue				**el**	**m**	**qn**	**ng**		
oe		uoe	üoe								

续表

ɿ	i	u	y	əɲ	ɪɲ	wəɲ	əɲ	əʔ	ɪʔ	wəʔ	yəʔ
e		we									
ɘ	jɘ	o			jʊŋ	ʊŋ			jʊʔ	ʊʔ	
ɔ	jɔ			ɑ̃/ɑŋ	jɑ	wɑ̃					
a	ja	wa		ã/aŋ	jã	wã		aʔ	jaʔ	waʔ	
E	jE	wE		l	m	n	ŋ				
ø		wø	yø								

2.1.4.2　介音

介音是一个音节成分,过去都认为他是可有可无的,其实可选的是语音实现,而音节成分是必有的音法位置,如“戴”ta字不是没有介音,而是这个音节位置上语音实现为“零”(所以可称为零介音,同样,也存在零韵尾)。明白了这个道理后,为简明起见,说有没有介音也无不可。上海话介音有四种语音实现:[j, w, ɥ, ø],如:两 liang|关 kuè|卷 jüoe;第四种是零介音,如上 ta。介音过去的语音学名字叫半元音(semi-vowel)或滑音(glide),现在叫近音,可看作相应高元音 i, u, y 的同位音,他们之间的区别在于音节中的位置(Selkirk 1982)。做韵腹时是元音,做介音或韵尾时是辅音(近音)。有关介音的音法地位,下一小节(§2.1.4)有详论。

2.1.4.3　韵体

韵体分长短两类。长韵体包括表2.03左栏中用黑体标出的12个长元音,以及下部4个音节化辅音,如:姆 qm̀(qmà)|qǹ(na)“祖母”|五 ng|而 r。短韵体包括表2.03右栏中标成黑体的4个喉化短元音。中栏里有鼻韵尾的阳声韵是长韵体,其中标为黑体的6个韵腹元音语音学上可看成短元音。

2.1.4.4　韵腹

韵腹在语音学上主要实现为元音,少数情况下实现为自成音节的鼻音。

上海话没有三合元音,也没有前核式的典型复元音VG,但他的单元音很多,韵体元音12个,其中10个舌面元音,2个出位元音(一个擦化,一个舌尖)。还有入声短元音4个。如果加上2个鼻化元音,那一共有 18 个,不算阳声韵 in, en, ün, ung 中的韵腹,也不包括一个边缘性的元音 el(儿而耳)。下面图 2.03 给出声学图,根据两个男性发音人的平均值,每个元音有 6 个读例。

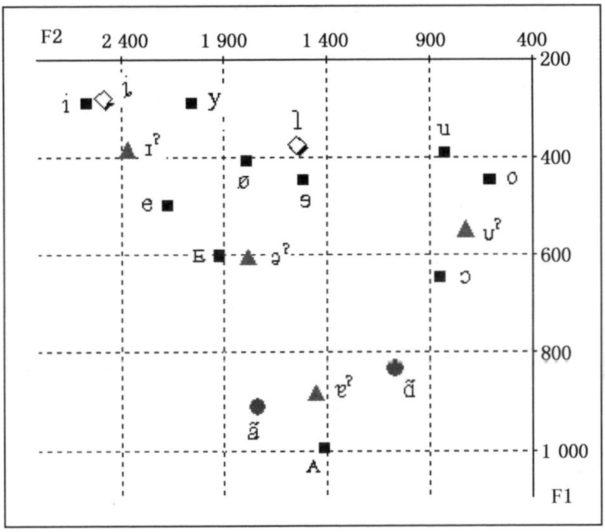

图 2.03 上海话元音的声学分布

■10 个普通韵体元音 i, e, ᴇ, ᴀ, ɘ, y, ø, ɔ, o, u; ◇2 个出位韵体元音 ʅ, ɿ; ●2 个鼻化韵体元音 ã, ɑ̃; ▲4 个入声短元音 ɪʔ, əʔ, ʊʔ, ɐʔ(后两种元音在图中用灰色标记)。

例字:

普通　i 烟盐见天田面　e 杯背倍对醉罪　ᴇ 班办反饭蛋岩
　　　ᴀ 阿矮假鞋　ɘ 某狗头走牛　y 鱼女贵跪吕许
　　　ø 安男川船原团　ɔ 奥毛跑爆桃刀　o 哑马茶查叉
　　　u 乌古杜苦助普

出位　ʅ 衣椅骑地泥米　ɿ 字子次词四是

短　ɪʔ 一跌吃月局　əʔ 葛物特拨出十　ʊʔ 各阁博薄肉读
　　ɐʔ 格八白纳辣

鼻化　ã:冷打孟常厂　ɑ̃ 狼党梦汤唱床

这 18 个元音中有一些值得注意的现象。赵元任当年设计的 2 个元音符号 ᴀ, ᴇ 见于上海话。有个前高出位元音 ʅ,他的 F1 和 F2 很接近普通的 i,但很紧,有少许摩擦。中元音 e, uo, o 分别高于定位元音

[ε, o, ɔ]。在吴语著作中 e 一般标为前中[ᴇ]。uo 有些咽化，舌根后缩。ei[e]有个自由变体[ej]，可能是受普通话影响。

中高央元音 eu[ɘ](呕后)很少见，记音也有分歧。一般记为后元音[ɤ](许/汤 1988；沈同 1981；Walton 1983)，不过，上海话的 kɘ52 “勾”和北京话的 kɤ52 “各”，听感不同，元音空间图上的位置也不同。Ramsey(1987:92)认为是央元音[ə̈]：“这个央元音 ə̈ 很不一般，发音时舌位在口中央弓起，但调音部位到底与混元音(ə)有什么区别不太清楚。听上去有些圆唇。”罗杰瑞(Norman 1988: 200—201)则记为圆唇央元音[ɵ]。我的听感倾向于 Ramsey 的描写，记为后元音显然是种宽式标写。它听上去是有些圆唇感，但发音时并不圆唇。典型的[+flat]特征来自圆唇，但也可以降低喉头或咽化(Jakobson *et al.* 1952)。发 eu 这个音时嘴唇中性，不圆也不展。它的圆唇感(还有后元音感)可能来自咽化，以及相比于[i, a]来说较低的喉头。这个音的复元音性质在零声母字如“鸥”eu 中比在其他音节(楼 leu|谋 meu)中更为明显。附录 A2.06 中“谋”meu 的语图表明，F2 保持稳定，但 F1 跌落 150 Hz，说明发这个央元音 eu 时舌位往上移动了。它是个不圆唇央元音，稍有复元音倾向，严式标音为[ɘ]或[ɜɘ]。

上海话单元音只有一个普通的长元音 a，一般标为央[ᴀ]。但如果带鼻化，则有两个低元音，如：行流行义 xang：行银行 xong。许/汤(1988)把它们分别标为前[ã]和后[ɑ̃]。司马侃(Sherard 1980)和 Walton (1983)标为前[aŋ]和圆唇后[ɒŋ]。加上入声韵中的短 ɐʔ，图 2.04 中有 4 个 a。

短元音　费国华(Rose 1993)注意到鼻韵尾音节中的短元音 i[ɪ], y[ʏ], u[ʊ], a[a]比相应的长元音更为央化①。唇音、齿音后的 iq 是[ɪʔ]，但颚音、零声母后是[jɪʔ]，üq 实现为[ʏɪʔ]。在 en、eq 中的短 e 音质上不像长 eu 那么复杂，它是个央元音[ə]。

西文描写上海话的著作中有个名词“成音节擦音”，在音节音系学中我们不采用这样的术语，因为每个音节都有韵腹，通常由元音，而不

---

① 因此有可能设立一个韵腹 ä(ng)，不与 o 合流，这与 Sherard(1980)和 Walton (1983)的标音不同。如果这个短 ä 有个相应的长元音，这个假设的长元音应该是比[ɑ]更低更边缘，而不是更中央化的[ɔ]。

是阻音充当。司马侃(Sherard 1980)、Walton(1983)观察到齿擦音[z](除了鼻音[m n ŋ])在上海话中可以音节化。类似的例子还有:

[v̇](音节化符号原来是下加小竖杠,为清晰和方便起见,改为上加点)如:夫 fù[fv̇]|妇 vu[v̤̇],唇齿音[v]音节化后作为音节韵腹。传统上这两字分别标为[fu, vu]。实际上在发 fù 和 vu 时调音器官保持不动,上齿一直轻触下唇,舌位一动不动。把上海话 fù 和英语 food 比一下就清楚显示两者的区别。

[ʑ̇]—龈颚擦音[ʑ]和齿擦音[z]可以音节化,例见[2A]。这些字从头到尾都有摩擦。费国华(Rose 1981)把镇海话中相应的元音叫做"紧元音"(strident vowel),并自造一个符号[ɿ̢]来表示。

[2A]

jiì[tɕʑ̇]"鸡"	chiì[tɕʰʑ̇]"欺"	djii[dʑʑ̤̇]"骑"
	sjii[ɕʑ̇]"死"	zjii[ʑʑ̤̇]"齐"
ii[jʑ̇]"椅"		yii[jʑ̤̇]"移"
tzï[tsż]"紫"	tsï[tsʰż]"次"	
	sï[sż]"水"	zï[ż̤]"树"

对[2A]中这些字的读音从语音学角度描写为[ʑ̇/ż]不是不可以,但在音节音系学中"成音节擦音"不是个好概念,一方面他的摩擦成分很弱,另一方面成了音节,也就是做了韵腹,就不再是辅音,而是元音了。我同意费国华的看法,把[ʑ̇/ż]看作元音[ɿ/ɿ̢];[v̇]则是[u]的变体。

有个边际音位 el 仅出现于几个借自普通话 *er*[ɚ]的文读字如"而二儿耳尔",读音不很稳定,有些人混同与 eu"后厚喉",有些人借用普通话的[ɚ]音,但不太卷舌。有些描写上海话的著作记为边音[l]等。

2.1.4.5 韵尾

韵尾最简单,只有两种语音实现:-N, -q。上海话有 33 个声母,包括实现为喉塞音的零声母。其中大部分仅出现于音节开头,只有 q, ng 能做韵尾(声母中的前喉塞被看作是非音位性的)。韵尾位置上有两个互补的鼻音:在前元音 i, y 以及中央元音 e 后是硬颚[ɲ],在后或低元音 u, o, a 后是[ŋ]。有三种分析方法。(1)设立一个超音位//N//,辅以一条音法实现规则"[+nasal]>[α place]/[-consonant, α place]__",

其中 α 有两个值。(2)把[-ɲ],[-ŋ]看作 n(或 ng)在韵尾位置上的同位音,辅以同样的规则。(3)把[-ɲ]看作 n 的同位音,[-ŋ]看作 ng 的同位音。上面那条实现规则暗含自然的同化过程,鼻音在前后部位上同化于前面的元音,因此前两种处理优于第三种。但在转写时我考虑到第三种处理最自然,最接近真实语音,所以使用(3)。这样转写还有个理由,yn 上两点可以省略,而不混同于 ung,因为两者韵尾不同。因此,韵尾-N 在 i,y,e 后转写为 n,在 u,o,a 后转写为 ng。

喉塞音基本上作为韵尾,在入声 T4/5 韵尾出现。另外,在舒声 T2/3 韵尾和零声母阴声音节开头处非音位性地出现,如:拎 qlìn [ʔliɲ],矮 a[ʔa]。在转写零声元音节"矮"a 时前喉塞音省去。

2.1.5 介音的音节地位

在各家分析中介音在音节中的地位是有争议的。它到底属于韵母(R. Cheng 1966; C. Cheng 1973; 许/汤 1988)呢,声母或辅音(Walton 1983; Sherard 1980; Duanmu 1990)呢,还是另一个韵律层面(Firth 1948),还是都不属于(沈家煊 1992)? 法语里有联诵这样的音韵变化可以帮助确定介音属声母或韵体(Durand 1990:204 ff),但汉语没有。介音属韵的观点历史最悠久,可以一直追溯到反切、韵图。但最近几十年来,越来越多的人不同意这看法。上述介音与截度决不相干的情况也反对介音属韵观。但所有这些反对意见并不必然引向介音属于声母的结论。下面我们可以看到介音有时更接近声母,有时更接近韵体,所以沈家煊(1992)介音独立的观点说得通,见下图 2.04f。

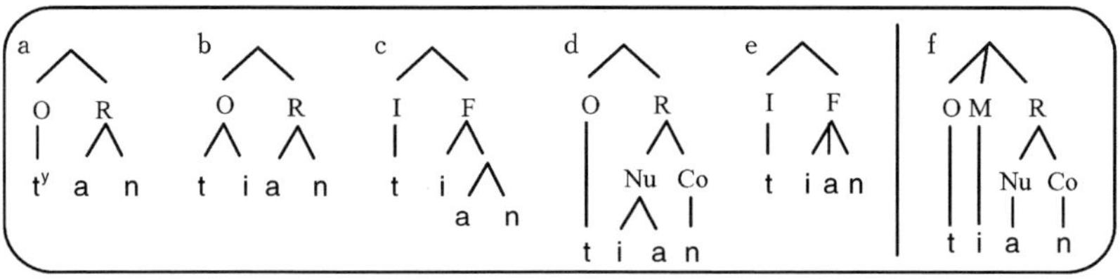

图 2.04 介音在音节中的地位(Nu=韵腹,Co=韵尾,I=声母,F=韵母)

Duanmu(1990: 25 ff)讨论了介音的五种可能的地位(图 2.04a—e),他从五方面论证只有他的分析(a)是对的。C.Cheng(1973)发现北京话中元音[o, e]同化于后滑音,如果没有后滑音,才同化于前滑音。Duanmu 把这解释为后滑音比前滑音在结构上与韵腹关系更紧,所以他排除图 d 和 e,因为在这两个图中韵尾并不更接近韵腹。

Duanmu 又引了一些方言中[f-]和[hu-]的双向对应([2E]左栏)来支持他的韵腹前声母介音 CG—构成一个结构单位,因此图 c 的分析不可取。不过,[2E]中栏和右栏里有更多的反例:中栏里[-uo]和[-ɤ]交替,右栏里[-uo]和[-u]交替,[-uɑ]和[-o]交替,[-uei]和[-y/e]交替。这说明声母后的介音和元音-GV 构成一个结构单位,所以不利于图 a 和 b 的两种分析。尤其要注意左栏中[uei]~[ei]交替,右栏中的[uei]~[y/e]交替,同样的北京话[uei]到了其他方言,在[h]后所对应的与[k/t]后所对应的不一样。这提供了一个线索,[hu-]是中语音上类似[f]的特别组合,而介音[-u-]仅在与少数辅音[h, ʂ]①组合中才与声母关系更紧。介音在有限场合与声母关系更紧,在更多场合与韵腹更紧,这说明 Duanmu 介音属声母的观点不能成立。因此才需要有一种图 f 中的介音既不属声母,也不属韵体的处理。

[2E]

介音更接近声母			介音更接近韵体					
北京	Santai		北京	东北		北京	上海	
[huei]②	[fei]	"灰"	[pʰuo]	[pʰɤ]	"坡"	[huɑ]	[ho]	"花"
[fei]	[huei]	"飞"	[puo]	[pɤ]	"播"	[suo]	[su]	"锁"
						[kuei]	[tɕy]	"鬼"
						[tuei]	[te]	"堆"

Duanmu 还有两项来自语言游戏和押韵的证据③,都不利于图 c,

① 我还可以提供一个 C~CG 交替的例子:北京话"水"[ʂuei],西安话是[fei]。[ʂ]与[f]很相似,他们分享八个特征,只有一个特征不同(朱晓农 1983)。

② 北京话有个软颚擦音[x]而不是喉擦音。因为 Duanmu 使用符号[h],为方便比较,我也用[h]表示北京话的[x]。但我不清楚 Santai 话[h]的确切音值。

③ Duanmu(1990:28)说:"汉语押韵只要它们韵腹和韵尾相同,声母 C 和介音 G 不起作用。"后半句对,但这不影响我的分析。前半句有问题。一方面,在现代诗歌中,[-i, -ż, -ʅ]押韵很常见,[-i, -y]相押,[-y, -u]相押也时有所见。另一方面,相同鼻音韵尾但韵腹不同的[-iŋ, -iuŋ, -əŋ]自由通押(朱晓农 1989)。在早年广东俗文学韵文中常有[-an, -am, -aŋ]押韵的。

d, e 中的韵母观点，但并不一定自动引向声母观点，因为还有如图 f 中的可能性。

Duanmu 把 CG-分析为辅音丛，并认为可以减少底层辅音数。根据 Chan(1985)(Duanmu 就根据 Chan 的分析)，官话中不值得设立唇化组[k^w]等和颚化组[t^j]等，因为这会使得辅音库变复杂，音法处理不漂亮。因此她建议辅音丛如[kw, tj]更好。假如原先有颚化、唇化系列，那么把各种 CG-组合看作辅音丛就可以减少辅音库。但至今为止没人有那种奇特的处理。辅音丛的处理不但没减少当前的辅音库，如 Duanmu(1990:18)也有引述的赵元任(1968:22, 24)的处理，相反还增加了三个半元音/j, w, ɥ/。在韵母为取向的方法中这些半元音是元音/i, u, y/的同位音。此外，声母处理法把滑音看成辅音丛的一部分(图 a)，或半元音(图 b)，必然会增加音节表的复杂性。这就是最后一点反对介音属声母的观点。

与非声调语言如英语相比，汉语各方言的音节结构，即音节成分的配列要简单得多。比如北京话只有 400 多种组合，不包括声调。上海话更少，包括声调也只有 761 种组合。因此在汉语音法学中有个重要方面就是简洁地描写这些组合。假如介音属声母，音节表就不那么系统了，它会变得很复杂，甚至很笨拙。我想这大概就是为什么 Walton(1983)即使把介音分析为声母的一部分，可是在音节配合表里依然把介音放到韵母中。我也试过按辅音丛方式来安排北京话的音节表，过程很麻烦不算，结果真是很笨拙。假如中派上海话的介音归韵母，那么 33 个声母，46 个韵母，总共需要 79 个单位来描写音韵配列。但是，如果介音归声母，那么韵母倒是降到了 27 个，但声母增加到了 55 个，总共是 82 个，还包括诸如/ʔj, ɦy, mj, ny, ly, vj, tj, tɕj/一类很怪的组合。再者，韵母集也不像以前那么系统，以前是按开齐合撮四种介音(-ø-, -i-, -u-, -y-)来安排韵母的。把表 2.05 中的上海话音节表跟司马侃的音节表(Sherard 1988:67—70，表 1-6)一比就可明白，他的上海话记音有 51 个声母(辅音＋滑音)，30 个韵体(韵腹＋韵尾)。

来自不同语言/方言的证据可排除图 2.04 中 a, d, e 三种处理，剩下三种(属声，属韵，独立)，各自都有程度不等的支持证据。

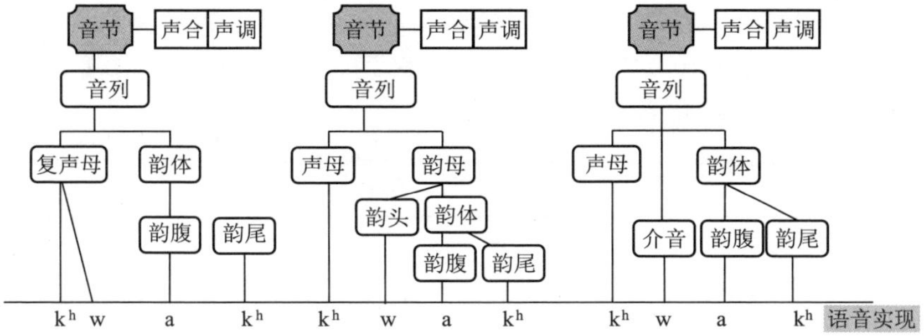

图 2.05　以介音位置不同而建构的三种音节结构

赋予介音与声母和韵体同等的地位让很多事情变得容易解决。介音不属于韵母能解释长度表达、押韵、语言游戏、声调负荷等问题。它不属于声母,使得大部分单音节语言中的声韵母表更经济、更优雅、更系统,还解释了方言间的-GV 和-V 的双向对应,只有在少部分方言如粤语中介音属声才更经济、更系统。在有流音复声母如 pr, kl 的语言如英语中,介音属声显得系统,如 sw-an。所以在我的音节学里,上海话按传统分析介音属韵,广州话介音与英语相同属声,北京话介音按最新分析独立。

2.1.6　声韵调组合

2.1.6.1　音节表

上面讨论了上海话的音节成分:33 个声母、46 个韵母、5 个声调。46 个韵母中 27 个是无介音的纯韵体(包括成音节通音)和 19 个介音加韵体组合。上海话声韵调的组合总结在表 2.05 的音节表内。

表 2.03 列出中派上海话所有实际音节,材料来自我的 5 个发音人 M1, M2, M4, M5, W3。清声音节在左,气声音节在右。竖线"|"表示 T1、T2 的组合都有,"1"表示只有 T1 组合,"2"表示只有 T2 组合。以 u 列为例。在 th 和 u 交汇处有竖线,表示"拖"thù 和"土"thu 在上海话中都是实际有的音节。在 qn 和 u 的交汇处是"2",表示只有带 T2 的"努"qnu 存在,而带 T1 的 * qnù 不是实际存在的音节。在 ql 和 u 的交汇处是"1",表示只有带 T1 的"撸"qlù,而带 T2 的 * qlu 不是实有的音节。

众所周知,汉语的音节组合数远远少于非声调语言如英语。普通话不算声调只有 400 多种音段组合,算声调 1 300 左右。上海话更少,连五个声调算上,只有 761 种组合。

表 2.03　上海话音节表

	p	ph	qm	f	t	th	qn	ql	tz	ts	s	j	c	qnj	sj	k	kh	qng	h	ø	b	m	v	d	n	l	z	dj	nj	zj	g	ng	x
ï									|	|	|																|						
ii	|	|	1	|	|	|	1					|	|		|					|	|	|	|	|		|		|	|	|			|
i	|	|			|	|						|	|	1	|					|	|	|		|		|		|	|	|			|
e	|	|	2		|	|			|	|	|								|	1	|	|		|	|	|	|						
ue																|	|		|	|											|		|
ae	|	|		|	|	|	1		|	|	|					|	|		|	|	|	|	|	|		|	|				|	|	|
iae												1																	|				|
uae																|	|		2	|											|		|
a	|	|	1		|	|	1	1	|	|	|					|	|	1	|	|	|	|		|	|	|	|				|	|	|
ia					|							|	2		|					|								|		|			|
ua																|	|		|	1													|
iu												|	|		|					|								|	|	|			|
oe	|	|			|	|	1		|	|	|					|	|		|	|	|	|		|	|	|	|				|	|	|
uoe																|	|		|	2													|
iuoe												|	|		|					|								|	|	|			|
eu		2	1	2	|	|		1	|	|	|					|	|		|	|		|	|	|		|	|				|	|	|
ieu					1			1				|	1	1	|					|		|				|		|	|	|			|
u	|	|	|	|	|	|	2	1	|	|	|					|	|	1	|	|	|	|	|	|	|	|	|				|	|	|
uo	|	2	1				1		|	|	|					|	|		|	|	|	|			|		|					|	|
o	|	|	1		|	|	1	1	|	|	|					|	|		|	|	|			|	|	|	|				|	|	|
io	|	|	1		|	|		1				|	|	2	|					|	|	|	|	|		|		|	|	|			|
in	|	|	2		|	|		1				|	|		|					|	|	|		|		|		|	|	|			|
iun												1	?		|					|								|		|			|
en	|	1	|	|	|	|		1	|	|	|					|	|		|	1	|	|	|	|	|	|	|				|		|
uen																|	|		1	|											|		|
ung		|	1	|	|	|	1	1	|	|	|					|	|		|	|	|	|	|	|	|	|	|				|		|
iung												|	1		|					|								|	|	|			|
ang	|	|			2	|			|	|	|					|	1		1	1	|	|				|	|				|	|	|
iang												|	|	|	|					|						|		|	|	|			|
uang																|				1													|
ong	|	|		|	|	|		|	|	|	|					|	|		1	|	|	|	|	|	|	|	|				|	|	|
iong																																	|
uang																|	|		|	|											|		|
iq	|	|			|	|						|	|		|					|	|	|		|		|		|	|	|			|
iuq												|	|		|					|								|	|				|

续表

<table>
<tr><th></th><th>p</th><th>ph</th><th>qm</th><th>f</th><th>t</th><th>th</th><th>qn</th><th>ql</th><th>tz</th><th>ts</th><th>s</th><th>j</th><th>c</th><th>qnj</th><th>sj</th><th>k</th><th>kh</th><th>qng</th><th>h</th><th>ø</th><th>b</th><th>m</th><th>v</th><th>d</th><th>n</th><th>l</th><th>z</th><th>dj</th><th>nj</th><th>zj</th><th>g</th><th>ng</th><th>x</th></tr>
<tr><td>eq</td><td>|</td><td>|</td><td></td><td>|</td><td>|</td><td>|</td><td></td><td>|</td><td>|</td><td>|</td><td>|</td><td></td><td></td><td></td><td></td><td>|</td><td>|</td><td></td><td>|</td><td>|</td><td>|</td><td>|</td><td>|</td><td>|</td><td>|</td><td>|</td><td>|</td><td></td><td></td><td></td><td>|</td><td>|</td><td>|</td></tr>
<tr><td>ueq</td><td></td><td></td><td></td><td></td><td></td><td></td><td></td><td></td><td></td><td></td><td></td><td></td><td></td><td></td><td></td><td>|</td><td>|</td><td></td><td>|</td><td>|</td><td></td><td></td><td></td><td></td><td></td><td></td><td></td><td></td><td></td><td></td><td></td><td></td><td>|</td></tr>
<tr><td>oq</td><td>|</td><td>|</td><td></td><td>|</td><td>|</td><td>|</td><td></td><td></td><td>|</td><td>|</td><td>|</td><td></td><td></td><td></td><td></td><td>|</td><td>|</td><td></td><td>|</td><td>|</td><td>|</td><td>|</td><td>|</td><td>|</td><td>|</td><td>|</td><td>|</td><td></td><td></td><td></td><td>|</td><td>|</td><td>|</td></tr>
<tr><td>ioq</td><td></td><td></td><td></td><td></td><td></td><td></td><td></td><td></td><td></td><td></td><td></td><td>|</td><td>|</td><td></td><td>|</td><td></td><td></td><td></td><td></td><td>|</td><td></td><td></td><td></td><td></td><td></td><td></td><td></td><td>|</td><td>|</td><td></td><td></td><td></td><td>|</td></tr>
<tr><td>aq</td><td>|</td><td>|</td><td>|</td><td>|</td><td>|</td><td>|</td><td></td><td></td><td>|</td><td>|</td><td>|</td><td></td><td></td><td></td><td></td><td>|</td><td>|</td><td></td><td>|</td><td>|</td><td>|</td><td>|</td><td>|</td><td>|</td><td>|</td><td>|</td><td>|</td><td></td><td></td><td></td><td>|</td><td>|</td><td>|</td></tr>
<tr><td>iaq</td><td></td><td></td><td></td><td></td><td></td><td></td><td></td><td></td><td></td><td></td><td></td><td>|</td><td>|</td><td></td><td>|</td><td></td><td></td><td></td><td></td><td>|</td><td></td><td></td><td></td><td></td><td></td><td>|</td><td></td><td></td><td>|</td><td>|</td><td></td><td></td><td>|</td></tr>
<tr><td>uaq</td><td></td><td></td><td></td><td></td><td></td><td></td><td></td><td></td><td></td><td></td><td></td><td></td><td></td><td></td><td></td><td>|</td><td></td><td></td><td>|</td><td>|</td><td></td><td></td><td></td><td></td><td></td><td></td><td></td><td></td><td></td><td></td><td>|</td><td></td><td>|</td></tr>
<tr><td>m</td><td></td><td></td><td></td><td></td><td></td><td></td><td></td><td></td><td></td><td></td><td></td><td></td><td></td><td></td><td></td><td></td><td></td><td></td><td></td><td>1</td><td></td><td></td><td></td><td></td><td></td><td></td><td></td><td></td><td></td><td></td><td></td><td></td><td>|</td></tr>
<tr><td>qn</td><td></td><td></td><td></td><td></td><td></td><td></td><td></td><td></td><td></td><td></td><td></td><td></td><td></td><td></td><td></td><td></td><td></td><td></td><td></td><td>1</td><td></td><td></td><td></td><td></td><td></td><td></td><td></td><td></td><td></td><td></td><td></td><td></td><td>|</td></tr>
<tr><td>ng</td><td></td><td></td><td></td><td></td><td></td><td></td><td></td><td></td><td></td><td></td><td></td><td></td><td></td><td></td><td></td><td></td><td></td><td></td><td></td><td>1</td><td></td><td></td><td></td><td></td><td></td><td></td><td></td><td></td><td></td><td></td><td></td><td></td><td>|</td></tr>
<tr><td>l</td><td></td><td></td><td></td><td></td><td></td><td></td><td></td><td></td><td></td><td></td><td></td><td></td><td></td><td></td><td></td><td></td><td></td><td></td><td></td><td></td><td></td><td></td><td></td><td></td><td></td><td></td><td></td><td></td><td></td><td></td><td></td><td></td><td>|</td></tr>
</table>

2.1.6.2　音节构造：生理学还是社会学？

有个理论认识问题需要交代一下。初版时我把上述声韵调组合也就是音节构造看作如同英语音系学里说的“音韵配列”phonotactics，但这两个概念完全不同：phonotactics 只管元音辅音，但音节构造中还有声调；phonotactics 是线性排列，但声韵调组合是立体的，声调不跟声韵母在同一个平面上；即使声韵母的排列（即音列）也不是线性的配列，声韵母组合中也有层级性。

更重要的是，phonotactics 讲的 CV 排列是语音学概念，但音节及其成分是音系学概念，这些成分的语音实现才是 CV 和音高等。音节的线性成分即音列下是声母、韵母等，而不是 C 啊 V 的，元音辅音是音节成分的语音实现。通行的音系学中谈到音韵组合或音节结构时，用的是(CC)V(CC)这样的概念。这里出了三个错误。

第一，元辅音是语音学概念，直接用进音系学不妥，因为这是两个系统。语音学中的音高进入音系学后成为重音或声调，语音学里的元辅音进入音系学后也应该获得音系学身份，即成为某种音节成分。过去由于西方音系学中忽略音节这个概念，所以元辅音从语音学进入音系学后想不出它们有什么音系学身份——音节的概念都没有，就更不用说音节成分了。

打个比方：生理学和社会学有区别。男人、女人是生理学概念，他们进入社会以后会有社会身份。在社会学的基本单位家庭中，男人、女人有各自的家庭身份，要用父亲、母亲、儿子、女儿等社会学概念或家庭成员来表示。我们不能说张家由一个男人、一个女人、一个男人组成。语音学中的元音、辅音进入音系学后，也获得了音节身份，转换为声母、韵母、介音、韵体、韵尾这些概念了。我们需要两套概念是因为固然声母（父亲）总是辅音或零（男的或单亲），元音总是充当韵腹，但反过来就不一定成立了。

第二，忽略了音节的层级结构。第一层的音列和声合就不是线性排列的。第二层，音列内部也不是平铺直排的，比如韵尾和声母就不在同一个层级上，前者是韵母的下位成分，而前者和韵母在同一层级上。

第三，错认为声母是可选项。如果把音节层级先放一边，音列下的声韵搭配序列可以写成如下那样的配列。可选成分实际上是在语音层面，那些括号中的(C)＝C/ø。

声母 I	M	韵腹 N	韵尾 E	音节学身份/音节成分
(C)	(C)	V	(C)	语音学实现

这个配列的意思是说，声母、M、韵腹、韵尾等都是音节的必要成分，或者说是音节固有的预留位置。从语音学层面来说，声母、M、韵尾这三个音节位置都由辅音或零形式充填。韵腹这个位置由元音充填（个别情况下由响音充填）。当我们说“声母”时，它一定是辅音，包括零辅音。但我们说“辅音”时，却不一定是声母；它还可以是 M、韵尾，甚至韵腹（响音）。不过，当我们说“元音”时，等价于韵腹；但说“韵腹”时，还可能实现为响音。

声母是个必要的音节成分，即使没有一个真的辅音出现在声母位置上，依然可以认为这个位置被一个零形式辅音占有，所以，零声母的意思是零辅音的声母。西方的音系学以前没有音节概念，有了音节概念后也没有层级概念，所以就平铺着说音素配列 phonotactics 如 C_1VC_2。在此配列中 C_1 可以不出现，如 *àn* 暗这个音节由 VC 组成，所以辅音 C_1 是可选的。等到西方也谈音节了，就直接套过去把可选的辅音 C_1 当成了可选的声母，即一个音节可以没有 C_1，也就是可以没有声母。但这样的认识是错的:语音学上可以说没有辅音 C_1,但在音系学上还是得说有(零)声母。

其实,不但声母可以为零,介音(和韵尾)也是如此。传统的"开齐合撮",指的就是介音分布,"开"就是"零介音"。可能有的人受了"开"是没介音的影响,说零声母是没声母。正确的说法是,声母、介音(严格点可以用个字母 M)都是音节成分,他们在语音上实现为辅音,包括零辅音。

2.1.6.3 对转写和韵母的某些考虑

为转写方便,需按具体情况调整。浊阻音符号表示气声,如 b, d, g, dj, v, z, zj。零声母气声字在音节开头加个 x,如"咸"[ɛ̇]转写为 xe,否则用附加符号就更麻烦。响音音节不能像零声母那样处理,前喉塞张声用 m,气声用 xm。上海话里前喉塞响音如此之少,跟气声响音音节不成比例,那样做就太浪费了,所以气声响音写成普通的 m,而前喉塞响音就写成 qm 等。根据不同语境,ü 可转写为 u, iu,或 yu,见§2.2.2.5 中的转写规则。

出于经济和阅读习惯的考虑,某些拼写需调整一下。xi 改写为 yi 或 y:yi(<xi), yii(<xii), yin(<xin), yiq(<xiq),但 yeu(<xieu), yang(<xiang), yoq(<xioq)等。xu 改写为 wu 或 w:wu(<xu), wung(<xung),但是 wa(<xua), wo(<xuo), wen(<xuen), wang(<xuang), weq(<xueq)等。短韵母(i)oq 这样写,而不是更为系统的 * (i)uq,原因与(i)ung 相同:省下 iuq 来转写 üq。为了避免附加符号,根据一些音法规则,ü 改写成 u, iu 或 yu。ü(-)韵母有四个:ü, üoe, ün, üq。单元音韵母 ü 前面的声母有:1)颚音,2)零声母 ø 和 x①,3)边音 l。其他三个更简单:一般都是颚音声母,有数是零声母。颚声母后 ü(-)的两点省去,因为在在这环境 ü(-)和 u(-)互补分布,于是有:ju, chu, dju, nju, sju, zju; juoe, chuoe, djuoe, njuoe, sjuoe, (zjuoe); jun, chun, djun, nju, sju, zju; juq, chuq, djuq, njuq, sjuq。零声母和边音后改写成 iu:iù, iu, yu(<xiu<xü), lyu; iuoe, yuoe(<xiuoe<xüoe), iun, yun(<xiun<xün), yuq(<xiuq<xüq)。

---

① 注意在词几何中气声音节是零声母,但在其他分析中都不是。这对于为什么把 x 与零声母 ø 配对,而不与擦音 h 配对(§2.3.3.4)增加一个分布上的理由。

改写规则运用到零声母的 ün(iun)和 üq(iuq)时,会与零声母的 iung/ioq,发生冲突,如果 iung/ioq)仍旧写成* iun/iuq 的话,因为原来只有一个鼻音尾,为了系统的缘故也没有(i)oq。有趣的是 ün/üq 是 iung/ioq 的社会变体,主要年轻人用。每个 ün/üq 音节都有一个异读 iung/ioq,但不是每个 iung/ioq 音节都有一个 ün/üq 的自由变体。这反映了从 iung/ioq 到 ün/üq 的音变。

降调 T1 标洪音符号/ˋ/,另四个不标调,如:边 pì T1|扁 pi T2|便 bi T3|笔 piq T4|别 biq T5。后四个声调区别含于音段标写中。T3 音节有气声符号 x, b 等。T4 音节有-q 尾。T5 音节两者都有。T2 音节两者都无。因此入声短调 T4/5 与舒声 T2/3 的区别在于韵尾 q。阳声 T3/5 与阴声 T2/4 区别在于有无气声符号。

表 2.03 中有四个韵母因为负担很轻,像 iong(yong 旺自读)、ie(njie 廿念)只有一两个本地词,qn 只有一个,ie 和 el 只有几个借自普通话的词。行将消亡的"□奶祖母"qǹ-na 一词中非音位性的 qǹ 是 qn 韵母中仅有的音节。如果以经济性和一致性为理由,成音节的硬颚/软颚鼻音[ɲ̍/ŋ̍]应拼写成* n,但出于语音相似性和阅读清晰性考虑,决定采用目前的拼写法。

2.1.7 以往的声调记音

上海话中派和新派都是五个声调。但在描写时有很大的分歧,见表 2.04。表中大多用五度制,入声短调有人用下划线,有人用单个数字。司马侃用文字描写。Zee & Maddieson(1980), Zee(1988)用五个声调元素①,等于五度制,H=5, ↑M=4, M=3, ↑L=2, L=1;为方便对照,我把转换的五度标法放在调素后的括号里。斜线"/"前后是自由变体,如"53/52"表示许/汤认为 T1 有两个变体[53, 52]。沈同(1985)还报告了 T4 的一个变体[45],这个调值放在沈同(1981)后。表中大多是听感描写,但有三个根据声学数据,这放在花括号里。

---

① "声调"各家用法不一。我按传统用法,生成派的"声调"H, L 等我把它们叫做调素。

表 2.04　诸家对上海话五个声调音高的描写

	T1	T2	T3	T4	T5
苏沪 1960	53	34	13/14	5	2
Walton 1983	53	34	14	5	2
许宝华等 1981—1983	53	34	13	55	12
许/汤 1988	53/52	334/434	113/223	55/54	12/23
沈同 1981(1985)	52	334/34	113/13	4/5/(45)	23
袁家骅 1983	42	34/434	24	5	23
Norman 1988	42	35	24	55	23
Rose 1993	51	43↑3	↑22↑3	↑44/54	↑22↑3
Z & M 1980	HL51	M↑M34	L↑M14	H55	L↑M14
徐云扬 1988	HL51	M↑M34	L↑M14	↑M44	LM13
Sherard 1980	陡降	中高平，认真念时在字末有一虽短但清晰可闻的升调尾	阳声域升调，调尾高于调头	中高调，听不出升降	阳声域短升调

T1 被描写为高降，起点可以是最高的 5 或次高的 4，终点可以是中 3，或次低 2，或最低的 1。T2 是个升调，起点中 3 升到 4 或 5。严式记法还有个平调头再高升（许/汤，沈同，袁家骅）。T3 低升，起点为 1 或 2，升到 3 或 4；有两家（许/汤，沈同）还记了一个平调头。T4 短而高，或 5 或 4，还有的记为稍降（许/汤），或稍升（沈同 1985）。T5 短而低升，从最低 1 升到 2 或 3 或 4。也有记为从 2 升到 3 的。还有两家（苏沪，Walton）记为短而次低平 22 的。

表 2.04 中的记音分歧可能有七种来源，前四种费国华（Rose 1993:189, 201）已提到。

1）人际差异，甚至个人本身的差异。众所周知，同一个语音信号在不同的人口中，甚至同一个人说两次，语音细节都有所不同。这是本项研究的重点，后文会详细展现。

2）声调内部变异（同位调）。费国华（Rose 1993）发现 T3 有升形和凹形两个同位调。因此 Walton 的[14]可能对应于升形，许/汤的[113]对应于凹形。后文可以看到 T1 和 T5 也各有两个同位调，因而引出不同的转写。

3）详细描写（严式?）和不太详细的描写（宽式?）的区别。例如，许宝华等（1981—1983）把 T2 标写成[34]，许/汤（1988）也这么标写，但又说“实际音值”是[334]或[434]。

4）研究人员各有所好。注意有两人，袁家骅和罗杰瑞的标写中没有[1]度。也就是说，他们用的是四度制，[2]度代表最低点，对应于其他人的[1]。

5）不同标准。Zee & Maddieson(1980)，徐云扬(1988)的标写根据基频，其他人根据听感。T1 的基频终点低于听感描写的终点。

6）不同的测试字。T4 的不同音高描写(降、平、升)与本书第七和第十章中的声学数据相符。T4 降形基频来自清不送气声母[p]字，平和升形基频来自零声母字。

7）读字表时不同风格。在快速、随意的话语中，T5 的凹/升形常常听成短低平调。

如上种种标写对于理论工作来说很烦人；当然也可能很可人，看你的理论需要了。因此，我们在第九章中，根据多位发音人的归一化的声学数据，提出一个语言语音学声调模型和四度制声调表达式，这能最大程度地消除前五个变异。

这五个声调的语音性质是本项研究的重点对像，以下数章将会详细讨论他们的语音性质，他们的音法属性下一节讨论。

2.2 上海话中的气声和声域

本小节讨论气声与声域的关系(下节讨论声域与声调的关系)，很多论证内容是初版原有的，是以上海话为证据来讨论声域和气声的关系。其实应该从一个更广阔的背景来看包括气声在内的发声态与声域的关系，这个内容下一节稍有涉及，更充分的讨论见第九章。

2.2.1 气声的语音学性质

吴语中的气声一向是方言学、语音学和音法学中的焦点问题。气声在生理上是个可以独立控制的变量。在语音学上主要体现在元音身上，但也影响声母辅音。从音法学来说，气声的身份有多种可能：(1)声母辅音的构成特征(浊送气)，(2)元音的附属或“形容”特征(带气元音)，(3)独立声母辅音(喉部浊擦音)，(4)声调属性，(5)音节属性,(6)韵律词特征,(7)更高韵律单位的特征。我把它处理为声调的属性,详见下节。

以往讨论气声这个话题时,最令人困惑的一点是没分清语音学和音系学,似乎声母就是辅音,辅音就是声母。20世纪八九十年代时美国语言学界还没音节概念,所以没有声母概念。发声态的概念也只有一些纯语音学家在关心。在讨论声域与清浊、与辅音、元音、音节等等的关系之前,先来看气声的语音学性质。

从理论上来说,气声应该在带声开始时发出,但由于声门调节需要时间,所以有时出现稍晚一二十毫秒。它常常在元音上延续数十毫秒,在上海话升调情况下最多可达150毫秒。气声在语音学上有如下效果:

1) 如果有塞音声母的话,它使声母变软(lenis),这当然是相对于一般不送气清声母,所谓的"硬(fotis)塞音"而言。物理和生理特征包括:成阻期变短(Shen *et al*. 1987; Iwata et al. 1991 苏州话),声门打开得晚且小(Ren 1987, 1992),口腔内气压较低(Iwata *et al*. 1991),初浊正值(VOT lag)稍长(Ren 1992)。

2) 它使元音气化,即在浊声始发时H1-H2和H1-F1的差比普通元音的要大(Cao & Maddieson 1992; Ren 1992)。

3) 它显著地减弱了喉上结构的纵向紧张(Iwata *et al*. 1991)。

4) 在气声音节开头胸骨舌骨肌(sternohyoid)较活跃,而普通音节开头环甲肌(cricothyroid)较活跃(Iwata et al. 1991)。这一点与Dixit(1989)所描写的印地语的浊送气音相似。

一般而言,气声音节中的声母辅音的VOT比常态音节中清不送声母辅音的VOT要稍长,例如Iwata *et al*.(1991)对苏州话的实验结果表明在统计学上气声辅音的VOT长于清不送,镇海话的材料(Rose 1981)也是气声辅音的VOT显著长于常态辅音,偶尔有相反的报道,如石锋(1983)认为苏州话气声和常态辅音VOT没显著差别,需要进一步核实。

发气声时声带较松,至少前后纵向上较松。在上海话中,气声与阳去和阳入共现。这两个阳调都是昂调,而且升得相当高{4}。因此在这两个声调的后半截声带的长度和硬度都超过了平均水平,这可能也是为什么气声在元音的后半截消失了。

有两组名词要说明一下。第一组是“耳语声”和“哞声”(whispery voice/murmur),第二组是“气声”和“浊送气”(breathy voice/voiced aspiration)。Ladfoged 从音系学角度不加区分,但 Laver(1980)加以区别。Hindi 语中的气声是从半开的韧带声门缝中流出,而耳语声是气流从勺状软骨气声门处漏缝的多。我把这两组名词看做语音学名词,音节学中只有一个“气声”类,下面分三小类:浊气声、弛声、弱弛(见 § 9.5)。吴语的“清音浊流”属于弛声。顺便说一下,breathy voice 和 whispery voice 似译为“气声”和“耳(语)声”为宜,因为这涉及上位分类标准:调音和发声。Breathy voice 和 whispery 都是喉部的发声活动。

2.2.2 声域不能仅以[±浊]来定义

有一种试图运用于汉语各大方言的声调模型把声域和声母清浊(即带声与否)等同起来。尽管浊声母一般与低调相关,清声母与高调相关,清浊既非声域的充分条件,亦非必要条件(Yip 1989)。首先,声域对立可能在无清浊对立的语言中存在。例如,上海话单音节中没有清浊对立,而有以发声类型或声门状态定义的声域对立,如塞音声母“戴”ta[ta]:“汏洗”da[ta̤],零声母“阿”aq[ʔaʔ]:“盒”xaq[a̤ʔ],尤其是响音声母“拉”qlà[ʔla]:“赖”la[la̤]。这种声域对立不能用带声与否来定义,因为这儿要么都没有浊声(t̠～d̠),要么都是浊声(零声母和响音情况)。其次,清浊改变并不一定改变音法学上的域,如北京话中无声域对立。清声母轻声字会变成浊声母:喇叭[lǎ+pa]>[lǎba],但音法学上的域并没改变。再者,汉语中浊响音声母并不与清塞音声母构成声域对立。

上海话的气声和前喉塞在非首字位置上失落,因此碰到响音声母,就不再有发声对立,因而也就没有声域对立。因此单音节时的最小对立就会失去,如“瞎拉”haq-qlà 和“瞎赖”haq-la 变成同音[hǎla]。如果阻音声母,[±murmur]对立变成清浊对立,如“导”do[t̤]和“到”to[t]的区别在于[±murmur],但“报导”podo[-d-]和“报到”poto[-t-]的区别在于[±voiced]。要因此而为非首字音节设立一个以[voicing]定义的声域显得太特设,因为如上所述,清浊可能与不管前字还是后字的声域无关。更重要的是,声调信息载于声域和曲拱两个平面,见1.03 模型。由于在非首字位置无音高对立,“报导”podo 和“报到”poto 的连调都是[33+44],在非首字位置设立一个定义在[voicing]上的声域显得多余。如果坚持在非首位置有声域对立,我们就必须面对并不存在的音高对立。最后,在非首字位置维持以清浊定义的声域对立,会阻塞连调的音法派生过程,这到第十章再谈。因此以气声定义的声域仅存在于首音节,包括单字。响音声元音节原先以声域对立,在非首字位置中和化。阻音声元音节原先以声域对立,在非首字位置以音段特征[±voiced]区别。

总之,[±浊]需要以塞音清浊来定义,而上海话单字音没有清浊对立。即使塞音[±浊]可以定义不同的声域,但只是不同声域的一种。更一般地,声域应以发声态(phonation type)来定义,包括哞/气声、嘎裂声、浊声等。具体落实到上海话中,声域是以气声来定义的。

2.2.3 声域不是辅音的属性

上文说了,“声域是辅音的属性”这种说法是混淆了语音学和音系学:声母和声域是音节音系学的概念,辅音和发声态是语音学概念,所以要么说“声域是声母的构成成分”,要么说“发声态是辅音属性”,不能混着说“声域不是辅音属性”。不过这个混淆从国内到国外都那样,本书前版也如此,就算代表那时的水平。现在我们明白了这一点,就可以分别理解。

Cao & Maddieson(1992)、任念麒(Ren 1992)都认为哞声([murmur])是辅音的特征。赵元任(1928, 1967)最早和最后认定“浊送气”是辅音的伴随特征,赖福吉等(Lagefoged & Maddieson 1996)更是把发声态收缩为塞音特征。这种看法的第一个错是没有音节概念,大部分发声态(如气声、嘎裂声等)的表征是在声母上,而不是韵尾上,所以即使说“辅音”,也得说“声母辅音”。第二个错,即使在声母辅音上,也不仅仅在塞音上,擦音、响音声母照样有气声、嘎裂声,可能还更容易表现。第三个错,气声不但出现于“浊”塞音,而且还出现于零声母音节如:鞋 xa[a̤],画 xo[o̤],夜 ya[ja̤],坏 wa[wa̤]等。在这些字里气声依附于哪个辅音?既然没有辅音,气声也就无所依傍。

其实,关键在于包括气声在内的特殊发声态,如假声、僵声(嘎裂声)等,主要表现在韵母上,尤其是假声,只表现在韵母上。我们现在有了发声系统,就得统一处理,不能就事论事,具体情况具体分析,老是给出特设性假设。我们应该把所有发声态都归结到音节上,从而与音节的另一线性成分(声韵母)相对待。

2.2.4 发声态不能是声母的属性

把[murmur](哞声)这个发声态看成是声母的属性,是从常规分析到生成音系学一以贯之的观点。这种说法比上面"声域是辅音属性"犯的错误好点,发声态是语音学概念,声母是音系学概念,所以你可以说发声态是声母的语音实现之一。从概念上我们要明白,发声态是声域的语音实现,然后再说声域是否声母的属性。明白了这些概念以后,叙述中为从俗为方便起见,不一定非得死抠字眼。

这种通行观点从音系学和语音学上都有问题。让我们来看[2B]B行中的一组三重声母鼎立:矮 a[(ʔ)a]:鞋 xa[a̤]:蟹 ha[ha]。注意,x,也就是俗称的"弯头 h",在常规分析和生成方法中,通行的处理都是把它看成声母,但在我的音节结构中不是,而是声域的语音实现,而声域是声调的直属成分。[2B] B行中的三重鼎立与A行中的塞音(爆破音和塞擦音)的三重鼎立平行,如:摆 pa[pa]:牌 ba[pa̤]:派 pha[pʰa]。这三种塞音任念麒(Ren 1992)分别称为第1,2,3类。通行的声母观点意味着把 xa 与 ha 相配,因为 x 被看成是清喉擦音 h 的浊音,两者都是擦音。我的声域观点意味着把 xa 与 a 相配,因为 x 和零声母 ø[ʔ]被看成是发声对立。下面来看这两种处理哪种好。

[2B]

	1	2	3
A(塞)	pa 摆	ba 牌	pha 派
B(零)	a 矮	xa 鞋	ha 蟹
C(响)	qlà 拉	la 赖	***
D(擦)	***	za 惹	sa 洒

[2B]中A、B两行中的三重声母鼎立,到了响音声母(C行)和擦音声母(D行)音节中变成了两重对立。C行响音仅出现于第1、第2

类，而 D 行擦音仅出现于第 2、第 3 类。假如 B 行的 Ø：x：h 的三重分布以某种方式平行于 C 行的响音声母分布，即第 1 与第 2 类相配，那就支持我的声域观点，假如以某种方式于 D 行的擦音声母分布平行，即第 2 与第 3 类相配，那就有利于通行的声母观点。下面从五方面来论证 x 应该与 ø 配对，而不是与 h 相配。

1) 从语音学上来看，气声有多种表现形式（§2.2.1），因此很难说是清喉擦音[h]的浊音。相反，它倒可以从 slack/stiff 声带角度看成是[ʔ]的配对。

2) 第 3 类（如 ph）与其他两类（如 p 和 b）的语音区别从 VOT 和送气性来看很清楚，但 p 和 b 之间却极复杂（Shen *et al*. 1987; Ren 1988, 1992）。把 b 与 ph（或 x 与 h）配对需要有个难以成立的前提条件，b 和 p（或 x 与 ø）之间的区别在于[±voiced]和[±aspirated]。[2C]上半中的区别特征比下半更可取，因为第 2 类声母不是真正的浊声。

[2C]

	1 (p, Ø)	2 (b, x)	3 (ph, h)
送气	−	−	+
哞声	−	+	(−)
送气	−	+	+
浊声	(−)	+	−

3) 把 x 看成声母的属性，不可避免地得出以[±murmur]定义的声域是声母的属性的结论。由于声域与声调区别有关，结论就是声调区别，至少部分取决于声母，因而声母是个声调负荷单位 TBU。这个结论难以接受。

最重要的支持证据来自以下零声母和响音声母的音法分布（声韵搭配）和派生过程的平行性。

4) [2D]上半部表明，A 行塞音声母的分布是三类俱全，而 B 行"零声母＋介音 i＋元音"的组合只见于第 1 和第 2 类，如 io 和 yo（即 xio），这与 C 行响音声母分布相同，而与 D 行擦音声母分布不同。

[**2D**]

	1		2		3
A(塞)	吊 tio		调 dio		跳 thio
B(零)	要 io		摇 yo(=xio)		* hio
C(响)	鸟 qnjio		绕 njio		***
D(擦)	***		□搅 zjio		笑 sjio
E	勿要 veq io	=	勿摇 veq yo		
F	蓝鸟 le qnjio	=	滥绕 le njio		
G			滥□搅 le zjio	≠	滥笑 le sjio

5）前文曾指出，ø 和 x 的对立在非首字位置中和了。尽管“要”[ʔ]io^2 和“摇”(x)yo^3 单字有别(B 行)，但在[2D]下半 E 行中，“勿要”veq[ʔ]io 和“勿摇”veq yo 变成了同音字，[ʔ]和 x 在后字位置上都消失了。前喉塞的响音(如“鸟”qnjio)和气声响音(如“绕”njio)的音法派生过程情况与此相同。这两个单字有别(上半 C 行)，但在下半 F 行中，“蓝鸟”le qnjio 和“滥绕”le njio 成了同音词。而与此相反的是，D 行中的一个对立：浊擦音声母字“□搅”和清擦音声母字“笑”，到了下半 G 行中的在非首字位置仍有清浊区别：滥□搅 le zjio：滥笑 le sjio。

综上所述，通行的把气声看成浊擦音声母(“弯头 h”)的看法，从语音学上和音系学上来看都不合适。气声应该与零声母相配，而不与清擦音[h]相配。

2.2.5 发声态不仅仅是辅音的属性

这上面说过了，从语音学角度看，发声态主要实现在元音上，还实现在声调上，所以他可能是音节的特征，顺带着实现在声母辅音上。

2.2.6 声域不能是元音/韵体/韵母的属性

赵元任(Chao 1930)一度认为气声是元音的形容性特征，并把他标为[pa$_{ɦ}$]一类形式。这也有困难。语音学上的问题是：(1)气声会使声母辅音发生很大变化，(2)气声并不在整个元音上延续到底，它只在元音的前一半呈现，(3)在辅音自成音节的音节中，如“五鱼”[ŋ̍]，“树字”[sż]，气声犹存而元音安在？此外如上文所论，设立一套气声元音不仅极不经济，而且还会碰到像“五”ng[ŋ̍]一类无元音音节的麻烦。把声域看成附属于韵体或韵母能避免诸如“五”ng 的麻烦，但由于韵体中的韵腹主要由元音构成，把声域看成附属于韵体的观点依然不经济。更有甚者，这一韵体或韵母的观点还难以解释气声的效果，气声主要表现在声母上以及韵母的开头部分。

2.2.7 声域不能作为韵律词的属性

上面论证了声域不能是辅音或元音的属性。由于气声能出现于元音自成音节的场合“鞋”或辅音自成音节的“五”，所以声域也不能是小于音节的单位如声母、韵母的属性，上海话的气声似乎是由更高一层音法单位(音节或韵律词)所控制。当然也不能是大于韵律词的韵律单位的属性，因为那些单位中可以有停顿出现，因此不构成单一的韵律辖域。

本来把声域看成音节的属性是最合理的，但初版时把声域看作属于整个韵律词，主要是因为在连字调中，非首字音节的声域是否需要赋值形成矛盾，所以排除了音节，而选用韵律词属性。其实这样做的后果就是声调也是韵律词的属性，或者把声调拆成不同成分而附属于韵律词和韵体，结果得不偿失了。

2.2.8 声域隶属于音节，但直属于声调

从音系学角度来看，处理气声有三种办法：(1)为下域阳去和阳入音节类的元音另设一套气声元音音位。(2)提取一个辅音音位/x/。(3)另设一个发声层，独立于音段层和超音段层。发声和超音段(音高、音长)都是“自主音段”。第一个办法毋须考虑，因为不但极不经济，而且在处理无元音的“五”ng 一类音节时很麻烦。第二个办法也不合适，上面 2.2.4 节论证了，x 声母无论在声韵组合还是音法派生上都是错的。所以第三个办法另设一个发声层最好。不过这里面还有很多工作要做，比如，这个发声态应该在语音层面，他是音节音系学中的声域的语音实现。而且在音系学中他不能和音高、长度(语音实现为音长)分属不同层面，比如他属于声调，而音高、长度是“超音段”而属于韵母或元音。音高、长度和声域一样，都是音节的非线性成分，但

他们不是直属音节，而是直属于声调，声调才直属音节。这需要在音节结构上来整体地论证，见下。

2.3 声调的属性与构造

接下来讨论声调与声域的关系。

2.3.1 声调作为音节的直属成分

所谓声调“属性”，就是定位声调的上位概念。

上文我们看到，理论音系学界努力了数十年，却仍未弄明白声调所属，只好用个“声调承载单位”TBU 来对付：声调承载于声调承载单位。我们把音节定义为音法学的基本单位，接下来的事情就非常简单。声调的本质定义就是音节的直属成分（Immediate Constituent，IC）声合的唯一 IC，与另一个 IC 音列对立（种差），区别在于[－/＋线性成分]。

声合下辖声域、长度、音高三个 ICs，见上文图 2.02“音节结构（音列＝音素排列；声合＝声素组合）”。该图中还没确定声调位置，但给出三个可能的位置：一是等同于拱度，二是等同于音高，三是等同于声合。从全世界语言角度来看，可以把声调等同于音高，因为还有非声调语，尤其是非声调语中还有声域语如南亚语。在非声调语中，把“声调”“拱度”“4/3/2/1”三个框拿掉，声合直接下辖声域、长度和音高。例如欧洲语/阿尔泰语中声域简化为常域一个，长度减为长短两度，高度减为 H/L 两度。这样就可以便宜行事把单声域中的振不振声看做声母特征，把两度长短和两度音高看作韵母元音的附加特征。但是从声调语（尤其是还有特殊发声态的声调语）角度来看，需要把非线性的声合完整地表达出来（朱晓农，2018a）。声调等同于声合是最简单的处理。

2.3.2 声调的三个直属成分

本节题目中所谓声调的“构造”，就蕴涵了他的组成成分（以及构造方式）。图 2.06 显示，声调下辖声域、长度、音高三个成分。长度分长/中短/短三度。音高分高度和拱度。高度最多四度。拱度有纯低/平/升/降/凹五种。

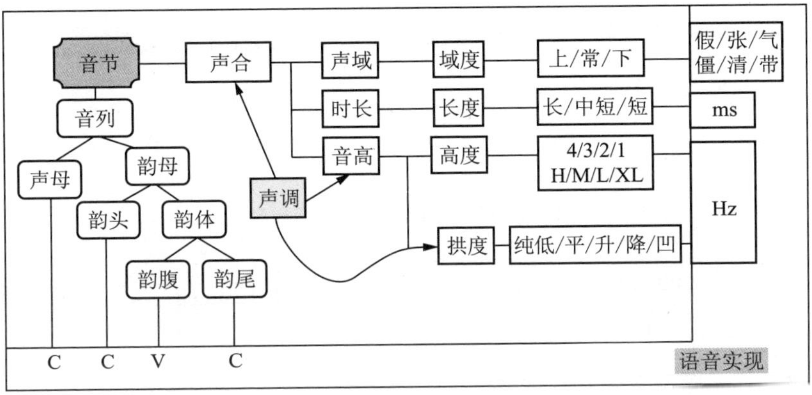

图 2.06　声调在音节中的地位及其结构

2.3.3　发声态作为声域的语音实现

发声态是语音学概念，声域是音节学概念，两者的关系就是抽象单位与他的具体体现。正如元辅音是声韵母的语音实现一样，发声态是声域的语音实现。

2.3.4　标写声调的分域四度制

不是每个语言都有发声态的区别，那就不分域，也就是单域——常域。如果有发声态区别，则需分两个或三个域。每个域中各分四度来描写音高。图 2.07 是分域四度制的完整形式：三域六度。每域各四度，每域各差一度，加起来共六度。从经验上来看，这大概是声域数和度数的极限。

发声简单的语言只有一个常域，客家话、粤语及绝大多数官话方言都是单声域的。尽管有数以百计的方言中存在嘎裂声，但大多只是低调的伴随特征，不构成一个下域。分有两个域的语言/方言大量存在于吴赣湘、苗瑶、侗台语中。双域可以是常域和下域（气/僵声），或者常域和上域（假/张声）。分三个域的语言比原来想象的多，东南吴语、北赣、湘语、苗瑶、侗台语中都有。分域标调的好处之一是可以跨语言进行同声域的声调比较研究了。

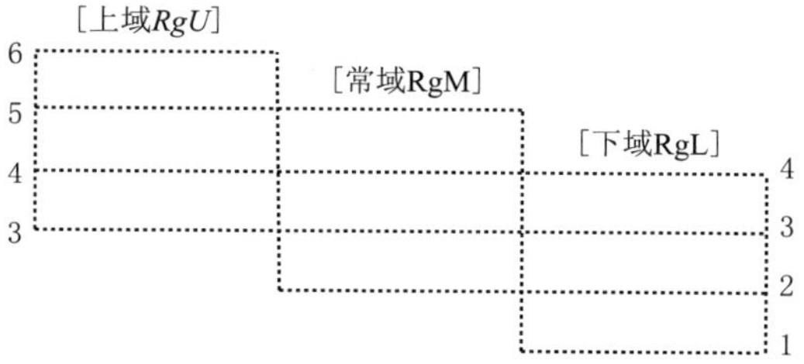

图 2.07　三域六度的声调模型

在分域四度制中,声域数和度数相互决定对方,因此能够作很多理论预测,详见 § 9.6.5。

2.4　音位的功能和局限

2.4.1　引言

音位概念在音法学的发展过程中起过关键作用,它是建设结构派音位学大厦的砖瓦(Bloomfield 1926, 1933:79)。不过,在古典生成音系学中却被抛弃了(Chomsky & Halle 1968:11)。但是"人们发现,生成音系学在倒术语排比洗澡水时,太匆忙地把音位也倒掉了"(Fischer-Jørgensen 1975:401)。到了词汇音系学(Mohanan 1986),音位又复活了。此外,对那些坚持 *SPE* 立场的,音位也是一个方便的特征束速记符号(Selkirk 1984)。

尽管我在本章开头就说"找出一套音位是开始音法分析的标准程序",但对上海话音位的讨论却放到了处理上海音法学这一章的末尾,这是因为在音节或韵律词的层次有很多语音特征共现,而我们又无法确定哪些是主要的、决定性的,哪些不是。随便怎么提出一套音位都会引出无穷问题。从下文讨论的各种处理办法可以看到,在把上海话音位化的过程中,会遭遇到什么样的困难。结论是,在吴语的音系学中,更一般地,在音系学中,声母、韵母等概念比音位更为有效。

2.4.2 上海话音位处理的麻烦

2.4.2.1 两个调位还是五个?

先来看两调位的处理。音位分析暗含于本书所用的上海话拼音中的声调符号:有两个调位,一个降调位(T1)用洪音符号/ˋ/,一个非降调位(T2—T5)不标调。后四个声调用长短(截度)和气声(声域)等音段符号区别。短调拼音有个-q,长调没有。气声下域用浊声母符号或 x 符号表示。

另外一种是五调位的处理。上述两调位处理在理论音法学里多少有些任意。假如提出五调位系统,分别用数字 1~5 表示,结果会如何? 首先,q 音位可以省去,只需有两条同位音规则“/-C/>[-ʔ]/__带 T4 或 T5”,“/-C/>[-N]/__带其他声调”。因此闭音节只有一个韵尾,如:饼/ping 2/(=pin):笔/ping 4/(=piq):扁/pi 2/(=pi)。其次,表 2.02 中 13 个气声辅音可以省去,只要有一条规则:“C(排除送气音)>气声 C/__带 T3 或 T5”(同时“V>气声 V/__带 T3 或 T5”)。即不送气辅音和气声辅音用调位区别,如:扁/pi 2/:便/pi 3/(=bi)|笔/pi 4/:别/pi 5/(=biq)。

上述两种调位处理的好坏难以一概而论。两调位处理意味着所有超音段如长短、音高、声域都是伴随音段的羡余特征,除了[falling]这么一个音高特征用以区别两个调位:[+falling](T1)和[-falling](其余)。五调位处理则意味着声调是主要的、导因性的特征,而声域、长短和有些音段如 q 则取决于其他特征。

有人认为[-long]由喉塞尾引起,这有问题,因为长调 T2 和 T3 音节末也可能有喉塞尾。其实我的大部分发音人的大部分 T2/3 读例都带喉塞尾。另一方面,喉塞尾在词中位置失落,但[-long]还在(§2.3.2)。可见短性独立于喉塞尾。所以最好反过来把喉塞尾处理为长度和音高的羡余特征:[-long](因而也[-falling])导致强制性喉塞尾,而[+long, -falling]导致非强制性喉塞尾。尽管有些零星证据支持某些处理,但总体来说没有决定性证据支持两调位还是五调位。

2.4.2.2 长度区别还是韵尾区别?

如果用五调位,就只有一个辅音韵尾,可以实现为鼻音或喉塞音。假定设立一个长度音位,由于开音节中的元音是[+long],闭音节中是[－long]，在音位标写中可以省去鼻音尾，如：扁/pi：2/（＝pi）：饼/pi 2/（＝pin）：笔/pi 4/（＝piq）。引进长度音位，总音位数增加了一个，但标写简化了，所有音节都不带韵尾了（能否据此说上海话在音法学上全是开音节？）。到底用长度区别好还是韵尾区别好，依然没法从理论上说好坏。

2.4.2.3 **是否需要“半辅音”？**

除了上面看到的特征共现在音位化时引出的很多困难，还有其他问题，例如如何把 i 和 ii 归类。它们是元音还是辅音？如果用声母、韵母的概念讨论起来很方便（§2.2.2），但要是讨论辅音音位还是元音音位，转写为 i 和 ii 的、成音节的擦音[ż，ẓ̇]的归类就成问题了。语音学上它们是辅音[①]，但功能上它们应该是元音。由于音位学是功能语音学（Trubetskoy 1969；Martinet 1955），它们应该看作是元音。所以我们就要确定一套跟半元音平行但性质正相反的新音：半辅音。半元音在语音学上是元音，但功能上是辅音（Jones 1960；Gimson 1970）。这样又引出更多的问题：成音节的响音[ṁʔ ṅŋ̇ ṙ]也是“半辅音”吗？还有成音节的擦音[v̇]呢？

2.4.3 求音位的三种取向

上述讨论当然不是意味着在作音位分析时毫无标准可言。依我看，至少有三种求音位的标准：实用标准，以音节为基础的标准，最小音库标准。下面依次讨论。

2.4.3.1 **实用取向**

Pike（1975）把音位学看成是“一种把语言简化为文字的技术”。尽管这种观点在语言学中没人把它当真，但它是一种转写的实用取向。所以我在求上海话音位时第一个动力就是打字方便，阅读方便，在标准键盘上尽量少用附加符号。这样求出的一套音位如果能显示音节结构和音法派生过程，那就更好了。这套音位实际上已经包容在

---

① 大部分中国语音学家和一些西方汉学家甚至不同意这个看法。那就是为什么高本汉（Karlgren 1926）从瑞典方言学里引入两个元音样的符号[ɿ]和[ʅ]来代表汉语方言中成音节的[z]和[ɻ]。这当然是一种音韵学的处理方法，语音学上它们是辅音，属于“近音”（approximants），或接近于近音的弱擦音。

我的拼音转写方案里了。因此，一共有 28 辅音音位，(表 2.02 的辅音减去五个气声响音，把 ø 换成/q/)，11 个元音音位(包括表 2.03 中的“半辅音”/ï/)，以及两个声调音位。总共如下 41 个音位：辅音/p, ph, b, t, th, d, k, kh, g, tz, ts, j, ch, dj, f, v, s, z, sj, zj, h, m, n, nj, ng, l, q, x/，元音/ï, i, u, y, ei, a, oe, e, eu, uo, o/，声调/`, ø/。上面五调位还是二调位的痛苦抉择就这么实用地解决了。这就是说大部分声调符号都换成了音段符号，这使得打字、阅读都方便了。

2.4.3.2 音节取向

第二种以音节为基础的取向把最小的音法单位——音位——等同于音节成分：声调、声母、介音和韵体(或韵母，见游汝杰等 1980 处理的普通话音位)。于是有 33 个声元音位(见表 2.02)，3 个介音音位，22 个韵体音位(表 2.03 中黑体符号)，以及 5 个声调音位，总共 63 个。声母、介音、韵体、声调音位的概念可模拟英语里的辅音、半元音、元音(包括复元音)、重音。

这种取向对于传统的以音段为基础的音位学来说简直难以理喻。但对于支持者来说这有心理现实的语言直感。当然分出的音位远非语音中的最小对立。不过赵元任(Chao 1934)早就指出了“不足分析”和“过度分析”。把类似[ʦʰ]这样的语音串处理为单个音位是“不足分析”，而把[y]分解为如/wi/那样的音位组合则是“过度分析”。过度分析常用于纯理论分析，如 Gimson(1970:96)所说：“过度分析的标写对语音学家来说较为简单，但对于新手或学生来说不够清晰，约定性太强。”其实并不总是“简单”的，下面我们会讨论。不足分析则很常见，无论元音还是辅音处理。

把声母处理为音位没有问题。一个语音串如[ʦʰ]一类音，可以不足分析为单个音位，对此没人有什么意见。但把韵体处理为单个音位则需费番口舌。如果一个韵体除了主元音之外还有韵尾，那么它的尺寸就比一个元音音位大。不过这个尺寸问题还不是拒绝“韵体音位”主张的决定性理由，因为不足分析亦常见于元音性音段的处理。复元音如[ei, au, iə]常被不足分析为单个音位。例如 Gimson(1970)为英语提出 20 个元音性音位，包括 7 个短单元音、5 个长单元音、还有 8 个复元音音位。那么把韵体如 ang 分析为单个音位有什么问题呢？汉语方言的音节结构都相当简单。上海话只有两个韵尾，甚至少于英语中的三个被 Gimson(1970)处理为音位一部分的后滑音[i u ə]。上面提出的上海话 22 个韵体音位与 Gimson 提出的英语 20 个元音性音位数量相若，仅有的问题在于英语中的后滑音是元音性的，而上海话的韵尾是辅音性的。当然也可以作些音位处理，绕开这问题。例如，ang 和 ong 一般实现为鼻化元音ã和 ɑ̃，因此可以提出普通和鼻化两套元音性的韵体音位，并附以两条规则："/v (-low)/>[vN]"和"N>[ʔ]/v__ #(带 T4 或 T5)"。再说，上海话可以看作是全开音节语言，如果引入一个长度音位。现在就没有辅音韵尾的问题了。

结论是以音节为基础的取向对上海话甚或所有汉语方言的音位处理是可行的。

2.4.3.3 最小音位库取向

第三种取向是寻求最小音位库，这可看成是过度分析的结果。不过我想这只是理论梦境，在实际工作中谁也不会把这条路走到底。让我们看看坚持这条路会走到哪儿。

首先设立两个调位：/ˋ/和/不标/、一个喉塞音/-q/、一个气声音位/x-/。调位/ˋ/指 T1。调位/不标/包括 T2 无/x, q/、T4 有/q/、T3 有/x/、T5/x, q/都有。前面说过，设立五个调位可以省去喉塞音和气声音位，现在设立两个调位加上 /x, q/，一共四个，比起五调位少了一个。

其次，表 2.02 中一共 13 个气声音，除去/x/，其余都处理为相应硬辅音的同位音，这样就在表中还剩下 21(＝33－12)个辅音。然后，由于龈颚音可以看作相应齿音在/i, y/前的变体，又可减去 4 个，于是还剩下 17 个。最后，把送气音处理为不送气加/h/的辅音丛，又可减去 4 个。因此最后得到 13 个辅音音位：/p, t, k, ts, f, s, h, m, n, ng, l, q, x/。

再看元音。先把表 2.03 中成音节的近音都处理为相应辅音的同位音，[ż]除外，因为龈颚音已经并入齿音，[ż]就没法并入[z]，否则[ż]和[ẓ]就没区别了。例如："次"tsï 可写成/tshï/，区别于"气"chii/tshs/|字 zï/xsï/：徐 zjii/xss/。

现在把表 2.03 中底下的 i̠ 挪到左上角空格的括号里。左面单元音栏里还剩下 11 个元音(黑体和 i̠)要处理。我们可以把(半)元音数降低至 7 个。现设定 2 个半元音音位/j　w/。这样 i̠, u̠, ü̠,可以分别处理为其他音位的组合:/jï, wï, jwï/。再把三个圆唇元音 oe, uo, o 改写成/we, we, wa/。最后共有 2 个半元音/j, w/和 5 个元音音位/ï, e, e, a, eu/。

最终的音位库非常简单,只有 22 个:13 辅音、2 个半元音、5 个元音、2 个调位。上引 Gimson 的话说这样分析"对于语音学家来说很简单"。但我想这只意味着音位数目少,但在上述转写/实现和下面[2F]上半中的音列配置方面一点不简单。

[2F]

官 kuoè	/kwïwè/	凶 sjiùng	/sjïwïng̀/	缺 chuq	/tshjwïq/
拳 djuoe	/xtsjwïwe/	狂 guong	/xkwïwang/	浴 yoq	/xjïwïq/
官 kuoè	/kwïwe 1/	凶 sjiùng	/sjïwïng 1/	缺 chuq	/tsjwïq 2/
拳 djuoe	/tsjwïwe 3/	狂 guong	/kwïwang 3/	浴 yoq	/jïwïq 3/

注意,甚至最小音库取向都不能保证一个唯一的音位系统。例如我们可以多设一个调位以替换气声音位。[2F]上半的例子就可改写为下半。从音位数仍是 22 个:12 辅音、3 个调位、7 个(半)元音。

2.4.4　小结

从本小结分析可以看到在决定像上海话这样在音节或词的层次上有很多语音特征共现的语言的音位系统是很困难的。Durie(1984:28)在评论 Acehnese 时说它是个在"类型学空间的音位角落里坐得不舒服的语言",上海话呆得也不舒服。我对上海话的音法学处理既不始于也不基于音位分析,正如 Lyons(1962:132)所说:"把一个语言音位化总是可能的,但这并不证明总是应该的。"

音位处理的非唯一性(Chao 1934)在上海话中很典型。事实上,大部分吴语都是如此。不同的标准得出不同的音位系统,可满足不同的目的。甚至运用同一个而且是最严格的标准也能得到不同的音位库。上面提出的大部分音位库都是不足分析。一个音位总数少因而简单的音位系统并不总是在其他方面(如音列配置和实现规则)也简单。因此,这样的最小音位库很难说是整个音位系统的最佳选择。理想的结果应该是在音库大小和音法规则之间的最佳平衡。不幸的是迄今为止在确定音位时依然是个人爱好在起作用。因此,在处理吴语音系时,使用声母、韵母等概念比音位更为有效,也更为一致。

其实,得出以音节概念取代音位或区别特征作为研究音系的基本单位更为有效这个结论,早就暗含在赵元任的实践中了。赵氏是音位学先驱,他的"The non-uniqueness of phonemic solutions of phonetic systems"(1934)是音位学的经典名著,直到25年后赵氏仍在系统传授"音位论"(1980/1959)。但是听其言不如观其行,在他的封刀大作 *A Grammar of Spoken Chinese* 中,赵氏用了39页的篇幅讨论北京话即汉语口语的音系(pp.18—56),竟然没有一个"音位"字样,他用的还是沿用了一千年的声母、韵母、声调概念。

公允地说,音位概念在理论研究中是个鸡肋,不过在实际应用上倒是必不可少,这就是派克(Pike 1975/1947)说的,音位学是把口语精简定型为书面语的一门技术,是记录、转写一种语言的工具。

2.5 小结

本章内引进一个音节模型来安置声调。以往的音位处理、非自主音段音系学的词几何都无法有效处理上海话不止一个音高参数的复合声调。

音节是音法学和语言语音学的基本单位。声调是他的非线性直属成分,与线性直属成分"音列"相对立。声调下辖声域、长度、音高三个直属成分。声域分上常下三域,上海话中有常域和下域两个声域,常域的语音实现是常态发声,下域是气声。上海话的三个阴调(阴平、阴去、阴入)属于常域,两个阳调(阳去和阳入)属于下域。上海话的音高和时长的音法处理,等我们做完了语音测量,到第九章里再来谈。

第三章　方法和程序

本章内介绍本书使用的方法和程序，3.1 节交待实验程序，3.2 节讨论各种对基频、音强、时长的归一化方法，并选择合适的步骤，这是本项研究的重点之一。

3.1　实验程序

本项研究中用以测试的字有两套：单音节和双音节。单音字表在§3.1.1 中给出，双音字表在第十章中给出。单字调的测试有十一个发音人，双字调四个人。§3.1.2 中简单介绍发音人。单字调录音于1992 年 7 月至 9 月间在澳洲国立大学文学院语言学系的语音实验室的录音室进行。§3.1.3 节介绍单字调录音详情。§3.1.4 节介绍本项研究中所使用的声学仪器和测量步骤。

3.1.1　测试字表

本项研究中使用的单音字都是上海话中实有的语素，见表 3.01。大部分字是自由语素，个别是黏着语素，如：便 bi。

表 3.01　单音字测试表

T1	阴平/长|52|	边 pì[pi]	播 pù[pu]	爸 pà[pu]
T2	阴去/长|34|	扁 pi[pi]	布 pu[pu]	摆 pa[pa]
T3	阳去/长|13|	便 bi[pi̤]	步 bu[pṳ]	败 ba[pa̤]
T4	阴入/短|ʔ55|	笔 piq[pɪʔ]	北 poq[pʊʔ]	八 paq[paʔ]
T5	阳入/短|ʔ13|	别 biq[pi̤ʔ]	薄 boq[pʊ̤ʔ]	白 baq[pa̤ʔ]

测试字的声母有两个，一是清不送爆音 p，一是弛声爆音 b。

测试字的韵母包括以下六个：i，u，a，iq，oq，aq。中派 I 发音人区分有摩擦的紧 ii[i_z]和普通 i[i]，如：比 pii[pi_z]，扁 pi[pi]。在很多吴语著作中紧 i̠i̠[i͎ᶻ]标为[i]，普通 i̠[i]标为[iɪ]。中派 I 发音人的受试字用的是普通 i̠[i]。其所以选择这六个韵母是为了保持高低前后元音的平衡，因为元音高低会影响基频高低（参看 Lehiste 1970）。

3.1.2 发音人

语音学研究表明，即使同一个人把同一个语言信号说两遍，物理性质都有可能很不一样。不同的发音人在实现同一个音法类，或某个音法对立时发音的策略可能很不一样。

这方面的典型例子是朝鲜语中塞音的硬(fortis)：软(lenis)对立。以前的研究都是用一个、最多两个发音人，Dart(1987)用了十个朝鲜语发音人。她发现在区别硬软塞音时有两个参数：气流和口内气压。在同样的语境中，硬塞音一般口腔气压较高，但气流较小。但是对不同发音人来说，两者的重要性不同。在总结了她的发现以后 Dart 说：

> 上述他人研究的主要问题在于缺乏足够数量的受试人。如果只从一个发音人那儿取得 EMG 数据，从两个人身上取得光纤维镜资料，再从另一个人身上得到 X 镜结果，你是无法有自信作出概括的。因此，看到相互抵牾的报告就不奇怪了，因为从这么少数量的发音人身上，要区分真正的概括和发音人特性是很难的。下面可以看到，多个发音人之间有系统差别，而这在使用单个发音人的研究中是很难解释的。

“足够数量的受试人”不但对研究发音是必要的，对声学研究也是如此。在声调方面，时长、基频范围、基频曲线形状、音强等声学性质的个人差异很大。为了滤掉个人特性，获得具有语言学语音学意义的信息，即均值和方差(Rose 1993)，本项研究使用了多个发音人。从统计角度来看，如果有三十个人的样本当然很理想，但是，处理这样一个样本对本项研究来说太大，难以完成。所以我决定取的样本大小既能做统计，时间又许可。在测量单字调时我用了 11 个发音人，5 个女性，编号为 W1 至 W5，6 个男性，编号为 M1 至 M6。

实际录音其实有 15 个人，但有 4 个由于种种原因最终被排除了。其中有两人的家庭是 20 世纪 50 年代从北方迁入上海，他们能说流利的上海话，但在念字表时普通话的影响显而易见。第三个被排除的是个刚到澳洲的十八九岁的女孩。她的发音很怪,每个字都拖得很长,还带有耳语声,有的清有的浊。我猜想她是在麦克风前模仿流行歌星。还有一个被排除的是因为她带有浓重的浦东口音。

这 11 个发音人的年龄在录音时(1992 年)最小 25 岁,最大 43 岁。他们都生于上海、长于上海。表 3.02 给出他们的个人资料。

表 3.02 发音人情况

发音人编号	姓名缩写	年龄	中派变体	教育程度	在澳年数	发音风格
M1	HSG	30	I	大学	2	刻意
M2	ZXN	40	I	大学	2.5	刻意
M3	ZT	34	II	中学	4	随意
M4	XZL	36	I	中学	4	随意
M5	CR	39	I	大学	3	随意
M6	XWY	42	II	大学	5.5	刻意
W1	WYH	28	II	大学	1	刻意
W2	WXW	25	II	大学	3	紧张
W3	LSB	43	I	大学	4.5	刻意
W4	DCM	30	II	大学	3	刻意
W5	HYQ	35	II	中学	3.5	紧张

第 4 栏是方言变体情况。发音人中有 5 个(M1, M2, M4, M5, W3)说的是中派 I,其余是中派 II。三个人的教育程度是中学,其余都是大学。最后一栏是录音时读字表的风格,由我作为本地人作出判断。我觉得所有 5 个女发音人读字表时都很正式,有两个(W2, W5)有些紧张。男发音人中有 3 个读得很正式,尤其 M6 和 M2,其余 3 个较随意,尤其 M3 和 M5。

3.1.3 录音

所有录音使用的都是 Nagra 4.2 盘对盘的磁性录音机,录音速度为每秒 7.5 英寸,Nakamichi CM300 cardioid 麦克风,音强水平手动调整。

每个发音人的单字调发音一次录完,一般就他一个人,不过 M3 和 W4 是同时录的,M5 和 W5 也是同时录的。

录音前,我让发音人先练习直到他们觉得读起来没问题了。这被证明很有用,因为读上海话和说上海话很不一样。发音人从小到大都是用普通话读书的。很多人一开始很不习惯。有两个人,M3 和 W5 练习了 15 分钟,结果录音时还是有不少读错。这是因为有些字在自然语言中从不,或很少单独使用。我让他们多念了两遍,保证每人每个字至少有六个发音正确的读例。

我没用负载句。所有测试字都是以单字形式读的,每人读 6 遍。所以一共有 990 个读例(=5(声调)×3(元音)×6(遍)×11(人))。

测试字写在 3 张 A4 大小的纸上。为了消除开始高、结尾低的"页调"(page intonation),每张纸上开头和结尾处加两个充数字(dummy words),发音人被告知每个字读完稍停两三秒,以避免可能的连读效应。为保证发音人不知道实验目的,还插入了一些声韵配合不同的充数字。

尽管告诉发音人读字表时尽可能保持自然,但各人的发音风格无法保持一致。有些更正式点,有人有些紧张。不过,由于进行了归一化处理,这不影响结果。

3.1.4 声学仪器和测量步骤

单字调的声学信息是从仿真式仪器上获得。我试过 ILS(Signal 技术公司的 Interactive Laboratory System)的基频提取程序,发现它在好几种情况下不工作。首先是短调阴入 T4 的中间段常常测不到。其次,带气声的阳调字频率很低,也常常测不到。由于上海话 T3 带气声,T4 是短调,T5 既短调又气声,所以用 ILS 在这三个声调的测量时费力不讨好,结果只好转而求语图。因此,为保持材料之间的可比性,我决定对所有声调测量都用仿真式仪器。

所有语图都是用 Voice-Print Laboratories 系列 700 Spectrum Analyser 做的。基频曲线从窄带(45 Hz 滤波)图上测量,辅以同时性的宽带(300 Hz 滤波)图定时。附录图 A3.01 中给出两张例图。每张都包括一张 2—3 kHz 的窄带图(Hi-shaping),线性扩展(1 kHz: 29.1 mm)杠分析,以及一张 2—3 kHz 的宽带图线性(1 kHz: 14.45 mm)杠信息(bar information)。

本项研究中用以提取时长、基频、音强的测量程序基本上是费国华(Rose 1982, 1990)中所描写的。声调起点"等同于发声起点。在这种情况下，经常要忽略第一个明显的声门脉冲，因为它的振幅不够大，人耳听不到。这是 Lisker & Abramson(1963:416)采用的方法”(Rose, 1982:7—10)。这个方法实际上等同于 Baken(1987:376)的方法，他把起点定义为 F2 的第一个声门直条清晰可见处。降调基频终点是在宽带图上的基频直条有规律成比例的间隔结束处。升调基频常常末尾附上一条听不见的基频降尾，它的终点定在窄带图的基频峰点处。降尾是音节末喉塞尾的反映(Rose 1989)。在宽带图上获得的起终点转到窄带图上，留出 2 mm 延迟。这个延迟经以前录音开关实验所证实，也可在我的语图上看到。

语图用笔和尺在短调每三分之一处，长调每五分之一处(再加 5%时点)定出采样点。这样的取样率大约是 25 Hz，足以提取整段声调上的基频信息。此外，升调末尾的降尾点(标为 100+%时点)也测量。基频测量用的是 Rose(1987:237)所用的那种连接计算机的数字化测量器，计算机软件由“Macquarie 大学言语听觉和语言研究中心设计，经修改每图可测量多达 100 测量点。在 90%置信度精确度估计为±5 Hz”。书末附录图 A3.01 中给出一张基频例图。

相对音强曲线从同一语图仪的“平均振幅”[flat-shaping]装置上得到。录音时用同样的放录水平，因此不会人为地拉平音强。在音强图下做一个同时性的 1 kHz 宽带语图。加上前面得到的资料，可以确定音强的起点，这次相对于基频起点有 1.5 mm 的延迟。然后基频测量时得到的时长资料转到音强图上，于是可以确定音强的终点。书末附录图 A3.02 中给出一张音强例图。

由于音强曲线比基频变化快，所以采样点需更为密集。长调时长每 10%取一个点，再加 5%时点；短调 T5 每 20%取一个样，再加一个 10%时点；T4 每三分之一取一个样。

3.2 基频归一化

3.2.1 引言

本节内探讨对声调的主要载体——基频——的归一化处理，并附带着处理时长和音强的归一化问题。负荷声调信息的除了基频以外，有时还涉及时长(duration)和发声(phonation)。不过,基频是任何声调系统都不可或缺的最普遍、最重要的区别因素;时长和发声只是在某些较为特殊的声调系统中起作用。

尽管基频负载着声调的主要区别特征,目前在描写声调时却只能通过对基频的感知——音高——来进行印象式(impressionistic)描绘,因而语言调查人员在记录声调时都有一种难以一下确定的感觉。例如某个听感上的高升调,不同的调查人员可能会分别描写成[24][25]或[35]。他们可能都对,因为声调描写中的这种不确定性实际上反映了两个基本事实:(1)不同的发音人可能有发音差别,(2)描写工具(五度制)本身并未对这些差别有精确定义(这一点见后第九章)。

上述第一点是显而易见的,一个语言信号(linguistic signal)的物理性质其表现形式多种多样、甚至可以说是无限多;不但人各不同,甚至同一个人说两次都不一样。最近二三十年来语音学的最大成就也许就是从实验上证明了这一经验常识。

但是,另一方面,这个语言信号,不管男女老少谁说,也不管是尖叫乱喊还是一字一顿,在听者耳中的语言内容是一样的。这说明在感知层面有不变的范畴存在,这种感知范畴有可能用作音法学层面的对立特征。归一化的主要目的就是消除人际随机差异,提取恒定参数;即滤掉个人特性,获得具有语言学意义的信息(Rose 1993)。正如Disner(1980)对元音归一化和费国华(Rose 1987)对声调归一化所作的论证,归一化的数学程序可以看作是仿真听者把一个听到的音归于某个音类的感知过程。归一化的目标是归聚相类的音,同时分开不相类的音。个人各自的归一化(self-normalization)的物理含义就是以本人的频域作为坐标,以显示本人的各个声调在此空间中的分布。经过归一化以后,原先各人看似杂乱无章的基频曲线便会显示出惊人的一致性。因此,基频归一化的首要作用在于,把对声调的感觉描绘建立在标准化的定量描写的基础上。

归一化的另一个作用是消减录音时的发音风格(正式、随意、紧张等)差异。不同发音人的不同风格一直是个很大的麻烦,它可能破坏材料之间的可比性。使用归一化以后这个问题可以得到极大的改善,只要发音人在一次录音中保持一贯的风格就行,因为一种特定风格可以看作某个有个人特点的发音人。

归一化不但能提取同一个语言中的某个音无数多表面变异底下的不变性,而且还能比较不同语言中的音,如果他们相似,看他们相似到多大程度,又有什么差异;如果他们不同,看他们在可比的语音空间中各自分布在什么区域。

总之,如果不对测量到的语音进行归一化处理,人际随机差异就无法减少,人际比较和跨语言比较就无法进行。归一化能够在人际差异中找到常量,在语际变异中找到共性,从而使得人际比较和语际比较的研究成为可能。

下面主要讨论基频的归一化策略,然后讨论音强和时长的归一化策略。

3.2.2 六种基频归一化策略

自 20 世纪 60 年代以来提出过很多种归一化的转换方法。归一化先是用于元音的分类和比较(Fant 1966; Gerstman 1968; Harshman 1970; Labanov 1970; Wakita 1977),然后引入到声调研究中(Jassem 1971; Menn & Boyce 1982; Earle 1975; Takefuta 1975; Rose 1982, 1987, 1989; Ladd et al. 1985;沈炯 1985;石锋 1990)。归一化一般有两个步骤,一是在坐标上作平移,二是压缩或扩大频域。基本公式见[3A],其中 x'表示归一化了的标准值,x_i 代表要被归一化的原始测量值,x_1 和 x_2 代表两个参照值,x_1 用来平移,x_2 用来压缩或扩大频域。

$$x' = \frac{x_i - x_1}{x_2} \qquad [3A]$$

以下比较六种归一化方法,以选择最佳方案。我很抱歉颠倒次序,按说得先摆出声学材料,再讨论方法。但我想还是先讨论方法(其中大多由我想到的)为好,免得后面讨论声调时老要打断。下一章就要处理 T1 的基频,我不能等到那时再讨论方法,我得现在先决定将来用什么方法。

在六种归一化方法(z-score,频域分数,频域比例,对数半音差比,对数 z-score,对数频域比例)中,前三种是线性的,后三种是对数的。头两种 z-score 和频域分数很常用,还有一类国内一些学者亦有使用,其余是我发展出来的。比较的结果表明由我设计的对数 z-score(LZ)法最好。

第一种 z-score 转换法(如 Jassem 1971; Menn & Boyce 1982; Rose 1987, 1989)"把一个基频观察值表达为距离基频均值的某个量度的倍数"(Rose 1987:347)。归一化的基频值(z 值)用标准公式[3B]计算。其中 x_i 是观察值,m 是给定样本的均值,s 是标准差(下文简作 SD)。例如,发音人 M1 的阴平 T1 在 5%时点处的基频值是 179 Hz,他的总平均值和 SD 分别为 141 Hz 和 16 Hz。可以算出 179 Hz 的归一化值为(179－141)/16＝2.38。

$$z_i = \frac{x_i - m}{s} \qquad [3B]$$

第二种是"频域分数(FOR)转换法(如 Earle 1975; Takefuta 1975; Rose 1982; Ladd et al. 1985)把某个观察值表为两个域限定义值之差的分数"(Rose 1987:347)。计算公式见[3C],其中 v 是归一化值,x_H 和 x_L 分别是确定频域上限和下限的值。例如,发音人 M2 的 T1 在 5%时点上的基频值是 199 Hz,这是他基频分布的最高点(归一化时不考虑在 0%时点处的基频),最低值是 108 Hz,出现在 T3 的凹点处。因此 FOR 值是 1.00(＝(199－108)/(199－108),其中第一个 199 是 x_i,第二个是 x_H)。

$$v_i = \frac{x_i - x_L}{x_H - x_L} \qquad [3C]$$

第三种是频域比例(POR)转换法,把某个观察值表为用均值和标准差定义的频域的比值,计算公式见[D]。其中 m 是均值,s 是标准差,c 是常数,可根据需要取 $0 < c \leqslant 3$ 之间的值,一般以取 2 和 2.5 为常见。仍以 M1 为例,他的 T1 在 5%时点处的 g 值是 1.09(＝(179－(141－2×16))/((141＋2×16)－(141－2×16))。

$$g_i = \frac{x_i - (m - cs)}{(m + cs) - (m - cs)} \qquad [3D]$$

这个公式看似[3C]。但两者频域定义的策略不同。FOR 法中频域是由两个基频值确定的,而 POR 法中的频域是由均值和标准差定义的,也就是由全体参与归一化的基频值决定的。公式[3D]中的一个

g 值可以是一个频域的分数，比如在($m\pm2s$)之间。但也可以是个倍数，如果频域小于，比如($m\pm0.5s$)。

第四种是对数半音差比(ratio of logrithmic semitone distances, LD)转换法，把观察值表为某个以半音定义的特定频域的分数。半音差距定义为：$D=12\cdot\log_2\frac{x_2}{x_1}=\frac{12}{\log_{10}2}\cdot\log_{10}\frac{x_2}{x_1}$ ('t Hart et al. 1990: 24)，或 $x_2=(\sqrt[12]{2})^n\cdot x_1$ (Baken 1987: 127)。归一化的计算公式见[3E]，归一化值被表为两个半音差距的比值。其中 x_H 和 x_L 分别为频域的上限和下限。以上面 M1 为例，他的 T1 在 5%时点处的基频的 LD 归一化值是 1.07($=[\log_{10}(179)-\log_{10}(141-2\times16)]\div[\log_{10}(141+2\times16)-\log_{10}(141-2\times16)]$)，如果 x_H 和 x_L 分别定义为 ($m+2s$) 和($m-2s$)。

$$\begin{aligned} d_i &= \left(\frac{12}{\log_{10}2}\cdot\log_{10}\frac{x_i}{x_L}\right)\div\left(\frac{12}{\log_{10}2}\cdot\log_{10}\frac{x_H}{x_L}\right) \\ &= \left(\log_{10}\frac{x_i}{x_L}\right)\div\left(\log_{10}\frac{x_H}{x_L}\right) \qquad [3E] \\ &= \frac{\log_{10}x_i-\log_{10}x_L}{\log_{10}x_H-\log_{10}x_L} \end{aligned}$$

根据不同的频域定义法，LD 可分为两种：LD_{FOR} 用两个极端值，LD_{POR} 用全体值。

第五种是对数 z-score(LZ)转换法，把观察值表为均值的某个离散量度的倍数，都是对数形式。计算公式见[3F]。其中 $y_i=\log_{10}x_i$，m_y 和 s_y 分别是 $y_i(i=1, 2, \cdots, n)$ 的算术平均值和标准差，m_y 因而是原始基频值的对数几何均值。再以上面 M1 为例，他的对数基频值总平均是 2.147，标准差是 0.048。他的 T1 在 5%处的基频 179 Hz，相应的 LZ 值就是 $(\log_{10}(179)-2.147)\div0.048=2.21$。

$$\begin{aligned} z'_i &= \frac{y_i-m_y}{s_y} \\ &= \frac{\log_{10}x_i-\frac{1}{n}\sum_{i=1}^{n}\log_{10}x_i}{\sqrt{\frac{1}{n-1}\sum_{i=1}^{n}\left(\log_{10}x_i-\frac{1}{n}\sum_{i=1}^{n}\log_{10}x_i\right)^2}} \qquad [3F] \end{aligned}$$

第六种是对数频域比例法(LPOR),把观察值表为以对数均值和标准差的定义的频域的比例,计算公式见[3G]。其中 c 是常数, $y_i=\log_{10}x_i$, m_y 和 s_y 分别为 $y_i(i=1, 2, \cdots, n)$ 的均值和标准差, m_y 是原始基频值的对数几何均值。例如,M1 的 T1 在 5%处的基频值为 179 Hz,相应的归一化了的 g' 值为: $[\log_{10}(179)-(2.147-2\times0.048)]\div[(2.147+2\times0.048)-(2.147-2\times0.048)]=2.21$。

$$g'=\frac{y_i-(m_y-cs_y)}{(m_y+cs_y)-(m_y-cs_y)} \tag{3G}$$

上述有些方法并不是完全独立的,例如 z-score 和 POR 有如[3H]的关系。式中 z 值和 g 值的区别在于斜率(1∶0.5c)和截距(0∶0.5)。常数 0.5 对公式无碍,只是把坐标垂直移动了半个单位。也就是说,平均 z 值在纵轴上是 0,而平均 g 值是 0.5。斜率(0.5c)表示在纵轴上压缩或扩大曲线,不过它不改变任何一对归一化前后的 g 值和相应 z 值的相对比例。因此 z-score 法和 POR 法可以用一个系数(0.5c)和一个常数(0.5)加以换算,它们实质上是等价的。这一点如果在 POR 法中用 $(m\pm0.5s)$ 做频域就更明显了,此时 $g_{0.5s}=z+0.5$, 连斜率都相等了。所以 POR 法只是 z-score 的一个变体。由上可见,所有用且仅用均值 m 和标准差 s 作为归一化参数的线性归一化方法实质上都是等价的。

$$\begin{aligned}g&=\frac{x-(m-cs)}{(m+cs)-(m-cs)}=\frac{x-m+cs}{2cs}\\&=\frac{1}{2c}\cdot\frac{x-m}{s}+\frac{1}{2}=\frac{1}{2c}z+\frac{1}{2}\end{aligned} \tag{3H}$$

对数的 LZ 和 LPOR 转换法有同样的关系,见[3I]中的推导。因此 LPOR 可以看作 LZ 法的变体。

$$\begin{aligned}g'&=\frac{y_i-(m_y-cs_y)}{(m_y+cs_y)-(m_y-cs_y)}=\frac{1}{2c}\cdot\frac{y_i-m_y}{s_y}+\frac{1}{2}\\&=\frac{1}{2c}z'+\frac{1}{2}\end{aligned} \tag{3I}$$

因此对 z-score 和 LZ 法的讨论也适用于 POR 和 LPOR 法。

LD_{POR}法和 LZ 法之间的关系复杂得多。不过我们依然能找到一个表达两者换算关系的等式,见[3J]。

$$d_i = \frac{z'_i - \dfrac{\log_{10}(m_x - 2s_x) - m_y}{s_y}}{\dfrac{\log_{10}(m_x + 2s_x) - \log_{10}(m_x - 2s_x)}{s_y}} \qquad [3J]$$

综上所述,实际上有四种归一化方法:z-score(=POR),频域分数 FOR,对数 z-score(=对数 POR) LZ,以及对数半音差比 LD。在比较这四种方法前,先介绍几个用于评价归一化方法的基本概念。

3.2.3 标准指数和离散系数

为了比较由各种归一法得到的结果,我们使用标准指数(normalisation index, NI)作为指针。NI 越大,结果越好,其他条件一样的话。归一化的目标是归聚转写时相类的音,同时分开不相类的音。否则 NI 值再大也没用(Disner 1980;本章 § 3.2.1.4)。标准指数定义为归一化前后的离散系数之比(Rose 1987),见[3K]。

$$\text{NI} = \frac{\text{归一化前的基频值的离散系数}}{\text{归一化后的标准值的离散系数}} \qquad [3K]$$

离散系数(dispersion coefficient, DC)反映了对不同发音人的测量值的归聚程度。Earle(1975:132)和 Rose(1981:143)所用的定义实际上是等价的,离散系数可以定义为如[3L],其中标准点(normalisation points)指用于归一化处理的采样点,采样点(sampling points)指的是在该处进行基频、音强测量的百分比时刻点。样本方差(sample variance, SV)是采样点上的个人平均基频值的总方差。

$$\text{DC} = \frac{\text{标准点上的人际均方差}}{\text{样本方差}} \qquad [3L]$$

人际均方差(the mean between-speaker variance, MBSV, $\overline{s^2}$)用[3M]公式算,其中 n=标准点的个数,i=第 i 个标准点。一个样本的离散度由它的方差表示。方差(s^2)用[3N]公式算,其中 n=样本中的个例数,包括所有人的基频值或标准值;x_i=样本中第 i 个实例,m=

样本的算术平均。

$$\overline{s_{\mathrm{BS}}^2}=\frac{1}{n}\sum_{i=1}^{n}s_i^2 \qquad [3M]$$

$$s^2=\frac{1}{n-1}\sum_{i=1}^{n}(x_i-m)^2 \qquad [3N]$$

3.2.4 定义频域的策略

使用 FOR, POR, LD 等转换法会引出确定频域的问题。而不同的频域定义策略会得出不同的归一化结果。Rose(1981)选择高降调在 30%和 90%时点处的基频均值作为频域定义的上下两个值。Earle (1975:100)选择所有声调中的最高和最低取样点。为了找到哪种策略能得到最好结果,我试用[3O]中的各种频域定义值,把 11 个发音人的五个声调的加以归一化。此处 $f_{\max}$是 T1 高降调的最高基频值,这一般也是所有声调中的最高点(不算 0%时点处的值),$s_{f\max}$ 是距离 $f_{\max}$一个标准差,$f_{\min}$是 T3 低凹调的最低点的基频均值,这一般也是各人的最低基频值(不算 100+%处的值),$s_{f\min}$ 是距离这均值一个标准差,$f_{20\%\ \mathrm{of\ T1}}$是 T1 的 20%时点处的基频均值,等等。

[3O]

FOR 和 LD_{FOR}	1) $f_{\max}-f_{\min}$
	2) $(f_{\max}+s_{f\max})-(f_{\min}-s_{f\min})$
	3) $(f_{\max}+2s_{f\max})-(f_{\min}-2s_{f\min})$
	4) $f_{20\%\ \mathrm{of\ T1}}-f_{80\%\ \mathrm{of\ T1}}$
	5) $f_{40\%\ \mathrm{of\ T1}}-f_{60\%\ \mathrm{of\ T1}}$
POR 和 LD_{POR}	6) $m\pm 2s$
	7) $m\pm s$

表 3.03 中的标准指数(NI)反映了归一化的结果,标准点是从 5%到 100%处,但不包括受到喉塞尾干扰的 T4 的 100%时点。表中的指数与[3O]中的频域定义法是对应的。例如,使用 $m\pm s$ 这个频域([3O]第 7 行)得到的标准指数 13.8(线性 POR 法)和 14.0(半音 LD_{POR}法)在表 3.03 中也是第 7 行。

表 3.03　三种方法的标准指数,不同的频域确定策略

		线　性	对　数	
1)	**FOR**	10.4	10.5	**LD_{FOR}**
2)		9.4	9.8	
3)		7.5	8.2	
4)		6.7	6.3	
5)		4.1	4.0	
6)	**POR**	13.8	13.4	**LD_{POR}**
7)		13.8	14.0	

表 3.03 表明 POR 转换法(6, 7)好于 FOR 法(1-5),前者的 NI 值高好多,这是预计中的。费国华(Rose 1987:348)发现 z-score 转换法产生的归一化结果好于 FOR 法,因为"z-score 法避免了强制归拢的循环性,因为决定归一化参数(NP)的是许多基频值的分布,而不是仅仅两个值。此外,这公式的'均方根'root-mean-square 基础能保证减少的是全局分布上的人际差异(相比之下,若用 FOR 归一法,而且频域定义值正好出现在同一个人际采样点,会人为地引起人际差异的局部波动)。"

与 z-score 一样,POR 转换法避免了两个不利,即缺乏均方根基础和所用基频值太少。由于线性和对数的 FOR 频域定义的方法所产生的 NI 值都不及使用均值和标准差的方法,以下不再考虑 FOR 和 LD_{FOR} 转换法。

3.2.5　选择用于归一化的采样点(标准点)

§3.1.4 中提出测量上海声调基频的取样标准:入声短调每三分之一取一个点;舒声长调每五分之一取一个点,再加 5%时点;对 T2,T3 和 T5 再加一个 100+%时点。这 100+%时点上的基频测量值不用于归一化,因为它们反映的是音节尾喉塞音的声带关闭阶段(Zee & Maddieson 1980; Rose 1987),反映了由辅音干扰引起的基频波动在不同的人身上所产生的很大的不同效应,所以最好略去不顾(Rose 1993:197)。[3P]中尝试了各种采样点看哪个产生最好的效果。

排除阴入 T4 在 100%时点的基频值的理由与前升调类相同,T4 也有个喉塞尾。排除所有声调在 0%时点的测量值是因为起点基频受到声母辅音的影响是人各不同的(Rose 1993:197)。排除阴平 T1 在 100%时点的测量值的理由等下面给出试用八种选点程序的三种归一法的结果后再说。这八种选点法放在[3P]中,三种归一法与这八种选点法的结果列在表 3.04 中。POR 和 LPOR 的归一化结果也放在表中括号内,前面说过,它们分别与 z-score 和 LZ 等价,因此它们的 NI 值与 z-score 和 LZ 的相同。

[3P]

1) [0—100%]	所有五个声调从 0 到 100%点的所有的值
2) [0—100%\T1]	所有五个声调从 0 到 100%点的所有的值,除了 T1 在 100%处的值
3) [0—100%\T4]	所有五个声调从 0 到 100%点的所有的值,除了 T4 在 100%处的值
4) [0—100%\T1+4]	所有五个声调从 0 到 100%点的所有的值,除了 T1 和 T4 在 100%处的值
5) [5—100%]	所有五个声调从 5 到 100%点的所有的值
6) [5—100%\T1]	所有五个声调从 5 到 100%点的所有的值,除了 T1 在 100%处的值
7) [5—100%\T4]	所有五个声调从 5 到 100%点的所有的值,除了 T4 在 100%处的值
8) [5—100%\T1+4]	所有五个声调从 5 到 100%点的所有的值,除了 T1 和 T4 在 100%处的值

表 3.04 三种转换法的标准指数,归一化点不同

		Z-score	(=POR)	LD	LZ	(=LPOR)
1)	[0—100%]	11.6	(11.6)	11.2	11.7	(11.7)
2)	[0—100%\T1]	10.6	(10.6)	10.0	10.5	(10.5)
3)	[0—100%\T4]	12.9	(12.9)	12.8	13.3	(13.3)
4)	[0—100%\T1+4]	12.0	(12.0)	11.5	12.2	(12.2)
5)	[5—100%]	11.7	(11.7)	11.3	11.7	(11.7)
6)	[5—100%\T1]	10.5	(10.5)	10.0	10.0	(10.0)
7)	[5—100%\T4]	13.8	(13.8)	13.4	**14.0**	(14.0)
8)	[5—100%\T1+4]	12.5	(12.5)	12.3	**12.7**	(12.7)

表 3.04 表明,排除了 T4 在 100%处的值改善了归一化结果(比较第 3 行与第 1 行,第 7 行与第 5 行),用 z-score 法 NI 值增加了 1.3(=12.9−11.6, [0—100%])和 2.1(=13.8−11.7, [5—100%]),用 LD 法增加了 1.6(=12.8−11.2, [0—100%])和 2.1(=13.4−11.3, [5—

100%]),用 LZ 法增加了 1.6(＝13.3－11.7,[0—100%])和 2.3(＝14.0－11.7,[5—100%])。

排除所有声调在 0%处的值(分别比较第 5—8 行和第 1—4 行)得出更好的 NI 值:[5—100%\T4]的选点(13.8/13.4/14.0)高于[0—100%\T4]的选点(12.9/12.8/13.3) 0.9－0.6;[5—100\T1＋4]选点(12.5/12.3/12.7)高于[0—100%\T1＋4]选点(12.0/11.5/12.2) 0.5—0.8;另两个选点策略差不多:[5—100%]是 11.7/11.3/11.7,[0—100%]是 11.6/11.2/11.7,[5—100%\T1]是 10.5/10.0/10.0,[0—100%\T1]是 10.6/10.0/10.5。

上述两个改善是预料中的,因为 T4 在 100%处和所有声调的起点处的基频是依人、依音段不同而不同,从而产生更大的变异。由上所述,我们可以摒弃表 3.04 中第 1 到第 6 种选点标准。因此只有第 7 第 8 行里的六种方法需要进一步考察。

尽管[5—100%\T4]选点策略(第 7 行)产生最好的归一化结果(z-score 法的 NI＝13.8,LZ 法的 NI＝14.0),但还是有几个理由让我们选择第 8 行的[5—100%\T1＋4]选点策略。

阴平 T1 的基频降尾降得如此之低,大大超过了所有发音人的 T3 阳去的凹点,在 11 位发音人中除了 M6 都是如此。我认为 T3 的凹点是喉门主动控制的最低点,T1 的终点不是主动控制的结果。也就是说,T3 的凹点高度是基频的目标,说者想要把他们的基频降到这个特定高度再往上升。与此不同的是,T1 的基频终点仅仅是降调的自然结果,而不是故意要把喉门控制降到某个高度,它可以在说者的低频区中相当宽的一个频域内任何一点上停下来,说者并没有意调整他的声带紧张度和喉下气压以操纵 T1 的基频终点。费国华(Rose 1993)总结说,T3 的凹点基频是个人际常数,而 T1 的终点值是依人而定的变量。这个设想在下文将得到我的归一化结果的证明:T1 的最低点终点处的标准差大约是 T3 的最低点凹点处的四倍,因此 T1 的终点基频是各随机变量,而不是语音目标,所以在提取声调的不变性质的程序中应把它排除。

现在我们只剩下表 3.04 第 8 行的三种方法了。LZ 法的结果(NI＝12.7)最好,其次 z-score 法(NI＝12.5),最差的是 LD 法(NI＝

12.3)。不过在淘汰后两种方法前我还要讨论一下 LD 法(§3.2.1.5)和 z-score 法(§3.2.1.6)。

3.2.6 再论半音 LD 转换法

半音 LD 转换法有些很特别的性质是其他方法没有的。

首先是频域定义和由此得到的标准指数的关系。在线性 POR 和对数 LPOR 公式中改变系数 c,不会改变最终的标准指数,见[3H]和[3I]中的公式,又见表 3.03 中的两个 NI 值 13.8。但 LD 法中改变系数就会改变结果。图 3.01 中画出标准指数作为频域的函数,频域是由标准差定义的。可以看到,在 LD(5—100%\T4)公式中频域从 $m\pm4.979\ 318\ 87s$ 逐渐减小为 $m\pm6.35\text{E}-15s$,产生了一个标准指数 NI 的拱形曲线,顶点(NI=13.98)在 $m\pm1.033\ 82s$ 处。那就是说,如果[3E]中频域上下限确定值 x_H 和 x_L 各自用 $m+1.033\ 82s$ 和 $m-1.033\ 82s$ 来定义的话,就能得到一个最高的标准指数 NI=13.98。由此可见,用 LD 转换法,随着所选频域的不同,归一化结果也不同。

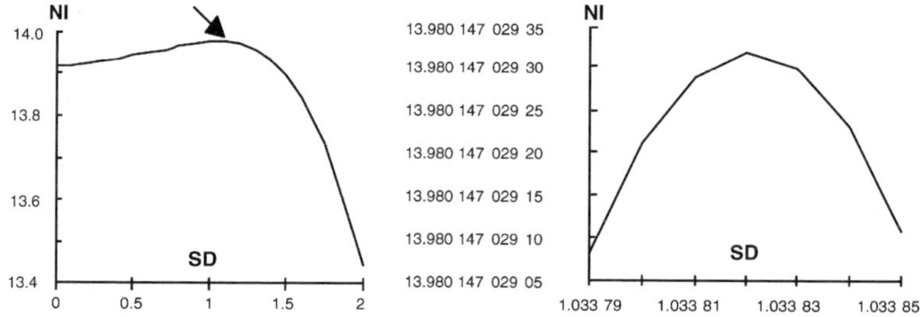

图 3.01 LD 转换法中,标准指数作为频域的函数

第二个特点是各发音人相同的 LD 值的可比性问题。用其他转换法如 z-values 和 LZ 法,发音人的归一化值的均值是 0,用 POR 和 LPOR 法是 0.5,但是 LD 归一化值的均值人各不同。例如,经 LD 归一化($c=2$,标准点:5—100%\T4)后发音人的平均 d 值见[3Q]。

[3Q]

Sp	M1	M2	M3	M4	M5	M6	W1	W2	W3	W4	W5
$\overline{d}$	0.55	0.55	0.54	0.53	0.54	0.56	0.56	0.54	0.55	0.54	0.54

当所有个人的 d 值画在一张图上，只有所有人的两个频域定义点上的 LD 值能放在一个高度上。那就是说，在这种情况下，所有人在 $m+2s$ 和 $m-2s$ 点上的原始基频值经归一化后各自定为 1 和 0。但如果用 $m \pm 1s$ 来定义频域，那么在 $m+1s$ 和 $m-1s$ 处的基频值会标准化为 1 和 0，如此等等。这对于人际比较来说显然是不利的。当然如果作[3R]中的坐标转换，也可以把各人的 LD 均值($\overline{d}$)排在同一高度，但代价是频域两端就无法对齐了($\overline{D}$＝总均值，i＝第 i 个发音人，j＝第 j 个标准点)。

$$d'_{ij}=d_{ij}-(\overline{d_i}-\overline{D}) \qquad [3R]$$

经过坐标转换以后，不同频域定义法所得的所有标准指数都改善了，如果原来的指数较小，那么改进的就很大。转换以后指数在 $s=2$时最高，如选点是[0—100%\T4]，NI＝14.0；如选点是[5—100%\T1+4]，NI＝12.7。也就是说，现在的结果与 LZ 的结果(见表 3.04)一样好。但现在各个发音人取自同处的基频值，除了均值，变得无法比较。例如，M1 在高于均值 1 SD 的经坐标转换后的基频值不同于 W1 在该处的值。尽管误差不大，但依然不利于人际比较。因此我决定不用 LD 法。现在只剩下下一节要讨论的最后两种方法了。

3.2.7 对数 z-score 法与线性 z-score 法比较

对数 z-score(LZ)比 z-score 转换法更好，理由有如下三条。

首先，LZ 归一化结果稍好于 z-score(12.7＞12.5)，见表 3.04。

第二，统计上更有利，这实际上反映了发音机制。发音人五个单字调的基频分布根本不是正态的，而是有点正倾斜，见图 3.02a 中的典型样图。经过对数转换，基频值的分布显得正态了(图 3.02b)，因而更适合于统计处理。表 3.05 给出各人基频分布的斜度(定义为标准化了的第三中心转矩)因子，这些因子画在图 3.03 中。从表中看到经过对数转换，斜度平均减少了 0.251(＝0.383－0.132)，0.132 是对数斜度因子绝对值的均值。所有人的斜度因子都大大减小了，只有 W5 的斜度因子仅减小 0.013(＝0.127－|－0.114|)。

表 3.05 原始基频值和对数基频值的斜度因子

	M1	M2	M3	M4	M5	M6	W1	W2	W3	W4	W5	平均
Hz	0.550	0.299	0.101	0.466	0.812	0.296	0.456	0.503	0.349	0.252	0.127	0.383
Log(Hz)	0.172	−0.041	−0.040	0.138	0.521	−0.013	0.122	0.241	0.014	0.031	−0.114	0.132

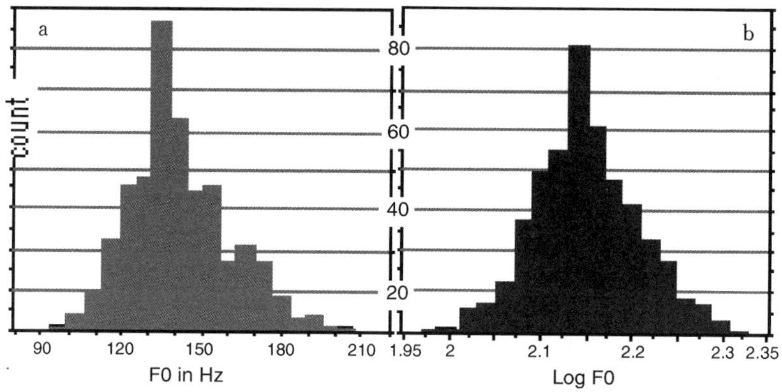

图 3.02 M5 五个声调的基频分布，单位(a)Hz，(b)log 基频

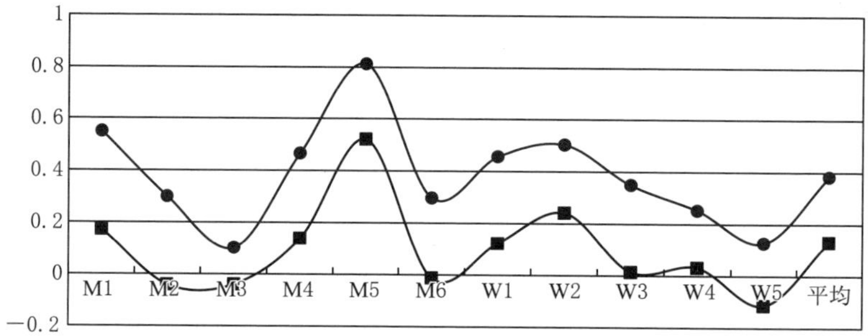

图 3.03 个人基频分布的斜度因子，上：Hz，下：Log Hz

用赫兹为单位的原始基频值的斜度因子很大，表明五个声调的基频分布不均衡。换句话说，调型更多的是挤在低频区。同样的正倾斜存在于非声调语，如波兰语(Jassem 1971)，英语(Menn & Boyce 1982:379)，也存在于其他声调语，如越南语(Earle 1975:153)，Pakphanang 泰语(Rose 1994)。这也许反映了基频变化的对数性质。Fujisaki(1983:52)提出一个假说：主要由声带前端移位引起的声带肌肉的线性拉长导致基频对数增长。这种基频的对数变化表达在 LZ 量

度上：基频在低频区的一个小增长，在对数尺度上与高频区的一个大增长有同等的差距。换句话说，如果基频值小，那么转换后的对数值上升快，但随着基频值的增加，对数值的上升就越来越慢。

第三是如何从听感上解释美度阶。在音乐中，半音阶与频率是线性变化的，例如，如果第一个八度音程是从 100 到 200 赫兹，那么第二个就是从 200 到 400 赫兹，参看 § 3.2.1.1 半音的定义。但是，语言中听感音高和基频的关系如何并不很清楚。美度阶在 1 000 赫兹以上无疑是对数性质的。但是，在 1 000 赫兹以下的低频区内它是对数性的还是线性的，存在不同看法，如 Menn & Boyce(1982)，费国华(Rose 1987)认为是线性的，而 't Hart et al.(1990)认为是对数性的。确定这一点对于声调处理很重要，因为语言一般远低于 500 赫兹。Koenig 阶设计成 1 000 赫兹以下是线性的，以上是对数性的。这只是为使用方便，并不能很好地对应美度阶。Fant(1973:48)为共振峰提出一个对数公式(mel$=k\log(1+f/1\,000)$)，作为“一个在技术上对美度阶有用的近似”，并认为“比 Koenig 阶更逼近美度阶”。1 000 赫兹以下听感音高与频率的线性关系，只能在 Koenig 阶上读出，而不能在美度阶上读出。我不同意比如 Menn & Boyce's(1982:380)对美度阶在低频区的解释。他们说：“根据 Beranek (1954) 对 Stevens & Volkmann (1940)结论的图标解释，在 100 到 400 赫兹段，等高听感音高的美度阶基本上是线性的。”重新审核 Beranek(1954:398)原文第 13.8 图的结果让我确信，所谓“线性”是个错觉，可能是由频率横轴的对数刻度以及图中相对稀少的数对(美度阶对赫兹)引起的。图 3.04a 是 Beranek 的原图，横轴是对数基频，纵轴美度阶。在 100—400 赫兹之间只有两对赫兹对美的数值，即 160 Hz ∶ 250 mel; 394 Hz ∶ 500 mel，因此，只能画一条直线。如果如图 3.04b 那样把频率横轴改为线性，那么这曲线就变成对数增长了。当然，在低于 500 赫兹的低频区，等高音高的美度阶大体上是线性，那是由于对数算法的性质决定的。因此，在低频区线性算法可以作为对数算法的近似，但不是拒绝对数算法的理由。由于图 3.04b 的整条曲线的总体形状是对数的，我宁可相信 500 赫兹以下也是对数性的。

基于上述理由，本项研究决定使用 LZ 转换法。

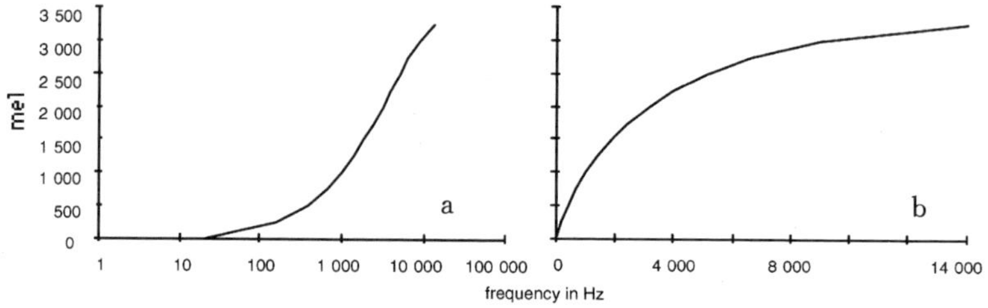

图 3.04　Mel 与赫兹的关系图(a)Beranek 的原始图——横轴是对数频率，纵轴是美刻度。(b)纵轴不变，横轴改为线性频率

3.2.8　LZ 转换法的参数和步骤

下面介绍如何用 LZ 法对发音人的五个声调的基频进行归一化。首先把各人采样点上的基频均值还算成对数值。其次，求出各人在标准点(即所有声调从 5%到 100%时点，除去 T1 和 T4 的 100%点)上的对数基频的算术平均和标准差。这个均值是原始基频值的对数几何平均值。表 3.06 给出各人的原始均值(赫兹)，对数值，和几何均值。表上部是单位为赫兹的均值和标准差($n=22$)，从标准点的数值算得。下半部是对数值的均值和标准差。中间一行是几何均值。表 3.06 中的值是用来做归一化的参数：赫兹的均值 m 和标准差 s 用于线性转换(后文第 4 章仅在与费国华(Rose 1993)的上海和镇海降调作比较时用一下)，$\log m$ 和 $\log s$ 用于对数转换法。

表 3.06　各人基频和对数值的均值和标准差

	M1	M2	M3	M4	M5	M6	W1	W2	W3	W4	W5
m(Hz)	141	148	105	105	117	134	216	226	230	208	245
s(Hz)	16	28	11	9	12	22	33	26	29	21	26
几何 m	140.3	145.0	104.8	105.0	115.9	132.6	213.6	224.2	228.1	207.3	243.5
$\log m$	2.147	2.161	2.020	2.021	2.064	2.123	2.330	2.351	2.358	2.317	2.386
$\log s$	0.048	0.083	0.046	0.038	0.045	0.071	0.065	0.049	0.054	0.044	0.047

有了第一步对数转换的基频值，第二步得到参数：对数均值和标准差，下面第三步用这参数求出对数基频值的 z-score。例如，要把 M2 的 T1 在 0%处的基频值(204 Hz)转换成 LZ 值，可以用如下公式：LZ 值$=(\log_{10}204-\log_{10}m)\div(\log_{10}s)=(2.31-2.161)\div0.083=1.78$。换句话说，M2 的 T1 在起点处的 LZ 值是 1.78 SDs(SD=0.083，见表

3.06)高于他的对数基频值的均值。也就是说，他在该处的原始基频 204 Hz 等于 10 的 1.78 SD 次方乘以他的几何均值(145.0 Hz)，即：$204=10^{1.78\times0.083}\times145.0$。

最后交代一下。表 3.06 中给出的是四舍五入到整数值(上半)或 3 位小数(下半)，而不是真用来计算的精确值。我使用 MicroExcel 计算，可以储存最多达 15 位小数。因此，可能在后文与本章 LZ 值之间有些小误差，此处是用 3 位小数计算的。

3.3 拱度成分和声调目标

负荷声调信息的除了音高以外，还有时长和发声态。音高一般是任何调系都需要的(除了偶尔由嘎裂声或气声引起的基频断裂或消失)，时长和发声态只在部分调系中起区别作用。声调的音高曲线拱度 contour 上有两个概念要掌握。

声调成分——一个声调有三个组成部分：调头、调干、调尾。调头指声调前端受到声母辅音、初始态等因素影响的部分，大约是开头 10%—20%的音高段。调尾指声调终端受到音高自然衰减、非音位性喉塞尾等因素影响的最后 10—20%左右的音高段。去掉调头和调尾，剩下来的就是调干。

声调目标——这个概念较难掌握。一个声调有时间延续，在这时间过程中，有些部分比另一些部分对于声调的辨认更重要。那些对于辨认声调来说重要的部分就是声调的语言学目标，简称声调目标。那些对于辨认声调不重要的部分则是声调的羡余成分。确定声调目标和羡余成分的出发点是基于声学数据的统计分析结果，而最后的确定则需要有合成和听感实验。声调目标的统计学特征即所在点的声学数据方差较小，也就是说在发某个声调的某些个特定部分时，发音人要努力达到的一个相对较窄的音高范围。与此相反，方差大的点是羡余成分，是指音高范围容忍度较大的那些个部分。方差小的地方是语言学的目标，所以所有发音人都努力去达到；方差大的地方不是语言学目标，所以发得高点低点无所谓。

概括而言，一个声调的峰点是声调目标(之一)，不管它是平调还是仄调,高调还是低调。具体地可以分两层,一是从五种拱形着眼说,二是从三个声调成分着眼。

从拱形来看,平调从头到底都是语言目标,理论上如此。这是因为如果调头发低了,整个声调就变成了升调;如果调尾发低了,就变成了降调;如果调干发低了,就变成了凹调。而如果调头/干/尾发高了,就会变成降/凸/升调。因此,对于平调来说,要保持一个稳定的音高延续,整个声调的三个部分都是发音人要实现的语言目标。但这不包括以下由生理原因制约的情况:1)高平调有一个上升的调头,2)低平调有一个下降的调头。这是因为发音常常是从初始态出发,声调的初始态是常域四度里的{3}度,因此,高平调就有个从初始态出发的{3}度起点{355},低平调也有一个从初始态出发的{3}度起点{322}。在这两种情况下,{3}度起点是个羡余成分,可以不在四度制内表达出来。3)长平调常常有一种调尾的自然衰减现象,这是由两种原因造成的:第一是回复初始态{3},第二是由疲劳、懒惰、省力等非语言学的生理原因造成的基频自然衰减。4)声母辅音会对调头产生影响,清辅音起音高,振辅音起音低。5)发声态会对音高整体或部分产生影响,如气声、嘎裂声会降低音高;假声、张声会提高音高;清洌声类(清声和振声)的音高适中。

升调和凹调——升调的目标是在调尾终点处的峰点。如果一个语言中有两个发声态相同的升调,区别点一般在于调尾峰点。也就是说,如果有两个升调,四度制中一般是{35/25}和{24}。与升调相似的凹调,其语言目标有两个,一是调尾处的峰点,一是调干处的低凹点。低升调的基频曲线往往有个下降的调头,即整个调形也呈现前倾的凹形。升调和凹调的区别在于拐点的位置。以经验来判断,拐点在时长20%处或之前(调头与调干交界处)的是升调,在其后的是凹调。

降调和凸拱——降调的目标是起点,或在时长最初的5%—20%的调头与调干交界的峰点处。降调的调头调干交界基频峰点处的基频方差一般较小,而降调调尾低点处的基频方差很大。从分布上来看,如果有两个降调,一般是一个全降{52}、一个中降{42}。微降{54}出现的条件是同时有个全降{52}和高平{55}。与降调相似的凸调,其语言目标也在峰点处。

从声调成分来说，调头是降调和平调的目标。调干是平调和凹调的目标，但升调、降调的调干只是过渡段。调尾是升调、凹调、平调的目标，但不是降调、凸调的目标，除非另有原因。

语言目标不一定等于调位或声调的区别特征，但声调的区别特征则理论上是语言目标。也就是说，某调系中的声调区别特征是从声调目标中选取出来的，以精炼表达该调系中的声调对立。

我们的声调大观综合了观点 I（音高、音长和发声态的综合体）和观点 II（音节的非线性 IC），上面 § 2.1.1 节已有完整论述。

3.4 音强的归一化

对于语音的能量，可以从强度水平（IL），也可以从语音的压力水平（SPL）来测量、计算、定义。两者可以换算。一个音的相对强度（IL）以分贝（dB）表示，可以定义为[3S]（见例如 Baken 1987:95—96）。

$$I_{\mathrm{dB}} = 10 \times (\log_{10} W_i - \log_{10} W_{ref}) \qquad [3S]$$

其中 W_i 是音的强度，单位是 watts/cm^2（瓦/每平方厘米）。W_{ref} 参照强度，等于 10^{-16} watts/cm^2，一般认为这是刚能听到的能量下限。由于音强与音压平方成正比，等式[3S]可以换算成表示声压的相对强度分贝的公式[3T]。其中 P_i 是音的强度（INT），单位是 dyne/cm^2（达因/平方厘米）。P_{ref} 是参照强度，等于 0.000 2 dyne/cm^2。

$$\mathrm{d}B_{\mathrm{SPL}} = 10 \times \log_{10} \frac{P_i^2}{P_{ref}^2} \qquad [3T]$$

$$= 20 \times \log_{10} \frac{P_i}{P_{ref}}$$

音强的归一化有三种办法。一、最简单的是对所有发音人在某个时间点上的数据取算术平均值。由于音强的量度，分贝表示的是某个特定音强和固定音强（10^{-16} watts/cm^2）之间的对数差距，所有观察值的单位分贝有相同的参照，所以是可比较的。但缺点是这个方法忽略了发音人的不同的音强域。

第二个方法是模仿基频归一化的 LD 转换。一个音强观察值（I_i）

可以表达为某人最高音强(I_H)的分数，这个最高音强实际上不是一个绝对测量值，而是一个域。这两个音强都是相对于上述固定参照的对数差距。归一化的音强(I^d)可以用公式[3U]来计算。

$$I^d = \frac{I_i}{I_H} \quad [3U]$$

第三个方法像基频归一化的 LZ 转换。要对音强进行归一化，首先用公式[3V]计算 $\log_{10} W_i$，这个公式是从[3S]得来的。其中 I_{dB} 是观察值，$\log_{10} W_{ref} = \log_{10} 10^{-16} = -16$。然后找出 $\log_{10} W_i$ ($= y$)的均值(m_y)和标准差 SD(s_y)。被归一化的音强(I^z)表达为距离 m_y 的 s_y 的倍数(见[3W])。

$$\log_{10} W_i = \frac{I_{\mathrm{dB}}}{10} + \log_{10} W_{ref} \quad [3V]$$

$$I^z = \frac{y - m_y}{s_y} \quad [3W]$$

正如基频的归一化，音强归一化也可以计算离散系数和标准指数，以作为不同音强归一化方法的成功指针。计算结果表明，仍然是 LZ 法(NI=3.3)优于 LD 法(NI=1.8)。以下各章的音强归一化就使用 LZ 法。

3.5 时长归一化

发音人的绝对时长差别很大，女生一般长于男生。例如，M1 的 T1, T2, T3 和 T5 的平均时长最短，他的 T1 平均时长(173 ms), T2(199 ms), T3(185 ms)仅分别比 W1 的 T1(305 ms), T2(366 ms), T3(360 ms)的一半稍长一点。他的 T5 时长(68 ms)甚至短于 W2(160 ms)的一半。

同性别内也存在巨大差别。例如，M1 的 T4 的均值(68 ms)比 M5(155 ms)的一半还短。甚至同一个人的不同读例之间也有巨大差异。例如，M3 的 T5“薄”boq 的读例 5(73 ms)只比他的读例 6(137 ms)的一半稍长。W1 的 T1“爸”pà 的读例 1(199 ms)远短于他的读例

No.4(355 ms)。

时长归一化的假设前提是:发同一声调的同一音节,尽管时长不同,但承荷相同的语言学内容。

时长的归一化与基频、音强归一化很不一样。Rose(1981:168ff)把每个发音人的某个声调的时长表达为他最长的声调(镇海话的 T4)的百分比。上海话中没有一个声调绝对长于其他声调:有 7 个人 T2 最长,有 3 个人 T3 最长,还有 1 个竟然 T1 最长,见表 3.08 中的黑体字。因此我试了四种参照值,(1)用五个声调的总平均值,(2)T2 和 T3 的平均值,(3)最短的 T4 的均值,(4) z-score。

表 3.07 以跨调均值为参照的音强归一化

	ms						ND(x/m)				
	T1	T2	T3	T4	T5	m_T	T1	T2	T3	T4	T5
M1	173	199	185	69	68	139	1.25	1.43	1.33	0.49	0.49
M2	253	241	261	68	105	186	1.36	1.30	1.41	0.37	0.57
M3	178	208	219	65	92	152	1.17	1.36	1.44	0.43	0.60
M4	235	302	288	82	108	203	1.16	1.49	1.42	0.40	0.53
M5	234	222	216	110	153	187	1.25	1.19	1.16	0.59	0.82
M6	243	301	292	66	117	204	1.19	1.48	1.43	0.32	0.57
W1	305	366	360	74	147	250	1.22	1.46	1.44	0.30	0.59
W2	225	286	283	94	160	210	1.07	1.36	1.35	0.45	0.76
W3	185	218	219	65	86	155	1.20	1.41	1.42	0.42	0.56
W4	221	285	267	89	147	202	1.10	1.41	1.32	0.44	0.73
W5	230	241	223	88	91	175	1.32	1.38	1.28	0.50	0.52
m_{sp}	226	261	256	79	116	187	1.21	1.39	1.36	0.43	0.61
BSV	1 427	2 633	2 448	219	982		0.008	0.008	0.008	0.007	0.012
MBSV			1 542						0.008		
SV			7 208						0.171		
DC			0.214(=1 542/7 208)						0.048(=0.008/0.171)		
NI						**4.4**(=0.214/0.048)					

表 3.07 左半给出每个发音人的所有五个声调的绝对时长的均值,单位是毫秒(ms),右半是他们的标准值,表达为各人跨声调均值的百分比。例如,M1 的 T1(173 ms)除以他的五个声调的均值(139 ms),得到 T1 的标准时长 1.25。记号 m_T 表示跨声调均值,m_{sp} 表示跨人际均值。

表 3.08 的左半给出各人的绝对时长，单位为 ms，右半是标准时长，表达为 T2 何 T3 均值的分数。我们可以看到，标准值的离散系数(0.063)比起原来的 DC(0.214)，降低了 3.4 倍。

表 3.08　以 T2 和 T3 的均值为参照的时长归一化

	ms						ND				
	T1	T2	T3	T4	T5	$m_{(2,3)}$	T1	T2	T3	T4	T5
M1	173	**199**	185	69	68	192	0.90	1.04	0.96	0.36	0.35
M2	253	241	**261**	68	105	251	1.01	0.96	1.04	0.27	0.42
M3	178	208	**219**	65	92	214	0.83	0.97	1.03	0.30	0.43
M4	235	**302**	288	82	108	295	0.80	1.02	0.98	0.28	0.37
M5	**234**	222	216	110	153	219	1.07	1.01	0.99	0.50	0.70
M6	243	**301**	292	66	117	297	0.82	1.02	0.98	0.22	0.39
W1	305	**366**	360	74	147	363	0.84	1.01	0.99	0.20	0.40
W2	225	**286**	283	94	160	285	0.79	1.01	0.99	0.33	0.56
W3	185	218	**219**	65	86	219	0.85	1.00	1.00	0.30	0.39
W4	221	**285**	267	89	147	276	0.80	1.03	0.97	0.32	0.53
W5	230	**241**	223	88	91	232	0.99	1.04	0.96	0.38	0.39
m_{sp}	226	261	256	79	116		0.87	1.01	0.99	0.31	0.45
BSV	1 427	2 633	2 448	219	982		0.009	0.001	0.001	0.007	0.011
MBSV			1 542						0.006		
SV			7 208						0.091		
DC			0.214(＝1 542/7 208)				0.063(＝0.006/0.091)				
NI							**3.4**(＝0.214/0.063)				

第一个参照值，跨声调均值是最佳选择，它相应的标准指数(NI＝4.4)最高(见表 3.07)。使用第二个参照值，T2 和 T3 的均值，得到的标准指数是 3.4(见表 3.08)。第三个参照值不成功，因为相应的标准指数低于 1，比不做归一化还差。按说用 z-score 也可以，但它的标准指数也低于 1。所以跨声调均值将被用于后文的时长归一化的参照值。

3.6　小　　结

本节内讨论了基频归一化的各种策略，包括六种转换，两种定义频域的基本方法，各种归一化选点手段。不同的方法会影响到归一化的结果，这反映为“标准指数”(NI)。如果其他条件相同，标准指数是不同转换手段的成功度标志。有关归一化的策略的主要发现总结如下。

频域定义—不同的频域定义法得到不同的标准指数。在归一化中使用均值和方差等统计量来定义参照值和频域比两点值效率高。使用两点值的频域分数(FOR)和半音差比是最差的两种,他们的标准指数最低。半音差比(LD)转换法看来也不合适,因为除了作为频域定义的最高和最低的两个点,发音人在同一点上的 LD 值不可比。

归一化选点—不同的归一化选点策略产生不同的标准指数。排除 T4 的起点、终点基频值,即,得到比其他选点更好的结果,进一步排除 T1 的终点基频值,从发音现实和语言目标来看更为合理。这是本项研究所用的选点策略。总之,用于归一化的采样点应该是在调征目标处,其统计特征是方差很小。

转换公式—不同的转换策略也产生不同的标准指数。LZ 法得到最好的标准指数,好于线性 z-score 法和对数半音差比法(LD_{POR}),可能更好地匹配听感和发音现实。这是本项研究所用的转换策略。本文比较的六种转化法中有些不是相互独立的,频域比值(POR)是 z-score法的变形,对数频域比值(LPOR)是 LZ 的变形。

本文讨论比较了三种音强归一化方法。第一种把发音人的分贝值加以平均。这方法的主要缺点是忽略了发音人不同的音强范围。后文还会显示这方法导致更差的标准指数。另两种类似基频的 LD 和 LZ 归一化。音强的 LZ 归一法得到较大的标准指数,所以本项研究采用此法。

时长的归一化不同于基频和音强。时长归一化中使用 z-score 法不太成功。我们实验了三种时长参照值,被归一化的时长被表达为与某个参照值的比例。结果发现跨声调的平均时长作为参照值得到的标准指数最大。

评估并确定了归一化策略,我们就可以在以下各章讨论五个单字调的声学性质了。

第四章　阴平 T1 的声学性质

前文第二章从听感和音系学角度对上海话五个单字调作了简略介绍。从本章到第八章将对这五个声调每章一个进行声学描写,然后在第九章中去总结。本章描写阴平 T1 的声学性质:§4.1 节时长,§4.2 节基频,最后§4.3 节音强。阴平 T1 的听感描写是常态发声的高降调。

4.1　时　　长

4.1.1　引言

本节(§4.1)内讨论阴平 T1 在各种语境中的时长,包括时长和元音高度的关系(§4.1.1),时长和性别的关系(§4.1.2),以及时长和发音人的关系(§4.1.3)。

表 4.01 给出 T1 时长的均值(m)和标准差(s),在不同元音/i, u, a/上,跨元音,单个发音人,男性组(M),女性组(W),以及所有人的总平均,单位是毫秒,n 表示读例数。发音人在表左竖列,元音类在表端横排,右栏"T1"下是跨元音的均值和标准差。例如 M1 的元音/i/上的 T1 的 6 个读例的均值是 198 毫秒,标准差是 26 毫秒;11 个发音人的 T1 总平均值是 225 毫秒,标准差 38 毫秒。

表 4.01　T1 时长均值(m)和标准差(s),单位是毫秒 ms

	/i/			/u/			/a/			T1		
	m	s	n	m	s	n	m	s	n	m	s	n
M1	198	26	6	167	18	6	154	8	6	173	26	18
M2	250	15	6	262	27	6	247	24	6	253	22	18
M3	214	22	6	173	18	6	147	28	6	178	36	18
M4	278	27	6	232	37	6	194	24	6	235	45	18
M5	250	31	6	234	16	6	217	30	6	233	28	18
M6	247	40	6	234	21	6	247	25	6	242	29	18

续表

	/i/			/u/			/a/			T1		
	m	*s*	*n*	*m*	*s*	*n*	*m*	*s*	*n*	*m*	*s*	*n*
W1	310	24	6	311	43	6	295	54	6	305	40	18
W2	209	14	6	220	19	6	245	27	6	225	25	18
W3	187	16	6	184	13	6	184	18	6	185	15	18
W4	255	50	6	206	39	6	202	44	6	221	49	18
W5	208	25	6	249	34	6	234	15	6	230	30	18
M	240	29	6	217	38	6	201	44	6	219	34	6
W	234	49	5	234	49	5	232	43	5	233	44	5
总	237	37	11	225	42	11	215	44	11	225	38	11

从以上时长材料中得到两个重要发现:一是时长与元音高度相关,但与预料中的关系相反;另一是关于人际变异。先来看时长和元音的关系。

4.1.2 时长和元音高度

一般认为,元音的时长与它的高度相关;如果其他条件相同的话,高元音(如 i)短,低元音(如 a)长。这一现象称为“元音内在时长”或“元音固有时长”(intrinsic vowel duration,简作 IVD)。它很早以来就在很多语言中被观察到,如英语、德语、丹麦语、西班牙语、泰语等(见 Lehiste 1970:18 以下)。下面把低元音长于高元音(a>i)叫作莱氏版 IVD。

但在上海话 T1 中并非如此。表 4.01 给出了相反的情况,高元音长,低元音短:男子组/i/(240 ms)>/u/(217)>/a/(201),女子组/i/=/u/(234)>/a/(232),总平均/i/(237)>/u/(225)>/a/(215)。在讨论这些发现的含义之前,有必要先看一下有关莱氏 IVD 的各种理论。

迄今为止解释莱氏 IVD 的有两种假说,一种从机械运动角度,一种从神经控制角度。Fischer-Jørgensen(1964)和 Lindblom(1967)认为发低元音时下巴运动路线长,所需时间也长。Clark 和 Yallop(1990:54)从惯性角度提出下巴质量可解释莱氏 IVD,因为下巴活动一般会影响低元音的舌位。Condax & Krones(1976)发现:被认为受机械运动制约的高、低元音的时长差别,在受试者手动控制合成元音的时长时就不见了；与此相反的是成对的松紧元音的时长区别依然存在，这是因为这区别是语法的一部分，是习得的并在大脑中编码。

另外有人做的实验与 Condax & Krone 结果相抵触，表明莱氏 IVD 可能受神经中枢控制。Westbury & Keating(1980)，Keating(1985)做了肌电实验(electromyographic EMG，材料未发表)，发现低元音较长的时长主要在移动段(travel times)，而不是在稳态段。他们还发现完成较长的较激烈的运动有一个较长较强的力的输入。他们因此得出结论元音时长差别不是由下巴运动慢造成的，而是神经中枢控制使然。由此他们预言有的语言中存在元音长短区别，例如属于短元音音位的低元音，比起属于长元音音位的高元音，时长就会短些。

对 Westbury & Keating 的观点我们有两点评论。首先，可观察到的肌肉活动并不一定都是主动控制的。例如打嗝需要很多肌肉参与，但都不是故意控制去打嗝的。他们的观点要想站得住脚，需要做一个对立的关于元音外在时长的实验。例如，如果观察到同一个元音在清、浊辅音前，他们的 EMG 大小相似，那么他们的观点就可维持。假如发现在浊辅音前的元音 EMG 较大，那么这可能是受中枢控制使然，也就是说不存在元音内在、外在时长的区别；也可能 Westbury & Keating 的观点错了，参与活动的肌肉并不一定是受中枢控制。

其次，Westbury & Keating 的观点不但解释不了为什么元音有长短，它甚至应该预言相反的情况会发生：如果时长受中枢控制，那么所有元音应该一样长才对①，除非另有原因。这些原因包括 Westbury & Keating 提到的音位对立。因此即使我们承认他们的观点，这也只适用于短的低元音音位和长的高元音音位。如果某个语言没有长短音位对立，而仍有中枢控制的元音时长不同，那就一定另有原因。一个可能的原因是听感补偿，但这个假设还没有直接证据。另一个原因就是语音环境，这又把我们带回机械运动假说：较长距离的活动需要较长的时间(不管受控与否)。由下巴活动引起的元音时长差别会在大

① 第七章将会看到由于中枢控制，阴入的高元音和低元音实际上一样长。

脑中编码作为时间模式,之后哪怕下巴活动被排除后,依然会表现出来[①]。

有趣的是存在着与莱氏版 IVD 相反的理论预言:应该是高元音长,低元音短。卡福(Catford 1977:45)认为,由于[s]的声道截面积比[θ]小,[s]的呼出时间于是比[θ]长。与此相仿,高元音的声道截面积较窄,因此"显而易见"应该"有较长的呼出时间"。这个观点的前提假设是:在发[i]和[a]时激活压力、额外加压(如果有的话)以及总的气流量都相同。从这儿可以推出几个推论。由于[i]的收缩点比[a]小,阻抗就大。如果喉下气压相同,口内阻抗大,气流就小,因为流量与压力成正比,与阻抗成反比。气流小,就会使气压下降慢,从而维持更长的发声时间。这就引出一个预言:高元音的时长应该长于低元音[②],如果说话人不是故意调整有关肌肉活动的话,即没有中枢控制。这个观点可以叫做卡福版 IVD"i>a",低元音长于高元音。

卡福的理论预言和莱氏的实验观察之间的矛盾其实不是真正的对立,而是由不同的发音语境造成的互补情况。莱氏 IVD 的实验,如英语和瑞典语的实验词都是 C_1VC_2 类型的音节(Peterson 和 Lehiste 1960; House 1961; Fischer-Jørgensen 1964),由于要达到 C_2 的部位[③],下巴活动就会因中间元音的高度不同而有所不同,而就是由于这移动的时间,而不是稳定段时间造成元音长度的不同。而卡福的观点则说的是元音本身的时长,即稳定段时长而不是转接段时长。

由此看来,莱氏版 IVD 并不是真正的内在固有现象,因为它需要一个诱发环境,需要一个额外的元音后辅音的输入条件,即 C_1VC_2 中

---

① Smith(1987)发现,如果把下巴固定,比如咬住一支笔或咬紧牙关,高低元音的时长差就会减低到某种程度,但对立并没完全消失,可能是由于舌头活动的机械效果,也可能是 Westbury 和 Keating 所说的中枢编码。Smith 还认为即使下巴固定,说话人"意识得到"元音内在时长差别,因而依旧努力发出这差别。

② 不过还有个空气动力学方面的原因对低元音更长有利。那就是发[i]的时候口内压力高于[a]。因此要维持[i] DE 的发声就需要更高的喉下压力。但是这个口内压力差 0.12 cm a.q.(Catford(1977:124)估算,发浊近音包括[i]大约要 0.15 cm 水柱,发浊响音如[a]要 0.03 cm 水柱),小于喉下压力差 0.3 cm a.q.(发[i]是 3.5 cm a.q.发[a]是 3.2 cm a.q.)。因此仍旧有 0.18 cm a.q.的喉下净压力差有利于[i]长。

③ C_1 对元音时长的影响微不足道(Lehiste 1976:227),因此与我们要追究的问题无关。

后一个 C_2,以产生元音时长差别。或者说,是元音和后接辅音之间的转接段而不是元音本身,“内在地”造成了元音时长差别。如果我们创造一个发音环境使得高元音的发音活动更长,那么高元音就可能长于低元音。咽塞音或喷音可能起这作用,例如,在[q'__q']之间[i]可能不短于[a]。或者像本项研究一样,干脆使用 CV 以及 CVʔ 这种排除外在因素 C_2 干扰的音节结构作为测试对象,这就把原先实验词 C_1VC_2 中的后一个辅音 C_2 这一环境因素排除掉,没有了 V 移动到 C_2 的过渡段,就会显出卡福版的 IVD:高元音长而低元音短(i>a)。如果元音是个说话人有意截断的短元音,同时 C_2 改为下巴无需活动的喉塞音,那么,就会显出了中枢控制对于高、低元音是公平的,他们的长短应该没有什么不同。

现在来看(C)V 这么一种高元音反而可能长于低元音的卡福版 IVD 情况。一个潜在的反例是泰语中的 CV 音节。Lehiste(1970:18)也引了泰语的例子来支持她的“a>i” IVD。我重新检查了 Abramson (1960:118—120)的泰语材料,发现低长元音如[ææ]和[ɔɔ],并不总是长于高长元音[ii], [ee], [uu]和[oo],如升调长元音[ɔɔ]的平均时长(450 ms)短于[uu](520 ms)和[oo](500 ms)。低短元音如[æ]和[ɔ]并不总是长于[i], [e], [u]和[o]。例如,带低平调的[æ]的平均时长(140 ms)长于低平调的[i](120 ms)但短于[e](150 ms);高平调的[a]平均时长(80 ms)短于[ɨ](100 ms)和[ə](100 ms)。

浊声取决于声带紧张度[①]以及喉门上下的压力差。据估算,激活发声所需最小压力差是 4 cm a.q.(Flanagan 1972:11),而维持发声则是 2—3 cm a.q.(Lieberman *et al* 1969)。这发浊声所需的起码的 2—4 cm a.q.“驱动压力”(“两个区域之间的压力差”—Baken 1987:177)只能振动较松弛的声带,发出较低的基频,即声带“在最松软的程度”时振动(Flanagan 1972:11)。随着基频升高,发浊声所需的最低压力差也会相应增加。

发降调时基频降到低频区。直接与喉下气压相关的音强与基频同时下降,见 § 4.4。由于发高元音[i]时气流量小于发低元音[a]时,

---

① “声带紧张度”是个涉及很多因素的参量(Ladefoged 1967:49)。

那么发同样长短一段音后，[a]剩余的喉下压力应该低于[i]。结果就是[a]的喉下压会先达到发声所需的最小压力阈，[a]的发声也就会早停止。

这一根据卡福版 IVD "i>a"所作的预言在上海话 T1 中得到证明。表 4.01 的数据表明高元音长于低元音：男组/i/(240 ms)>/u/(217)>/a/(201)，女组/i/=/u/(234)>/a/(232)，总平均/i/(237)>/u/(225)>/a/(215)。[4A]中的单尾 t 检验结果表明男组的/i/和/u/分别长于/a/ 39 和 16 ms，都在 0.05 水平上有显著意义。女组高低元音时长差很小，仅有 2 ms。不过总平均/i/和/u/分别长于/a/ 22 ms 和 10 ms，都在 0.05 水平上有显著意义。

[4A]

	M	W	均		M	W	均
/i-a/	39	2	22	/u-a/	16	2	10
DF	5	4	10	DF	5	4	10
p	*	～	*	p	*	～	*

$p(***) < 0.001 \leqslant p(**) < 0.01 \leqslant p(*) < 0.05 \leqslant p(\sim)$
后文的概率表示也和此处一样。

要注意的是降调的结尾在声学图上较难确定，这最后一段有时拖得很长，但在宽带图上的喉门脉冲又很不规则。显然这最后一段不规则的基频不是 T1 的语音目标，所以这部分在测量时被切除了。[4A]的检验就是根据截掉内在的、纯生理因素引起的、最后阶段干扰的 T1 的数据。而要测量 IVD，生理和声学征性则是主要考察对象，所以需要重新检查这些结果。因此我重新测量了所有发音人的带 T1 的/i/和/a/的时长。这次是在窄带图上量到元音基频的最终处(标为 100＋％时点)。表 4.02 就是个人的 T1 在/i, a/上的时长均值和标准差($n=6$)，以及他们之间的差。大多数人在降调时/i/长于/a/。有些差值还很大，80 ms 或更大。仅有两人(W2 和 W5) /a/长于/i/。[4B]给出男女分组的均值，括号中是标准差，以及单尾 t 检验结果。可以看到，男组中/i/比/a/长 45 ms，在 0.05 水平上有显著差别。女组/i/长于/a/ 23 ms，概率稍稍高于选定的显著水平($p=0.056$)。总平均/i/显著地长于/a/ 35 ms($p<0.01$)。

表 4.02 阴平声/i/和/a/(0%－100＋%)的平均时长和标准差,单位毫秒 ms

		W2	W5	M2	M1	W3	M6	W1	M3	M4	W4	M5	*n*
/i/	*m*	289	287	310	310	237	370	402	303	377	367	369	6
	s	43	30	26	18	17	74	48	38	36	87	74	
/a/	*m*	319	290	305	302	226	338	354	247	296	280	281	6
	s	38	13	13	18	21	25	72	54	40	44	30	
/i-a/		－30	－3	5	8	11	32	48	55	80	87	88	

[4B]

	/i/	/a/	*n*	/i-a/	*p*	DF
M	340(35)	295(30)	6	45	*	5
W	316(67)	294(48)	5	23	～	4
总	329(51)	294(37)	11	35	**	10

上述讨论证实了卡福版的元音内在时长“i＞a”,由于使用了 CV 结构作为实验材料,C_2影响被消除了,而由生理和空气动力学造成的差别还存在。不过,超音段如基频形状是否对元音时长有影响还未涉及,这等下一章讨论了基频微凹的 T2 时长后再回过头来讨论这问题。

4.1.3 时长和性别

表 4.01 显示女性组的 T1 的平均时长(233 毫秒)比男性组(219 毫秒)长 14 毫秒,但是统计上无显著差别(双尾检验,DF＝9, α＝0.05)。

把性别和元音都考虑在内,女性/i/短于男性 5 ms,但/u a/分别长于男性 17 ms 和 31 ms。不过,没有发现显著性差别(双尾检验,DF＝9, α＝0.05)。

因此在时长和性别之间无相关关系。

4.1.4 时长归一化

从表 4.01 中能看到时长的人际差异很大:最长的 W1 的 T1 (305 ms)比最短的 M1(173 ms)长 76%。或者说,M1 的 T1 长短只有 W1 的一半稍多点(57%)。我们所关心的是在这纷歧不规则的表象之下,是否有不变的共性存在。使用 § 3.2.3 中描述的个人的跨五个声调的平均值作为归一化参照值,上述巨大的人际差异极大地减小了。图 4.01 表明,以毫秒量度的原始时长(空圈虚线)的分布范围很大,而标准化时长(实圈实线)分布范围则小多了。标准时长(ND)表达为个人总平均时长的比值。例如,把 M1 的 T1 的平均时长 173 ms,除以他的跨声调总平均时长 139 ms,得到他的标准时长 1.25 个单位。

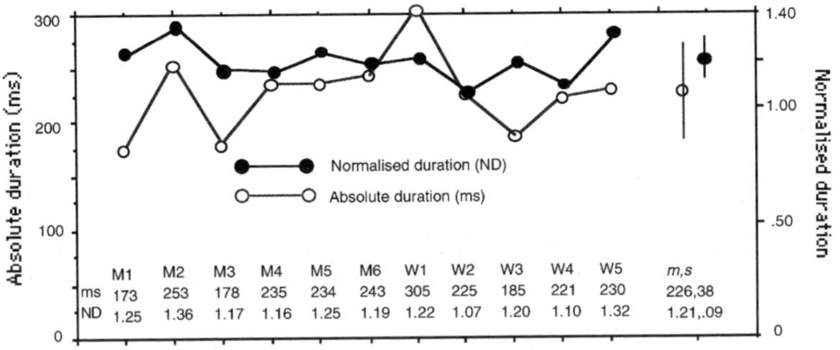

图 4.01　11 位发音人的 T1 的绝对时长和标准时长

在单一一个声调情况下,样本方差等于人际方差,因而无法计算由 Earle(1975)定义的离散系数,也没法计算标准化指数;但对于所有声调我们是能计算这些数值的(§3.2.3)。因此我使用另外一个离散量度 DC′,定义为平均绝对差与总平均值的比例 MAD,见[4C]。例如,M1 的平均时长与总均值的差的绝对值是|173−226|=53, W5 的绝对差是|230−226|=4。因此,MAD=(53+…+4)/11=26.67,而离散系数 DC′=26.67/226=0.118。同样可以算出发音人的归一化时长的离散系数 DC′=0.055。标准化指数定义为两者的比值:0.118/0.055=2.1。该指数表示人际的随机差异被减少了 2 倍多。图中实圈表明,所有发音人的 T1 长度,都围绕着一个常数 1.21,标准差为 0.09。而原有的巨大的人际差异也能得到说明,尽管各人的绝对时长有巨大差异,但每人各自五个声调的时长有个比例,这个比例是该语言社团内部一致的。

$$\left(\frac{1}{n}\sum_{i=1}^{n} \mid x_i - \bar{x} \mid\right) / \bar{x} \qquad [4C]$$

4.1.5　小结

本节考察了 T1 的时长,发现卡福 IVD(i>a)在高降调情况下存在。另外，尽管女性的T1比男性的长14毫秒，但无显著差别。如果把T1时长可以表达为各人跨声调总均值的函数，那么绝对测量值方面巨大的人际差异可以得到解释。

4.2 基 频

4.2.1 引言

本节内（§4.2）考察T1的基频，基频高低与元音高度的关系（§4.2.1），起音时的基频波动（§4.2.2），基频形状和元音、性别（§4.2.3），T1的基频曲线（§4.2.4），以及基频分布（§4.2.5）。§4.2.6节讨论T1基频的归一化，最后是小结（§4.2.7）。

表4.03中给出T1基频的均值和标准差，按照不同的元音/i，u，a/，不同的发音人，以及性别。例如，发音人M1的T1，元音/i/，六个读例在0%时点处的均值是189毫秒，标准差是13赫兹。这些基频均值在图4.02（个人）和图4.03（男女组）中画成时间的函数。

4.2.2 基频高低和元音高度

4.2.2.1 引言

一般认为，如果其他条件一样的话，高元音的基频比低元音高（Lehiste 1970:68），此所谓"元音固有基频"（intrinsic vowel fundamental frequency，简作IF0）。这IF0在很多来源不同的语言中都可见到，非声调语的有英语（Taylor 1930, Peterson & Barney 1952; House & Fairbank 1953; Lehiste & Peterson 1961），丹麦语（Petersen 1978），德语（Ladd & Silverman 1984），意大利语（Pettorino 1987）；高低型声调语的有Itsekiri（Ladefoged 1964），Yoruba（Hombert 1977），曲折型声调语的有泰语（Gandour & Maddieson 1975），台湾闽南话（Zee 1978a），吴语上海话（King & Schiefer 1988; Zhu 1992）。IF0不但出现于长元音，而且短元音也有（Dyhr 1990:149），不过两者有所不同（Antoniadis & Strube 1981）。重读元音的IF0比非重读的更为明显（Petersen 1986）。个人频域的高频区的IF0比低频区更明显，女性比男性更明显（Zhu 1992）。尽管有人怀疑所谓的IF0其实是实验负载句的人为效应

(Umedo 1981)，Ladd & Silverman(1984)测试到在连续语句中也有 IF0。

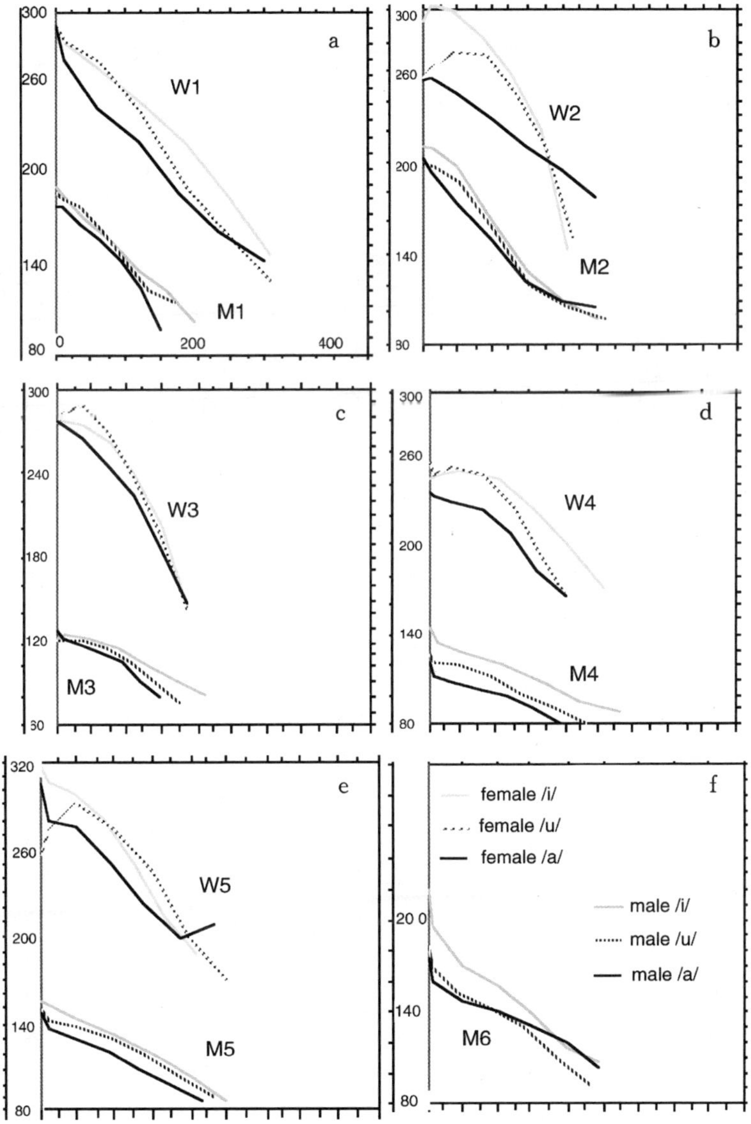

图 4.02　11 位发音人的 T1(分元音/i，u，a/)的基频曲线

纵轴表示基频(Hz)；横轴时长(ms)。所有图中的横轴刻度都是从 0 到 450 ms，每格 25 ms。

表 4.03　/i, u, a/上的 T1 的基频:均值和标准差,单位 Hz

		0%	5	20	40	60	80	100	*n*
M1	/i/	189(13)	183(14)	169(18)	154(18)	134(20)	120(16)	101(11)	6
	/u/	184(12)	181(11)	175(10)	161(8)	140(8)	119(9)	114(13)	6
	/a/	175(18)	175(11)	163(7)	154(10)	142(11)	123(10)	96(12)	6
M2	/i/	211(4)	208(5)	198(5)	161(8)	128(10)	108(8)	97(8)	6
	/u/	199(23)	197(28)	187(32)	155(25)	120(14)	103(9)	96(5)	6
	/a/	203(11)	193(9)	173(7)	147(7)	122(10)	110(11)	105(11)	6
M3	/i/	124(7)	125(4)	124(5)	115(4)	101(4)	90(5)	82(7)	6
	/u/	121(3)	121(6)	121(8)	115(7)	104(6)	90(9)	77(4)	6
	/a/	127(11)	122(7)	120(7)	114(7)	104(9)	91(9)	81(7)	6
M4	/i/	144(12)	134(11)	128(10)	121(6)	109(4)	97(3)	88(6)	6
	/u/	127(10)	122(8)	119(8)	114(6)	103(5)	92(4)	81(7)	6
	/a/	122(9)	114(6)	108(5)	105(6)	99(5)	91(5)	82(7)	6
M5	/i/	154(6)	150(6)	144(9)	134(6)	119(2)	103(3)	89(6)	6
	/u/	149(4)	143(5)	138(4)	130(3)	119(2)	104(3)	91(5)	6
	/a/	147(12)	137(7)	129(7)	121(5)	110(4)	98(4)	89(9)	6
M6	/i/	220(12)	195(10)	171(5)	158(5)	140(12)	117(5)	108(12)	6
	/u/	183(13)	169(6)	152(4)	144(3)	130(2)	109(6)	94(8)	6
	/a/	176(13)	162(12)	147(12)	141(10)	133(8)	119(10)	104(9)	6
W1	/i/	292(27)	279(19)	264(14)	243(12)	216(11)	182(10)	144(18)	6
	/u/	292(10)	282(10)	269(17)	236(12)	190(12)	158(12)	126(22)	6
	/a/	292(18)	270(16)	238(16)	218(13)	185(9)	159(15)	141(25)	6
W2	/i/	292(8)	301(8)	298(9)	284(7)	257(7)	220(13)	142(13)	6
	/u/	255(7)	262(6)	272(7)	271(11)	245(10)	210(5)	149(12)	6
	/a/	252(18)	255(15)	246(16)	229(16)	211(16)	196(13)	177(13)	6
W3	/i/	277(16)	279(12)	275(15)	263(15)	239(11)	203(6)	147(14)	6
	/u/	276(11)	284(10)	288(11)	271(10)	236(8)	197(11)	143(21)	6
	/a/	278(12)	275(13)	265(13)	247(10)	223(7)	188(5)	148(13)	6
W4	/i/	242(12)	248(11)	250(13)	243(14)	225(12)	200(14)	172(16)	6
	/u/	253(16)	245(7)	251(11)	248(13)	225(12)	192(14)	166(16)	6
	/a/	235(11)	230(14)	229(14)	223(13)	207(12)	182(12)	165(17)	6
W5	/i/	316(5)	306(8)	298(10)	281(8)	251(10)	212(12)	189(5)	6
	/u/	258(13)	273(13)	290(22)	274(17)	244(11)	200(9)	171(11)	6
	/a/	303(6)	280(36)	276(11)	250(9)	221(9)	197(11)	206(16)	6

续表

		0%	5	20	40	60	80	100	*n*
M	/i/	174(39)	166(34)	156(29)	140(20)	122(15)	106(12)	94(10)	6
	/u/	161(33)	155(32)	149(28)	137(20)	119(14)	103(11)	92(13)	6
	/a/	158(32)	151(31)	140(25)	130(20)	118(17)	105(14)	93(11)	6
W	/i/	284(27)	282(23)	277(21)	263(20)	238(17)	203(14)	159(21)	5
	/u/	267(17)	269(16)	274(16)	260(17)	228(23)	191(20)	151(18)	5
	/a/	272(28)	262(20)	251(19)	233(14)	209(15)	185(15)	168(26)	5

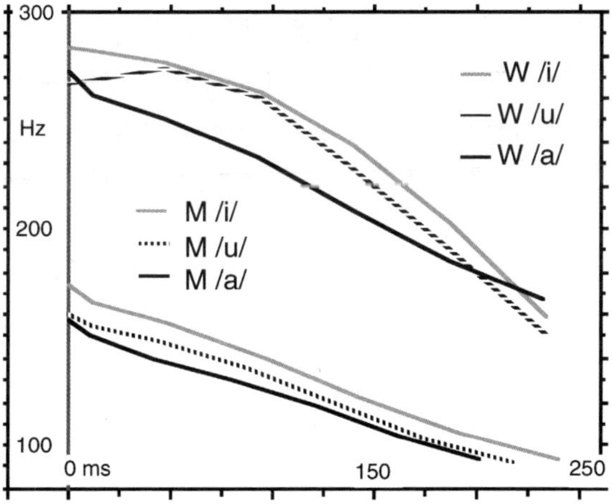

图 4.03　男女分组的 T1 基频曲线，元音/i, u, a/

在过去三十年中，提出了许多竞争的假说，来说明 IF0。这些理论从三方面来解释这一现象。

1）声学方面——声学耦合说(Lieberman 1970, Atkinson 1973)。

2）生理方面——这又分两种。一种是发音生理上必然与元音高度相关的，如舌头往上拉动，舌骨往上活动(Ladefoged 1964)，口腔约束(Mohr 1971)，舌头后缩(Ewan 1979)，下巴位置(Zawadzki & Gilbert 1989)。二是不必然相关，如舌头往上拉动，喉头软组织的紧张(Ohala 1977)，舌头前拉及 cricothyroid 活动(Honda 1983, Vilkman et al. 1989, Dyhr 1990)，呼吸驱动(Gandour & Weinberg 1980)。

3）心理方面——听感补偿(Hombert 1977, 1978; Chuang & Wang 1978; Silverman 1984; Stoll 1984)。论者认为，由于相同的基

频在不同元音上听起来音高不同,高元音[i]听感上低点,低元音[a]听起来高点,因此发音时把高元音的基频提高些以取得听感的补偿,听起来差不多高。

本项研究对此没作探讨。不过我本人觉得大概是有某种听感补偿存在。如果这样,那就没有自动的内在的元音基频。高元音的高基频是受到控制使然,以取得和低元音相似的音高水平。

4.2.2.2 IF0 总体差异

IF0 区别在图 4.03 中的两性曲线上看得很清楚:/a/曲线从 5%到 80%时点都比/i, u/曲线的相应点低。图 4.02 和表 4.03 显示在大部分发音人的曲线的前半部(不算起点)都有同样的 IF0 区别。有些发音人,如 W2 和 W4 /a/和/i, u/的基频差别很大。不过也有些发音人没有 IF0 差别。例如 M3 从头到尾都没有差别,M6 在/a/和/u/之间无区别。M1 只有在 5%和 20%的时点上有少许差别。

为了弄清什么因素在多大程度上对所有五个声调中的 IF0 效应起作用,我先对 T1 作了一系列的先导性统计检验。结果总结如下。

首先对 11 位发音人分元音/i, u, a/进行了一次单向 ANOVA (方差分析),结果表明在 0.05 水平上元音之间没有差别。这可能是因为两种情况:(1)人际差异太大,把元音差别掩盖了;(2)由于/i/和/u/之际无差别,结果高低元音之间的差别掩盖了。为了检验第一种可能性,对 11 个发音人和三个元音作了一次双向的方差分析。结果显示在所有标准点上人与人、元音与元音之间都在 0.0001 水平上有差别,但是发音人占了绝大部分的因素。人与元音之间的相互关系如此之大,也在 0.0001 水平上有别。那就是说,发音人对 IF0 的影响取决于发哪个元音。或者说,元音对 IF0 的影响取决于是哪个发音人。为了确定哪个因素作用更大,又进行了一次双向分组方差分析(2 种性别和 3 个元音)。结果发现性别组起了主要作用。性别和元音之间的相互关系减小到最低程度:除了一个例外,在所有标准点上都不存在了。标准点上的元音差别仍在 0.001 或更高水平上有别。为了确定到底是所有元音还是部分元音有别,又进行了一系列单尾 t 检验。结果表明,除了个别例外,每个女性在 T1 的前段(从 5%到 40%时点)的/i/, /u/,或合并了的/i&u/高于/a/,但是男性中有两个从头到尾都没差别。当发音人按性别分成两组,T1 前半段上有很高的 IF0 差别,除了 5%时点。

这些先导性分析得出一个结论,高元音/i, u/可以合成一组,再与低元音/a/进行比较检验,同时男女应该分开检验。[4D]给出男女分组的 T1 的高低元音基频的单尾 t 检验结果。

[4D]

		0%	5	20	40	60	80	100	DF
M	/i/ vs /a/	*	**	**	*	~	~	~	5
	/u/ vs /a/	~	**	**	**	~	~	~	5
	/i&u/ vs /a/	*	**	**	**	~	~	~	5
W	/i/ vs /a/	~	*	**	**	**	***	~	4
	/u/ vs /a/	~	~	***	**	**	*	~	4
	/i&u/ vs /a/	~	**	**	**	**	***	~	4

终点处(100%时点)无区别。起点处(0%时点)仅在男组中有两处差别($\alpha<0.05$),即/a/显著地低于/i/和合并的/i&u/。这是由于在声调两端基频无规律引起的。起点处的基频受声母影响人与人有很大不同,同时还可能受什么样的后接元音影响;降调终点处的基频也人各有别,而且还可能不携带什么语言学信息。也就是说,一个降调降到哪儿停止对听感辨认不重要,除非一个音系中有三个降调。降调终点处的基频分布范围比起其他地方的分布范围要大得多(这可以从后面归一化的标准差看到)。这些都是在归一化时排除所有声调起点和降调终点的基频的理由。

在其他所有采样点上,高低元音的差别的显著性水平女性都高于或等于男性,只有两个在 5%时点处例外。从 60%时点处起男组的三种对比情况的 IF0 效应都消失了,而女组则是到终点才消失。

4.2.2.3 个人 IF0 指数

如前所述,就个人情况来看,高低元音的绝对基频差别依人不同。为了评估这差别,进行人际比较,我使用一种“IF0 指数”来衡量。计算步骤为:先把每个人的标准点(5%到 80%时点)上的/i/和/u/的基频值加以平均,然后减去相应点上/a/的基频值,最后把各标准点上的基频差值加以平均。[4E]从小到大给出这些个 IF0 指数,分别用赫兹(Hz)和半音(st)表示。用赫兹表达的所有女性的 IF0 指数都大于男性。平均而言,女组 IF0 差别是男组的 3.5 倍(=21/6)。排在最前的两个男性(M1 和 M3)没有 IF0 差别。其余 4 个男性 IF0 的差别大约是 10 赫兹。女性中 W2 的 IF0 最大(35 Hz),W3 最小(14 Hz)。其余 3 个在 20 赫兹左右。但是如果换用半音作单位,有些男性的 IF0 超过了女性,女组的总平均比男组大的程度减小到 2 倍左右(≈1.5/0.8)。从[4E]中算出的人际差异是 0.7st。

[4E]

	M3	M1	M6	M2	M5	M4	W3	W5	W1	W4	W2	M	W
Hz	0.4	2	8	8	9	11	14	18	18	19	35	6	21
	M3	M1	M2	M6	W3	W5	M5	W1	W4	M4	W2	M	W
st	0.04	0.2	0.7	0.8	1.0	1.2	1.3	1.4	1.4	1.6	2.4	0.8	1.5

4.2.2.4 小结

从上面的讨论可以得出这样的结论,IF0 出现于降调中,在字调前段的高频区比后半段低频区中来得明显,女性的 IF0 比男性明显。同时看到人际差别很大,有些 IF0 很大,有些根本没有。如果用半音表达,女组 IF0 指数就没有比用绝对赫兹时那么大了。

4.2.3 调头干扰

调头干扰指的是基频在起点处受到声母辅音干扰而产生的不规则波动。有一种看法(Gandour 1974; Hombert 1978)认为,基频起点的状况与声母类型相关。清塞音引起降调头,浊声母导致升调头。本项研究的数据提供了一个详细考察调头波动的机会。看来高降调中的情况远为复杂,而如果把个人变异也考虑在内,则更为难解。

图 4.02 中 T1 曲线的起点波动不一样,大多数是个降调头(如 M6),个别升调头(如 W2),还有些平调头(M3 和 W4)。同是降调头,有些(如 M6 的)降得比别的更陡些。同一个人的三条曲线调头的模式都差不多。例如,W2 的三条曲线的调头都是升的,而 W1 都是降调头。个别有些例外,其中 W5 的最显著,她的/i/和/a/调头都是降的,但/u/的调头是升的。

调头的模式不一,由于声母都是清不送气辅音[p],说明另有其他因素在起作用。有两个变量马上可以想到:人际差别和元音差别。图

4.02b 和 4.02f 中可以看到人各不同的调头。M6 的所有元音的曲线都是降调头，而 W2 都是升调头。图 4.02e 中可以看到依元音不同的调头。W5 的/i, u, a/三条曲线的调头分别为缓降、升、急降。发音人这一变量是否可控还不清楚。至于元音变量似乎有个倾向，升调头更多与/u/有关，最少与/a/共现。

总之，调头波动模式不但与声母辅音类型有关，而且与元音有关。在三个外围元音中，/u/最可能引起升调头，/a/最不可能。

4.2.4 基频形状和元音、性别

各种基频形状也依元音不同、发音人不同而有所不同。

图 4.02 中的曲线依元音不同而有所不同。每个发音人三条曲线中都是/a/曲线最直，/u/曲线最拱。所有人的/a/曲线的基频最高值是在起点处，只有 W2 的峰点在 5%时点处。另一方面，有三个女性(W2, W3 和 W5)的/u/曲线的峰点都不在起点，而在稍后处。还有两人(W4 和 M3)的/u/曲线在最初 20%时段上是平的。女性的/i/曲线和/u/曲线调头比男性的平缓。

图 4.03 给出/i, u, a/分性别的基频曲线。女组的/i, u/曲线和/a/曲线之间差别比男组的大。男组的三条曲线都是降调头，线性下降。女组的/a/曲线像男组的曲线，但她们的/u/曲线是升调头，前段有个“肩”，女组的/i/曲线介于两者之间，调头大致上是平的，下降也不那么急。

4.2.5 T1 的基频曲拱

上一小节我们看到基频形状依元音不同而有所不同。本小节考察元音合并了的 T1 的基频曲拱。主要发现是 T1 有两种不同的基频曲拱，大体上与性别有关。

为了消除元音的影响，我把分元音的数据合在一起，算出 T1 基频总平均值和标准差，结果见表 4.04。例如，W1 的 T1 的 18 个读例在起点处(0%)的基频均值为 292 Hz，标准差是 18 Hz。表中“T1s”和“T1d”分别表示 T1 的两种曲线：“直降”(straight falling)和“缓降”(delayed falling)。这些基频值画在图 4.04 中作为平均绝对时长的函数。

表 4.04　T1 基频：均值和标准差，单位 Hz（下划线表示在 0.05 水平无显著性差别，双尾 t 检验）

		0%	5	20	40	60	80	100	*n*
T1s	M1	183(15)	179(12)	169(13)	156(12)	138(13)	120(12)	104(14)	18
	M2	204(15)	199(17)	186(21)	154(16)	123(11)	107(9)	99(9)	18
	M4	131(14)	123(12)	118(11)	113(9)	104(6)	93(5)	83(7)	18
	M5	150(8)	143(8)	137(9)	128(7)	116(5)	101(4)	90(6)	18
	M6	193(23)	175(17)	157(13)	148(10)	134(9)	115(8)	102(11)	18
	W1	292(18)	277(15)	257(20)	232(16)	197(17)	166(16)	137(22)	18
	BSV		2 865	2 345	1 697	1 067	673		
	MBSV = 1 729		SV = 2 240		DC = 77.2%				
T1d	W2	266(22)	273(23)	272(24)	261(26)	237(23)	209(14)	156(20)	18
	W3	277(12)	279(12)	276(16)	260(15)	233(11)	196(10)	146(16)	18
	W4	243(15)	241(13)	243(16)	238(17)	219(14)	191(14)	167(15)	18
	W5	293(27)	286(26)	288(17)	268(18)	239(16)	203(12)	189(18)	18
	M3	124(7)	123(6)	122(7)	115(6)	103(7)	90(8)	80(6)	18
	BSV		4 624	4 659	4 177	3 397	2 432		
	MBSV = 3 858		SV = 3 808		DC = 101.3%				

图 4.04 中两种降调类型的基频曲线清晰可辨，直降如 W1 的基频降率大体不变，缓降如 W4 的曲线在前段有个"肩"。在认真朗读的读例中还听得出不同。两种降调可以量化地加以区别，主要看在 20%时点处的基频与前面 0%和 5%处的基频值是否有显著差别。表 4.04 给出各人前三个时点处基频值的双尾 t 检验结果（$n=18$，$\alpha=0.05$），无显著性区别的用下划线表示。缓降型前三点的值都没有显著差别，例如，M3 的 T1 在 20%时点处的值（122 Hz）与其在 0%（124 Hz）和 5%处的值（123 Hz）在 0.05 水平上无显著性差别。另一方面，直降型在 20%时点处的基频与 0%和 5%处的值在 0.05 水平上有显著性区别。

图 4.04 和表 4.04 表明，大多数女性曲线都有个肩，只有 W1 是直降型。另一方面，大多数男性都是直降型，只有 M3 有个肩。从这 11 位上海发音人而言，似乎男性倾向于降得干脆直落，女性倾向于降得较软较缓。

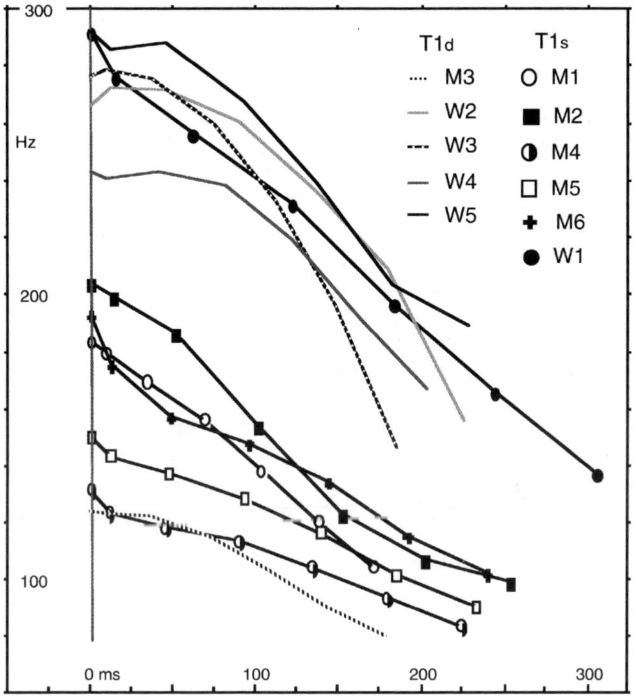

图 4.04　T1 曲线-11 位发音人的基频均值和平均绝对时长

4.2.6　基频分布

4.2.6.1　引言

本小节考察 11 位发音人的总体基频分布(频域)、起点和终点处的基频分布,以及其间关系。主要发现包括频域大小与性别、发音风格有关,起点基频、终点基频和频域有正相关。

4.2.6.2　频域

表 4.04 中基频分布从最低的 M3 的终点处 80 Hz,到 W5 的起点处的 293 Hz,跨度为 213 Hz。由于每个人的 T1 曲线都从上到下直贯他的基频空间,所以 T1 的最高值、最低值和跨度能作为他录音时的声域的最高值、最低值最低值和频域跨度。

图 4.04 显示女性基频跨度为 156 Hz(＝293－137)大于男性的跨度 124 Hz(＝204－80)。W1 的 T1 的终点(这是所有女性基频的最低点)高于 M3 和 M4 的起点,大约与 M5 的起点值相等,大约在

其他三个男性的频域中区。两性的基频分布的交叉区的跨度是67 Hz(＝204－137)。

各人的频域(赫兹)之间的差别很大。[4F]中的上半中M3的频域(44 Hz)只有W1的(155 Hz)四分之一稍多(28%)。除了W4,所有女性的频域大于100 Hz。除了M2,所有男性的频域都小于100 Hz。男性平均频域71 Hz(＝164－93)是女性115 Hz(＝274－159)的60%。两者在0.05水平上(双尾t检验,DF＝9)有显著区别。

[4F] 频域:赫兹 Hz 和半音 st

	M3	M4	M5	W4	M1	M6	W5	M2	W2	W3	W1	M	W
Hz	44	48	60	76	79	91	104	105	117	133	155	71	115
	W4	M3	W5	M4	M5	W2	M1	M6	W3	M2	W1	M	W
st	6.5	7.6	7.6	7.9	8.8	9.7	9.8	11.0	11.2	12.5	13.1	9.6	9.5

当表达为半音(st)时情况就有所改变,见[4F]下半部。最小的个人频域(6.5 st)现在是最大的(13.1 st)一半左右(而以赫兹为单位只有28%)。两性之间的赫兹频域差别被消除了,男女两组的半音频域实质上相同,一个9.6 st,一个9.5 st。

4.2.6.3 **起点**

表4.04和图4.04显示女性的T1起点落在一个50 Hz的范围内,终点处基频分布亦如此,范围最小处是在60%和80%时点处,跨度仍有43 Hz。与此平行分布相反的是男性起点处的基频分布范围最宽,有80 Hz(＝204－124),到40%时点处减小到43 Hz,终点处只有24 Hz宽。这种分布出乎意料之外,因为男性总体赫兹分布跨度只有女性的60%。而现在男性在起点处的分布比女性宽得多,以赫兹计有1.6倍。换算为半音,差别更大:男性8.6 st,而女性只有3.2 st。男性在起点处的基频分布范围较宽不仅仅是解剖学上的区别,也可能是读字表时的风格所致。六个男性中三个基频高的发音人,读字表时都很正式,尤其是M2和M6;另三个基频低的,读得比较随意,尤其是M3和M5。看来风格不同,反映为基频不同,对降调的影响主要在前段。把本项研究中的M6和M2,与费国华(Rose)1989和1993中的同两位发音人(M4和M3)比较一下就更清楚了。同样的两位发音人在两项研究中由于发音风格不同,基频分布差别很大。费国华的M3录音时

很紧张，所以基频均值达 176.5 Hz，而同一个人在本项研究中(M2)降低了 30 Hz，只有 145 Hz。而费国华的 M4 读得很随意，均值只有 105.8 Hz，而在本项研究中(M6)由于读得很正式，提高了 30 Hz 达到 135 Hz。一个人的读音风格会改变频域、均值等，但对归一化结果没什么影响，因为从统计角度来看，不同的风格可以看作发音器官有所差异的不同的发音人，所得均值、频域和其他基频特点也有所不同。

4.2.6.4 基频最高值 F_{max}、最低值 F_{min} 和调域之间的关系

如果基频最高值大而且最低值小，频域就一定大。但反过来是否如此不是很清楚。频域大的是否上下限一定都扩大？图 4.05 给出个人频域(Rg)，及相应的最高值(大多在 T1 起点处)和最低值(都在 T1 终点处)。数据以基频最高值从小到大排列。大多数人的起点基频值就是最高值，只有 W3 和 W2 的基频最高值在 5%时点，比起点稍高。例如，M6 的最高值是 193 Hz，最低值是 102 Hz，频域为 91 Hz。W1 的频域(155 Hz)最宽，M3(44 Hz)最窄。

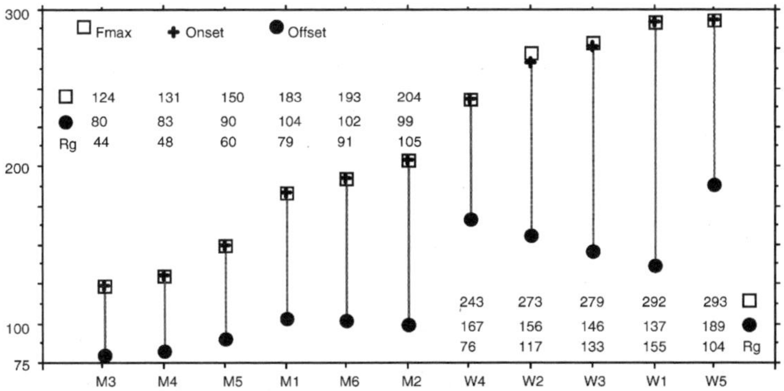

图 4.05 11 位发音人 T1 的最高值、起点、终点和频域

把频域、最高值和性别放在一起考虑，其间关系相当简单。在男组或女组中，频域和最高值都正相关，即频域越大，最高值就越高，排序为：M2＞M6＞M1＞M5＞M4＞M3，W1＞W3＞W2＞W4。只有一个例外，那就是 W5，她的频域是女性中第二小，但她的最高值却最高。

如果把基频最低值也引入比较的话，各种关系就不那么直截了当了。对于那三个基频低的，频域和最低值正相关，如 M3 的最高值最

小，最低值最小，而频域也最小。但其他人，除了 W5，却是负相关。其他三位基频高的频域排序是 M2＞M6＞M1，但最低值排序却反过来了：M2＜M6＜M1。女性的频域排序是 W1＞W3＞W2＞W4，但是最低值排序则反过来：W1＜W3＜W2＜W4。W5 的最低值最高，但是频域在女性中第二小。

基频最高值和最低值之间的关系，大体上与上述频域和最低值之间的关系相当。对那三位基频低的男性和 W5（她的最低值最高），两者是正相关。其他七位基频高度居中的，他们的最低值排序和最高值排序正好相反。女性的最高值排序为 W1＞W3＞W2＞W4，但她们的最低值排序是 W1＜W3＜W2＜W4。男性的最高值排序为 M2＞M6＞M1，但他们的最低值排序为 M2＜M6＜M1。

把频域、最高值、最低值和性别这四个参数放在一起考虑，可分两组，另加一个例外（仍为 W5）。基频高的（除了 W5）如果频域增大，那么上下限同时扩展，上限增加更多些，即频域越大，最高值就越高，最低值就越低。基频最低的三位男性则是频域、最高值和最低值高度都正相关。

如果把发音人不分男女合成一组，整个画面就模糊了，因为有两个女性（W4 和 W5）处于男性的频域中。

为了把上述定性的排序做得更精密，我做了两次相关检验：一次斯皮曼 Spearman's 检验，一次皮尔森 Pearson's 检验。[4G]中的斯皮曼排序相关系数（r_s-值）和单尾（即 H_1：正相关）检验结果表明最高值与最低值和频域在 0.01 水平上高度相关。最低值和频域相关度没那么高（$r_s = 0.591$），但仍在 0.05 水平上正相关。最高值的排序与起点基频排序相同（九人的最高值在起点，两人在 5%时点），因此最高值和其他因素之间的关系可以代表起点高度与其他因素的关系。

[4G] ($n = 11$)

	最高值	最低值	频域
最高值	1	**	**
最低值	0.873	1	*
频域	0.845	0.591	1

根据定量参数算出的皮尔森相关检验的结果给出关于起点、终点

(＝最低值)、最高值和频域之间关系的更多的信息。相关系数(r-值),r^2(括号中)和 F 检验(DF＝1, 9)结果在[4H]中给出。表中可以看到最高值和起点基频完全相关(r＝1),这不奇怪,因为大多数人的最高值出现于起点,仅有两人(W2 和 W3)在 5%时点处。此外,那些在 5%时点的最高值仅比相应起点处高出几个赫兹(W2 是 7 Hz,W3 是 2 Hz)。[4H]还显示最高值/起点和终点高度之间,最高值/起点和频域大小之间高度正相关(r 分别＝0.896 和 0.88, p＜0.001)。那就是说,知道了最高值或起点值,可以预计 80%的终点和 77%的频域,反之亦然。如果从起点高度来预言终点高度(或频域大小),错误的可能为 20%(或 23%)。终点高度和频域大小的相关度一般(r＝0.577),在 0.05 水平上无显著区别($F(1, 9)$＝4.497, p＝0.063)。图 4.06 给出回归分析结果,a 小图中是最高值和终点的拟配线和 95%的置信带,b 小图是最高值和频域,从图中可以从任何一项预测另一项。

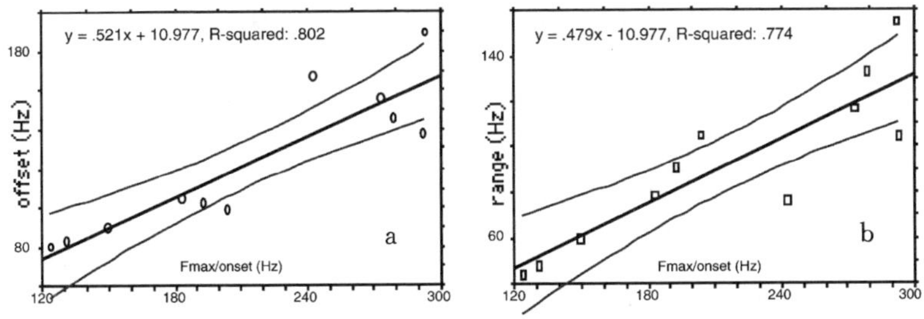

图 4.06 (a) 最高值和终点,(b) 最高值和频域的基频相关拟配线和 95%置信带

[4H](DF＝1, 9)

	最高值	起点	终点	频域
最高值	1	***	***	***
起点	1(0.999)	1	***	***
终点	0.896(0.802)	0.895(0.802)	1	～
频域	0.88(0.774)	0.88(0.774)	0.577(0.333)	1

上面提到有两个发音人同时出现于本项研究和费国华的研究。他们各自在两项研究中的频域比较表明,频域扩大主要是最高值提高,其次是最低值降低。图 4.07 中可以看到,两人的频域在两项研究

中都有 30 多赫兹的差别。而他们的最高值和最低值都上升了，前者上升得多，约 30 Hz。

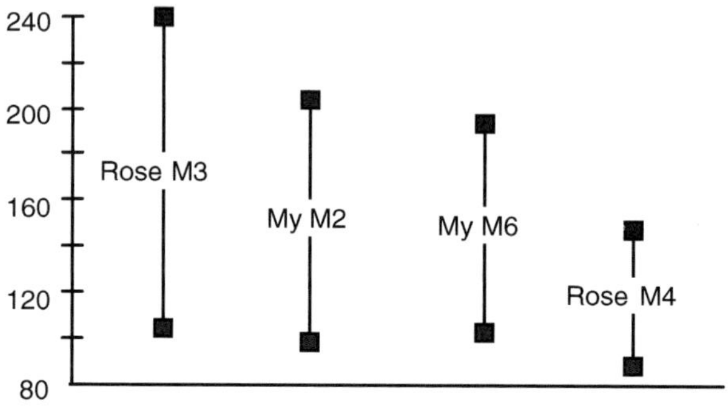

	Rose 的 M3＝我的 M2				我的 M6＝Rose 的 M4			
最高值	240	—	204	＝36	193	—	147	＝46
最低值	104	—	99	＝5	102	—	88	＝14
频　域	136	—	105	＝31	91	—	59	＝32

图 4.07　同两个发音人在 Rose 研究和本项研究中的不同频域

总之，频域扩大主要与最高值提高有关(77％精确度，$p<0.001$)，如果男女分组，则也与降低最低值有关。

4.2.6.5　小结

本小节内(4.2.5)展示了，除了到处存在的很大的人际差异外，还有 1)女性以赫兹计的基频分布范围显著大于男性，但以半音计则相同；2)个人频域大小与录音风格有关；3)频域大，主要由提高最高值并同时降低最低值而获得；4)起点基频，终点基频和频域之间的斯皮曼排序相关性在 0.05 水平上正相关；5)起点和终点，起点和频域之间的皮尔森相关度在 0.05 水平上有显著差别，但终点和频域之间无显著差别。

4.2.7　基频归一化

4.2.7.1　结果

对数 z-值法基频归一化(LZ)的一般程序已在 § 3.2.1 中讨论过。首先，把每人所有采样点上的基频均值取为对数。其次，算出每人在标准点上的对数值的算术均值和标准差，标准点指的是从 5％ 到

100%时点,但不包括 T1 和 T4 的 100%时点。这个均值是原始基频值(表 3.06)的几何均值。第三,用第二步得到的参数,算出基频的对数值(从第一步得到)的 z-值。

T1 的这些 LZ 归一化结果(LZ 值)列在表 4.05 中,下标“s”和“d”分别表示直降和缓降。例如,M2 的 T1 是 s 型即直降型,他在起点处的 LZ 值是 1.78 SD(这个 SD 由上述第二步算出)高于他的对数基频均值。那就是说,此点上的原始基频值 204 Hz 等于 10 的 1.78 SD 次幂乘以他的几何均值 145 Hz($204=10^{1.78SD}\times145$)。表中标着“$m(s)$”的两行是直降、缓降两型的归一化值的均值和标准差。此外,为了评估归一化效果算出,标准点(对于 T1 来说就是从 5%到 80%时点)上的 LZ 值的人际方差、离散系数(DC),以及标准指数(NI),也列在表中。图 4.08 是两个归一化后的降调的图标。

上面 § 4.2.3“基频曲线”中提到 T1 有直降和缓降两个型。直降型在 20%时点处的基频值同 0%和 5%处的值在 0.05 水平上有显著性差别,而缓降型则无显著性差别。当表达为归一化值时两者的差别就更明显了。如图 4.08c 所示,直降型起点比缓降型高 0.66 SD(=2.25-1.59),而终点高于缓降型 0.38 SD[=-2.39-(-2.77)]。直降型的线条大体上是条直线,缓降型像一条左右对转的对数曲线。我们对着两条曲线的 LZ 归一化值作了两次 t 检验看它们是否有显著性差别。

第一次是这两个型各自把在 20%处的 LZ 值同 0%和 5%处的平均值加以比较。例如,M1 在 20%处的 LZ 值是 1.66,在 0%和 5%处的平均值是 2.29(=(2.37+2.21)/2),两者之差为-0.63。[41]给出各人的这些差值。两型的平均差值区别很大,超过半个 SD 单位(-0.11-(-0.69)=0.58),这有显著性区别($p<0.001$, DF=9,双尾)。

[41]

	直降							缓降					
	M1	M2	M4	M5	M6	W1	均	W2	W3	W4	W5	M3	均
差	-0.63	-0.42	-0.82	-0.63	-0.98	-0.68	-0.69	0.08	-0.06	0.05	-0.04	-0.14	-0.11

表 4.05　T1 的 LZ 基频转换值

		0%	5	20	40	60	80	100	*n*
T1s	M1	2.37	2.21	1.66	0.96	−0.12	−1.37	−2.72	
	M2	1.78	1.66	1.30	0.32	−0.85	−1.60	−1.98	
	M4	2.50	1.81	1.34	0.83	−0.14	−1.35	−2.60	
	M5	2.46	2.02	1.61	0.97	0.00	−1.28	−2.46	
	M6	2.29	1.71	1.02	0.66	0.08	−0.87	−1.61	
	W1	2.09	1.73	1.23	0.56	−0.54	−1.67	−2.96	
	m(*s*)	2.25 (0.27)	1.86 (0.21)	1.36 (0.24)	0.72 (0.25)	−0.26 (0.36)	−1.36 (0.28)	−2.39 (0.50)	6
	BSV		0.045	0.058	0.065	0.129	0.080		
	MBSV = 0.076		SV = 1.438		DC = 5.3%		NI = 77.2%/5.3% = **14.6**		
T1d	W2	1.51	1.72	1.69	1.33	0.50	−0.64	−3.20	
	W3	1.56	1.63	1.53	1.06	0.15	−1.22	−3.58	
	W4	1.59	1.50	1.59	1.38	0.55	−0.80	−2.13	
	W5	1.70	1.49	1.55	0.89	−0.18	−1.69	−2.36	
	M3	1.60	1.50	1.41	0.84	−0.18	−1.40	−2.57	
	m(*s*)	1.59 (0.07)	1.57 (0.10)	1.55 (0.10)	1.10 (0.25)	0.17 (0.35)	−1.15 (0.43)	−2.77 (0.60)	5
	BSV		0.010	0.010	0.061	0.124	0.185		
	MBSV = 0.078		SV = 1.175		DC = 6.6%		NI = 101.3%/6.6% = **15.3**		

第二次 t 检验(双尾,α=0.05, DF=9)比较两个型在相应点上的 LZ 值。[4J]中的结果表明两型在 0%,5%和 40%时点处有显著性区别,但在后半段上无显著区别。这可以从图 4.08c 中看到,直降型起点显著高于缓降型,到 5%处仍有区别,尽管直降型降得很快而缓降型还停留在原来高度。直降型继续快降,而缓降型还保持原高度,两者在 20%时点前相交,区别消失。这个趋势保持到 40%时点处,然后直降型显著低于缓降型。再往后缓降型开始快降,两者不再有区别。为了检查上述 t 检验是否真有意义,还是偶然碰巧,我们又进行了两次任意组合的 t 检验,见[4J]。前一次检验把 11 个人任意分成两组,第 1 组包括 M1, M3, M5, W1, W3 和 W5,第 2 组包括 M2, M4, M6, W2 和 W4。后一次检验另分组,第 3 组包括 M1, M3, M4, W1 和 W4,第 4 组包括 M2, M5, M6, W2, W3 和 W5。它们之间任一时点上都没显著差别。

［4J］

	0%	5	20	40	60	80	100
p(直降 vs 缓降)	**	*	～	*	～	～	～
p(第 1 组 vs 第 2 组)	～	～	～	～	～	～	～
p(第 3 组 vs 第 4 组)	～	～	～	～	～	～	～

这证实§4.2.4 中关于 T1 两种降调型的假设。两者区别在于:1)直降型起点高于缓降型,2)直降型在前 20%时段一直在下降,而缓降型则保持平调头,3)在 40%时点处直降型显著低于缓降型。简而言之,两型在前半段有别:直降是降,缓降大体是平的。

在讨论这两型的语言学含义前,还有两件事要说明。一是关于两型的时长。缓降型的平均时长(208 ms, SD=24, n=5)是直降型(240 ms, SD=42, n=6)的 86%,不过在 0.05 水平(双尾 t 检验)无显著性差别。图 4.08c 中把这两型的横轴都用相等时长。

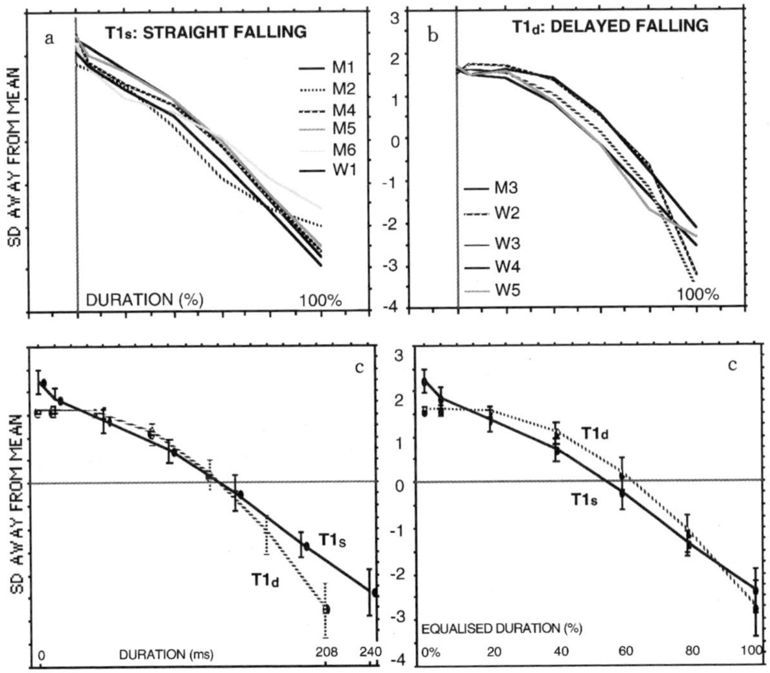

图 4.08　LZ 转换的基频值

(a) T1s, (b) T1d, (c) LZ 值的均值和标准差

(纵轴是偏离均值的标准差)

第二，辨认出两个型就要分别计算两者的统计量如方差、离散系数等，见表 4.05。表中的标准指数 NI(直降型 14.6，缓降型 15.3)比原始基频赫兹值的离散系数降低高达 15 倍，比不分型的 T1 归一化结果(分型前的标准指数是 12.5)还好。这进一步证实分出两型的必要性。我们还作了一次任意分组的 t 检验，把 11 个人分成奇数组和偶数组，结果两个标准指数分别为 31.0 和 7.6，比起合并的 T1 指数 12.5，一个倒是更好了，但另一个则差多了。这进一步说明分出这样的两型是有根据的。

4.2.7.2 **讨论**

本章最重要的发现是上海话降调的两个型：直降和缓降。这对本音系和跨音系比较都有重要意义。在费国华(Rose 1993)的上海声调研究中，他尽管用了我的一套录音材料，但是没有区分出那两个型。他比较了镇海话的降调和上海话两套录音材料(我的 11 个发音人和他本人所录 7 个发音人)的降调，结论是镇海话的是缓降型，上海话是直降型。现在看来上海话也有两种型，所以费氏关于底层调的结论可能需加修改。在进一步比较这些降调类型之前，需要现讨论一下重新归一化的方法问题。

为了比较四条降调曲线，我们仅需要"相似的声调"作为"坐标"，即在计算重新归一化的参数(RNPs，均值和标准差)时要排除镇海话里多出来的哪个凸调，以及镇海、上海话中的降调。这两条原则，仅用相似的调作 RNPs 和排除本身要比较的调，是理论上所需，实际上很难完全做到。用作 RNPs 的声调的相似性显然是必需的，否则无法比较，因为我们不知道这两个"坐标"是否可换算。排除本身要进行比较的声调用于 RNPs，要不它的重新归一化的值将会部分地由自己决定，那有点循环论证(Rose 1987, 1991)。不过，我下面要论证，相似性难以掌握，只能做到大致可比。此外，一定程度的循环论证也不可避免。因此我选取一个实用解决办法，处理材料更简单，更一致，哪怕循环论证也更一致。

费国华(Rose 1993)在比较上海和镇海降调时用了其他四个声调作为 RNPs(排除镇海话的凸调，上海话没这种调)。他的基本假设是这两个方言中的这四个声调是相似的。这其实有问题，因为正如他所辨认出来的，上海话下域长调(阳去)有升和凹两个调型。由于发音人在实现这个底层调时有两种选择，因此就不能放在一起比较，所以不能用来作 RNPs。还有其他问题。镇海话里的下域短调(阳入)和上海话不同。前者起点低而升得快。后者起点高而显得有点凹①。如果我们也把这个声调排除，那就只剩下两个声调来提取 RNPs。还有一个问题涉及循环论证。假定剩下的两个声调常域长调和常域短调通过了初步审查，现在如果要比较两个方言中的常域长调就只能用常域短调作 RNPs。而想比较常域短调，就只能靠常域长调。看来某种程度的循环论证难以避免。

因此我选择一个实用的方法来比较上海和镇海话的降调，用所有五个听感相似②的声调的测量值来计算参数。应该指出的是，费国华的方法并不是比较两个方言中的降调，他是把某方言中的降调和另四个调之间的关系，与另一个方言中的降调和另几个调之间的关系加以比较。我的方法比较两个相似五声调系统中的降调。

从下文图 4.12 和费国华(Rose 1993)图 4 来看，两种方法所得的总体结果极为接近，只有一些微不足道的差别。费国华的方法因为用的声调少，所以标准差也小，因此把所比较的声调抻得很开，贴近上下端。为了方便比较，他又用了个坐标转换把频域压缩了。

表 4.06 给出四套降调的 z 值转换的基频均值和标准差。表左端是数据来源："SH-s2"表示 Rose(1993)中的上海话数据，"ZH"是 Rose(1987)中的镇海话数据，"SH-s1"和"SH-d"分别表示本项研究中的直降型和缓降型。下文"直线型"代表 SH-s1 和 SH-s2 这两条曲线，"带肩型"代表镇海曲线和本书的缓降曲线。为保持一致，我在重新归一化时把费国华的上海话和镇海话阴入的 100%处的值也排除了。表头

---

① 后文第 8 章可以看到，T5 也有两种调型。

② 这也是元音归一化中的实用方法。例如 Disner(1980)在她为比较日耳曼诸语如英语、瑞典语、德语的元音而作归一化时，"仅用音韵学上相类的元音组"，并不排除被比较的元音。这些语言中用作归一化参数的元音只是听感上大致相似，如"瑞典语[i]比英语'seen'中的元音更高"(McClean 1969:5)，"所有德语元音都比相应的英语元音更紧"(Moulton 1962:58)。音韵学上的类似性很难定义，如果不是说完全不可能，因为音韵系统是各语言特定的，不同语言中相同的音韵表达可能表示不同的语音单位，并有不同的音韵派生过程。因此"听感相似性"这一标准更可取。

的百分点表明费国华采样点比我的密。他每隔10%取一次样，我每隔20%取一次样，外加一个5%的时点。不过这不影响总体的均值和标准差。

表 4.06　四套降调基频数据的 z 值:均值和标准差

		0%	5/10	20	30	40	50	60	70	80	90	100	*n*
SH-s2	*m*	2.29	2.09	1.78	1.41	0.96	0.43	−0.12	−0.72	−1.31	−1.91	−2.50	7
	s	0.48	0.38	0.27	0.25	0.31	0.41	0.49	0.51	0.49	0.56	0.75	
ZH	*m*	1.42	1.65	1.60	1.44	1.21	0.86	0.45	−0.04	−0.54	−1.11	−1.66	7
	s	0.29	0.14	0.16	0.16	0.20	0.28	0.36	0.42	0.50	0.56	0.64	
SH-s1	*m*	2.51	2.01	1.40		0.67		−0.31		−1.28		−2.08	6
	s	0.29	0.21	0.26		0.28		0.34		0.22		0.38	
SH-d	*m*	1.68	1.65	1.64		1.11		0.12		−1.12		−2.40	5
	s	0.09	0.12	0.11		0.27		0.36		0.39		0.39	

图4.09画出每个发音人的基频z-分值(SH-s2和ZH各7人，SH-s1 6人，SH-d 5人)，还有二次三项式(ax^2+bx+c)拟配线。用图4.09中的个人z-分值我进一步在图4.10中为四个降调曲线各画出二次三项式曲线。横轴是相等时长，因为它们的平均时长无显著性差别(Rose 1993;本章前节)。

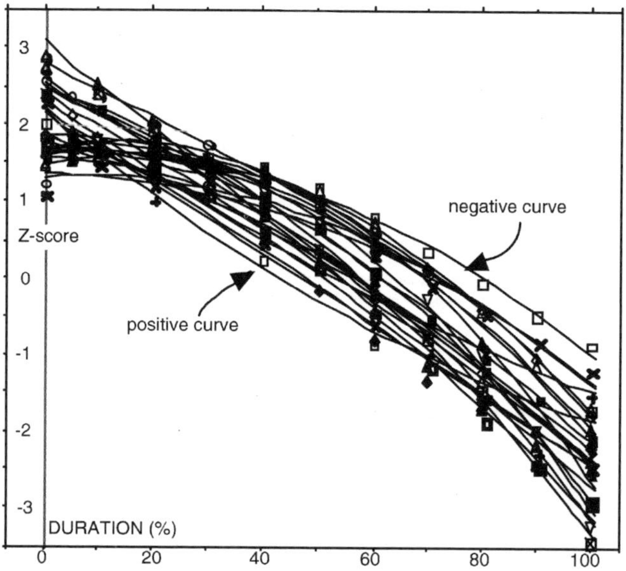

图 4.09　18个上海人和7个镇海人的 z-score 归一化基频值和二次多项式拟配线

图 4.10 中还给出计算多项式曲线的公式。二次项 x^2 的系数 a 决定弯曲度，一次项 x 的系数 b 表示沿 X 轴有一个 $b/2a$ 单位的平移，常数 c 表示 Y 轴上的截距。二次项 x^2 前的负号表示负的抛物线，即凸的曲线(是否显示出带肩取决于弯曲度)；正号表示正的凹型抛物线，图 4.09 中正抛物线不多。对于负曲线(负到足以成为一条抛物线)的二次系数 a 值，绝对值越大，弯曲度就越大，"带宽"越宽，越是带肩，降得就越慢。一次项 x 前的正负号表示平移方向：正号把曲线往右移，负号把曲线往左移。对于负曲线，b 值越大，顶点离 Y 轴就越远，也就是更为缓降，其他因素相等的话。

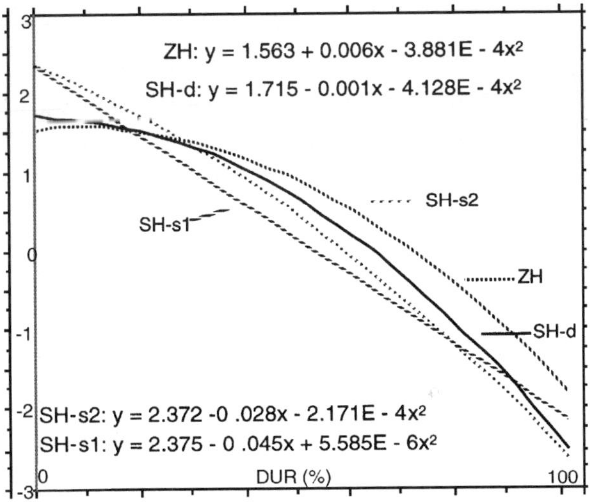

图 4.10　四个降调的二次多项式曲线

SH-s1：$y = 2.375\,9 - 4.541\,5x + 0.063\,7x^2$

SH-s2：$y = 2.374\,1 - 2.799\,2x - 2.160\,8x^2$

SH-d：$y = 1.717\,3 - 0.094\,0x - 4.110\,9x^2$

ZH：$y = 1.559\,5 + 0.562\,7x - 3.888\,1x^2$

从图 4.10 可以看到两条直降曲线(s1 和 s2)和两条缓降曲线(ZH 和 SH-d)。对多项式的系数和常数进行 t 检验，结果表明正是有两种型，见[4K]。如果排除 SH-s2 中的 3 号女性，费国华 SH-s2 和我的 s1-曲线的三个因子都没有显著性区别，镇海曲线和我的 d-曲线也没区别。但另一方面，两条缓降曲线中的一条和两条直降曲线中的任何一条在三个因子上都有显著性区别。

把 3 号女性从费氏上海话数据中排除出去的理由从图 4.11 中清晰可见。费氏的上海话 T1 被认为是直降,但他的 3 号女性却是一条明显的缓降曲线,起点较低,前 20%时段几乎是平的。她的系数 a 很小,bx 前又是正号,这都表明是条缓降曲线。[4K]右半的结果表明,当把她从统计量中排除出去,SH-s2 的系数 a 和 ZH 和 SH-d 的系数 a 局没有显著区别了。另两个因子 b 和 c 的显著性差别程度也不如左半部的数据。

[4K] 多项式因子(直降用黑体,肩降用斜体)

	c	$b(x)$	$a(x^2)$	DF	c	$b(x)$	$a(x^2)$	DF
p(**SH-s1** vs *ZH*)	***	***	***	11				
p(**SH-s2** vs *ZH*)	***	***	**	11	**	**	~	12
p(**SH-s2** vs **SH-s1**)	~	~	~	10	~	~	~	11
p(**SH-s2** vs *SH-d*)	**	***	*	9	*	**	~	10
p(**SH-s1** vs *SH-d*)	***	***	**	9				
p(*SH-d* vs *ZH*)	~	~	~	10				
		排除 W3				包括 W3		

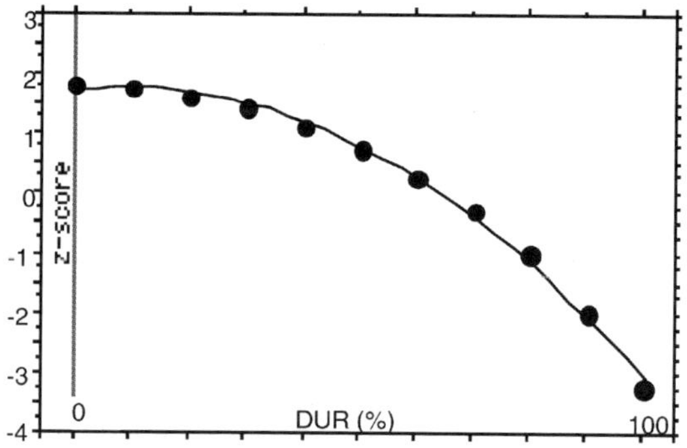

图 4.11 Rose 1993 中 F3 降调的二次多项式曲线

如果常数 c 没有显著差别,那么曲线起点高度一样,否则起点不一样。如果系数 a 没有显著区别,曲线的整体形状一样,否则调型不一样。系数 b 既影响调型,又影响起点高度。[4K]中的结果令人鼓舞,因为这些数据可以用来定义不同的调型。本书中的直降 s1-曲线最为线性,多项式中 x^2 的系数几乎等于零。直降 s1-曲线的 x^2 前是正号,而 s2-曲线是负号,但它们的系数没有显著差别,这只能表示两者是线性而非抛物线。两条无显著差别的缓降调中,镇海降调降得慢点,我的 d-曲线的 a 值较小,而 x 前是正号。直降曲线起点显著性地高于缓降曲线($p<0.01$),见[4K]左半部。

根据上面的分析,降调依起点高度和整体调形有两种型,但是在同一型中仍有一些小变体。例如,上海缓降型曲线终点远低于镇海。另外也可能某一行的曲线有些性质与另一型的相似。例如,上海 s2 曲线的中段有些圆鼓,那是缓降型的特点。为了检查这些细节,我把表 4.06 中在相应点上的四个 z-分值的六种组合都 t 检验了一次,结果见[4L]。图 4.12 中的离散性和 4.10 中的连续性声调表达式各有作用。对连续曲线的检验定义了不同高度的起点和整体调型。对离散曲线的检验显示了某些特定时点上的细节差异。

[4L]

	0%	20	40	60	80	100	DF
p(**SH-s1** vs *ZH*)	***	~	**	**	**	~	11
p(**SH-s2** vs *ZH*)	**	~	~	*	*	*	12
p(**SH-s2** vs **SH-s1**)	~	*	~	~	~	~	11
p(**SH-s2** vs *SH-d*)	*	~	~	~	~	~	10
p(**SH-s1** vs *SH-d*)	***	~	*	~	~	~	9
p(*SH-d* vs *ZH*)	~	~	~	~	~	*	10

图 4.12 和[4L]给出曲线之间的相似处和相异处的细节。同类曲线也可能在某些时点上有差异,如 Rose's 直降 s1-曲线在 20%时点处不同于我的直降 s2-曲线。另一方面,不同类的曲线也可能有相似处,如 Rose's 直降 s1-曲线与我的缓降曲线很近似,只在起点处不同。这可能有两个原因。首先,在 Rose(1993)中有些发音人其实是缓降,但没被挑出来,如上述 3 号女性。其次,调型可能是个连续统[①]。镇海曲线是四个降调中最负的负曲线,而 s1-曲线是最线性的。Rose 的 s2-曲线居中:他的起点与我的 s1-曲线一样高,但降得没那么陡,但也没我的缓降曲线那么圆鼓。还有写理由支持连续统假设。上海缓降曲线介于镇海缓降曲线和两条直降曲线之间,它的起点和镇海缓降一样

① 严格地说,此处数学上的连续统应由多项式的每个因子值在某区域内连续分布来定义。例如,对系数 a 来说应该在 1.2 SD 和 3.2 SD 之间取任何值都是可能的。再进一步,三个因子的任意取值都可组合起来构成一条新曲线。

低，但终点和直降型一样低。和镇海曲线一样，上海缓降曲线与上海直降 s1-曲线在 40%时点处有别，但那以后就没区别了（与 Rose 的 s2-曲线也没区别了），可镇海曲线还继续缓降与两条直降曲线显著有别。镇海缓降曲线的终点最高，但是它与直降 s1-曲线的终点高度无别，反而与上海缓降的终点在 0.05 水平上有显著差别。另一方面，上海缓降的终点甚至比直降 s1 的更低，尽管无统计意义。

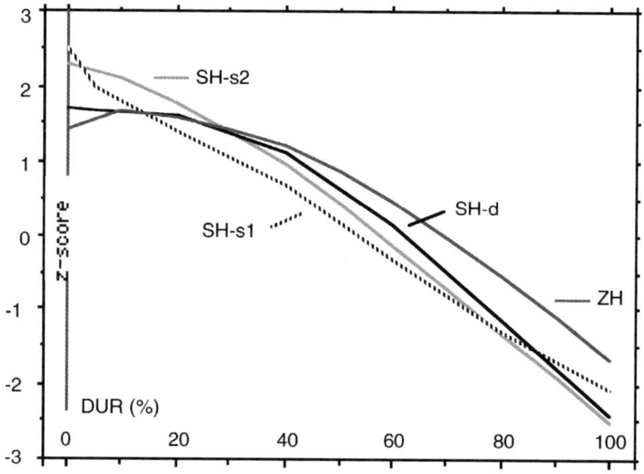

图 4.12　降调四个变体的平均 z 值

最线性的上海直降 s1-曲线和最圆鼓的镇海缓降曲线除了在 20%和 100%时点，其他地方都有别。20%时点没区别不重要，因为这是两条各走各道的曲线的交汇处。在 100%处有无区别更没关系，因为降调的终点处是被排除在标准点以外的。如果终点落在同一高度，那是碰巧了。此处的标准差特别大，这意味降调可以在一个很大的频率范围内停止，终点基频可以高点，也可以低点，都不影响听感辨认。前面我们也可看到上海话、镇海话中四条降调曲线的终点无规律（见图 4.12 和[4L]中的 t 检验结果）。由此可以得出结论：降调终点不是语音学目标。

费国华（Rose 1993）对两种降型作了几个解释："上海话降调终点目标比镇海话的低，镇海话降调起点有非声调目标的正干扰（升调头），终点是低目标，这就内在地决定了它是缓降型。也可能是个外在的声调目标，而终点高度同化于这目标。"费氏没考虑上海和镇海的起点差别是声调差别，而看作是辅音干扰的系统差别：上海所有五个声调都比相应的镇海声调起点高。而现在我们证明上海缓降型的起点显著低于两条上海直降曲线，与镇海相似，我们就要把起点考虑在内了。另一方面，终点对于区别不同调型是不起作用，因为上海 s1-曲线的终点并不显著低于镇海。因此，终点高度并不是一个充分的标准区分不同降调型。

排除了终点是声调目标，还有起点和整体调型可能是声调目标①。终点高度部分地、非区别性地决定缓降调型：终点越低，拱肩也越小。

费国华(Rose 1993)提出一个假说，吴语的降调调型可能在地理上构成一个连续统：越往南，越缓降。现在我们看到即使在一个上海方言中都有这样的连续统。这其实不奇怪。上海是个大都会，城区常住人口就有八百万，再加来往、打工、生意人口还有几百万。很大一部分常住居民的前辈来自浙江。根据赵元任(1928)②，当时上海话的降调是直降型，宁波话是缓降型。宁波话在当地(包括镇海)是权威方言。第一章中提到宁波话和苏州话在 20 世纪前半叶对上海话影响最大。上海话的缓降型可能来自方言特征的混杂：低起点因而有肩，来自宁波话，低终点来自老上海话。上海缓降型的低终点可能"拉直"整条曲线，所以跟镇海缓降型相比没那么拱。正如费国华(Rose 1993)指出的，必须记住因为这四条降调曲线的时长无显著差别，任何基频调型的差别不能归于拉平时长所引起的扭曲。

前文§4.2.5"T1 基频曲拱"中提到上海话两种降调型主要与性别有关：男性除了一个都是直降，女性除了一个都是缓降。现在我们看到镇海降调也是缓降型，但与性别无关，Rose(1987)的镇海材料中包括四个男性，三个女性。因此，原先的调型—性别相关假说需作修改：或者可以认为上海话的情况是个巧合；或者可以说缓降型是从宁波传到上海，女性先习得这特征。

关于两种降型是否有什么底线？具体地说，最负的和最正的曲线应该是什么样的？我们可以用图 4.13 中的降调模型来回答。典型的

---

① 也许有人会忍不住以奥卡姆剃刀出发假定只有起点才是声调目标。由于压低起点，内在地决定了缓降调型的"圆拱"。为了跨语言比较，最好在语言学语音学程度仍保留起点和调型两个特征。

② 应该指出的是，赵氏对上海话和宁波话的描写都基于一个发音人，所以当然有可能还有其他类型的，如本项研究所发现的。

降调应该如图中对角线 AC 那样。AG 和 AH 的方向可以排除,因为 AG 表示升调①,而 AH 意味着时间倒转。从 A 降到 C 在逻辑上有两种极端情况:ABC 和 ADC。但它们实际上不可能,因为发音需要时间,而 BC 和 AD 都不占时间。因此最负的曲线是 AEC,最正的曲线是 AFC。我觉得这两种极端情况在单音节上可能较小,倒不是因为突然改变声带紧张度(从而突然改变基频方向)不可能,而是这样突变发生在一个单音节上有突兀感,断裂感②。不过在双音节的单一声调辖域中是可能的。后字失去原调,从前字接受某些声调特征,或被赋予初始调。极端负降型见于上海话两字调,如:天堂 thìdong/hl+Ø>h+hl/,见后第十章。极端正降型见于北京话两字调,如:副的 *fùde*/hl+Ø>hl+l/(Zhu 1992a;又见附录中语图 A4.01)。这两种两字组中都是前字重读,后字弱读,可短至 40 毫秒,见第十章。即 EB 和 FC 最短可为 40 毫秒左右。AE 和 DF 的时长没有特别的生理制约条件。据实践经验估计,降调型两字调中的一部分不会长于它所派生出来的原先的单字降调(这一点在后文第十章可得到严格的数据证实),所以可以估计上海话 AE 最长为 225 ms 左右(这是上海话单字降调的时长,见表 4.01),北京话 DF 最长为 245 ms③。

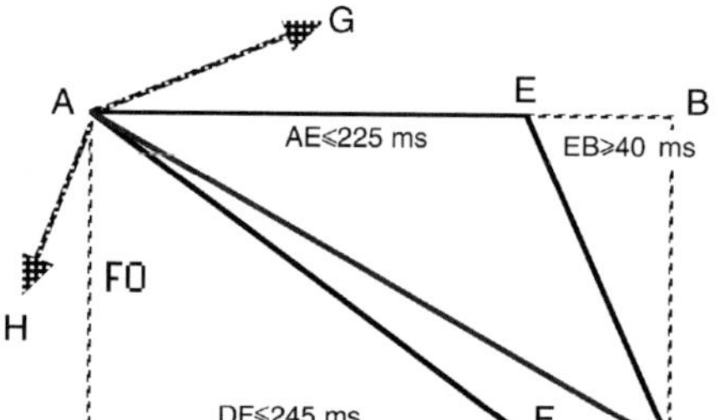

图 4.13　降调模型

① 南部吴语(我的调查)、南部泰语(Rose, p.c.)中都有[351]那类调型,这应该是凸型而不是升型。

② 当然这不是绝对不可能,有嘎裂声的音节就像断裂为二(朱晓农 2003)。

③ 这是从 Howie 图 3.13 到 3.15(1976:212—214)中北京话带降调的十个音节类型的平均时长中算出。Howie 把音节中所有带声部分都算在内了,其实有些应属声母。如果按本书所定义的降调时长来算,北京话降调时长要减去 10 毫秒左右,那就跟上海降调很接近了。

4.2.7.3 小结

二次多项式曲线和相关的 t 检验表明有两类不同的降调，它们的起点高度和整体形状有区别。一种起点高而直降，一种起点低而缓降。此外，t 检验还表明即使同一调型的离散曲线，仍有少许差别，而不同调型的曲线仍可能有些类似的特征。这实际上是个曲线连续统的标志。我们估价了这个连续统的底线。上海话中这两种降型都存在。我们认为，降调的起点和曲线形状都是基频目标，但终点不是基频目标。

4.2.8 总结

本节内最重要的发现是辨认出 T1 的直降和缓降两种降型。我们认为起点高度和调型都是降调的语音目标，终点高度不是。我们还假设上海话缓降型可能是上海话原先的直降型和宁波话缓降型的混合产物。

其他主要发现包括：1）总的来说 IF0 出现于降调，前半段高频区更为明显，女性比男性更明显。人际差异很大，有人（如 M3）一点没有 IF0，另两人在/a/和两个高元音之一之间无 IF0 区别。2）调头干扰除了声母，还受元音影响，在三个外围元音中，/u/最可能引出升调头，/a/最不可能。3）基频曲线依元音而不同：/a/曲线最直，/u/曲线最圆鼓。4）女性基频分布范围以赫兹计显著大于男性，但以半音计则相同。5）个人频域依读音风格而不同。6）个人频域扩大主要是因为提高了上限。7）个人的起点基频、终点基频和频域排序正相关。8）起点和终点、起点和频域之间在 0.05 水平显著相关，但终点和频域之间无关。这进一步说明降调的终点高度不是语音目标，受控性较差。

4.3 音　　强

4.3.1 引言

本节内讨论 T1 的音强：音强和元音的关系（§4.3.1），分元音的和合并了元音后 T1 音强的形状（§4.3.2），音强的分布（§4.3.3），音强的归一化（§4.3.4），音强和基频的关系（§4.3.5），最后一小节总结主要发现。

表 4.07 给出 T1 在元音/i, u, a/上的个人音强，以及均值和标准

差。例如,M1 六个 pì 读例在起点处的均值是 25.5 dB,标准差为 1.3 dB。总平均“All”格里的是 11 个人的均值和标准差。这些均值画在图 4.14 中。11 个人元音合并了的音强均值和标准差,以及总平均和标准差列在表 4.08 中,并分别画在图 4.31 和 4.32 中,横轴是相对时长。

4.3.2 音强值和元音高度

音强也被认为随元音高度而相应改变。其他条件不变的话,低元音/a/的音强大于高元音/i, u/(Lehiste 1970: 120 ff)。Lehiste 认为对于“刻意发的例子”来说,差别大约是 6—7 分贝,不过有报道说在匈牙利语中刻意发出的高低元音的音强差可以大到 12 分贝(Fónagy 1966)。

声波(此处指观察到的以分贝为单位的音强)是声源、滤波和辐射的函数(Fant 1956)。假定喉部输入和辐射不变,音强随声道形态变化而变化。由于本项研究中同声调例字的声母都一样,预计音强主要随元音高度而变。

音强也预计在谐波通过共振峰中心区时会有一些局部鼓起(Peterson & McKinney 1961, Ladefoged & McKinney 1963)。由于采样点并不一定正好在共振峰的中心区,所以这些局部鼓起在图中不一定能看到。此外,即使有时正好有,但由于我们是多个读例的平均,所以会把它抹平。图 4.14 中仍有些鼓起处,不过,“这些音强波动对重音感知可能没什么关系”(Lehiste 1970:124)。

House & Stevens(1961)提出一个数学模型来说明音强和元音高度的关系。高低元音之间的音强差归之于声道形态的转换函数。不过,对于这些生理形态我们仍然无法给予确切的物理解释。

图 4.14 中个人音强小图显示,只有 M1 和 W3 在整条曲线上/a/的音强大于/i/和/u/, W5 在前半段/a/>/i, u/。另一方面,有两个人(W1, W4)的在整条曲线上/a/小于/i, u/, M4 在前半段/a/低于/i, u/。

预计中的元音内在音强差在图 4.14 总平均“All”小图中没发现。首先可以看到所有元音在后半段音强相等,在音强峰点出现的前半段,预计/a/会高于/i, u/。但实际上/a/和/i/一样高,都比/u/大 1～2 dB。前面说过,录音时我很当心,没有把不同元音调到同样的音强水平,因此这相似的音强值不会是录音方法人为造成的。

表 4.07　T1 分元音/i, u, a/的音强:均值和标准差,
单位 dB(个人读例 $n = 6$,总平均 $n = 11$)

			0%	**5**	**10**	**20**	**30**	**40**	**50**	**60**	**70**	**80**	**90**	**100**
M1	/i/	*m*	25.5	27.1	27.2	27.5	28.3	27.9	26.7	25.6	24.3	21.0	18.3	14.1
		s	1.3	1.5	1.6	0.9	0.8	1.0	0.5	1.3	0.9	1.9	1.4	2.4
	/u/	*m*	22.9	25.6	26.7	27.0	27.1	27.2	26.7	26.3	25.6	23.3	20.6	18.0
		s	3.6	2.8	2.6	3.0	3.0	3.0	2.6	2.7	2.9	2.7	3.0	2.9
	/a/	*m*	27.5	28.5	28.7	28.8	28.7	28.7	28.3	28.2	27.7	27.2	26.1	22.4
		s	0.7	0.8	0.8	0.8	0.7	0.8	0.8	0.8	1.2	1.2	1.2	0.9
M2	/i/	*m*	28.9	32.6	32.7	31.8	31.8	31.3	30.6	28.5	25.9	23.3	20.3	16.0
		s	2.1	0.8	0.6	0.5	0.9	0.9	2.0	2.6	2.4	1.6	2.7	2.7
	/u/	*m*	27.4	31.3	31.5	32.1	32.5	31.0	30.3	27.8	24.1	20.9	17.5	14.2
		s	4.0	1.4	0.6	1.0	0.8	3.0	2.3	3.1	2.7	1.9	2.5	0.9
	/a/	*m*	30.3	33.0	32.7	31.9	31.4	29.0	28.3	25.5	23.8	22.7	20.7	18.4
		s	1.0	0.5	0.4	0.3	0.8	0.8	1.8	2.0	1.6	2.4	1.7	0.6
M3	/i/	*m*	29.9	32.8	33.9	33.5	32.6	30.9	28.8	26.7	24.9	23.9	22.1	19.6
		s	1.4	1.0	1.1	1.2	1.2	1.2	1.7	1.8	1.8	1.5	2.2	1.4
	/u/	*m*	27.9	29.5	30.0	29.1	28.9	28.8	27.2	26.1	24.6	23.2	22.8	20.8
		s	5.0	4.6	3.0	2.2	3.1	3.2	2.9	3.0	2.9	2.9	3.2	3.1
	/a/	*m*	29.7	31.8	32.7	32.6	30.9	30.1	29.2	27.8	25.6	24.4	22.3	19.9
		s	3.6	2.2	1.7	2.3	2.2	2.8	3.3	3.7	4.2	3.7	3.1	2.5
M4	/i/	*m*	23.2	25.9	26.2	26.1	25.3	24.9	24.4	23.8	22.4	21.1	19.7	16.2
		s	2.4	2.1	1.9	1.8	1.7	1.5	1.3	1.2	1.3	1.4	1.2	1.5
	/u/	*m*	22.8	26.2	28.7	28.4	27.2	25.2	23.9	22.4	21.4	19.5	18.0	15.3
		s	3.7	4.6	4.1	3.9	2.8	2.6	1.1	1.5	1.2	1.7	1.8	1.6
	/a/	*m*	22.8	24.3	24.5	24.3	23.6	23.3	23.0	22.1	21.0	19.6	18.2	15.7
		s	1.5	1.2	1.3	1.0	1.2	1.0	1.3	1.3	1.4	1.2	1.3	1.6
M5	/i/	*m*	26.8	31.6	32.6	32.7	32.2	31.7	31.2	30.1	28.6	25.9	23.8	21.4
		s	2.2	1.3	1.2	1.1	1.1	1.5	1.3	1.6	2.0	1.5	1.1	0.7
	/u/	*m*	25.8	29.2	30.9	32.1	32.3	32.1	31.1	29.7	28.9	28.0	26.1	22.8
		s	1.1	1.2	0.6	0.7	0.6	0.6	0.5	0.6	0.7	0.4	0.8	1.2
	/a/	*m*	30.3	32.6	32.5	31.8	31.7	31.6	30.7	29.5	27.9	25.9	22.8	20.1
		s	1.7	0.9	1.2	1.4	1.3	1.2	1.2	1.2	1.1	1.3	1.9	2.2
M6	/i/	*m*	22.8	24.1	25.1	25.8	25.8	25.2	25.1	25.1	24.0	22.1	20.6	18.2
		s	0.6	0.7	0.9	0.6	0.7	0.7	0.9	1.0	1.3	1.2	0.8	2.1
	/u/	*m*	25.0	26.3	28.2	29.6	28.0	26.8	25.9	25.1	24.0	21.9	20.6	18.3
		s	1.0	1.3	2.9	2.8	2.1	1.3	1.4	1.6	1.0	1.2	1.1	1.1
	/a/	*m*	23.6	25.4	26.4	26.7	26.4	25.7	25.2	24.7	23.3	21.8	19.4	16.7
		s	2.1	1.8	2.0	1.8	2.1	1.9	1.7	1.7	1.7	1.6	2.7	2.2

续表

			0%	5	10	20	30	40	50	60	70	80	90	100
W1	/i/	*m*	23.8	25.7	25.7	25.4	25.3	25.0	23.9	22.3	21.0	19.7	17.9	12.4
		s	1.7	1.1	1.3	1.9	2.3	2.6	3.0	3.1	2.9	2.4	2.3	3.0
	/u/	*m*	25.5	28.0	28.5	27.4	26.0	25.2	24.1	21.5	20.9	18.7	16.1	11.4
		s	4.1	3.5	4.2	4.1	4.1	3.4	2.6	2.9	2.4	2.0	2.7	2.8
	/a/	*m*	20.9	23.4	23.3	23.0	22.0	21.2	20.4	19.4	18.7	16.9	13.7	9.4
		s	3.8	4.0	3.9	4.0	4.2	3.8	3.2	3.0	3.1	3.3	3.8	4.0
W2	/i/	*m*	24.8	27.0	27.6	27.4	27.1	26.8	26.1	25.0	23.9	22.2	21.0	19.7
		s	1.2	1.1	1.1	1.2	1.1	1.3	1.0	1.2	1.2	1.2	1.4	1.8
	/u/	*m*	21.7	24.0	24.6	25.8	26.4	26.6	27.0	27.1	27.0	26.2	24.2	19.2
		s	1.2	1.3	1.3	1.3	1.5	1.7	1.8	1.9	1.9	2.1	2.6	2.0
	/a/	*m*	23.4	25.9	26.3	26.5	26.3	25.6	25.2	24.8	24.5	23.6	22.0	17.2
		s	2.6	2.1	2.0	2.3	2.3	2.2	2.6	2.9	2.9	2.7	2.3	2.7
W3	/i/	*m*	20.3	23.3	23.9	23.4	22.4	21.8	20.5	19.2	17.4	14.6	12.7	9.3
		s	3.1	3.2	3.7	3.9	3.9	4.0	4.2	4.1	4.0	3.8	4.0	3.0
	/u/	*m*	14.8	18.4	19.8	20.6	20.9	20.9	20.6	20.6	19.6	17.4	13.9	7.9
		s	3.4	4.4	4.2	3.4	3.4	2.6	2.7	2.7	2.9	3.7	4.6	4.3
	/a/	*m*	23.8	27.6	28.7	29.9	28.9	29.1	29.1	27.5	24.2	21.7	18.2	11.0
		s	3.8	2.9	2.5	2.9	3.2	2.4	2.3	3.5	3.0	2.3	3.1	5.4
W4	/i/	*m*	22.6	24.4	25.0	25.7	25.8	25.5	25.1	24.3	22.8	21.6	20.5	16.8
		s	2.9	2.6	2.5	1.8	1.6	1.5	1.6	1.7	1.6	1.7	1.7	2.4
	/u/	*m*	21.5	23.3	25.2	26.1	25.5	25.5	25.1	24.2	23.5	22.2	20.5	17.1
		s	2.2	2.4	2.6	3.0	2.0	1.4	1.4	1.5	2.1	2.6	2.7	2.3
	/a/	*m*	23.1	24.2	24.5	24.6	24.3	23.9	23.4	22.4	21.3	20.6	18.7	13.8
		s	1.1	1.2	1.0	1.1	1.7	2.0	1.9	1.7	1.9	1.3	1.7	3.7
W5	/i/	*m*	27.5	31.8	33.0	33.0	33.1	32.6	31.1	29.3	27.2	24.9	22.5	21.3
		s	2.1	2.0	2.0	2.1	2.3	2.2	1.6	1.6	1.4	1.5	1.6	2.3
	/u/	*m*	20.3	23.3	24.2	25.6	26.9	27.0	26.6	26.4	24.2	23.1	21.4	17.7
		s	4.3	3.4	2.9	2.9	3.6	4.0	4.7	4.5	4.4	4.1	4.3	5.1
	/a/	*m*	29.3	33.3	33.8	33.6	33.8	33.0	32.1	29.7	26.5	22.8	17.4	14.8
		s	4.5	2.5	2.3	2.0	2.5	2.4	3.0	3.9	4.0	3.6	3.2	2.8
All	/i/	*m*	25.1	27.8	28.4	28.4	28.2	27.6	26.7	25.4	23.9	21.8	19.9	16.8
	/i/	*s*	2.9	3.6	3.8	3.6	3.7	3.5	3.4	3.2	3.0	3.0	3.0	3.8
	/u/	*m*	23.2	25.9	27.1	27.6	27.4	26.9	26.2	25.2	24.0	22.2	20.2	16.6
	/u/	*s*	3.7	3.6	3.5	3.3	3.2	3.0	2.9	2.8	2.7	3.1	3.6	4.2
	/a/	*m*	25.9	28.2	28.6	28.5	28.0	27.4	26.8	25.6	24.0	22.5	20.0	16.3
	/a/	*s*	3.5	3.9	3.8	3.7	3.8	3.7	3.6	3.3	2.9	2.9	3.3	3.9

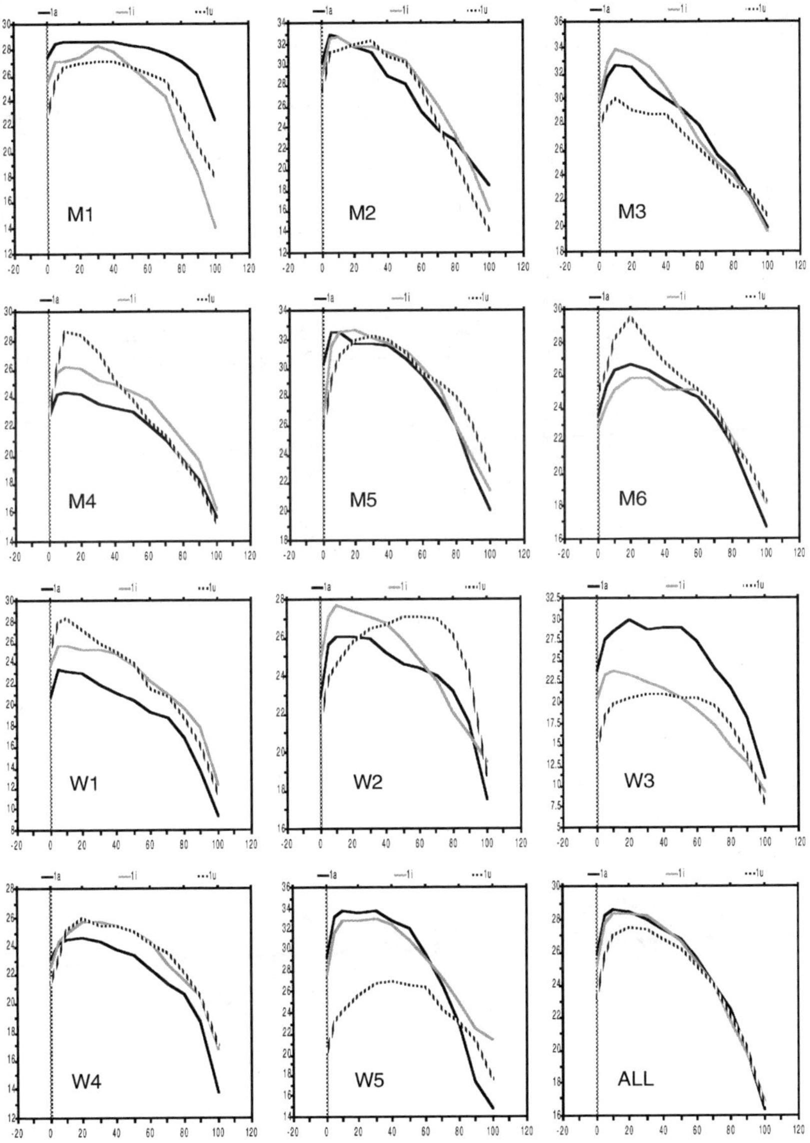

图 4.14　T1 分/i, u, a/的音强曲线

纵轴音强 dB;横轴等长时长

表 4.08　T1 的音强-均值和标准差，单位 dB(个人读例 $n = 18$，总平均 $n = 11$)

		0%	5	10	20	30	40	50	60	70	80	90	100
M1	*m*	25.3	27.0	27.5	27.8	28.0	27.9	27.2	26.7	25.9	23.8	21.6	18.1
	s	2.9	2.2	1.9	1.9	1.9	1.9	1.7	2.0	2.3	3.2	3.9	4.1
M2	*m*	28.9	32.3	32.3	31.9	31.9	30.4	29.7	27.2	24.6	22.3	19.5	16.2
	s	2.8	1.2	0.8	0.6	0.9	2.0	2.2	2.8	2.4	2.2	2.7	2.4
M3	*m*	29.2	31.4	32.2	31.7	30.8	29.9	28.4	26.8	25.0	23.8	22.4	20.1
	s	3.6	3.2	2.6	2.7	2.7	2.5	2.7	2.9	2.9	2.7	2.7	2.4
M4	*m*	22.9	25.5	26.4	26.2	25.4	24.5	23.8	22.8	21.6	20.0	18.6	15.7
	s	2.5	2.9	3.1	3.0	2.4	1.9	1.3	1.4	1.4	1.6	1.6	1.5
M5	*m*	27.6	31.1	32.0	32.2	32.1	31.8	31.0	29.8	28.5	26.6	24.3	21.4
	s	2.6	1.8	1.3	1.1	1.0	1.1	1.0	1.2	1.4	1.5	1.9	1.8
M6	*m*	23.8	25.3	26.5	27.4	26.7	25.9	25.4	24.9	23.7	21.9	20.2	17.7
	s	1.6	1.6	2.4	2.5	1.9	1.5	1.3	1.4	1.3	1.3	1.7	1.9
W1	*m*	23.4	25.7	25.8	25.3	24.4	23.8	22.8	21.0	20.2	18.4	15.9	11.0
	s	3.7	3.5	3.9	3.8	3.8	3.6	3.3	3.1	2.9	2.7	3.3	3.4
W2	*m*	23.3	25.6	26.2	26.6	26.6	26.3	26.1	25.7	25.1	24.0	22.4	18.7
	s	2.1	2.0	1.9	1.7	1.6	1.7	2.0	2.3	2.5	2.6	2.5	2.3
W3	*m*	19.6	23.1	24.1	24.6	24.1	23.9	23.4	22.4	20.4	17.9	14.9	9.4
	s	5.0	5.1	5.0	5.1	4.9	4.8	5.1	5.0	4.3	4.3	4.4	4.3
W4	*m*	22.4	24.0	24.9	25.5	25.2	25.0	24.5	23.6	22.5	21.5	19.9	15.9
	s	2.2	2.1	2.0	2.1	1.8	1.7	1.8	1.8	2.0	1.9	2.1	3.1
W5	*m*	25.7	29.5	30.4	30.7	31.3	30.9	30.0	28.5	25.9	23.6	20.4	17.9
	s	5.4	5.2	5.0	4.4	4.2	4.0	4.0	3.7	3.6	3.2	3.7	4.3
All	*m*	24.7	27.3	28.0	28.2	27.9	27.3	26.6	25.4	23.9	22.2	20.0	16.6
	s	2.9	3.2	3.1	2.9	3.1	3.0	2.9	2.7	2.6	2.6	2.8	3.6
VAR			10.2	9.6	8.4	9.7	9.0	8.3	7.5	6.6	6.8	7.8	

MBSV = 8.4　　SV = 14.8　　DC = 57%

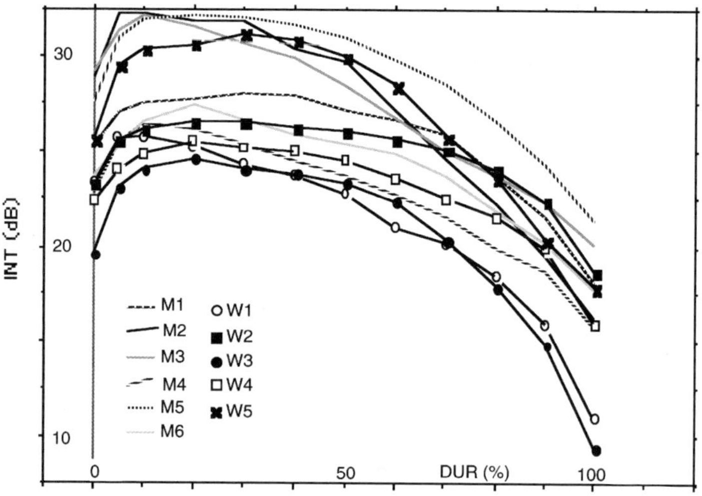

图 4.15　11 位发音人的 T1 的音强曲线，单位分贝 dB

[4M](音强指数,单位 dB)

峰点差	W3	W5	M1	M3	M2	M5	W2	M6	W4	M4	W1	*m*
/a-i/	6.0	0.7	0.5	−1.2	0.3	−0.1	−1.1	0.9	−1.2	−1.7	−2.3	0.1
/a-u/	9.0	6.8	1.6	2.7	0.5	0.3	−0.6	−2.9	−1.5	−4.2	−5.1	0.6
/a-i&u/	7.5	3.8	1.1	0.8	0.4	0.1	−0.9	−1.0	−1.4	−3.0	−3.7	0.3
均差	W3	M1	W5	M3	M5	M2	M6	W2	W4	M4	W1	*m*
/a-i/	6.6	2.7	−0.3	−0.3	−0.3	−1.0	0.2	−0.3	−1.3	−1.6	−3.0	0.1
/a-u/	7.2	2.5	4.7	1.7	−0.3	0.0	−1.1	−0.8	−1.3	−1.7	−3.4	0.7
/a-i&u/	6.9	2.6	2.2	0.7	−0.3	−0.5	−0.5	−0.6	−1.3	−1.6	−3.2	0.4

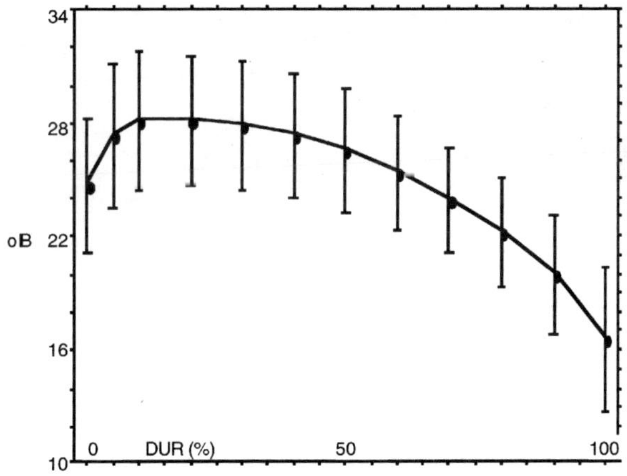

图 4.16 T1 音强曲线-11 人的总平均和标准差,单位 dB。竖线表示均值上下一个标准差

比较高低元音之间的音强可以用[4M]中两套指数。一是/a/和/i, u/以及合并的/i&u/之间的音强峰点处的分贝差。二是高低元音之间所有标准点上的分贝差。[4M]下半"均差"显示只有 M1 和 W3 的/a/的音强既大于/i/,又大于/u/。W5 和 M3 的/a/大于/u/和高元音均值,但小于/i/。余下七人的/a/小于高元音均值。平均而言,/a/比/i, u, i&u/分别小微不足道的 0.1, 0.7 和 0.4 dB①。

4.3.3 音强形状

T1 分/i, u, a/音强形状—图 4.14 显示大部分人的/i, u, a/三条

① Flanagan(1957)估计一个合成元音总体振幅的差别阈限大约是±1 dB。

曲线形状相似。有一些奇怪的形状,大多与/u/有关。M4, M6 和 W1 的/u/曲线上的峰点大大高于/i, a/。W5, W2 的/u/曲线的峰点延迟到中点处,W3 和 M1 的/u/曲线从头到尾音强都维持在高水平,M1 的/a/曲线也是平的。

T1 音强形状—图 4.15 中所有 T1 音强曲线都很相似:先升后降。人际差异有两类。第一,有四个人(M2, M3, M4 和 W1)的音强峰点在前端(5%或 10%时点),其余七人稍后(20%或 30%时点)。其次,M2, M3, M4 和 W1 的曲线降得较陡。这两种变异似乎相关,如果分贝升得早,那么接下来下降就更快。

4.3.4 音强分布

表 4.08 和图 4.15 显示 11 个人的 T1 音强均值分布从 9.4 dB(W3 的终点)到 32.3 dB(M2 的 5%和 10%时点),跨度 22.9 dB。在前三分之二时段男性音强一般高于女性,但是 W5 的整条曲线音强极高,而 M4 极低。从 5%到 90%时点的音强均值作为衡量个人的平均音强的指数,见[4N]。T1 音强总均值是 25.7 dB。男组比女组稍高 2.5 dB。

[4N]

	W3	W1	M4	W4	M6	W2	M1	W5	M2	M3	M5	M	W	All
平均	21.9	22.3	23.5	23.7	24.8	25.5	26.3	28.1	28.2	28.2	30.0	26.8	24.3	25.7

[4O]

	W2	W4	M6	M1	M4	M5	M3	W5	W1	W3	M2	M	W	All
域宽	7.9	9.6	9.7	9.9	10.7	11.8	12.1	13.4	14.8	15.2	16.1	11.7	12.2	11.9

[4O]给出个人、两性以及全体的音强域。M2 的域最大,是 16.1 dB, W2 最窄,7.9 dB。平均域宽是 11.9 dB。女性分两类:W3, W1 和 W5 是一组,音强域较宽,W4 和 W2 是另一窄域组。所有男性,除了 M2,是中等域宽。录音时认真朗读的风格跟分贝均值和域宽无关。

4.3.5 音强归一化

如 § 3.3 所讨论的,音强归一化有三种方式。一是“自然”标准化,把分贝值作为归一化参数。图 4.15 中 11 条音强曲线的均值和采样点上的 SD 直杠，画在图 4.16 中。从图 4.16 和表 4.08 的均值行可以看到，相对于均值范围来说，标准差是很大的。从 5%到 90%时点的标准差均值是 3.3 dB，分贝均值的范围是 11.6 dB(＝20%时点处的 28.2－100%处的 16.6)。两者之比是 0.28(＝3.3/11.6)。

表 4.09 LZ 转换的 T1 音强值

	0%	5	10	20	30	40	50	60	70	80	90	100
M1	−0.77	0.37	0.70	0.90	1.04	0.97	0.50	0.17	−0.37	−1.78	−3.25	−5.60
M2	−0.39	0.86	0.86	0.71	0.71	0.16	−0.09	−1.01	−1.97	−2.82	−3.85	−5.06
M3	0.21	0.97	1.24	1.07	0.76	0.45	−0.06	−0.61	−1.23	−1.64	−2.12	−2.91
M4	0.13	1.46	1.92	1.82	1.41	0.95	0.59	0.08	−0.53	−1.35	−2.07	−3.55
M5	−1.23	0.72	1.22	1.33	1.28	1.11	0.66	0.00	−0.73	−1.79	−3.07	−4.69
M6	−0.41	0.34	0.94	1.39	1.04	0.64	0.39	0.14	−0.46	−1.37	−2.22	−3.47
W1	0.49	1.47	1.51	1.30	0.91	0.66	0.24	−0.52	−0.86	−1.62	−2.68	−4.75
W2	−2.60	−0.37	0.13	0.49	0.51	0.29	0.08	−0.35	−0.85	−1.90	−3.40	−6.90
W3	−0.50	0.70	1.05	1.22	1.05	0.98	0.81	0.46	−0.23	−1.09	−2.12	−4.02
W4	−0.58	0.58	1.24	1.67	1.45	1.31	0.95	0.29	−0.51	−1.23	−2.39	−5.30
W5	−1.18	0.17	0.48	0.59	0.80	0.66	0.34	−0.19	−1.11	−1.93	−3.06	−3.95
m	−0.62	0.66	1.03	1.14	1.00	0.74	0.40	−0.14	−0.80	−1.68	−2.75	−4.56
s	0.85	0.54	0.49	0.43	0.30	0.36	0.34	0.44	0.49	0.47	0.61	1.14
VAR		0.293	0.239	0.183	0.088	0.125	0.117	0.197	0.245	0.218	0.375	
MBSV = 0.208			SV = 1.758		DC = 12%		NI = 4.8(= 57%/12%)					

图 4.17a 中 11 条曲线是 LZ 归一化的结果(§3.2.2 中第 3 种方法)。现在的个人曲线比图 4.15 中的更为归拢。它们的均值和标准差画在(b)小图中。从 5%到 90%时点的平均标准差是 0.45 个单位，均值范围是 5.7 个单位[＝20%处 1.14－100%处的(－4.56 at)]。两者

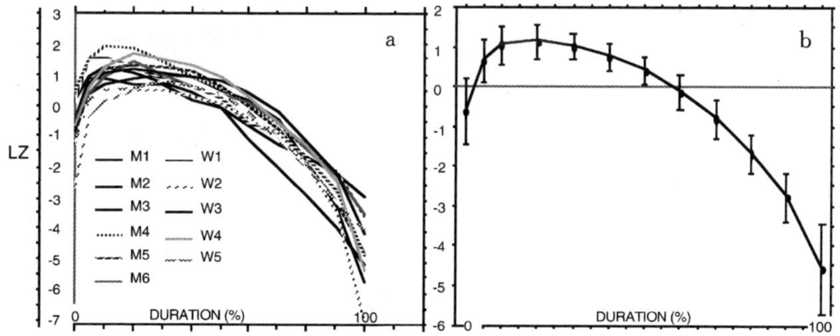

图 4.17 (a) T1-11 个人的 LZ 归一化音强，(b) T1-LZ 归一化音强和标准差

之比减低为 0.08(=0.45/5.7),是原来以分贝为单位的(0.28)不足 30%。这说明 LZ 归一化比分贝平均在减少人际差异方面好得多。

表 4.08 中以分贝为单位的离散系数(DC)是 57%,和表 4.09 中的 LZ 值只有 12%,减少人际差异 4.8 倍。

4.3.6 基频和音强

用 Hz 和 dB 作单位来比较基频和音强很普通(比如见 Rose 1981; Zee 1978)。如果再加上 Monsen *et al*.(1978)图的帮助,还可以进一步估价基频和音强同声带紧张和喉下压力的生理相关度(Rose 1981)。但是这方法仅适合于个人,而不适合于一组发音人的基频均值和音强均值。这是因为有两个原因。首先,男女两性的基频是分布在不同的范围内,在所有标准采样点上都有显著性差别($p<0.01$)。其次,男女的喉部解剖特征不同。在语音合成中,模仿男女发声的模型赋值是不同的,因为男女操纵声带紧张和喉下气压的方式有所不同(Monsen *et al*. 1978)。因此,把男女数据简单地加以平均在生理学和统计学上都是成问题的。所以下文使用归一化值来比较基频和音强。

众所周知,由喉部及相关肌肉控制的声带紧张和由肺部和喉门阻抗控制的喉下气压,决定了基频和音强的变化。声带紧张一般认为是基频变化的主要原因,喉下气压较为次要,大约是 3—5 Hz/cm a.q. (Fant 1968: 199; Catford 1977: 110; Ohala 1978)。Monsen *et al* (1978)的结论是"在两个极端情况下(一是声带紧张保持不变而喉下气压不断增加,一是喉下气压保持不变而声带紧张不断增加),减小整个词的声波的音强,或与喉下气压减小有关,或与增强声带紧张有关",喉下气压的增加大大增强了音强,但仅仅稍稍提高基频。

经 LZ 转换的在基频和音强的共同采样标准点(5%, 20%, 40%, 60%和 80%时点)上的个人的基频和音强高度相关($r=0.87$, $n=55$)。经 LZ 转换的 T1 的两个变体的平均基频和音强曲线画在图 4.18 中,自变量是拉平了的相对时长。

图 4.18 显示,如果不算起点,两条音强曲线和两条基频曲线相配得很好。基频曲线在起点处最高,而音强峰点在 20%时点处。这与镇海吴语(Rose 1981)和台湾闽语(Zee 1978)大体相符。费国华(Rose

1981:219)指出,音强在最初的时段激增"并不反映喉下气压的突增,而可能是声母除阻后声道开度增大引起的"。这也使用于 T1 以外的其他声调。

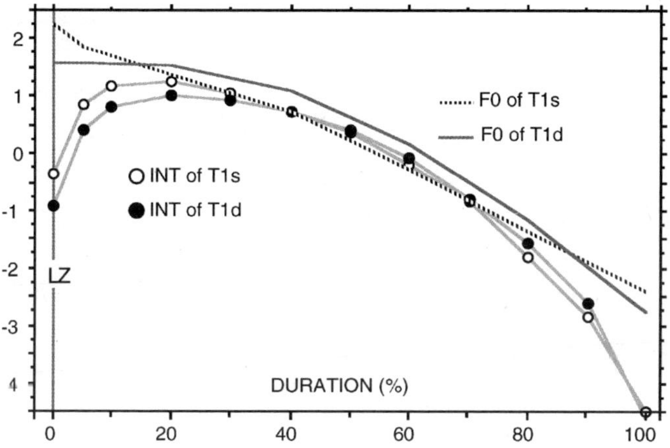

图 4.18 T1 两个变体的归一化音强和基频曲线

两条基频曲线的区别也反映在相应的音强形状上,直降型在前 30%时段上的音强高于缓降型,尽管差别不大,只有 0.35 SD 或 1 dB。

费国华(Rose 1981:158)在比较镇海话缓降调的基频和音强是猜测道:"听感上的音高峰延长感是由最高振幅值出现较晚引起的。"这观点在图 4.18 中大体能得到证明。在前 40%时段上缓降 T1 的音强曲线比急降 T1 更平,这可能是引起缓降型带"肩"的听感。

4.3.7 小结

本节内处理了 T1 音强,并比较了 T1 两个变体的音强曲线和基频曲线。预计中的高低元音的音强差别没发现。发音人的音强曲线与基频曲线相配,只是前者有个升头。个人音强的 LZ 归一化很成功。与直降、缓降两条基频曲线相应的两条音强曲线在前半段有所不同。不过它们与两条基频曲线相配,直降型的音强和基频曲线起点比缓降性的高,后者在前段更平。

第五章　阴去 T2 的声学性质

本章考察上海方言阴去 T2 的声学性质，并讨论其含义。T2 听感上是个常态发声的中升调，中间略为有点凹。本章结构与上一章相同，§ 5.1 先讨论时长，然后 § 5.2 讨论基频，最后 § 5.3 是音强。

5.1　时　　长

5.1.1　引言

本节 § 5.1 讨论阴去 T2 在各种语境中的时长，包括时长和元音高度的关系（§ 5.1.1），时长和性别的关系（§ 5.1.2），以及时长和发音人的关系（§ 5.1.3）。

表 5.01 给出 T2 时长的均值和标准差，在不同元音/i, u, a/上，跨元音，单个发音人，男性组(M)，女性组(W)，以及所有人的总平均，单位是毫秒，*n* 表示读例数。例如 M1 的元音/i/上的 T2 的 6 个读例的均值是 209 毫秒，标准差 17 毫秒；跨元音的 18 个读例的 T2 平均值是 199 毫秒，标准差是 14 毫秒。

费国华(Rose 1993)指出 T2 的基频是升调，最后有个突降。从基频顶峰到发声结束这最后一段可看作受喉塞尾干扰造成的，时间上标为 100＋%。T2 时长确定为从起点到基频的顶点，并分别标为 0%和 100%。表 5.01 上半部给出从元音起始(0%时点)到基频峰(100%)的时长数据，下半是峰顶(100%)到基频干扰的终点(100＋%)的时长值。除非另有说明，以下 T2 时长以 0%到 100%的值为准。11 位发音人中，只有 M6 没有这个基频降尾。

表 5.01　T2 时长:均值和标准差,单位是毫秒 ms

0—100%	/i/			/u/			/a/			T2		
	m	*s*	*n*	*m*	*s*	*n*	*m*	*s*	*n*	*m*	*s*	*n*
M1	209	17	6	191	10	6	198	6	6	199	14	18
M2	235	29	6	243	13	6	245	12	6	241	19	18
M3	199	9	6	206	13	6	219	20	6	208	16	18
M4	279	30	6	295	35	6	332	21	6	302	36	18
M5	212	17	6	224	29	6	230	25	6	222	24	18
M6	311	38	6	306	28	6	288	28	6	301	31	18
W1	387	46	6	363	27	6	348	37	6	366	39	18
W2	277	29	6	238	30	6	343	64	6	286	61	18
W3	210	8	6	223	21	6	223	12	6	218	15	18
W4	298	53	6	282	40	6	275	20	6	285	39	18
W5	219	21	6	240	17	6	264	17	6	241	26	18
M	241	45	6	244	47	6	252	49	6	245	46	6
W	278	71	5	269	57	5	291	54	5	279	57	5
All	258	58	11	256	51	11	270	53	11	261	51	11

100+%	/i/			/u/			/a/			T2		
	m	*s*	*n*	*m*	*s*	*n*	*m*	*s*	*n*	*m*	*s*	*n*
M1	23	4	6	21	5	6	28	7	6	24	6	18
M2	49	10	6	38	10	6	32	8	6	40	12	18
M3	20	3	6	24	7	6	24	7	6	23	6	18
M4	24	5	6	27	5	6	23	6	6	25	5	18
M5	34	8	6	29	6	6	33	8	6	32	7	18
M6	#	#	#	#	#	#	#	#	#	#	#	#
W1	35	9	6	43	11	6	24	4	6	34	11	18
W2	36	7	6	39	13	6	29	12	6	35	11	18
W3	27	7	6	29	9	6	21	8	6	26	8	18
W4	22	11	6	34	11	6	24	7	6	26	11	18
W5	19	7	6	27	6	6	34	7	6	26	9	18
M	29	12	6	28	6	6	27	5	6	28	7	6
W	28	8	5	34	7	5	26	5	5	29	5	5
All	29	9	11	31	7	11	27	5	11	29	6	11

5.1.2 时长和元音高度

上一章§4.1.1节中谈到在降调T1情况下,低元音/a/短于高元音/i, u/,这可用卡福版元音固有时长IVD的理论来解释。在升调T2的情况下,音强在80%时点处急剧下降,而基频仍继续上升直至100%处的顶峰。出于与降调T1同样的生理性原因,也许可以照样假定/a/会比/i/早停止声带振动。但是,考虑到元音固有基频IF0的效应出现在发音人频域的高频处(Zhu 1992,又本章§5.2.1),升调T2的/i/的基频在后半段显著地高于/a/。为了维持收得更紧的声带继续振动,由于要克服更大的阻抗,就需要更大的最小动力①,所以/i/会比/a/更早停止发声。由于我们仍然缺乏声带紧张度的直接测量值,我们只能说在升调情况下,由于两个导致元音长短的相反的因素(空气动力学和声带紧张)可能互相抵消,所以/a/的发声可能长于,也可能短于,还可能类似于/i/。

表5.01中的材料表明,在所有三个组中都是低元音长于高元音:男子组/a/(252 ms)>/u/(244)>/i/(241),女子组/a/(291)>/i/(278)>/u/(269),全体/a/(270)>/i/(258)>/u/(256)。但是[5A]中的双尾t检验表明三组都没有显著性差别($\alpha=0.05$)。这也是上面所说的两个矛盾因素互相抵消了,因此高低元音的长度相若。

[5A]

	[i]—[a]	p	[u]—[a]	p	DF
M	−11	~	−8	~	5
W	−13	~	−22	~	4
All	−12	~	−14	~	10

从§4.1.1和§5.1.1的讨论来看,元音长度和基频形状有关。当周围辅音影响被消除,由元音高度引起的时长区别与基频形状有关。在降调情况下(§4.1.1),高元音显著长于低元音。在升调情况

① 根据气动版Ohm定律,P=UZ,其中P=驱动压力,U=气流量,Z=阻抗,如果U保持不变,P与Z成正比。

下,两者无显著差别,不过,毕竟/a/在所有组中都长于/i/,这可能是个线索,表明声带紧张度可能比空气动力在决定元音长度时作用更大。

5.1.3　时长和性别

如表 5.01 所示,女子组 T2 的均值(279 ms)比男子组(245 ms)长 34 ms,但这差别在 0.05 水平上无显著意义(双尾检验,DF=9)。

女子组的/i, u, a/比男子组的分别长 37, 25,和 39 ms,但在 0.05 水平上仍然都无显著区别(双尾检验,DF=9)。

T2 中没发现时长和性别有关联。

5.1.4　时长归一化

T2 时长的总平均值 261 ms(SD=51, $n=11$),在五个声调中是最长的。同时也是人际差异最大的,表现为最大的标准差 51 ms。表 5.01 的 T2 总均值栏显示:M1 的 199 毫秒最短,只有 W1 的(366 毫秒)的 54%。如前一章所做的,我们用各人跨声调的时长总均值作为参照,把各人的 T2 均值表为他本人总均值的一个倍数。各发音人的绝对时长和归一化时长值在图 5.01 中给出。T2 的人际均值是 261 毫秒,是人际跨调总均值 187 毫秒的 1.39 倍,标准差 0.09 很小。这个倍数 1.39 是 T2 的平均标准时长。

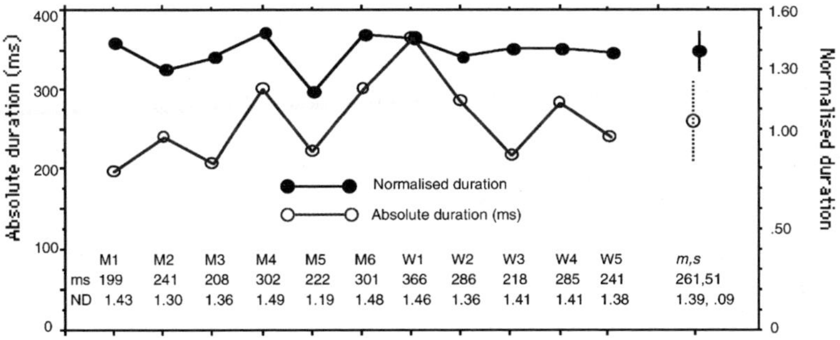

图 5.01　11 位发音人的 T2 绝对时长和归一化时长

除了 M5,所有人的 T2 标准时长都挤在一个很小的范围内:从

M2 的 1.30 到 M4 的 1.49。M5 的 T2 标准值跟其他人相比显得特短，这出于他两个个人特性。第一，M5 五个声调中最长的那个是 T1，而其他人要么是 T2，要么是 T3。第二，他的短调 T4 和 T5 跟长调比，显得较长，这也与他人不同。他在录音时的发音让我觉得是在故意拖长入声短调①，有时甚至把喉塞尾都丢了。

离散系数定义为平均绝对差与总均值的比值，T2 绝对时长的离散系数是 0.164，归一化值的离散系数是 0.046。归一化指数为 3.6(＝0.164/0.046)。这表明人际差异被减少了 3 倍半，比 T1 的结果(NI＝2.2)好。所有发音人，除了 M5，在各自的 T2 绝对时长与跨声调平均时长之间的关系很稳定，也就是说 T2 大约比跨声调均值长 40%左右。

5.1.5 小结

升调 T2 中没发现高低元音的时长差别，这是因为决定基频的两个因素，声带紧张度和空气动力互相抵消了。我们发现，当周围辅音影响被消除后，由元音高度引起的时长区别与基频形状有关。卡福 IVD 观点(i>a)只见于降调，不见于升调。T2 中没发现时长与性别有什么关系。巨大的人际时长差异可以用归一化时长来说明，如果表为跨声调平均时长的函数，几乎每个人的 T2 时长都很规则。

5.2 基　　频

5.2.1 引言

本节处理 T2 的基频：基频高低和元音高度的关系(§5.2.1)，基频形状和元音、性别的关系(§5.2.2)，T2 的基频曲线(§5.2.3)，基频分布(§5.2.4)，T2 的基频归一化(§5.2.5)。

表 5.02 中给出 T2 在各种情况下的基频均值和标准差，按照不同的元音/i, u, a/，不同的发音人，不同性别。例如，发音人 M1 的 T2，在元音/i/的 0%时点处的六个读例的均值是 164 赫兹，标准差是 9 赫

① M5 是和他的女朋友 W5 同时录音的。W5 念字表时很紧张，有鉴于此，M5 就有点故意满不在乎。

兹。这些基频均值在图 5.02(个人)和图 5.03(男女组)中画成时间的函数。注意:图 5.02f 中 M6 没有那条基频降尾,因此在“100+%”栏里没有他的值,在表 5.02 里用 ♯ 号表示。

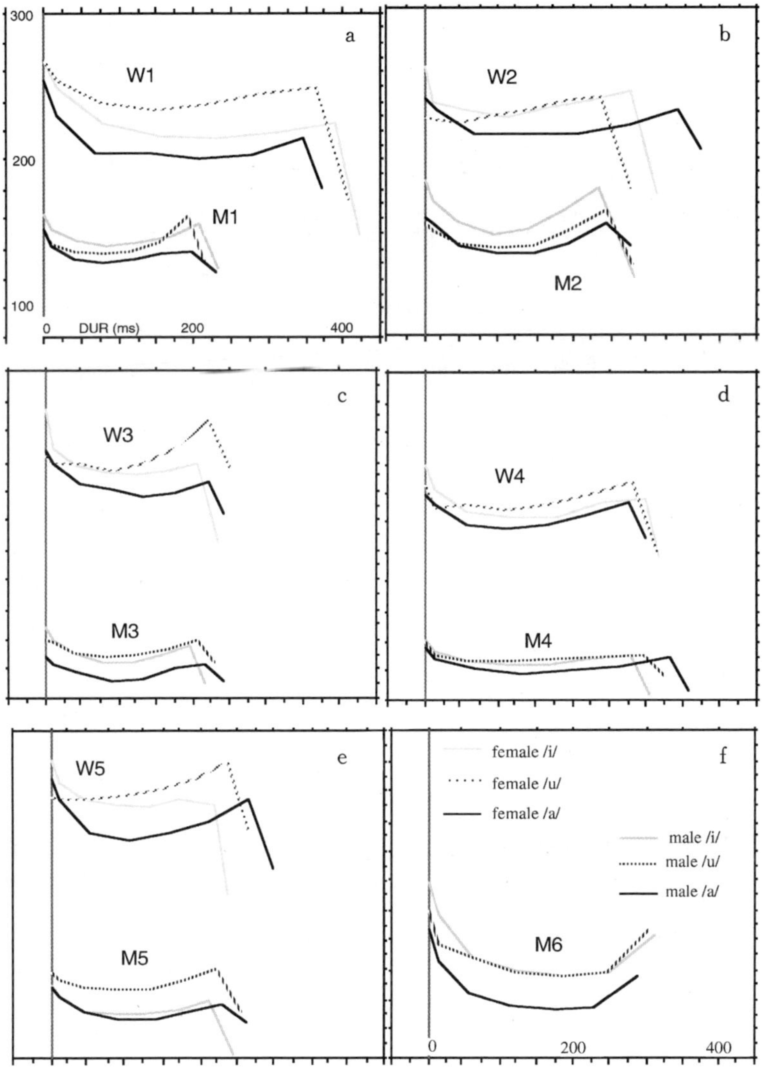

图 5.02　11 位发音人的 T2(分元音/i, u, a/)的基频曲线

纵轴表示基频,单位 Hz。横轴时长,单位ms。

所有图中的横轴刻度都和小图(a)中的一样:从 0 到 450

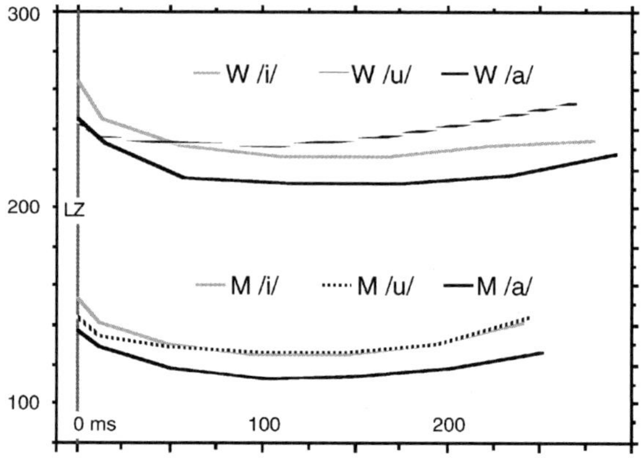

图 5.03 分元音、分男女的 T2 曲线

5.2.2 基频值和元音高度

5.2.2.1 IF0 的总体区别

从上一章里已经看到降调 T1 中存在 IF0,尤其在高频区(T1 的开头阶段),升调 T2 中也存在 IF0,也是在高频区(T2 的后段)。图 5.03 中高元音/i, u/的基频值高于低元音/a/。男子组的/u/起点高于/i/10 赫兹,然后两条曲线重合。从 20%时点开始,他们都高于/a/曲线至少 10 赫兹。女子组的/a/曲线从 10%处开始一直低于另两条曲线,只是在开头两个时点上较接近/u/曲线。

[5B]中给出了单尾 t 检验结果,在男女两组,/a/全程都显著低于另两条曲线,只有在开头两个时点处有三个例外。这跟 T1 情况相同。由于人各不同的声母辅音的影响,在最初两个时点上的基频值分布显得不规则。此处有一点很重要的是,升降两个调之间的区别。在降调 T1 最后的时点上没有 IF0;其实对男组曲线来说,整个后半段都没有 IF0。但在升调 T2 的终点却出现了 IF0。前面讨论 T1 时说,降调的终点不是"声调性征"(简作"调征")的目标,即不承荷语言信息。对于 T2 的终点,必须假定它是调征目标:为了让听者得到升调终点处相同高度的音高感,说者必须维持 IF0 的区别。

[5B]

		0%	5	20	40	60	80	100	DF
M	/i/ vs /a/	*	*	**	**	**	**	*	5
	/u/ vs /a/	~	*	*	**	**	**	**	5
	/i&u/ vs /a/	**	**	**	**	**	**	**	5
W	/i/ vs /a/	***	**	**	**	**	***	*	4
	/u/ vs /a/	~	~	**	**	**	**	**	4
	/i&u/ vs /a/	*	*	**	**	**	**	**	4

5.2.2.2 个人 IF0 指数

图 5.02 中所有个人的/a/曲线从 20%到 100%处都低于另两条曲线,只有 M5 的/a/曲线与/i/曲线差不多相同。[5C]中个人的 IF0 差别有大有小,这个差是/i, u/的平均值减/a/所得。在降调 T1 中所有女性的 IF0 区别都大于男性。在升调 T2 中,是一个男性 M6 的 IF0 指数(24.1 Hz)最高,而女性 W4 的 IF0 指数最后第二小(9 Hz)。平均而言,女子组在归一化点上的 IF0 指数仅比男子组高 2 赫兹。但是用半音表示的话,反而是男子组的指数比女子组高 0.5 个半音。用[5C]中的指数计算,人际方差是 0.7 个半音。

表 5.02 T2 基频,分元音/i, u, a/:均值和标准差(Hz),个人读例 $n=6$

	%	0	5	20	40	60	80	100	100+
M1	/i/	164(9)	152(9)	145(8)	142(8)	144(7)	149(7)	157(8)	126(11)
	/u/	153(7)	144(5)	138(4)	136(4)	137(4)	144(5)	162(5)	132(5)
	/a/	152(12)	142(6)	133(5)	131(4)	133(4)	136(5)	138(6)	123(5)
M2	/i/	184(10)	171(8)	156(9)	149(8)	153(9)	164(6)	180(10)	119(11)
	/u/	154(10)	150(8)	143(8)	139(8)	142(10)	150(14)	163(14)	128(17)
	/a/	161(20)	154(20)	141(17)	135(16)	136(16)	143(18)	155(19)	141(20)
M3	/i/	129(8)	120(7)	111(6)	104(4)	105(4)	109(3)	115(3)	90(3)
	/u/	120(8)	117(6)	112(5)	108(3)	109(5)	113(6)	118(6)	105(10)
	/a/	107(5)	103(4)	98(3)	92(6)	94(4)	99(3)	103(5)	92(5)
M4	/i/	121(6)	113(6)	106(5)	104(6)	105(6)	107(6)	111(6)	84(8)
	/u/	119(5)	112(7)	106(5)	106(4)	107(4)	109(4)	111(4)	97(7)
	/a/	115(7)	108(6)	102(6)	98(5)	100(6)	103(9)	109(9)	87(7)
M5	/i/	129(5)	123(4)	113(3)	110(5)	110(5)	114(4)	120(4)	84(9)
	/u/	138(10)	133(9)	128(7)	126(8)	127(8)	133(10)	141(17)	111(16)
	/a/	128(8)	121(4)	112(4)	108(2)	108(2)	112(4)	117(4)	105(7)

	%	0	5	20	40	60	80	100	100+
M6	/i/	199(6)	176(8)	148(9)	140(10)	135(6)	138(8)	163(13)	#
	/u/	180(19)	156(8)	147(6)	139(8)	135(7)	137(8)	167(12)	#
	/a/	167(15)	146(10)	124(5)	115(4)	113(5)	114(5)	134(13)	#
W1	/i/	268(8)	248(3)	225(6)	216(6)	214(6)	218(7)	224(6)	150(28)
	/u/	267(17)	253(18)	238(17)	233(15)	237(12)	245(11)	250(15)	173(30)
	/a/	252(9)	229(9)	206(8)	205(7)	202(7)	203(8)	214(9)	181(38)
W2	/i/	261(20)	237(9)	232(7)	228(9)	233(9)	238(9)	245(13)	176(37)
	/u/	228(13)	226(10)	225(7)	229(7)	232(9)	239(9)	241(7)	179(29)
	/a/	240(13)	231(11)	216(12)	215(11)	217(10)	222(12)	232(10)	207(9)
W3	/i/	275(14)	250(13)	237(9)	231(7)	230(6)	235(7)	239(8)	185(13)
	/u/	242(12)	239(4)	240(4)	233(4)	239(4)	248(6)	268(15)	236(29)
	/a/	247(12)	240(10)	225(10)	221(8)	217(6)	218(7)	226(14)	204(16)
W4	/i/	240(19)	222(10)	207(5)	203(6)	203(5)	212(7)	216(7)	175(21)
	/u/	225(8)	210(5)	211(4)	209(5)	211(6)	219(7)	227(4)	181(22)
	/a/	218(14)	211(7)	199(5)	196(7)	199(8)	204(10)	212(12)	191(9)
W5	/i/	281(9)	266(9)	255(7)	251(6)	250(5)	254(7)	251(11)	191(17)
	/u/	256(9)	254(9)	253(12)	257(11)	261(14)	267(14)	279(13)	233(27)
	/a/	268(10)	253(14)	232(10)	228(11)	232(11)	240(13)	254(18)	209(36)
M	/i/	154(33)	142(28)	130(22)	125(21)	125(21)	130(24)	141(29)	$n=6$
	/u/	144(23)	135(18)	129(17)	126(15)	126(15)	131(17)	144(24)	
	/a/	138(25)	129(21)	118(17)	113(17)	114(17)	118(18)	126(20)	
W	/i/	265(16)	245(16)	231(17)	226(18)	226(18)	231(17)	235(15)	$n=5$
	/u/	244(18)	236(19)	233(16)	232(17)	236(18)	244(17)	253(21)	
	/a/	245(18)	233(15)	215(13)	213(13)	213(13)	217(15)	228(17)	

【5C】

Sp	M4	W4	M1	M5	M2	W2	M3	W3	W5	W1	M6	M	W
Hz	5	9	10	10	11	12	14	16	18	23.6	24.1	14	16
Sp	M4	W4	W2	W3	W5	M2	M1	M5	W1	M3	M6	M	W
st	0.8	0.8	0.9	1.2	1.3	1.3	1.3	1.5	1.8	2.2	3.1	1.7	1.2

5.2.2.3 小结

除了起点处,IF0 差异发生在升调 T2 的全程。性别间的差别以赫兹计微不足道。用半音阶为单位,男子组的 IF0 差别稍大于女子组,人际方差与降调情况相同。

5.2.3 基频形状与元音

上一章里已经看到,在高降调的情况下,起点波动非常复杂。而现在升调 T2 的起点却非常简单一致。图 5.02 显示,几乎所有的起点,不管男性还是女性,不管什么元音,都一律是个降调头。只有两处好像“准例外”:W2 和 W5 的/u/曲线初始阶段像是平的。叫他们“准例外”是看上去如此,实际测量值依然是 0%时点处高于 5%时点处 2 赫兹。所以可以说高升调 T2 的调头全都是降的。

图 5.02 中所有/i/曲线和/a/曲线的起点都高于各自的峰点。这跟 Zee & Maddieson(1980)的结果不同,他们的实验仅用了一个上海女发音人。这位女发音人读 $\underline{pi^2}$ 时基频起点低于峰点,这比较符合图 5.02 中的/u/曲线,我们的 11 个发音人中有 7 个人(M1, M2, M5, W2～W5)的/u/曲线都是起点低于峰点。

后元音/u/的起点低于其他两个非后元音,这种情况已经见于降调 T1。在 T2 中,用绝对高度赫兹来算,/u/的起点并不总是比/i, a/低。但是如果把峰点或谷点作为人际常量,/u/的相对起点是最低的。[5D]中给出相对起点高度(relative onset height ROH)的双尾 t 检验($\alpha=0.05$)的结果,用自己的起点和谷点相比,然后看互相之间的差别。如表所示,/u/的起点和谷点的平均差值是 16 赫兹,标准差是 13 赫兹;/i/的起点和谷点的差是 35 赫兹,/a/是 29 赫兹,/i&a/平均是 32 赫兹。/u/的相对(于谷点的)起点高度与/i, a, i&a/的相对起点高度相比,有显著性差别($p<0.01$)。

[5D]/u i a/的 ROH

	/u//i/	/u//a/	/u//i&a/
m (*s*)	16 (13) 35 (15)	16 (13) 29 (13)	16 (13) 32 (13)
DF	10	10	10
p	***	**	***

从以上降调 T1 和升调 T2 的情况来看,我们可以试作如下结论:后元音/u/相对于谷点的起点高度低于非后元音/i, a/,上升的调头干扰主要出现于/u/,如果其他情况一样的话。

5.2.4 T2 的基频曲拱

前两个小节里把基频看成元音的函数。本小节讨论跨元音的 T2 基频均值。个人的 T2 的基频均值和标准差在表 5.03 列出,基频均值作为绝对时长的函数画在图 5.04 中。个人的 T2 基频(Hz)和时长数据可分别从图中的纵轴和横轴上读出。

表 5.03 T2 的基频:均值和标准差,单位 Hz, $n=18$

%	0	5	20	40	60	80	100	100+
M1	156(10)	146(8)	139(8)	136(7)	138(7)	143(8)	152(12)	127(8)
M2	166(18)	158(15)	146(13)	141(12)	144(14)	152(16)	166(18)	129(18)
M3	119(11)	113(10)	107(8)	102(8)	103(8)	107(7)	112(8)	96(9)
M4	119(7)	111(6)	104(5)	103(6)	104(6)	106(7)	110(7)	89(9)
M5	131(9)	125(8)	118(9)	115(10)	115(10)	120(11)	126(14)	100(16)
M6	182(19)	159(15)	140(13)	131(14)	128(12)	130(13)	155(19)	#
W1	262(14)	243(16)	223(17)	218(15)	218(17)	222(20)	229(19)	168(33)
W2	243(20)	232(10)	224(11)	224(11)	227(12)	233(12)	239(11)	187(30)
W3	255(19)	243(10)	234(10)	228(9)	228(10)	234(14)	244(22)	208(29)
W4	228(16)	214(9)	206(7)	202(8)	204(8)	212(10)	218(10)	182(18)
W5	268(14)	258(12)	247(14)	245(16)	248(16)	254(16)	261(19)	211(32)
BSV		3204	3041	3104	3154	6260	6195	
MBSV=3160			SV=2954		DC=3160/2954=107.0%			

各发音人的 T2 曲线的基本形状都是浅凹形的。除了 M6,所有曲线都在峰点后有个基频急降。正如费国华最初在镇海话(Rose 1981),而后在上海话(1987, 1993)里发现的,这两个方言中的中升调在字末有个喉塞尾。喉塞音的出现,按赖福吉(Ladefoged 1982:50)的说法就是"声带紧紧屏住"。而在拉紧声带的过程中,基频就会上升。有时候,当喉塞音形成时,喉下压力还很高,足以冲破关闭的声带两三次,这就造成了图 5.04 中的曲线峰点后的急降。这种情况看来还很常见,因为 11 个人中有 10 人如此。此外,费国华未发表的光纤维镜照显示,在喉塞音形成时假声带也并合起来压抑真声带。我设想这假声带的压制稍迟于基频峰点,但如果假声带的压制发生得稍早,那么就会形成一个强喉塞音,喉下气流就不会逸出,也就没有峰点后的基频突降,就像 M6 那种情况。按照 Hombert(1978),阿拉伯语中的喉塞尾能提高基频 9 至 48 赫兹,但他没提到峰点后的突降。上海话 T2 的谷点和峰点的基频差距没那么大。从[5E]可以看到,从谷点升到峰

点，最小的是 7 赫兹(M4)，最大的是 27 赫兹(M6)，分性别平均而言，男女都 15—16 赫兹。如果表达为半音，差别就大了：男性升了 2.2 个半音，而女性只有一半，升了 1.1 个半音。这说明喉塞尾在提高赫兹时，而不是半音时，对男女的效果相同，也就是绝对效果而不是相对效果。

[**5E**]

发音人	M1	M2	M3	M4	M5	M6	W1	W2	W3	W4	W5	M	W	All
峰顶	152	166	112	110	126	155	229	239	244	218	261	137	238	183
谷点	136	141	102	103	115	128	218	224	228	202	245	121	223	167
Hz	16	25	10	7	11	27	11	15	16	16	16	16	15	15
st	1.9	2.8	1.6	1.1	1.6	3.3	0.9	1.1	1.2	1.3	1.1	2.2	1.1	1.5

图 5.04 表明，所有曲线都是起点高于各自的峰点。有 7 个人(M1, M2, M3, M4, W2, W4, W5)的谷点在 40%时点处，4 个人(M5, M6, W1, W3)在 60%时点处。后四位的平均时长(277 毫秒)比前 7 位的(252 ms)长 25 毫秒，但在 0.05 水平上没有显著差别(双尾检验，DF=9)。

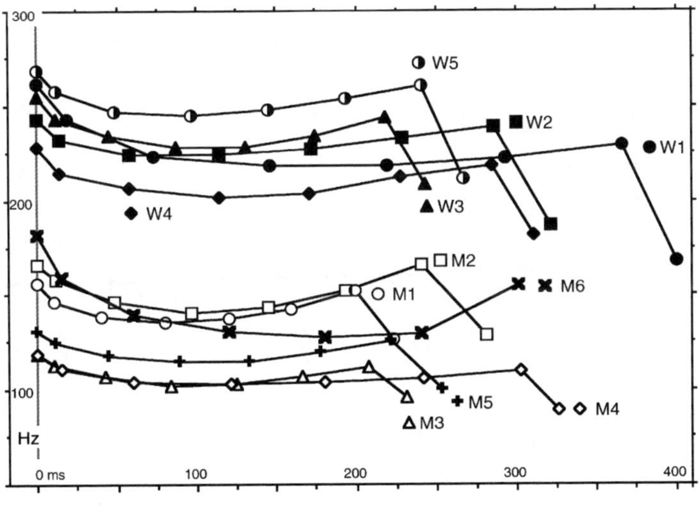

图 5.04　11 位发音人的 T2 曲线-基频均值(Hz)，绝对时长(ms)

Zee & Maddieson(1980)把 T2 描写成“大致上中升”。费国华

(1993)认为它是个中凹调而不是中升调。我们认为,从语音学来看它更像一个中凹调,理由有三。第一,它的起点高于峰点,所有人都如此。第二,它的凹点相当晚,在 40%—60%时点之间,也就是正中间。到下一章 T3 中可以看到,真正的升调谷点在比较前面。第三,它升得不高,从凹点到峰点仅有 15 赫兹。这说明它不是故意控制了要高升,而是由于喉塞音自动导致的升高。从音韵学角度来看,当然可以有各种处理:凹、升、甚至平。处理为升调简单点;甚至说它是平调也无妨,因为从上述第三个理由来看,它的后半段上升是个被动的、自然的结果。见下§5.2.5 进一步讨论。

5.2.5　基频分布

5.2.5.1　引言

本小节考察 11 位发音人的基频的总体分布(调域),在三个特定点(起点、凹调、峰点)上的分布,这三个点上的基频值和调域的关系。与前 T1 一样,基频的起点值、终值点、谷点值和调域之间是正相关。

5.2.5.2　基频分布

从图 5.04 和表 5.03 可以看到男女两组的基频曲线分处两个地带,没有重叠,除了峰点后的基频干扰。女性中最低点是 W4 的 T2 谷点,仍比男性中的最高点,M6 的起点高出 40 赫兹。个人的 T2 基频均值列在表 5.03 中,从 M3 的 40%时点处的 102 赫兹到 W5 的起点处的 268 赫兹,跨度为 166 赫兹。

从图 5.04 和表 5.03 中有个现象,男性发音人的调域较女性为大,男性是 80 赫兹(=M6 的起点 182 赫兹－M3 的 40%处的 102 赫兹),女性是 66 赫兹(W5 的起点处 268 赫兹－W4 的 40%处的 202 赫兹)。这主要是由起点处的分布引起的。男性的起点处的基频范围(63 赫兹=M6 的 182－M4 的 119)比女性的范围(40 赫兹=W5 的 268－W4 228)大一倍半。用半音作单位,分布范围之差是 4.6 个半音(男性 7.4－女性 2.8)。男性在起点以及总体上的基频分布在更宽的范围内,部分是由于念字表的风格引起的。

如果不计受到干扰的起点,女性基频的分布范围相当稳定,5%时点处是 44 赫兹,谷点(40%时点处)和峰点都是 43 赫兹。男性的范围两头大中间小，5%时点处是 48 赫兹，40%时点处是 39 赫兹，100%时点处是 56 赫兹。总体而言，T2 的个人曲线比 T1 更为平行，分布更为一致。

[5F]给出个人频域，上半部是赫兹(Hz)，下半是半音(st)。我们可以看到，人与人之间的差别是很大的，M6 的频域是 51 赫兹，M4 和 M5 只有 16 赫兹。M6 的 T2 频域大得惊人，这显然和他的朗读风格有关。本项研究中的 M6 同时也是费国华上次研究(1993)中的 M4，他在上次读得比较随意，T2 的频域只有 26 赫兹(＝起点 125－凹调 99)。是 M6 扩大了男性的频域。否则，男性频域(19 赫兹)就窄多了。[5F]中的女性频域仅比男性宽 3 赫兹。用半音阶的话，男性的平均频域比女性的宽 1.1 个半音，这是由 M6 的特宽频域(6.1 半音)引起的。如果排除 M6，男性的频域是 2.5 半音，男女的频域就很接近了。

[5F]

	M4	M5	M3	W2	M1	W5	M2	W4	W3	W1	M6	M	W
Hz	16	16	17	19	20	23	25	26	27	44	51	24	27
	W2	W5	W3	W4	M5	M1	M4	M3	M2	W1	M6	M	W
st	1.4	1.6	1.9	2.1	2.3	2.4	2.5	2.7	2.8	3.2	6.1	3.1	2.0

5.2.5.3 起点、谷点、峰点处基频以及频域之间的关系

峰点基频和起点基频的排序正相关是个很普遍的倾向，要差也就差一两个序位，如 W5、M1、M5、M3、M4 的起点序位和峰点序位完全一样；W1 在起点排序上名列第二，但在峰点排序上排第四，差了两位。[5G]给出一个从小到大的起点、峰点、谷点、频域的排序。例如，W5 在起点、峰点、谷点的基频值都最高，排第一；而 M3 和 M4 则排在最末。在男性中，频域和起点基本上正相关，起点排序是 M6＞M2＞M1＞M5＞M3＞M4，频域排序是 M6＞M2＞M1＞M3＞M5＞M4，只有差一位的 M5 和 M3 互换了一下。

[5G]

序位	11	10	9	8	7	6	5	4	3	2	1
起点	M4	M3	M5	M1	M2	M6	W4	W2	W3	W1	W5
峰点	M4	M3	M5	M1	M6	M2	W4	W1	W2	W3	W5
谷点	M3	M4	M5	M6	M1	M2	W4	W1	W2	W3	W5
频域	M4	M5	M3	W2	M1	W5	M2	W4	W3	W1	M6

把男女分开看，一般是起点高的，峰点也高，除了 W1。男性起点和峰点高的，频域也大。女性好像不那么有规律。[5H]中的斯皮尔曼排序相关检验(Spearman rank-correlation test)表明，起点、峰点和谷点相关性极高($r_s>0.93$)，在 0.01 水平上显著相关。频域和其他三项数据的相关度没那么高，不过，频域和起点，频域和峰点之间的序位关系在 0.05 水平上是显著相关。

[5H]$n=11$

	Onset	Inflection	Peak	Range
起点	1	**	**	*
谷点	0.936	1	**	~
峰点	0.964	0.982	1	*
Range	0.664	0.491	0.564	1

现在来看量化数据。图 5.05 给出个人在三个点上的基频和频域。可以看到起点、谷点和峰点都是正相关。起点高的，谷点和峰点也高，除了频域特大的 M6(51 Hz)和 W1(44 Hz)。

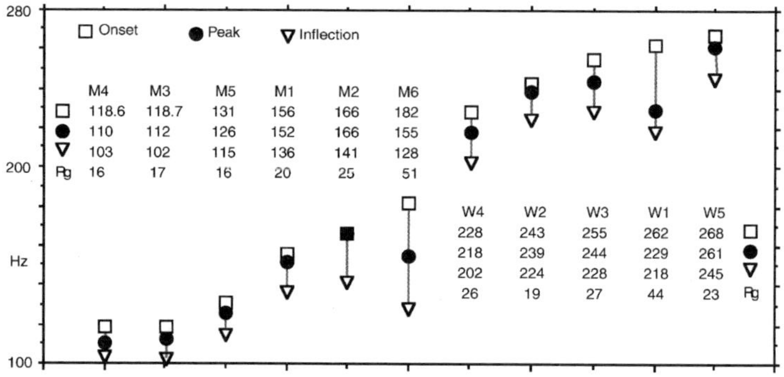

图 5.05　个人 T2 的起点、谷点、峰点、频域(Hz)

[5I]中是起点、峰点、谷点和频域的基频值之间的皮尔森相关系数 r 值(Pearson correlation coefficients)和显著性水平(DF=1, 9)。可以看到起点、谷点和峰点的基频值高度相关，三项 r 值都大于 0.97。峰点值和谷点值相关度最高($r=0.994$, $p<0.001$)。换句话说，我们可以从任何一点的值去预测另两点，精确度高于 95%($r^2>0.95$)。不

过，这三点的值与频域的相关度很低（$r<0.4$，$p>0.05$）。图 5.06 给出三点之间的回归分析结果，并画出拟配线和置信区，从一点预测另两点有 95%的把握。

[51] (DF = 1, 9)

	起点	谷点	峰点	频域
起点	1	***	***	～
谷点	0.979(0.959)	1	***	～
峰点	0.986(0.971)	0.994(0.989)	1	～
频域	0.374(0.14)	0.178(0.032)	0.235(0.053)	1

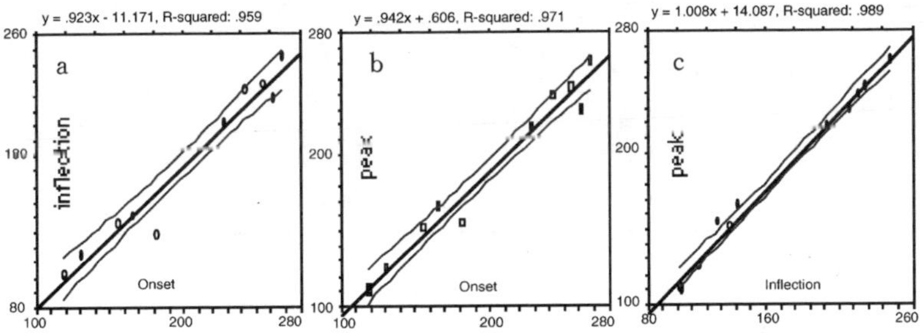

图 5.06　(a)起点和谷点，(b)起点和峰点，(c)谷点和峰点之间的拟配线和 95%的置信带。纵轴和横轴的单位都是赫兹 onset＝起点，inflection＝谷点，peak＝峰点

5.2.5.4　小结

由于 M6 读字表时比较紧张，使得男子组的频域和相关的起点基频分布宽度都大于女子组。如排除 M6，男女的频域大致相当。个人起点、谷点、峰点和频域的各种排序在 0.05 水平上显著正相关，除了谷点和频域。起点、谷点、峰点值在 0.001 水平上高度相关，但它们和频域之间的相关度都没达到显著性水平。

5.2.6　基频归一化

T2 的归一化点是 5%，20%，40%，60%，80%和 100%时点。表 5.04 给出以 LZ 转换法得出的 11 位发音人的标准值，以及他们的均值和标准差。图 5.07 把这些数据画成图，图 a 是 11 条个人曲线，图 b 是他们的均值和标准差。

表 5.04 T2 基频的 LZ 转换值

	0%	5	20	40	60	80	100
M1	0.97	0.34	−0.12	−0.25	−0.14	0.16	0.74
M2	0.72	0.46	0.05	−0.15	−0.05	0.26	0.71
M3	1.18	0.74	0.20	−0.28	−0.18	0.18	0.63
M4	1.37	0.61	−0.07	−0.27	−0.16	0.12	0.57
M5	1.19	0.75	0.14	−0.12	−0.06	0.30	0.81
M6	1.93	1.11	0.31	−0.06	−0.23	−0.12	0.94
W1	1.37	0.86	0.29	0.13	0.12	0.25	0.47
W2	0.71	0.28	−0.01	−0.02	0.11	0.33	0.57
W3	0.89	0.51	0.19	0.01	0.01	0.20	0.55
W4	0.94	0.32	−0.08	−0.24	−0.16	0.22	0.50
W5	0.90	0.52	0.12	0.07	0.16	0.38	0.65
m	1.11	0.59	0.09	−0.11	−0.05	0.21	0.65
s	0.36	0.26	0.15	0.15	0.14	0.13	0.14
BSV		0.07	0.02	0.02	0.02	0.02	0.02

MBSV=0.027　　SV=0.113　　DC=0.027/.113=24.2%

NI=107.0%/24.2%=4.4

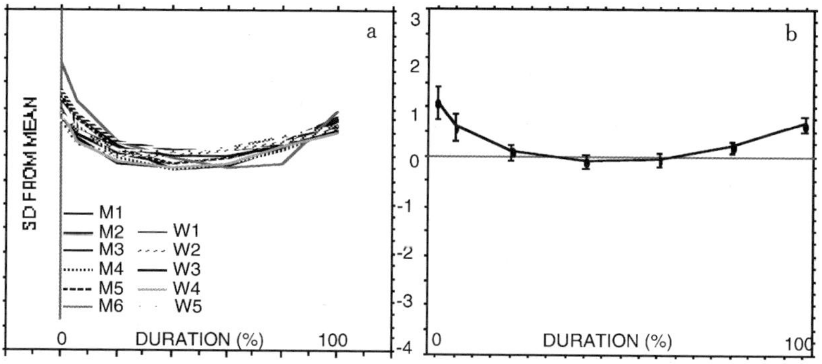

图 5.07 (a)T2 基频的 LZ 归一化值,(b)LZ 值的均值和标准差
(纵轴刻度是距离均值的标准差)

T2 的归一化结果很理想,因为从 5%到 100%时点上的平均标准差只有 0.16。归一化指数(NI)是 4.4,表明归一化以后离散系数(DC)减小了差不多四倍半。

前一章我们看到 T1 终点处的标准差最大,所以认为 T1 终点不是调征目标。T2 从谷点处(40%时点)到峰点的标准差都很小。因此可以认为 T2 的谷点和峰点都是调征目标。而起点处的标准差很大,因此它不是调征目标。“调征/声调性征目标”意为语言学语音学的目标,在语言学语音学层面它必须要表达出来,以进行可能的语言内部人际比较、同位调比较,以及跨语言同型调比较。不过,调征目标不一定是某个音系学中的特征。决定是否某个音系的音韵特征,是否需要在该音系学中加以表达,取决于各语言特定的处理,取决于某个音系学家对某个给定语言想提出些什么样的推导过程。不过,所决定的音系学特征应该是从声调性征中选取。换句话说,“声调性征”是一个具有语言学含义,具有普遍性意义的语音库,这些性征是潜在的音韵特征,某个特定语言音系中的声调的音韵特征应该且仅应该从这声调性征库中选取。从这个意义上来说,前面§5.2.3 中说,可以把 T2 分析为平调就不可取了,因为 T2 的凹点和峰点不在同一高度,并且都是调征目标。至于把 T2 处理为凹调还是升调,等我们讨论了 T3 以后再来决定一个统一的标准。

5.2.7 小结

本节内讨论 T2 的基频,主要发现有:(1)除了起点处,IF0 差别在整条 T2 曲线上都能见到。(2)起点处的基频干扰与元音有关,后元音/u/起点相对于谷点来说低于非后元音/i, a/。(3)男性的频域与相关的起点基频分布较宽,但这主要是由朗读风格引起的。(4)个人的起点、谷点、峰点和频域排序,在两两组合的六种关系上,有五种在 0.05 水平上正相关,只有谷点与频域的关系除外。(5)起点、谷点和峰点在 0.001 水平上高度相关,但它们与频域之间都没有显著相关性。(6)T2 的基频曲拱是凹形,在随意说话时也可见到升形。(7)T2 的谷点和峰点都是调征目标,因为在该处有 IF0 区别,标准差小,但是起点不是调征目标,因为没有 IF0,标准差很大。由于起点、谷点、峰点的相关性如此之高,所以可以认为是曲拱本身而不是那些特定的点才是 T2 的调征目标。

5.3 音 强

5.3.1 引言

本节内讨论音强:音强和元音的关系(§5.3.1), T2 音强的跨元音形状和在各元音上的形状(§5.3.2),音强的分布(§5.3.3),以及音强的归一化(§5.3.4)。

表 5.05 给出 T2 在元音/i, u, a/上的音强均值和标准差(个人读例 $n=18$,总平均 $n=11$)。图 5.08 把这些均值画成图,作为相对时长的函数。

表 5.05　T2 分元音/i, u, a/的音强:均值和标准差,单位分贝(dB)

		%	0	5	10	20	30	40	50	60	70	80	90	100	100+
M1	/i/	*m*	26.9	27.7	27.5	27.7	27.8	27.6	27.5	27.3	27.1	26.5	24.8	21.6	13.8
		s	2.2	2.1	2.2	2.1	2.0	2.0	2.1	2.0	1.8	1.9	2.1	1.9	2.8
	/u/	*m*	23.9	25.9	26.1	26.3	26.5	25.8	25.9	25.5	25.2	24.3	22.3	19.5	13.8
		s	3.1	1.6	1.7	1.8	2.1	1.9	2.0	2.2	2.5	2.2	2.9	2.9	2.4
	/a/	*m*	26.3	27.8	28.2	28.3	28.1	27.7	27.7	27.6	27.5	27.4	27.3	27.1	21.2
		s	1.8	1.3	1.2	1.4	1.4	1.0	0.9	0.6	0.7	0.8	1.0	1.2	3.1
M2	/i/	*m*	28.0	31.8	32.1	31.3	31.3	31.3	31.2	31.3	31.2	31.1	30.4	27.6	17.5
		s	2.3	1.2	0.9	0.5	0.5	0.7	0.4	0.3	0.3	0.4	0.7	0.8	1.7
	/u/	*m*	24.9	29.1	30.8	31.7	31.6	31.2	30.6	30.5	30.0	30.4	29.4	26.3	17.4
		s	1.3	1.3	1.5	1.1	1.2	1.8	2.1	1.9	1.9	1.1	1.5	1.8	2.8
	/a/	*m*	28.3	32.3	32.0	30.2	30.1	30.4	30.7	31.0	31.1	31.2	30.8	28.4	18.8
		s	3.1	0.9	1.8	1.1	1.7	1.6	1.2	0.9	1.0	0.8	0.7	3.4	3.8
M3	/i/	*m*	27.9	31.0	32.0	31.4	30.5	29.3	28.0	27.5	27.5	27.9	28.0	25.6	18.4
		s	2.4	1.5	1.5	1.2	1.1	1.1	1.2	1.5	1.7	1.5	1.3	1.3	2.0
	/u/	*m*	29.0	31.3	31.5	28.5	28.9	27.2	26.8	26.8	27.2	27.9	27.6	25.6	17.2
		s	3.2	1.9	2.3	2.8	2.1	2.2	2.6	2.4	2.3	1.5	1.7	1.5	3.8
	/a/	*m*	26.5	28.8	29.7	28.5	28.4	26.7	26.4	26.3	26.3	27.0	27.2	26.6	19.2
		s	2.4	2.1	2.0	2.3	1.9	2.4	1.9	2.4	2.1	2.9	3.0	2.9	3.8
M4	/i/	*m*	21.8	24.1	24.6	23.7	23.6	23.5	23.3	23.1	23.3	23.1	23.0	21.2	10.7
		s	1.7	2.0	2.0	2.1	2.2	2.0	2.1	2.1	2.1	2.2	2.3	2.8	1.8
	/u/	*m*	19.3	21.4	22.3	22.4	22.8	22.3	22.4	22.0	21.9	21.6	21.4	19.9	13.5
		s	1.2	1.8	1.6	2.7	2.3	2.6	2.3	2.2	2.2	2.1	2.2	1.9	2.7
	/a/	*m*	22.1	23.4	23.8	22.7	22.5	22.3	22.4	22.5	22.5	22.4	21.3	19.4	15.0
		s	1.3	1.3	1.1	1.4	1.8	1.5	1.8	1.7	2.0	1.9	1.5	1.0	1.3
M5	/i/	*m*	26.1	29.5	30.8	31.0	30.8	30.4	30.3	30.3	30.3	30.4	30.3	29.2	24.2
		s	0.8	0.9	0.6	0.4	0.5	0.6	0.6	0.8	0.8	0.7	0.7	1.1	1.6
	/u/	*m*	26.6	29.6	30.8	31.3	31.3	31.8	31.7	31.9	32.0	32.3	31.9	31.0	23.0
		s	1.9	2.3	2.7	3.0	3.1	3.4	3.4	3.4	3.2	3.3	3.3	3.2	3.7
	/a/	*m*	29.8	31.5	31.0	30.6	30.7	30.4	30.5	30.4	30.5	30.5	30.2	28.9	23.5
		s	0.8	0.9	0.7	1.0	0.9	1.1	0.9	1.0	1.1	1.0	1.1	1.1	2.8

续表

		%	0	5	10	20	30	40	50	60	70	80	90	100	100+
M6	/i/	*m*	22.2	24.7	25.5	25.6	25.6	25.8	25.7	25.4	25.8	25.4	24.3	20.8	
		s	1.9	2.2	2.2	2.3	1.8	1.1	1.2	0.9	0.8	0.8	1.3	2.3	
	/u/	*m*	23.0	24.5	25.9	26.8	25.5	25.2	25.3	25.5	25.2	24.9	23.8	20.4	
		s	1.5	1.2	1.8	2.5	1.9	0.7	1.0	0.9	1.0	1.1	1.5	1.1	
	/a/	*m*	23.1	24.3	24.2	23.5	23.1	22.8	22.6	22.6	22.6	22.3	21.7	19.0	
		s	0.9	1.4	1.6	1.7	1.2	1.1	1.2	1.4	1.4	1.5	1.4	1.5	
W1	/i/	*m*	22.0	23.2	22.9	22.5	22.2	21.9	21.6	21.4	21.2	20.8	20.0	17.4	8.9
		s	4.4	4.4	4.3	4.2	4.2	4.4	4.7	5.2	5.4	5.9	6.2	6.8	7.6
	/u/	*m*	20.1	24.6	23.6	23.4	22.5	19.7	20.6	19.9	19.8	20.8	18.9	19.0	11.7
		s	5.5	4.9	5.4	3.0	2.6	4.4	2.5	4.9	3.7	2.8	5.7	3.2	3.0
	/a/	*m*	22.2	23.8	23.2	22.4	21.8	21.9	21.9	21.7	21.6	21.1	20.0	16.3	11.6
		s	2.4	1.9	1.7	2.0	2.3	2.2	2.5	2.8	3.1	3.4	4.0	4.0	2.7
W2	/i/	*m*	22.6	26.6	27.4	26.9	26.5	26.0	25.7	25.5	25.3	24.9	24.0	22.0	14.2
		s	2.4	0.6	0.6	0.5	0.7	0.7	0.7	0.7	0.7	0.8	0.9	1.1	3.0
	/u/	*m*	19.6	21.5	22.2	23.7	24.8	25.7	26.2	26.4	26.5	26.5	26.4	25.9	19.9
		s	1.9	2.6	2.5	2.2	2.0	1.9	1.9	1.9	1.8	1.8	1.9	2.4	2.8
	/a/	*m*	24.8	27.1	27.2	27.1	27.0	26.9	27.2	27.5	27.4	27.2	26.9	25.0	17.3
		s	1.3	1.4	1.8	1.8	2.2	2.2	1.8	1.7	1.9	1.8	2.3	4.3	2.1
W3	/i/	*m*	20.0	22.0	21.9	21.6	21.2	20.6	20.1	19.6	19.1	18.4	17.1	15.2	9.1
		s	3.3	3.1	3.1	2.7	2.6	2.9	3.1	3.0	2.7	2.4	2.1	2.1	2.3
	/u/	*m*	13.9	17.7	20.1	21.7	21.1	19.8	18.8	18.3	17.4	16.3	14.3	12.2	6.4
		s	1.4	2.5	2.6	2.8	3.2	3.8	3.8	3.5	3.2	3.4	4.0	4.3	4.5
	/a/	*m*	25.2	28.2	29.2	27.6	26.0	25.1	23.9	23.2	22.6	22.0	20.5	17.9	11.4
		s	3.2	3.7	3.5	3.2	3.7	3.4	3.4	3.7	3.9	3.5	3.6	3.5	4.1
W4	/i/	*m*	21.9	24.5	25.0	24.5	24.8	24.9	25.2	25.3	25.1	25.1	24.5	20.4	9.3
		s	2.1	1.6	1.7	1.9	1.8	1.6	1.4	1.3	1.0	1.3	1.9	2.5	3.3
	/u/	*m*	17.7	20.4	22.3	23.1	22.9	22.6	22.6	22.7	22.9	23.2	23.3	21.7	11.7
		s	1.1	1.6	2.1	2.2	2.3	1.9	1.7	1.6	1.5	1.4	1.4	2.2	4.0
	/a/	*m*	22.3	22.7	22.1	22.0	21.6	21.6	21.9	22.1	22.2	22.3	22.2	21.0	15.9
		s	2.0	2.0	2.8	2.8	2.3	2.0	1.9	2.0	2.1	2.2	1.7	1.8	2.7
W5	/i/	*m*	28.3	31.2	31.5	30.9	30.6	29.9	29.5	29.0	28.4	27.7	25.7	23.3	18.9
		s	1.1	2.1	2.6	2.7	2.5	1.9	1.7	1.6	1.6	1.8	2.6	2.3	1.8
	/u/	*m*	21.4	25.1	26.0	27.3	27.9	28.2	28.1	27.7	27.4	27.0	25.9	23.8	17.4
		s	2.5	2.0	2.1	2.7	2.4	2.2	2.0	1.8	1.8	1.7	2.1	2.4	3.9
	/a/	*m*	28.8	31.9	32.4	32.8	32.7	32.3	32.1	31.0	30.4	29.9	28.2	25.7	15.9
		s	3.0	2.7	3.1	3.3	3.3	3.8	4.0	4.1	4.5	4.8	5.2	4.6	5.2

续表

		%	0	5	10	20	30	40	50	60	70	80	90	100	100＋
All	/i/	*m*	24.3	26.9	27.4	27.0	26.8	26.5	26.2	26.0	25.8	25.6	24.7	22.2	
		s	3.7	3.9	4.1	4.1	4.0	3.9	3.9	4.0	4.1	4.2	4.5	4.7	
	/u/	*m*	21.8	24.6	25.6	26.0	26.0	25.4	25.4	25.2	25.0	25.0	24.1	22.3	
		s	4.7	4.6	4.5	4.1	4.1	4.6	4.4	4.7	4.7	4.8	5.4	5.4	
	/a/	*m*	25.4	27.4	27.5	26.9	26.5	26.2	26.1	26.0	25.9	25.8	25.1	23.2	
		s	3.3	3.8	4.0	4.1	4.2	4.2	4.2	4.2	4.2	4.4	4.6	5.2	

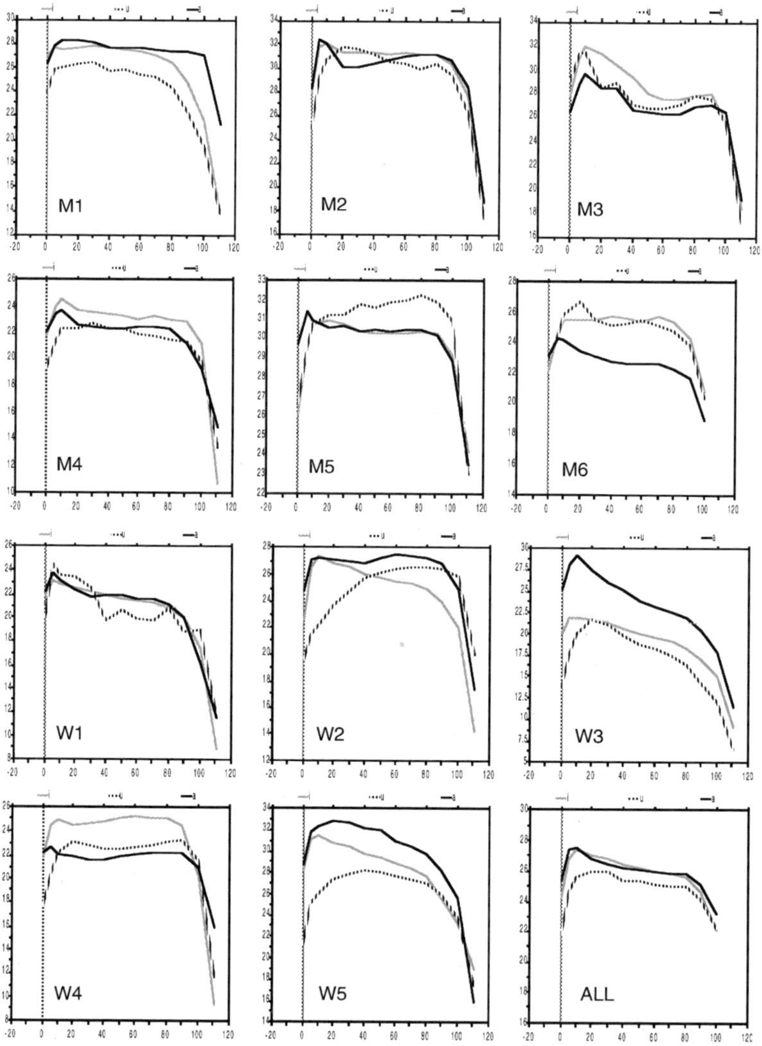

图 5.08　T2 分元音的音强曲线

纵轴表示音强(dB),横轴是相对时长

表 5.06 给出个人的 T2 音强均值和标准差(dB),以及总平均值和标准差。图 5.09 画出个人的音强均值。图 5.10 画出他们的总平均和标准差。

表 5.06　T2 音强-均值和标准差(dB)(个人读例 $n=18$,全体 $n=11$)

		0%	5	10	20	30	40	50	60	70	80	90	100	100+
M1	*m*	25.7	27.1	27.3	27.4	27.4	27.0	27.0	26.8	26.6	26.1	24.8	22.7	16.2
	s	2.6	1.9	1.9	1.9	1.9	1.9	1.8	1.9	2.0	2.1	2.9	3.9	4.4
M2	*m*	27.0	31.1	31.6	31.1	31.0	31.0	30.8	30.9	30.8	30.9	30.2	27.4	17.9
	s	2.7	1.8	1.5	1.1	1.3	1.4	1.4	1.2	1.3	0.9	1.1	2.3	2.8
M3	*m*	27.8	30.4	31.1	29.5	29.2	27.7	27.1	26.9	27.0	27.6	27.6	25.9	18.2
	s	2.7	2.1	2.1	2.5	1.9	2.2	2.0	2.1	2.0	2.0	2.0	2.0	3.2
M4	*m*	21.1	22.9	23.6	22.9	22.9	22.7	22.7	22.6	22.6	22.4	21.9	20.1	13.1
	s	1.8	2.0	1.8	2.1	2.0	2.0	2.0	2.0	2.1	2.0	2.1	2.1	2.6
M5	*m*	27.5	30.2	30.9	31.0	30.9	30.9	30.8	30.9	30.9	31.1	30.8	29.7	23.5
	s	2.0	1.7	1.5	1.8	1.8	2.1	2.0	2.1	2.0	2.1	2.1	2.1	2.7
M6	*m*	22.8	24.5	25.2	25.3	24.7	24.6	24.6	24.5	24.5	24.2	23.2	20.1	#
	s	1.4	1.5	1.9	2.5	2.0	1.7	1.8	1.7	1.8	1.8	1.7	1.8	#
W1	*m*	21.4	23.9	23.2	22.8	22.2	21.2	21.4	21.0	20.8	20.9	19.6	17.6	10.7
	s	4.1	3.8	3.9	3.1	3.0	3.8	3.3	4.3	4.0	4.0	5.1	4.8	4.8
W2	*m*	22.4	25.1	25.6	25.9	26.1	26.2	26.4	26.4	26.4	26.2	25.8	24.3	17.1
	s	2.8	3.1	3.0	2.2	1.9	1.7	1.6	1.7	1.7	1.8	2.1	3.2	3.5
W3	*m*	19.7	22.6	23.7	23.6	22.8	21.8	20.9	20.4	19.7	18.9	17.3	15.1	9.0
	s	5.4	5.3	5.0	4.0	3.8	4.0	3.9	3.9	3.8	3.8	4.1	4.0	4.1
W4	*m*	20.6	22.5	23.1	23.2	23.1	23.0	23.2	23.3	23.4	23.5	23.3	21.0	12.3
	s	2.7	2.4	2.5	2.4	2.4	2.2	2.1	2.1	2.0	2.0	1.8	2.1	4.2
W5	*m*	26.2	29.4	30.0	30.3	30.4	30.1	29.9	29.2	28.7	28.2	26.6	24.3	17.4
	s	4.1	3.8	3.8	3.6	3.3	3.1	3.1	2.9	3.1	3.2	3.6	3.3	3.9
All	*m*	23.8	26.3	26.8	26.6	26.4	26.0	25.9	25.7	25.6	25.5	24.6	22.6	
	s	3.0	3.4	3.5	3.4	3.5	3.6	3.6	3.7	3.8	3.9	4.2	4.3	
VAR		11.5	11.9	11.3	12.3	13.2	13.1	13.6	14.1	15.3	17.3	18.6		

MBSV＝13.9　　SV＝14.0　　DC＝99％

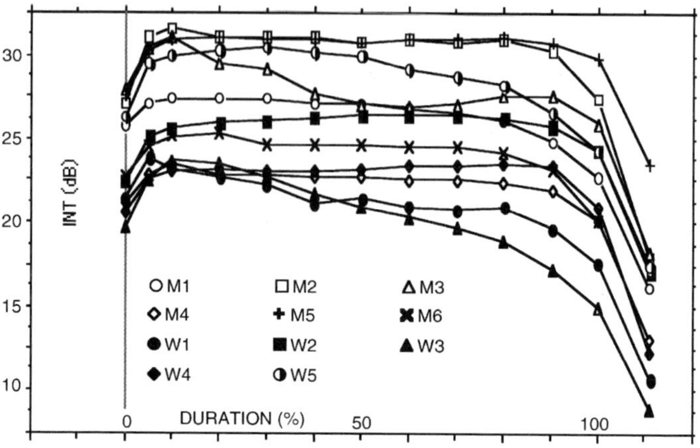

图 5.09　11 位发音人的 T2 音强曲线

5.3.2　音强和元音高度

从图 5.08 中个人的音强小图中可以看到，只有 W3，W5，也许还有 M1 的/a/曲线高于他们的/i，u/曲线，这跟 T1 情况一样。W2 的/a/曲线在后半段高于她的/i/曲线，但在前半段高于/u/曲线。M6 很特别，他的/a/曲线竟然最低。在 T2 中，预计中的高低元音的音强差只是部分呈现。图 5.08 最后那张平均音强的曲线小图（All）中/u/的平均曲线低于/a/曲线 1～4 分贝，但/i/曲线却跟/a/一样高。

[5J]给出元音音强指数，从大到小排列/a/和/i&u/平均值的音强差。前四人（W3，W5，M1，W2）的/a/音强大于/i&u/平均值至少 1 分贝。最后三个（M3，W4，M6）正相反，/a/小于/i&u/1 分贝以上。中间四个（M2，M4，W1，M5）的高低元音音强差太小不值一谈。总体而言，/a/和/i/分贝相若，/a/高于/u/1 分贝，高于/i&u/半分贝。

[5J]单位为分贝（dB）

顶点差	W3	W5	M1	W2	M2	M4	W1	M5	W4	M6	M3	*m*
/a/—/i/	7.2	1.3	0.5	0.1	0.2	−0.8	0.6	0.5	−2.6	−1.5	−2.3	0.3
/a/—/u/	7.5	4.6	1.8	1.0	0.6	1.0	−0.8	−0.8	−0.6	−2.5	−1.8	0.9
/a/—/i&u/	7.4	3.0	1.2	0.6	0.4	0.1	−0.1	−0.1	−1.6	−2.0	−2.1	0.6
平均差	W3	W5	M1	W2	M2	W1	M4	M5	M3	W4	M6	*m*
/a/—/i/	4.8	1.8	0.8	1.0	−0.2	−0.2	−0.8	0.1	−1.7	−2.5	−2.3	0.1
/a/—/u/	6.1	4.1	2.4	1.6	0.5	0.1	0.5	−0.8	−0.5	−0.4	−2.4	1.0
/a/—/i&u/	5.4	3.0	1.6	1.3	0.2	0.0	−0.1	−0.4	−1.1	−1.5	−2.4	0.5

5.3.3 音强形状

T2 在/i, u, a/上的形状—从图 5.08 可以看到 T2 音强曲线平降升凹各种变体都有：平的如 M1, M4, M5 的/i/曲线和/a/曲线，W4 三条曲线；降的如 W1, W3, W5 的/i/曲线和/a/曲线；升的如 M5 和 W2 的/u/曲线；凹的有 M2, M3, M4 的/a/曲线，M6 的/u/曲线。M1 的/a/曲线相当平直，类似于他 T1 的/a/曲线。W3 的三条曲线和 W5 的/i, a/曲线降得最快。

同一个元音，由于发音人不同，可以有不同音强形状。例如，有的/u/曲线是平的(M4)，有的浅凹(W4)，有的深凹(M3)，有的有点鼓(W5)，有的升(M5 和 W2)，有的降(W3)，有的曲折下降(W1)。

同一个发音人，由于元音不同，可以有不同音强形状。例如 W2 的/a/曲线是平的，/i/曲线是降的，/u/曲线是升的。M6 的三条曲线也各有走向，/i/曲线是平的，/a/曲线稍降，/u/曲线是凹的。

图 5.08 中最后那张小图(ALL)中的三条/i, u, a/平均曲线很相似，只是/u/曲线的峰点稍低稍后。

T2 的音强曲线形状—图 5.09 中大多数个人音强曲线都很平直，只有 W3 和 W5 降得多些(别忘了她们的/a/曲线高于/i, u/曲线。M3 的曲线有个凹谷。T2 的总平均曲线画在图 5.10 中，从 10%至 40%处稍降，80%时点后降得更快些，从 40%至 80%的中间段是平的。

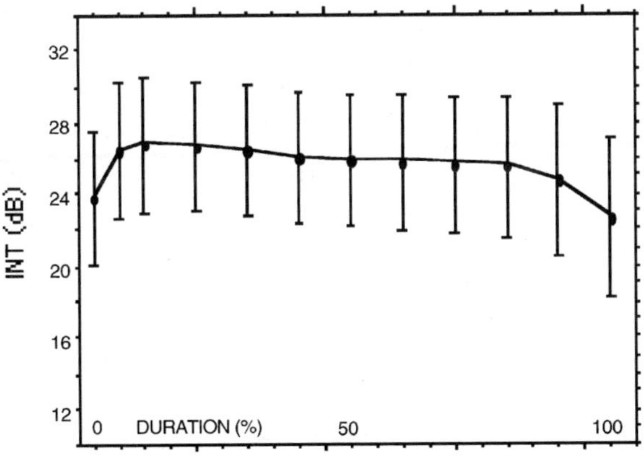

图 5.10　T2 音强曲线-11 人的总平均和标准差，单位 dB。竖线表示均值上下一个标准差。

5.3.4 音强的分布

表 5.06 给出 11 个发音人的 T2 平均音强的分布数据，最低是 W3 在 100%时点处的 15.1 分贝，最高是 M2 在 10%时点处的 31.6 分贝，跨度为 16.4 分贝。从此表数据算出的个人音强域和均值在[5K]中给出。W3 的音强域最大，8.5 分贝，W4 音强域最窄，2.9 分贝；平均为 5 分贝。T2 的平均音强是从 5%到 100%时点处的均值算出来的，见[5L]。总平均是 25.6 分贝，男性的均值高于女性 3.2 分贝。

[5K]

发音人	W4	M4	M5	W2	M2	M1	M6	M3	W5	W1	W3	M	W	均值
音强域	2.9	3.5	3.6	4.0	4.6	4.7	5.1	5.2	6.1	6.3	8.5	4.5	5.6	5.0

[5L]

人	W3	W1	M4	W4	M6	W2	M1	M3	W5	M2	M5	M	W	总
均	20.6	21.3	22.5	23.0	24.1	25.9	26.4	28.2	28.8	30.6	30.7	27.1	23.9	25.6

5.3.5 音强归一化

用作 T2 音强归一化的测量点是从 5%到 100%的时点。图 5.10 给出的是以分贝为单位的自然标准化结果。从表 5.06 最下“All”的标准差和均值可以得到，从 5%到 100%的平均标准差是 3.7 分贝，平均强域只有 4.2 分贝(＝10%处 26.8－100%处 22.6)。平均标准差和平均强域之比为 0.88(＝3.7/4.2)。

表 5.07 给出个人 T2 的经 LZ 转换的音强值，及其均值和标准差，这些值分别画在图 5.11 的两个小图中。从 5%到 100%时点的平均标准差是 0.41，均值的范围是 1.96 个单位[＝10%时点处的 0.42－(100%处的－1.54)]。两者比值为 0.21(＝0.41/1.96)。这不到以分贝为单位的比值 0.88 的四分之一。这表明在减少人际随机差异方面，用 LZ 归一法比分贝平均法好得多。

表 5.06 中以分贝为单位的离散系数(DC)99%，但在表 5.07 以标准差为单位的离散系数只有 42%。在减少人际差异方面有改善，但不如 T1 的情况。T2 的归一化指数是 2.4。

表 5.07　音强的 LZ 转换的标准值

	0%	5	10	20	30	40	50	60	70	80	90	100	100+
M1	−0.50	0.43	0.57	0.63	0.63	0.37	0.37	0.23	0.10	−0.24	−1.11	−2.51	−6.9
M2	−1.09	0.42	0.60	0.42	0.38	0.38	0.31	0.35	0.31	0.35	0.09	−0.94	−4.4
M3	−0.27	0.62	0.86	0.31	0.21	−0.30	−0.51	−0.58	−0.54	−0.34	−0.34	−0.92	−3.6
M4	−0.79	0.13	0.49	0.13	0.13	0.03	0.03	−0.02	−0.02	−0.12	−0.38	−1.30	−4.9
M5	−1.29	0.22	0.61	0.66	0.61	0.61	0.55	0.61	0.61	0.72	0.55	−0.06	−3.5
M6	−0.92	−0.06	0.29	0.34	0.04	−0.01	−0.01	−0.06	−0.06	−0.21	−0.71	−2.27	·
W1	−0.35	0.70	0.41	0.24	−0.02	−0.44	−0.35	−0.52	−0.61	−0.57	−1.12	−1.96	−4.9
W2	−3.41	−0.87	−0.40	−0.12	0.07	0.16	0.35	0.35	0.35	0.16	−0.22	−1.63	−8.4
W3	−0.47	0.53	0.91	0.87	0.60	0.25	−0.06	−0.23	−0.47	−0.74	−1.30	−2.05	−4.2
W4	−1.88	−0.51	−0.07	0.00	−0.07	−0.14	0.00	0.07	0.15	0.22	0.07	−1.59	−7.9
W5	−1.00	0.13	0.34	0.45	0.48	0.38	0.31	0.06	−0.12	−0.30	−0.86	−1.68	−4.1
m	−1.09	0.16	0.42	0.36	0.28	0.12	0.09	0.02	−0.03	−0.10	−0.48	−1.54	
s	0.90	0.48	0.38	0.29	0.27	0.32	0.32	0.37	0.39	0.42	0.59	0.70	
VAR		0.236	0.147	0.087	0.073	0.104	0.105	0.133	0.151	0.180	0.346	0.494	

MBSV=0.187　SV=0.446　DC=42%　NI=2.4(99%/42%)

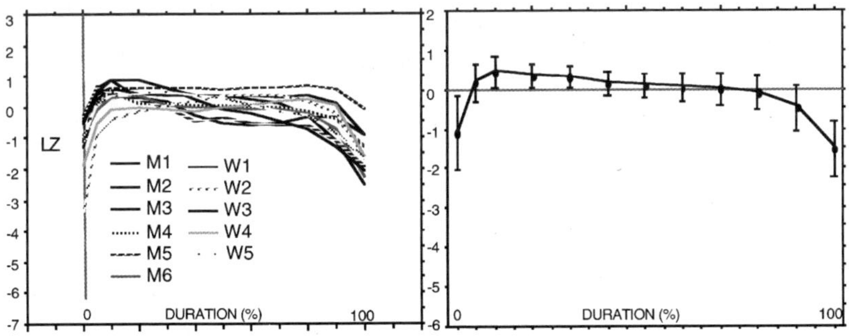

图 5.11　(a)11 发音人 T2 音强的 LZ 归一化值,(b)T2 音强的 LZ 归一化均值（纵轴刻度是距离均值 0 的标准差）

5.3.6　基频和音强

T2 的基频和音强的相关度很低(r=−0.395, n=66)。更重要的是它们是负相关。也就是说,当基频向 100%时点的峰点处不断上升时,音强却在下降,这从图 5.12 可以看到,图中画的是 T2 经 LZ 转换的平均音强和平均基频,横轴是相对时长。

从图 5.12 可以看到,基频曲线在 40%时点处有个谷点,前面是降,后面是升。音强曲线与此不同,它可以分四个阶段。第一阶段是从起点到 10%时点处急升,第四阶段是从 80%到终点是急降。中间从 10%到 80%之间的时段是第三和第四阶段,在此区间音强是缓降。

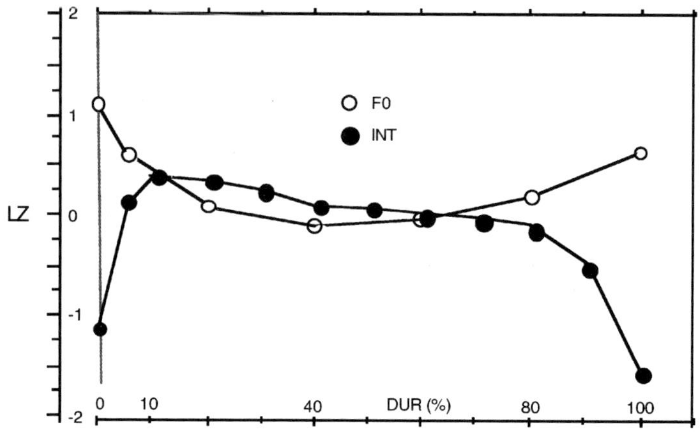

图 5.12　T2-LZ 归一化的基频和音强

但在第三和第四阶段之间的 40%时点，也就是基频的谷点处，下降速率有个微小的不连续点。

音强曲线从 10%时点开始不断缓缓下降，到 80%时点往后是急剧下降，而基频曲线则从 40%时点的谷点处不断上升。看来基频在后半段上升是声带紧张引起的，喉下气压没起作用。

5.3.7　小结

与 T1 情况相同，预计中的高低元音的音强差在 T2 中也没有发现。各位发音人的音强曲线在中间阶段大体上是平的，只是在时长的 40%基频谷点处速率稍有变化。T2 的音强曲线可以分成四个阶段。仅在第二阶段，即 10%到 40%时点之间，音强与基频正相关，两者一起下降。音强的起点预计它是上升的。在 40%时点后，基频稳定上升直至最后时点上的峰点，而音强缓缓下降，到 80%时点后急剧下降。这可以认为声带紧张是 T2 升调的控制因素，喉下气压没起作用。

第六章　阳去 T3 的声学性质

本章描写并讨论阳去 T3 的声学性质：§ 6.1 节是时长，§ 6.2 基频，§ 6.3 音强。阳去听感上是带有噪音的低升调，稍稍有些凹。

6.1　时　　长

6.1.1　引言

本节考察 T3 在各种语境中的时长，包括时长和元音高度的关系（§ 6.1.1），时长和性别的关系（§ 6.1.2），以及时长和发音人的关系（§ 6.1.3）。

表 6.01 给出在各种情况下 T3 时长的均值和标准差，在不同元音/i, u, a/上，跨元音，单个发音人，男性组（M），女性组（W），以及所有人的总平均，单位是毫秒，*n* 表示读例数。

表 6.01　T3 时长-均值和方差，单位是毫秒 ms

0—100%	/i/			/u/			/a/			T3		
	m	*s*	*n*	*m*	*s*	*n*	*m*	*s*	*n*	*m*	*s*	*n*
M1	205	11	6	181	9	6	169	16	6	185	19	18
M2	283	25	6	245	19	6	256	17	6	261	26	18
M3	220	21	6	212	18	6	225	21	6	219	20	18
M4	295	29	6	262	30	6	306	25	6	288	33	18
M5	233	27	6	204	29	6	212	20	6	216	27	18
M6	315	16	6	275	26	6	287	29	6	292	28	18
W1	368	31	6	348	73	6	363	20	6	360	45	18
W2	245	22	6	273	35	6	331	28	6	283	46	18
W3	230	14	6	201	20	6	226	17	6	219	21	18
W4	282	19	6	258	22	6	260	28	6	267	25	18
W5	221	19	6	229	18	6	220	19	6	223	18	18
M	258	45	6	230	36	6	242	51	6	244	43	6
W	269	60	5	262	56	5	280	62	5	270	57	5
All	263	50	11	244	47	11	259	58	11	256	49	11

续表

100+%	/i/			/u/			/a/			T3		
	m	*s*	*n*	*m*	*s*	*n*	*m*	*s*	*n*	*m*	*s*	*n*
M1	24	4	6	25	2	6	30	5	6	26	4	18
M2	36	4	6	28	6	6	28	7	6	31	7	18
M3	20	4	6	24	5	6	22	7	6	22	5	18
M4	22	5	6	28	5	6	27	6	6	26	6	18
M5	34	6	6	34	3	6	29	8	6	32	6	18
M6												
W1	45	10	6	43	4	6	28	11	6	39	11	18
W2	35	7	6	37	5	6	29	9	6	34	7	18
W3	19	5	6	31	8	6	24	10	6	25	9	18
W4	25	6	6	31	10	6	24	7	6	27	8	18
W5	32	11	6	27	5	6	20	1	6	26	8	18
M	27	7	6	28	4	6	27	3	6	27	4	6
W	31	10	5	34	6	5	25	4	5	30	6	5
All	29	8	11	31	6	11	26	3	11	29	5	11

跟中凹调 T2 一样，除了 M6，其他人的 T3 都在峰点后有一个的突降的基频干扰，表中标为 100+%。表 6.01 上半部给出从元音起始(0%时点)到基频峰顶(100%时点)的时长数据，下半是峰顶(100%)到基频干扰的终点(100+%)的时长值。T3 的声调长度从 0%时点处算到 100%处，因此 T3 跨元音人际总平均时长为 256 ms (SD=49 ms, n=11)，与 T2(261 ms)基本相同。

6.1.2 时长和元音高度

从前两章看到，T1 的高元音显著地长于低元音，T2 的高元音非显著地短于低元音。在 T3 的情况下，男子组/a/的时长介于/i/和/u/之间：/i/(258 ms)>/a/(242)>/u/(230)；全体也是如此：/i/(263 ms)>/a/(259)>/u/(244)。只有女子组低元音长于两个高元音：/a/(280 ms)>/i/(269)>/u/(262)，但是[6A]中的双尾 t 检验(α=0.05)表明在各种情况下，/a/对/i/或/a/对/u/，男子组或女子组，都没有显著差别。

[6A]

	/i/	/a/	/u/	DF		/a/	/i/	/u/	DF		/i/	/a/	/u/	DF
M	258	242	230	5	W	280	269	262	5	All	263	259	244	10

前一章提到有两个矛盾因素(空气动力学和声带紧张度)决定升调和凹调中的元音时长,这两个因素互相矛盾,因此对时长的影响可能互相抵消,结果高低元音的时长变得差不多。这个预言在 T3 中也得到证明,/a/的时长(259 ms)介于两个高元音/i/(263 ms)和/u/(244 ms)之间。

6.1.3 时长和性别

女组的平均时长是 270 毫秒,比男组的 244 毫秒长出 26 毫秒,但在 0.05 水平上无显著差别(双尾,DF=9)。女子组的/i, u, a/比男子组的分别长 11, 32, 38 毫秒,在 0.05 水平上都没有显著差别(双尾,DF=9)。因此在 T3 中时长和性别无相关性。

6.1.4 时长归一化

T3 的总平均时长(256 ms)与 T2(261 ms)几乎相等,人际差异(表现为标准差 49 ms)也几乎和 T2(51 ms)相等。从表 6.01 可以看到最长的与最短的差是 175 ms(=W1 的 360 ms－M1 的 185 ms)。人与人的差异很大,最短的只有最长的一半(51%=185/360),这个比例也和 T2 中的情况(54%)相似。

图 6.01 给出各人的平均绝对时长(空心圈)和标准时长(实心圈),两者相比,可以看到经过归一化以后,人际巨大差异极大地减小了。所有人(还是除了 M5)的标准时长都挤在一个很窄的范围内,0.15 个单位(=M3 和 W1 的 1.44－W5 的 1.29)。M5 的标准时长较短,如前所述,这是因为他五个声调中 T1 最长,而两个入声调也较长。T3 的平均标准时长 T3 是 1.36,说明它比跨声带总平均时长(187 ms)长出 36%,标准差很小(0.09)。

离散系数定义为平均绝对差与总均值的比值,T3 绝对时长的离散系数是 0.154,标准时长的离散系数是 0.050,因此归一化指数是 3.1

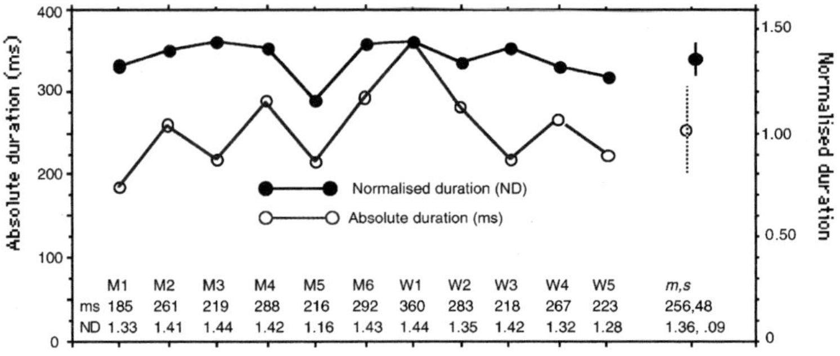

图 6.01　11 位发音人 T3 的绝对时长和标准时长

(=0.154/0.050)。这说明人际变异被减少了 3 倍多,稍差于 T2(NI=3.6)。除了 M5,所有发音人的 T3 绝对时长和他本人的跨声带平均时长之间的比值是个常量,长出将近 40%。

6.1.5　小结

本节内讨论了 T3 时长。没发现高低元音有时长差别,这再次证实了第五章中讨论 T2 时的观点,元音时长受基频形状的影响:卡福版 IVD(i>a)与降调相关,与凹调无关。也没发现性别和时长的关系。人际时长的巨大变异能用标准时长来加以说明,如果表为跨声调平均时长的函数,几乎每个人的 T3 时长都很规则。

6.2　基　　频

6.2.1　引言

本节处理 T3 的基频:基频高低和元音高度的关系(§6.2.1),基频形状和元音、性别的关系(§6.2.2),T3 的基频曲线(§6.2.3),基频分布(§6.2.4),T3 的基频归一化(§6.2.5)。

表 6.02 中给出 T3 在不同情况下的基频均值和标准差,按照不同的元音/i, u, a/、不同的发音人、不同性别分列。例如,发音人 M1 的 T3,在元音/i/上 0%时点处的六个读例的均值是 144 赫兹,标准差是 13 赫兹。表中这些基频均值在图 6.02(个人)和图 6.03(男女组)中画成绝对时间(ms)的函数。

表 6.02 分元音/i, u, a/的 T3 基频：均值和标准差，单位 Hz（个人 $n=6$，男组 M $n=6$，女组 W $n=5$）

	%	0	5	20	40	60	80	100	100+
M1	/i/	144(13)	142(7)	127(5)	128(4)	132(3)	140(3)	157(6)	125(9)
	/u/	139(16)	130(10)	124(8)	123(8)	128(7)	137(8)	149(12)	118(14)
	/a/	125(11)	118(10)	113(5)	110(4)	113(5)	118(6)	123(7)	105(7)
M2	/i/	125(11)	114(11)	107(12)	108(11)	113(10)	126(15)	154(26)	123(22)
	/u/	118(6)	114(6)	112(6)	120(6)	130(8)	150(10)	179(11)	142(14)
	/a/	119(9)	111(6)	105(6)	108(7)	115(8)	130(9)	147(10)	140(10)
M3	/i/	103(4)	96(4)	90(3)	89(4)	97(5)	106(6)	117(8)	97(12)
	/u/	98(5)	93(4)	88(3)	88(4)	93(3)	103(4)	118(5)	104(5)
	/a/	96(4)	92(3)	86(3)	84(3)	90(3)	98(4)	106(5)	96(6)
M4	/i/	113(8)	100(6)	94(8)	97(6)	104(6)	113(6)	124(7)	101(6)
	/u/	97(7)	94(5)	91(3)	93(4)	98(4)	106(6)	116(9)	100(7)
	/a/	94(7)	90(4)	85(5)	87(4)	93(4)	102(8)	112(8)	99(8)
M5	/i/	123(7)	111(6)	102(7)	101(8)	106(9)	112(8)	120(11)	85(12)
	/u/	118(4)	109(4)	100(4)	101(5)	105(5)	110(8)	117(10)	90(7)
	/a/	114(6)	109(4)	100(5)	98(5)	100(6)	105(7)	109(8)	95(7)
M6	/i/	130(5)	116(4)	106(6)	109(3)	112(3)	122(4)	162(8)	#
	/u/	117(6)	108(7)	102(6)	103(6)	107(7)	117(13)	165(13)	#
	/a/	119(14)	106(7)	97(3)	95(4)	98(5)	104(5)	136(10)	#
W1	/i/	225(10)	207(8)	185(6)	176(8)	178(5)	195(8)	216(12)	146(28)
	/u/	206(10)	191(7)	178(6)	175(6)	179(12)	201(14)	228(12)	153(13)
	/a/	221(12)	201(11)	176(13)	168(8)	169(8)	179(7)	203(8)	170(23)
W2	/i/	198(8)	194(7)	191(6)	191(7)	198(6)	212(10)	229(8)	158(18)
	/u/	197(15)	192(11)	191(10)	194(10)	206(13)	228(14)	250(12)	188(23)
	/a/	197(12)	190(8)	180(6)	180(6)	186(6)	200(5)	220(3)	189(24)
W3	/i/	252(9)	225(11)	205(9)	203(10)	204(17)	217(15)	235(10)	183(23)
	/u/	214(7)	197(6)	195(6)	196(8)	207(11)	222(10)	234(12)	182(15)
	/a/	201(8)	189(7)	172(10)	172(9)	175(9)	187(9)	200(11)	181(10)
W4	/i/	213(7)	191(6)	181(6)	179(8)	186(7)	204(7)	224(4)	179(23)
	/u/	230(16)	206(12)	187(9)	184(7)	189(4)	206(9)	219(10)	161(27)
	/a/	218(20)	196(10)	173(8)	163(5)	170(7)	183(6)	200(6)	175(8)
W5	/i/	249(7)	230(7)	216(5)	220(4)	236(6)	253(4)	267(7)	201(18)
	/u/	206(7)	198(5)	192(6)	204(6)	223(11)	253(12)	279(17)	222(11)
	/a/	230(6)	217(5)	200(6)	199(6)	207(7)	221(8)	265(13)	235(11)

续表

	%	0	5	20	40	60	80	100	100+
M	/i/	123(14)	113(16)	105(13)	105(13)	111(12)	120(12)	139(21)	
	/u/	115(16)	108(14)	103(13)	105(14)	110(15)	120(19)	141(28)	
	/a/	111(13)	104(11)	97(11)	97(11)	102(10)	110(12)	122(16)	
W	/i/	227(23)	210(18)	195(15)	194(18)	200(22)	216(22)	234(20)	
	/u/	211(12)	197(6)	189(7)	191(11)	201(17)	222(21)	242(24)	
	/a/	213(14)	199(11)	180(11)	176(14)	181(16)	194(17)	218(28)	

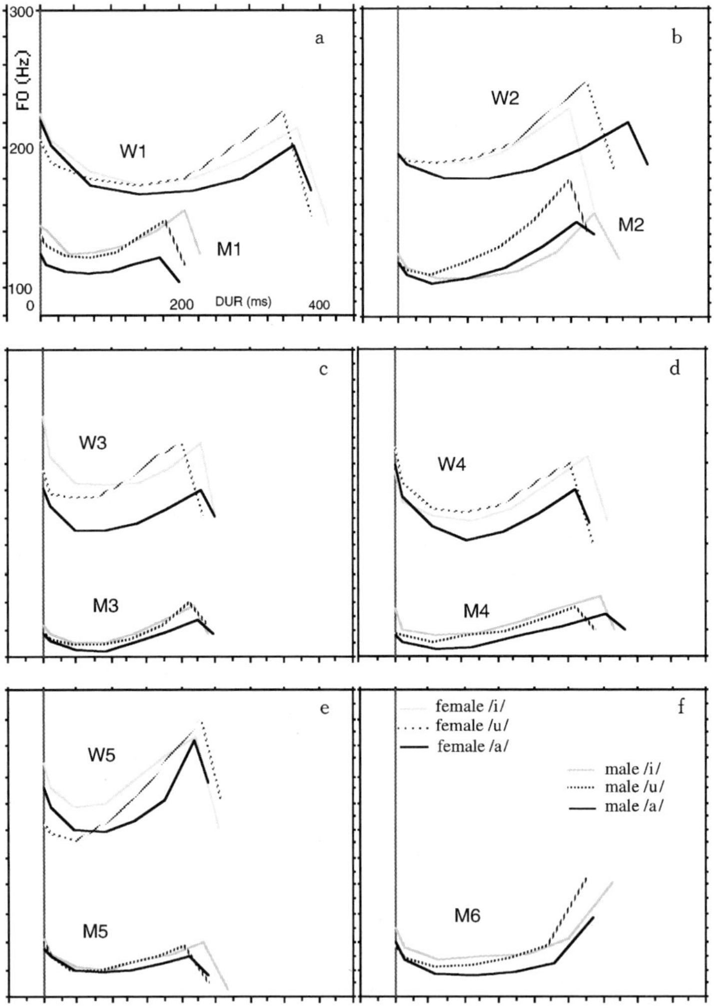

图 6.02　11 位发音人分元音/i，u，a/的 T3 基频曲线(0%～100+%)

纵轴表示基频(Hz)，横轴是时长(ms)，六个小图中的标度都与图(a)一样。

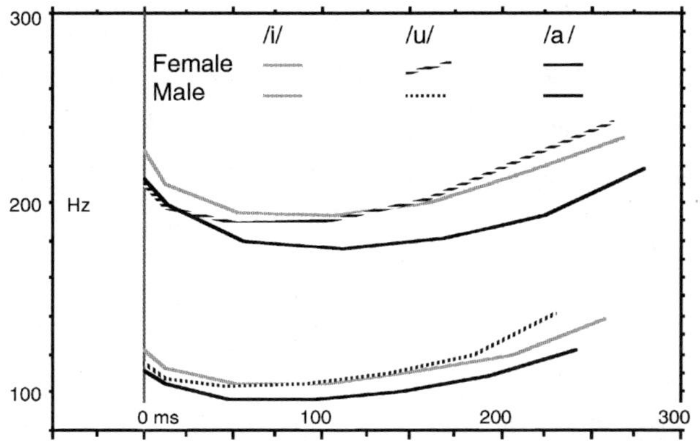

图 6.03　分性别分元音的 T3 基频曲线(0%～100%)

6.2.2　基频和元音高度

6.2.2.1　IF0 总体区别

上一章中看到 IF0 出现于中凹调 T2 除了起点的整条曲线。T3 亦是如此。图 6.03 显示高元音/i, u/的基频高于低元音/a/。男子的/i/和/u/两条曲线从头到尾都高于/a/。女子的/a/曲线也低于/i/和/u/,除了在头两个测量点上/a/接近于/u/。[6B]中的统计检验结果(单尾)表明男子/a/曲线从头到底都低于/i, u/,除了起点处和/u/区别无显著性。女子则是从 20%处开始有显著区别。这也与 T2 情况相似:基频值在开头处由于人与人不同的节首辅音的影响而不规则,IF0 区别在峰点处出现。如 T2 一样,我们同样认为 T3 的谷点和峰点是调征目标,起点则不是。为了给人听感上相同的终点处的音高高度的感觉,说话人必须维持 IF0 差别。

[6B]

		0%	5	20	40	60	80	100	DF
M	/i/ vs /a/	**	*	**	*	*	*	**	5
	/u/ vs /a/	～	*	*	**	**	**	**	5
	/i&u/ vs /a/	**	*	**	**	**	**	**	5
W	/i/ vs /a/	～	～	*	**	**	**	*	4
	/u/ vs /a/	～	～	～	**	**	***	**	4
	/i&u/ vs /a/	～	～	*	**	**	***	**	4

6.2.2.2　个人 IF0 指数

图 6.02 能看到所有的人从谷点到峰点都有 IF0 区别，除了 M2，他的/a/曲线和/i/曲线一样高。用来量度 IF0 区别大小的 IF0 指数以赫兹和半音为单位在[6C]中给出，以从小到大的次序。这是从归一化点(T3 是从 5%到 100%处)上的基频值算出来的。

[6C]

	M5	M3	M2	M4	W1	M6	W5	W2	W4	M1	W3	M	W
Hz	4	6	8	8	10	13	13	14	16	19	29	10	16
	M5	W1	M2	W5	M3	W2	W4	M4	M6	M1	W3	M	W
st	0.7	0.9	1.0	1.0	1.0	1.2	1.4	1.4	1.9	2.6	2.6	1.4	1.4

女性平均 IF0 差别(16 Hz)比男性均值(10 Hz)大 6 赫兹。从个人看，M6 的 IF0 大于一位女性 W1，而 M1 的 IF0 更大，只比一位女性(W3)的小。其他四位男性的均值都小于 10 赫兹。W3 的指数最大，29 赫兹。其他四位女性的指数在 10 到 16 赫兹之间。

以半音为单位，性别间的差异便消失了：男女组的指数相同，都是 1.4 个半音。男女分布均匀，M5 和 W1 在小的一端，M1 和 W3 在大的一端。从[6C]的个人 IF0 指数算出的人际方差是 0.7 个半音。

6.2.2.3　小结

与 T2 一样，IF0 差别出现于 T3 整个凹调，如果不算靠近起点受声母辅音干扰的地方。性别间的 IF0 差异差 6 赫兹，但如果以半音为单位，差别便消失了，人际方差与 T1、T2 相同。

6.2.3　基频曲线和元音

跟 T2 一样，T3 的起点干扰情况很简单。Gandour(1974)发现泰语中清送气塞音的“气声(breathy)”变体引起后接元音的升调头，与浊塞音相同，与普通清送气塞音不同。不过，上海话 T3 的气声清塞音引起的调头干扰有所不同，它跟 T2 的普通不送气对后接元音调头起的作用相同。图 6.02 表明所有起点，不管元音，不管性别，调头都一致下降。有些人所有元音的起点都差不多高。还有些人(M1，M4，M6，W3，W5)/i/的起点高于其他两个元音。

从前面 T1、T2 的情况来看，我们在上一章得出一个初步看法，后元音/u/的起点相对于谷点来说比非后元音/i, a/低,升调头主要出现于/u/元音,其他条件一样的话。T3 也是如此,尽管从图 6.02 一下子看不出。[6D]给出三个元音的相对于谷点高度的相对起点高度(ROH),以及统计检验结果。可以看到/u/的 ROH 是 17 赫兹,标准差是 12 赫兹,/i/的 ROH 是 26 赫兹,/a/是 25 赫兹,合并的/i&a/是 26 赫兹。在所有三种情况下,都是/u/起点最低,跟/i/、/a/、/i&a/的起点高低都有显著性差别(a=0.05)。在 T2 中,合并的/i&a/的相对起点高度 ROH(32 Hz)两倍于/u/的相对起点高度(16 Hz)。但是 T3 中的差别稍微小点,合并的/i&a/的相对起点高度(26 Hz)比/u/(17 Hz)高 1.5 倍。这可能是因为 T3 在下域,气声压低了起点基频,并减小了后元音和非后元音之间的相对基频差别。

[6D](/u i a/的相对起点高度 ROH)

	/u/ /i/ 17(12) 26(14)	/u/ /a/ 17(12) 25(16)	/u/ /i&a/ 17(12) 26(14)
DF	10	10	10
p	*	**	**

6.2.4 T3 的基频曲拱

前两小节讨论了基频与元音的关系。本小节来看个人的 T3 跨元音的平均基频。表 6.03 给出个人的 T3 基频均值和标准差,图 6.04 把这些均值画成绝对时长的函数。

表 6.03 T3 的基频:均值和标准差, Hz(n = 18)

T3r	0%	5	20	40	60	80	100	100+
M2	121(9)	113(8)	108(8)	112(10)	120(11)	135(15)	160(21)	135(17)
M4	101(11)	95(6)	90(7)	92(6)	98(6)	107(8)	117(9)	100(6)
W5	228(19)	215(15)	203(11)	208(11)	222(14)	242(17)	270(14)	219(20)
BSV		4 233	3 666	3 817	4 386	5 091	6 229	
	MBSV = 4 570		SV = 3 527		DC = 129.6%			
T3d	0%	5	20	40	60	80	100	100+
M1	136(15)	130(13)	121(9)	120(9)	124(10)	132(11)	143(17)	116(13)
M3	99(5)	94(4)	88(3)	87(4)	93(4)	102(5)	114(8)	99(8)
M5	118(7)	109(5)	101(5)	100(6)	104(7)	109(8)	115(10)	90(9)
M6	122(11)	110(7)	102(6)	102(7)	106(8)	114(11)	154(17)	#

续表

T3d	0%	5	20	40	60	80	100	100+
W1	217(13)	200(11)	180(9)	173(8)	175(10)	192(14)	216(15)	156(23)
W2	197(11)	192(8)	188(9)	189(9)	197(12)	213(15)	233(15)	178(26)
W3	222(24)	204(18)	190(16)	191(16)	196(19)	209(19)	223(20)	182(16)
W4	220(16)	198(11)	180(9)	175(11)	182(11)	198(13)	214(12)	172(21)
BSV		2 293	1 985	1 920	1 978	2 347	2 517	
	MBSV = 2 173		SV = 2 083		DC = 104.3%			

费国华(Rose 1993)注意到上海话 T3 有两个调位变体:一个低升,一个低凹。表 6.03 中分别用“r”和“d”标示。这两种曲拱可以定量化:如果 40%时点上的基频显著高于 20%时点上的基频,那么就是升调;否则就是凹调。[6E]中给出这两点上的基频差,以及单尾 t 检验结果(n = 18)。有三个人(M2, M4, W5)在 40%处的基频平均高出 20%处的 4 赫兹,这在 0.01 水平上有显著性差别。他们的 T3 曲线是升调型的。另外八个在 40%处的基频平均低于 20%处的 1.5 赫兹。他们的曲线是凹调型的。在图 6.04 中这两种调型用不同的线条标示:虚线表示升调,实线是凹调。

[6E] (单位 Hz)

	T3r:升				T3d:凹								
	M2	M4	W5	均	M1	M3	M5	M6	W1	W2	W3	W4	均
差	4	2	5	4	−1	−1	−1	0	−7	1	1	−5	−1.5
p	***	**	**		~	~	~	~	~	~	~	~	

T3 和 T2 一样,在大部分情况下有个非音位性的喉塞尾。T3 曲线的总体走向和 T2 很像,只是起点稍低,凹谷更深。T3 的峰点和 T2 的实质上一样高,升型 T3 是 182 赫兹,凹型 T3 是 177 赫兹,而 T2 是 183 赫兹。但 T3 的谷点较低,升型的谷点 134 赫兹,凹型的谷点 142,而 T2 谷点是 167 赫兹。因此从谷点爬到峰点的距离 T3 就大多了。[6F]给出 T3 两个变体在谷点和峰点的基频值以及两者之间的赫兹差和半音差。升型 T3 的谷—峰距离(49 赫兹或 5.4 半音)比 T2 的谷峰距离(15 赫兹和 1.5 半音)大两倍以上,凹型 T3(35 赫兹和 4.2 半音)则大出一倍以上。

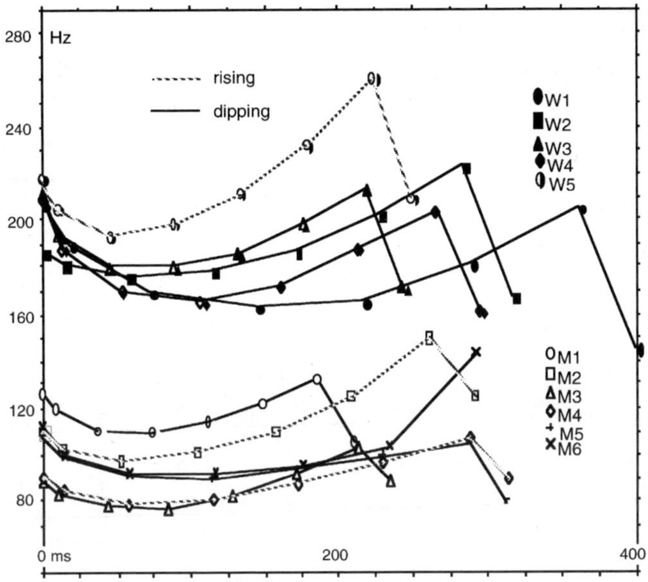

图 6.04　T3 曲线-11 个发音人的基频均值和平均绝对时长

三条升型用虚线标示

[6F](单位 Hz)

	T3r:升				T3d:凹								
	M2	M4	W5	均	M1	M3	M5	M6	W1	W2	W3	W4	均
峰点	160	117	270	182	143	114	115	154	216	233	223	214	177
谷点	108	90	203	134	120	87	100	102	173	187	190	175	142
差(Hz)	52	27	67	49	23	27	15	52	43	46	33	39	35
差(st)	6.8	4.5	4.9	5.4	3.0	4.7	2.4	7.1	3.8	3.8	2.8	3.5	3.9

T3 的升调变体的平均时长(257 ms, SD=33, n=3)和凹调变体(255 ms, SD=56, n=8)几乎相等,就差 2 毫秒,微不足道。他们的差别主要在调型上。费国华(Rose 1993)的 T3 凹调变体(271 ms, SD=38, n=2)显著长于升调变体(228 ms, SD=32, n=5)。这儿的分歧可能源于用于统计的样本太小。

6.2.5　基频分布

6.2.5.1　基频分布

从表 6.03 和图 6.04 可以看到男女基频曲线分布在两个不交叉的

区域,忽略最后阶段的基频干扰。W1 的谷点(173 Hz)是女性中最低的,仍比男性中的最高点,M6 的峰点(160 Hz)高 13 赫兹。基频分布从最低的 87 赫兹(M3 的谷点)到 270 赫兹(W5 的峰点),跨度 183 赫兹。男性的分布跨度是 73 赫兹(＝M2 峰点的 160 Hz－M3 的谷点 87 Hz)。女性跨度是 97 赫兹(＝W5 峰点的 270 Hz－W1 谷点的 173 Hz)。上一章中提到男性频域跨度大于女性,这是由于 M6 的超宽频域引起的。T3 中女性频域大于男性 24 赫兹。这是因为 T3 有两个变体。M6 的频域(52 Hz)依然很大,但 M2 的频域也是 52 赫兹,W5 的更大。M2 和 W5 都是升型,而 M6 是凹型。一般而言,升型的跨度大些。正是 W5 的升型扩大了女性的跨度。如果只比较凹型的性别差,那就会出现跟 T2 同样的情况。男性频域(67 Hz＝154－87)宽于女性(60 Hz＝233－173)7 赫兹。原因也一样,M6 读得非常紧张,结果引出一个非常高的峰点。起点处男性基频跨度(37 Hz＝136－99)依然大于女性(31 Hz＝228－197)。用半音表示,跨度差是 3.0 st(＝男 5.5－女 2.5)。

跟前面 T1、T2 不同的是,在 T3 中是男性的曲线比女性的更为收敛、更为平行。男性的基频分布跨度从 37 赫兹(0%时点处)到 31 赫兹(60%),直到终点(100%时点处)的 46 赫兹。女性的跨度是 31 赫兹(0%时点处)到 23 赫兹(5%和 20%),终点(100%)是 54 赫兹。这主要也是由于 W5 升调的特高峰点导致的。如果撇开升型 T3,单比较凹型 T3 的性别差异,那就平行得多:男性 37 赫兹(0%),33 赫兹(40%),40 赫兹(100%),女性 25 Hz(0%), 18 赫兹(40%), 19 赫兹(100%)。

[6G]从小到大给出个人频域,上半部是赫兹,下半是半音(st)。女性的跨度比男性大 12 赫兹。不过如果用半音为单位,男性就比女性大 1 个半音。人际差异比 T2 的情况尤甚。最大的频域是 W5 的 67 赫兹,最小的 M5 仅 15 赫兹,差 52 赫兹,以赫兹计,大 3.5 倍,以半音计,大近 2 倍。

[6G]

	M5	M1	M3	M4	W3	W4	W1	W2	M2	M6	W5	M	W
Hz	15	23	27	27	33	39	43	46	52	52	67	32	44
	M5	W3	M1	W4	W2	W1	M4	M3	W5	M2	M6	M	W
st	2.4	2.8	3.0	3.5	3.8	3.8	4.5	4.7	4.9	6.8	7.1	4.7	3.7

6.2.5.2 起点、谷点、峰点处基频以及频域之间的关系

前一章中看到个人 T2 的起点序位和峰点序位正相关，起点、谷点和峰点的斯皮尔曼序位相关度极高（$r_s > 0.93$）。但在 T3 中这三点基频的关系不那么直接。从[6H]可以看到在这三点高度的排序上，仅有 W5 三项指针都排在第一，M3 都排最后，其他人的三个人序位都有些错落。不过，正相关的一般倾向仍存在。[6I]中的斯皮尔曼排序相关检验表明，这三点高度在 0.01 水平正相关（$r_s > 0.89$）。这三点高度与频域的关系不那么密切，仅有峰点和频域在 0.05 水平正相关，而起点、谷点与频域无显著相关性。

[6H]

序位	11	10	9	8	7	6	5	4	3	2	1
起点	M3	M4	M5	M2	M6	M1	W2	W1	W4	W3	W5
谷点	M3	M4	M5	M6	M2	M1	W1	W4	W2	W3	W5
峰点	M3	M5	M4	M1	M6	M2	W4	W1	W3	W2	W5
频域	M5	M1	M3	M4	W3	W4	W1	W2	M2	M6	W5

[6I]（$n = 11$）

	Onset	Inflection	Peak	Range
Onset	1	**	**	～
Inflection	0.964	1	**	～
Peak	0.891	0.945	1	*
Range	0.473	0.509	0.682	1

图 6.05 给出个人在这三点及频域的基频。材料以峰点高度从低到高排列，因为峰点基频与其他三个值都显著相关。

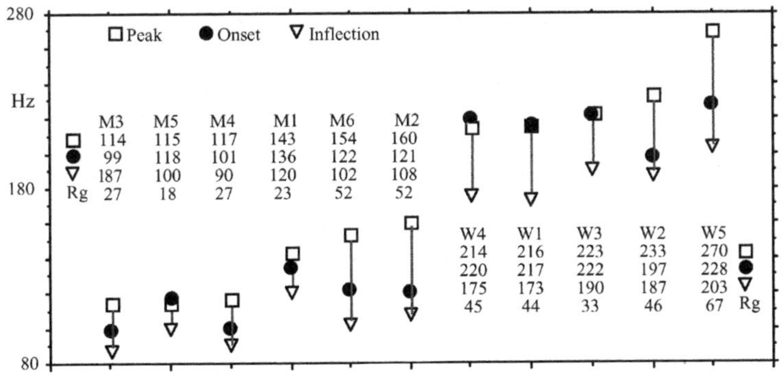

图 6.05 个人 T3 的起点（onset）、谷点（inflection）、峰点（peak）、频域（range），单位 Hz

[6J]中是起点、峰点、谷点和频域的基频值之间的皮尔森相关系数(r 值)和显著性水平(p 值,DF=1, 9)。可以看到起点、谷点和峰点的基频值高度相关,三项 r 值都大于 0.94。括号里是 r 平方值,指出从某个参数预计另一个参数的精确度。例如,从起点值来预言谷点值的精确度有 96%。图 6.06 画出这三个参数的拟配线和 95%的置信带,可以从某个值目测另两个。这三点的值与频域的相关性不高,只有峰点和频域的相关度(r=0.699)在 0.05 水平上有显著性。

[6J] (DF = 1, 9)

	起点	谷点	峰点	频域
起点	1	***	***	~
谷点	0.981(0.963)	1	***	~
峰点	0.944(0.892)	0.971(0.942)	1	*
频域	0.467(0.218)	0.506(0.256)	0.699(0.488)	1

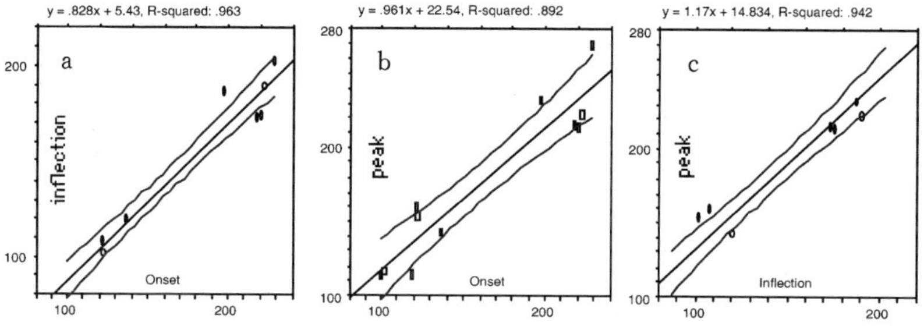

图 6.06 (a)起点和谷点,(b)起点和峰点,(c)谷点和峰点之间的拟配线和 95%的置信带

onset=起点,inflection=谷点,peak=峰点。纵轴和横轴的单位都是赫兹。

6.2.6 基频归一化

前面讨论了 T3 的基频绝对值(赫兹),本节内讨论它的归一化标准值。T3 用于归一化的标准采样点和 T2 一样:从 5%到 100%时点。表 6.04 给出经 LZ 转换得到的 11 位发音人的基频标准值,以及两个变体的均值和标准差。图 6.07 把这些数据画成图,图 a 是升型,图 b 是凹型,图(c)是均值和标准差。因为两个变体的时长无区别,所以图(c)中的横轴是相对时长。

表 6.04　T3 经 LZ 法转换的基频标准值(r=升型，d=凹型)

T3r	0%	5	20	40	60	80	100
M2r	−0.96	−1.30	−1.55	−1.35	−1.01	−0.37	0.51
M4r	−0.39	−1.19	−1.75	−1.45	−0.74	0.21	1.24
W5r	−0.61	−1.14	−1.70	−1.47	−0.85	−0.05	0.96
m	−0.65	−1.21	−1.67	−1.42	−0.87	−0.07	0.90
s	0.29	0.08	0.10	0.06	0.14	0.29	0.34
BSV		0.007	0.011	0.004	0.018	0.082	0.137
MBSV = 0.043, SV = 0.861, DC = 5.0%, NI = 129.6%/5.0% = 25.9							
T3d	0%	5	20	40	60	80	100
M1d	−0.31	−0.71	−1.31	−1.39	−1.10	−0.57	0.15
M3d	−0.52	−1.06	−1.64	−1.77	−1.12	−0.21	0.77
M5d	0.20	−0.56	−1.34	−1.42	−1.07	−0.59	−0.04
M6d	−0.53	−1.14	−1.63	−1.59	−1.40	−0.93	0.92
W1d	0.11	−0.46	−1.15	−1.42	−1.33	−0.73	0.06
W2d	−1.13	−1.36	−1.58	−1.52	−1.15	−0.44	0.33
W3d	−0.21	−0.90	−1.46	−1.44	−1.24	−0.72	−0.18
W4d	0.59	−0.48	−1.39	−1.67	−1.30	−0.46	0.34
m	−0.23	−0.83	−1.44	−1.53	−1.21	−0.58	0.29
s	0.53	0.33	0.17	0.14	0.12	0.22	0.38
BSV		0.112	0.030	0.019	0.014	0.047	0.148
MBSV = 0.062, SV = 0.449, DC = 13.8%, NI = 104.3%/13.8% = 7.6							

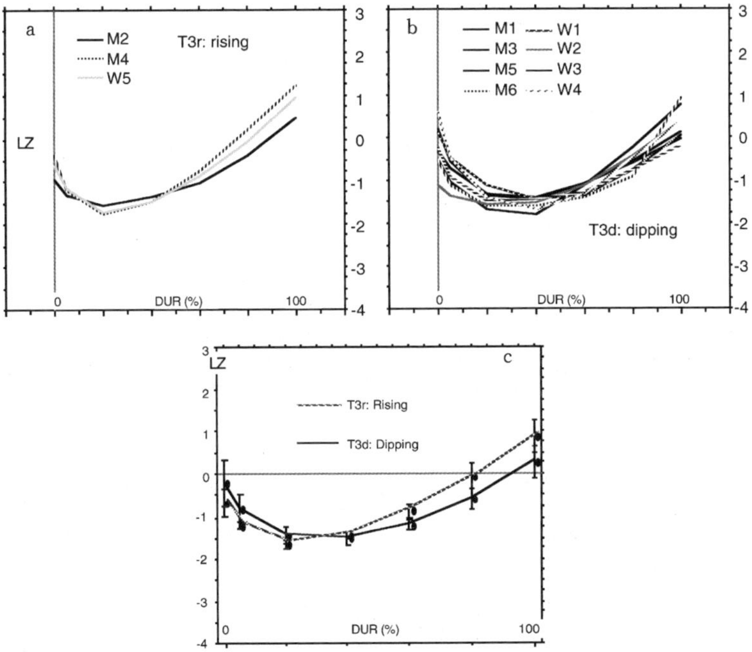

图 6.07　(a)T3r 和(b)T3d 的 LZ 归一化基频,(c)LZ 值的均值和标准差
(纵轴刻度是围绕均值的标准差 SD)

§ 6.2.3 节中给出一个量化标准以区别 T3 的两个变体:40%时点处的基频显著高于 20%时点处的是升型,否则是凹型。为了测试这两个变体的标准值,我进行了三次 t 检验。[6K]给出前两次结果。上半部表明升型 40%时点处的平均 LZ 值(−1.42)显著高于 20%时点处的(−1.67)(p<0.05,双尾),但凹型两者(−1.53 对−1.44)无显著区别(p>0.05)。下半部表明升型的 40%时点处和 20%处的差(0.24)与凹型的差(−0.09)有显著差别(p<0.01)。

[6K]

	升型			凹型									
	M2	M4	W5	Ave	M1	M3	M5	M6	W1	W2	W3	W4	均
40%	−1.35	−1.45	−1.47	−1.42	−1.39	−1.77	−1.42	−1.59	−1.42	−1.52	−1.44	−1.67	−1.53
20%	−1.55	−1.75	−1.70	−1.67	−1.31	−1.64	−1.34	−1.63	−1.15	−1.58	−1.46	−1.39	−1.44
p(20%处对 40%处的 LZ 值) = * DF = 2				p(20%处对 40%处的 LZ 值) = ~ DF = 7									
差	0.20	0.30	0.23	0.24	−0.08	−0.13	−0.08	0.04	−0.27	0.06	0.02	−0.28	−0.09
p(升型 40%处与 20%处的差对凹型) = ** DF = 9													

第三个双尾 t 检验比较两个变体对应时点上的 LZ 值。[6L]给出检验结果,前半段(0%到 40%时点之间)无差别,但在后半段(60%到 100%时点之间)有显著差别。这可解释为两个变体从相同起点开始,以大体相同的速率降到各自的谷点(升型在 20%时点处,凹型在 40%处)。然后以不同的速率上升:升型升得比凹型快,最后在不同高度的峰点结束。

[6L] (DF = 9)

	0%	5	20	40	60	80	100
p(T3r 对 T3d)	~	~	~	~	**	*	*

上述三个 t 检验导向一个结论:升型 T3 从 20%时点至 100%时点,在变化率方面与凹型不同,前者升得具有显著性地快于后者。

表 6.04 中的升型归一化指数(25.9)和凹型指数(7.6)都好于合并的 T3 指数(6.4)。如前所说,两个改善了的指数说明辨认出两个变体的合理性。指数 25.9 从减少人际差异来说的确很好。也许部

分是因为用于计算标准值的人际方差的样本数目太少,升型只有3个。

两个变体的中间段上的方差都很小,两端却很大。中间段方差小,说明谷点无疑是调征目标。起点处方差很大,说明起点肯定不是调征目标。而对于结尾处的峰点,有些矛盾证据,一方面峰点上有IF0,这是正面证据,但另一方面大方差是个麻烦。不过,在后几章可以看到,所有上升到高目标的T2、T3、T4和T5,以及以它们为前字的两字调,终点实际上一样高,所以,可以把T3两个变体的终点也看成是调征目标。

6.2.7 小结

T3有两个听感上可辨认的变体(Rose 1993),本章给出基频量化指针来区别升型[14]和凹型[113]。两者时长无区别,区别在于曲线形状。本节的其他发现如下。阳声域升调T3从头到尾都有IF0差别,除了受到声母干扰的起点处。基频起始处的情况相同,都是降调头。凹型T3的基频分布特征与T2相同。由于M6的高峰点,男性频域宽于女性。个人的起点、谷点、峰点的基频排序高度相关,但只有峰点与频域显著相关。两个变体的起点不是调征目标,但谷点是调征目标,终点也可能是。

6.3 音　　强

6.3.1 引言

本节内讨论T3的音强:音强和元音的关系(§6.3.1),分元音的和合并了元音后T3音强的形状(§6.3.2),音强的分布(§6.3.3),以及音强的归一化(§6.3.4)。

表6.05给出T3在元音/i, u, a/上的音强均值和标准差(个人读例 $n=18$, 总平均 $n=11$)。图6.08把这些均值画成图,作为相对时长的函数。表6.06给出个人的T3音强均值和标准差(dB),以及总平均值和标准差。图6.09画出个人的均值。

表 6.05　T3 分元音/i, u, a/音强：均值和标准差 dB(个人 $n=6$，全体 $n=66$)

		%	0	5	10	20	30	40	50	60	70	80	90	100	100⁺
M1	/i/	*m*	25.7	27.5	27.5	27.4	27.1	26.8	27.0	27.1	27.2	26.8	25.0	22.3	14.7
		s	2.1	2.0	1.9	1.9	1.8	1.5	1.7	1.9	1.8	1.8	2.6	2.2	2.7
	/u/	*m*	23.0	25.4	26.5	27.0	27.8	26.7	25.6	26.3	26.7	26.6	24.8	22.3	14.3
		s	1.8	1.3	2.1	2.9	3.6	3.4	2.8	1.7	1.5	2.1	1.6	2.4	3.2
	/a/	*m*	24.4	25.5	25.7	25.6	25.4	25.6	25.4	25.4	25.6	25.5	25.4	25.1	20.8
		s	2.4	2.1	2.1	2.4	2.6	2.6	2.5	2.8	3.3	3.7	4.0	4.2	4.1
M2	/i/	*m*	25.8	29.0	29.5	28.7	28.8	28.7	29.0	29.6	30.2	30.8	30.5	28.3	17.4
		s	3.2	2.4	2.2	3.0	2.7	2.5	2.5	2.3	1.7	1.2	1.5	2.4	5.2
	/u/	*m*	25.1	27.5	29.3	29.6	30.5	31.8	31.0	31.8	32.0	32.7	31.3	27.6	16.6
		s	3.9	2.7	2.1	2.5	2.4	2.6	1.1	0.9	0.5	0.4	0.5	2.2	2.7
	/a/	*m*	25.9	28.6	28.1	27.6	28.5	28.8	28.9	28.7	29.6	29.6	30.1	29.1	17.7
		s	0.4	1.3	1.6	1.3	1.2	1.2	1.3	1.5	1.4	0.9	1.0	1.3	2.0
M3	/i/	*m*	26.4	28.7	29.1	27.8	26.8	26.1	26.8	27.5	28.1	28.6	29.1	27.6	21.3
		s	2.8	2.3	2.6	2.4	1.9	1.7	1.6	1.2	1.0	1.3	1.2	1.8	3.9
	/u/	*m*	25.3	24.9	24.8	25.2	25.5	25.0	24.8	23.6	24.6	27.0	26.5	23.8	13.5
		s	5.6	3.7	1.6	2.6	3.9	3.5	4.2	2.3	2.6	2.5	3.3	4.1	5.6
	/a/	*m*	26.5	28.3	28.5	26.7	26.4	25.9	25.9	26.8	27.3	27.6	28.0	26.7	18.0
		s	2.7	3.4	3.3	1.9	1.0	1.7	1.9	2.1	2.2	2.0	1.9	2.3	3.8
M4	/i/	*m*	20.0	21.5	22.2	21.3	21.3	21.2	21.9	22.4	23.0	22.4	21.9	18.6	11.4
		s	0.9	0.4	1.0	2.1	1.7	1.7	2.3	1.0	0.7	0.9	1.3	3.1	2.9
	/u/	*m*	17.5	19.5	19.5	20.9	20.6	20.7	20.4	21.1	21.5	22.0	22.0	19.2	10.0
		s	2.4	1.8	1.8	1.6	1.1	1.2	1.4	0.9	1.1	1.2	1.5	1.6	2.3
	/a/	*m*	19.3	19.9	19.7	19.5	20.0	20.0	20.5	21.0	21.7	21.8	21.2	19.4	12.6
		s	1.9	1.5	2.4	1.3	1.2	0.9	1.0	1.1	1.2	1.6	1.7	2.1	3.2
M5	/i/	*m*	26.1	28.1	29.0	28.7	28.4	28.4	28.6	29.0	29.6	29.9	30.2	29.0	19.1
		s	1.8	1.7	1.8	1.7	1.8	1.8	1.7	1.6	1.8	1.6	1.6	2.1	3.4
	/u/	*m*	21.9	24.1	25.4	26.2	26.4	27.2	27.1	27.5	27.6	28.2	28.6	28.5	21.6
		s	1.1	0.6	0.6	1.1	1.2	1.1	1.2	1.5	1.6	1.8	1.4	0.9	2.2
	/a/	*m*	25.5	28.7	29.2	28.9	28.7	28.3	28.1	28.2	28.3	28.4	28.0	27.5	22.6
		s	2.6	1.7	1.5	1.4	1.7	1.7	1.7	1.9	2.1	2.4	2.5	2.8	2.4
M6	/i/	*m*	23.9	25.7	26.1	25.7	25.3	25.1	25.2	25.6	25.6	25.5	25.3	20.0	
		s	1.2	0.6	0.8	0.3	0.6	0.6	0.7	0.6	0.5	0.8	1.3	2.2	
	/u/	*m*	25.6	25.8	26.6	25.5	25.1	25.1	25.0	24.7	25.0	25.3	25.4	21.5	
		s	3.1	3.0	3.3	1.8	1.2	1.3	0.9	0.9	0.8	1.3	1.8	1.4	
	/a/	*m*	23.6	24.1	23.1	20.9	20.1	18.9	19.3	21.0	22.1	23.2	24.2	18.3	
		s	2.2	1.6	1.4	2.2	1.0	1.3	1.5	1.3	2.0	2.3	2.8	3.0	

续表

		%	0	5	10	20	30	40	50	60	70	80	90	100	100$^+$
W1	/i/	*m*	20.7	24.7	24.9	23.0	21.7	21.5	21.3	21.4	21.5	21.7	21.9	20.5	12.1
		s	4.8	4.3	4.2	3.8	4.7	4.8	4.7	4.8	4.9	4.7	4.6	4.6	3.8
	/u/	*m*	24.3	26.6	27.3	23.4	24.2	22.9	23.6	22.8	22.7	22.8	22.2	20.9	15.4
		s	6.2	4.9	5.1	3.5	3.7	3.2	3.1	2.6	3.1	2.9	3.1	2.9	2.6
	/a/	*m*	21.1	23.1	22.8	22.3	21.2	19.3	19.2	18.4	18.8	19.6	18.7	16.5	9.6
		s	5.6	5.7	5.5	5.7	5.5	5.1	4.3	4.5	3.9	3.0	3.0	2.9	3.1
W2	/i/	*m*	22.9	24.6	25.2	25.6	25.7	25.7	25.7	25.7	25.7	25.8	25.7	24.5	19.2
		s	1.9	1.9	1.8	1.7	1.6	1.4	1.4	1.5	1.4	1.2	1.1	1.3	2.1
	/u/	*m*	20.6	22.0	23.1	24.4	25.2	26.3	26.8	27.3	27.6	27.8	27.7	26.8	14.3
		s	2.5	2.2	2.7	2.0	1.5	1.4	1.4	1.4	1.4	1.4	1.3	2.0	2.6
	/a/	*m*	24.6	27.3	27.4	27.3	27.1	26.6	26.3	26.2	25.9	25.5	24.2	23.0	12.6
		s	1.6	1.8	1.9	1.9	2.1	2.0	2.0	1.7	1.8	1.7	2.5	3.0	4.6
W3	/i/	*m*	18.8	22.6	23.1	21.7	20.4	19.7	19.0	18.4	18.0	17.4	15.0	11.9	7.4
		s	4.2	3.5	3.3	2.8	3.0	2.8	3.0	2.8	2.6	2.6	2.8	3.8	3.8
	/u/	*m*	16.7	19.9	21.4	20.2	19.2	18.9	18.4	18.5	17.9	17.5	16.4	14.0	9.1
		s	6.3	6.3	4.5	2.4	2.5	3.2	2.4	2.4	3.2	3.5	3.6	4.2	5.2
	/a/	*m*	18.0	20.5	20.2	18.6	18.3	18.3	18.4	18.5	19.0	19.8	20.1	18.1	11.4
		s	3.3	3.9	4.2	1.9	1.7	2.1	2.3	2.4	2.0	2.5	3.1	3.6	4.1
W4	/i/	*m*	20.4	22.2	22.0	22.2	21.4	21.1	22.3	22.9	23.5	24.2	24.4	21.8	13.6
		s	1.5	2.0	2.3	1.6	2.0	2.4	2.4	2.5	2.7	2.8	2.3	1.4	2.6
	/u/	*m*	22.6	25.2	25.0	26.0	24.7	22.9	23.2	23.6	23.5	23.9	23.7	21.7	12.7
		s	3.7	3.4	2.4	2.5	2.3	1.4	1.7	1.5	1.7	1.6	1.8	2.0	3.6
	/a/	*m*	21.7	23.5	23.0	21.2	18.6	17.2	16.8	18.4	20.5	22.2	23.2	22.1	16.5
		s	2.1	1.6	2.1	2.7	3.7	3.8	4.4	3.7	3.0	2.7	2.3	4.2	5.4
W5	/i/	*m*	25.7	28.1	28.6	28.2	28.2	28.1	27.9	28.0	28.0	27.8	27.5	24.8	12.3
		s	4.1	4.2	4.1	4.6	4.5	4.7	4.5	4.5	4.6	4.5	4.5	4.5	3.0
	/u/	*m*	22.4	25.0	26.1	26.5	26.2	25.8	25.6	25.6	26.1	26.4	26.2	23.2	16.4
		s	1.5	1.6	1.6	1.7	2.0	2.0	1.9	1.8	1.4	1.3	1.4	2.2	2.2
	/a/	*m*	28.4	30.2	30.2	30.1	31.4	31.7	31.6	30.4	29.6	27.5	26.7	25.4	17.9
		s	2.1	2.7	2.6	1.8	2.4	2.1	2.5	3.5	3.7	4.1	3.6	3.7	5.0
All	/i/	*m*	23.3	25.7	26.1	25.5	25.0	24.8	25.0	25.2	25.5	25.5	25.2	22.7	
		s	3.8	3.6	3.6	3.7	4.0	4.0	4.1	4.1	4.3	4.4	4.7	5.4	
	/u/	*m*	22.3	24.2	25.0	25.0	25.0	24.8	24.7	24.8	25.0	25.5	25.0	22.7	
		s	4.6	3.9	3.7	3.4	3.8	4.0	3.8	3.8	4.0	4.2	4.3	4.6	
	/a/	*m*	23.5	25.4	25.3	24.4	24.1	23.7	23.7	23.9	24.4	24.6	24.5	22.8	
		s	4.0	4.2	4.4	4.5	5.0	5.4	5.3	5.0	4.6	4.1	4.2	5.0	

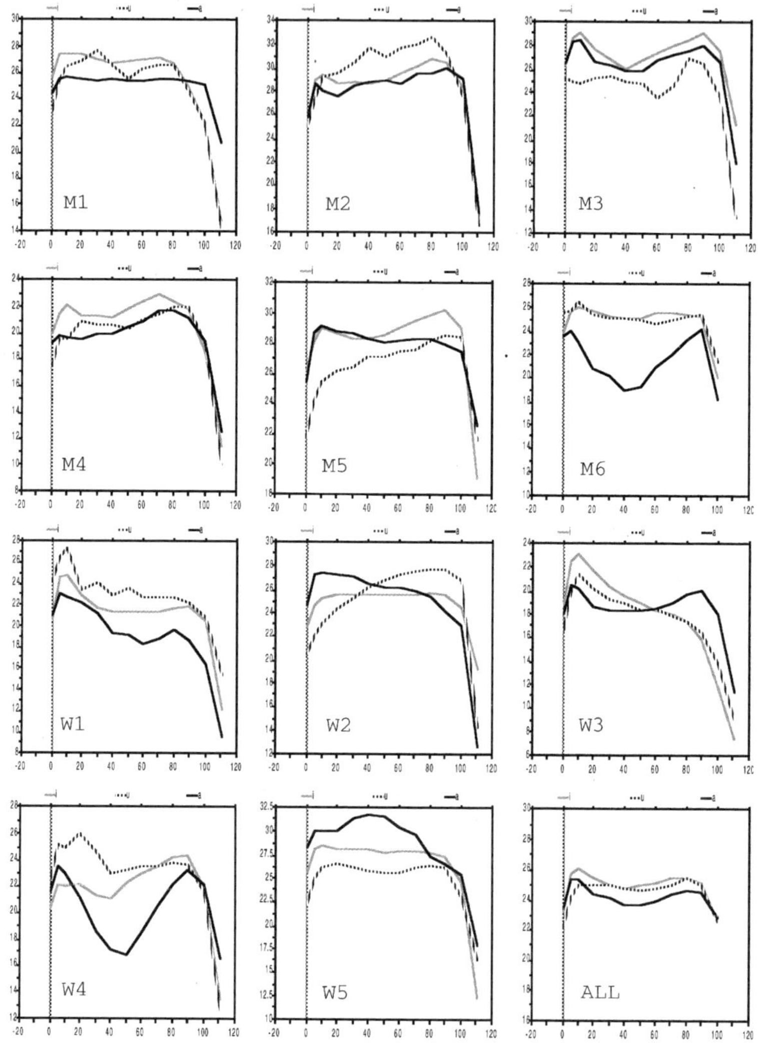

图 6.08　T3 分元音/i, u, a/的音强曲线

纵轴表示音强(dB),横轴是相对时长

表 6.06　T3 音强:均值和标准差,单位 dB(个人读例 $n=18$, 均值 $n=11$)

	%	0	5	10	20	30	40	50	60	70	80	90	100	100$^+$
M1	*m*	24.4	26.1	26.6	26.6	26.8	26.4	26.0	26.3	26.5	26.3	25.1	23.2	16.6
	s	2.3	2.0	2.0	2.4	2.8	2.5	2.4	2.2	2.3	2.6	2.8	3.2	4.4
M2	*m*	25.6	28.3	28.9	28.6	29.2	29.7	29.6	30.0	30.6	31.0	30.6	28.3	17.2
	s	2.8	2.2	2.0	2.4	2.3	2.5	1.9	2.1	1.6	1.6	1.1	2.0	3.4
M3	*m*	26.1	27.3	27.5	26.5	26.2	25.7	25.8	26.0	26.7	27.7	27.9	26.0	17.6
	s	3.7	3.5	3.1	2.4	2.5	2.4	2.8	2.5	2.5	2.0	2.4	3.2	5.3

续表

%		0	5	10	20	30	40	50	60	70	80	90	100	100+
M4	*m*	18.9	20.3	20.5	20.5	20.6	20.6	20.9	21.5	22.0	22.1	21.7	19.0	11.3
	s	2.0	1.6	2.1	1.8	1.4	1.3	1.7	1.1	1.2	1.2	1.5	2.2	2.9
M5	*m*	24.5	27.0	28.0	27.9	27.8	27.9	27.9	28.3	28.5	28.8	28.9	28.3	21.1
	s	2.6	2.5	2.2	1.9	1.8	1.6	1.6	1.7	1.9	2.0	2.0	2.1	3.0
M6	*m*	24.4	25.2	25.3	24.0	23.5	23.0	23.2	23.8	24.2	24.7	25.0	20.0	#
	s	2.4	2.1	2.5	2.8	2.6	3.2	3.0	2.2	2.0	1.8	2.0	2.5	#
W1	*m*	22.0	24.8	25.0	22.9	22.3	21.2	21.4	20.9	21.0	21.4	20.9	19.3	12.4
	s	5.5	4.9	5.0	4.2	4.6	4.4	4.3	4.3	4.1	3.7	3.8	3.9	3.9
W2	*m*	22.7	24.6	25.2	25.7	26.0	26.2	26.3	26.4	26.4	26.4	25.8	24.8	15.4
	s	2.5	2.9	2.7	2.2	1.8	1.6	1.6	1.6	1.7	1.7	2.2	2.6	4.2
W3	*m*	17.8	21.0	21.6	20.2	19.3	19.0	18.6	18.5	18.3	18.3	17.5	14.7	9.3
	s	4.6	4.6	4.0	2.6	2.5	2.6	2.5	2.4	2.5	3.0	3.6	4.5	4.5
W4	*m*	21.6	23.6	23.3	23.2	21.6	20.4	20.8	21.6	22.5	23.4	23.8	21.9	14.3
	s	2.6	2.7	2.5	3.0	3.6	3.5	4.1	3.5	2.8	2.5	2.1	2.6	4.1
W5	*m*	25.5	27.8	28.3	28.2	28.6	28.5	28.4	28.0	27.9	27.2	26.8	24.5	15.5
	s	3.7	3.6	3.3	3.2	3.7	3.9	3.9	3.8	3.6	3.4	3.2	3.5	4.2
ALL	*m*	23.0	25.1	25.5	24.9	24.7	24.4	24.4	24.7	25.0	25.2	25.0	22.8	
	s	2.8	2.6	2.8	3.0	3.4	3.7	3.7	3.6	3.7	3.7	3.8	4.2	
VAR			6.9	7.6	8.9	11.6	13.8	13.3	13.3	13.6	13.5	14.4	17.9	

MBSV = 12.2　　SV = 11.7　　DC = 105%

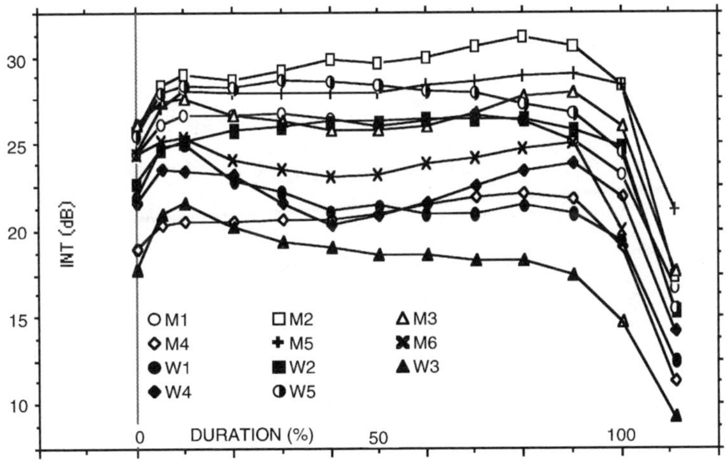

图 6.09　11 位发音人的 T3 音强曲线

6.3.2 音强和元音高度

从图 6.08 最后的总平均小图(All)可以看到,从 20%时点处到 80%时点之间,/a/的音强低于/i/和/u/。个人小图中 M1, M6, W1 和 W4 的/a/曲线低于两个高元音。但大部分人的/a/曲线并不是很鲜明地区别于另两条,/a/曲线高于另两条的只有 W5。高低元音音强对比指数按/a/与合并的/i&u/的音强差,从小到大列在[6M]中。

[6M]

峰点差(dB)	W5	W2	M3	M5	M4	M2	W4	W3	M1	M6	W1	均
/a/－/i/	3.1	1.6	－0.6	－1	－1.2	－0.7	－0.9	－2.6	－1.8	－1.9	－1.8	－0.7
/a/－/u/	5.2	－0.4	1.5	0.6	－0.2	－2.6	－2.5	－0.9	－2.1	－2.4	－4.2	－0.7
/a/－/i&u/	4.2	0.6	0.4	－0.2	－0.7	－1.7	－1.7	－1.8	－2.0	－2.2	－3	－0.7
平均差 (dB)	W5	M3	W3	M5	W2	M4	M1	M2	W4	W1	M6	均
/a/－/i/	1.8	－0.7	0.2	－0.6	0.6	－1.2	－1.0	－0.5	－1.9	－2.2	－3.6	－0.9
/a/－/u/	3.8	2.0	0.7	1.4	0.2	－0.2	－0.5	－1.6	－3.3	－3.6	－3.6	－0.4
/a/－/i&u/	2.8	0.6	0.4	0.4	0.4	－0.7	－0.8	－1.0	－2.6	－2.9	－3.6	－0.7

仅有 W5 的元音音强指数是较大的正值(2.8 dB)。最后四人(M2, W4, W1, M6)的指数是(－1)或更小。其余六人的指数都很小,在(－1)和(＋1)之间。平均来说,/a/比/i/、/u/和合并了的/i&u/都大不到 1 分贝,可以忽略。

6.3.3 音强形状

T3 在元音 /i, u, a/上的音强形状—图 6.08 中 T3 在不同元音上的音强形状很不一样:平的有 M1 的/i/和/a/曲线、W2 和 W5 的/i/曲线,降的有 W2 的/a/、W3 的/i/和/u/,升的有 M2, M4, W2 的/u/,凹的有 M3, M6, W3, W4 的/a/,还有一个凸的是 W5 的/a/曲线,也就是她正好有个很大的元音对比音强指数。与此相反的是 M6 和 W4 的元音音强对比指数都较小(他俩 T2 的对比指数也是负值),而/a/曲线是个深深的凹型。图 6.08 最后的小图中/i, u, a/这三条人际平均曲线看上去很相似,都是有前后两个峰点,中间一个浅谷。

T3 的音强形状—图 6.09 显示 M1, M5, W2 的 T3 音强曲线很平坦,M2 和 M4 的稍升,W3, W1, W5 的缓降,M3, M6, W4 的有个凹谷。图 6.10 中 T3 的总平均曲线是个浅浅的凹型,10%和 80%时点处有两个音强峰。

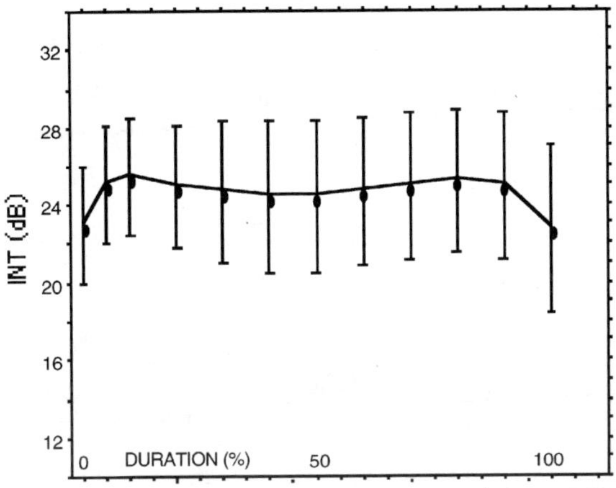

图 6.10 T3 的音强曲线-11 人的总平均曲线和标准差 dB
(竖线是距离均值上下一个标准差)

6.3.4 音强分布

表 6.06 中的个人平均音强分布(不包括在 100＋%时点处的测量值)从 14.7 分贝(W3 的 100%时点处)到 31.0 分贝(M2 的 80%时点处),跨度为 16.3 分贝。

从表 6.06 中算得的个人分贝跨度(强域)从大到小排在[6N],再加均值。W3 在 T2 中强域最大,在 T3 中依然最大,6.9 分贝;M3 的强域最小,2.2 分贝。平均强域是 4.4 分贝。个人音强的均值是从 5%到 100%时点处的测量值算出的,这些值由小到大排在[6O]里。T3 的总平均音强是 24.7 分贝,男子组(25.8 dB)比女子组(23.3 dB)大 2.5 分贝。

[6N]

Sp	M3	M4	W4	M1	W2	W5	M5	M6	M2	W1	W3	M	W	All
Rg	2.2	3.2	3.4	3.6	3.7	4.1	4.4	5.3	5.4	5.7	6.9	4.0	4.8	4.4

[6O]

	W3	M4	W1	W4	M6	W2	M1	M3	W5	M5	M2	M	W	All
均	18.8	20.9	21.9	22.4	23.8	25.8	26.0	26.7	27.7	28.1	29.5	25.8	23.3	24.7

6.3.5 音强归一化

T3 用来归一化的采样点(标准点)是从 5%到 100%的时点。图 6.11 和 6.12 给出的是最简单的分贝标准化。从表 6.06 最后一行的值算出的从 5%到 100%时点上的值的平均值是 3.5 分贝,同表中平均分贝(All)的跨度仅有 2.7 分贝(=10%时点处的 25.5-100%处的 22.8),两者比值为 1.30(=3.5/2.7)。

表 6.07 给出 T3 个人经 LZ 转换的音强值,以及均值和标准差。这些值画在图 6.11 中。标准点上的平均标准差是 0.55 个单位,均值的跨度是 1.26 个单位(=20%处的-0.18-100%处的-1.44)。两者的比值是 0.44,这是分贝比值(1.30)的三分之一。这说明 LZ 归一化方法比分贝平均法在减少人际差异方面好得多。跟 T2 情况相仿,0%时点处的音强干扰以标准差的分贝计,是第二小,2.8 分贝;但以 LZ 值计是 0.97 个单位,远远大于其他点,这是预计中的。

表 6.07 T3 经 LZ 转换的音强值

	0%	5	10	20	30	40	50	60	70	80	90	100
M1	-1.38	-0.24	0.10	0.10	0.23	-0.04	-0.30	-0.10	0.03	-0.10	-0.91	-2.18
M2	-1.60	-0.61	-0.39	-0.50	-0.28	-0.09	-0.13	0.02	0.24	0.38	0.24	-0.61
M3	-0.85	-0.44	-0.37	-0.72	-0.82	-0.99	-0.96	-0.89	-0.65	-0.30	-0.24	-0.89
M4	-1.91	-1.20	-1.09	-1.09	-1.04	-1.04	-0.89	-0.58	-0.33	-0.28	-0.48	-1.86
M5	-2.96	-1.56	-1.01	-1.06	-1.12	-1.06	-1.06	-0.84	-0.73	-0.56	-0.51	-0.84
M6	-0.11	0.29	0.34	-0.31	-0.56	-0.82	-0.71	-0.41	-0.21	0.04	0.19	-2.32
W1	-0.10	1.08	1.17	0.28	0.03	-0.44	-0.35	-0.57	-0.52	-0.35	-0.57	-1.24
W2	-3.12	-1.34	-0.78	-0.31	-0.03	0.16	0.25	0.35	0.35	0.35	-0.22	-1.15
W3	-1.12	-0.02	0.19	-0.30	-0.61	-0.71	-0.85	-0.88	-0.95	-0.95	-1.23	-2.19
W4	-1.16	0.29	0.07	0.00	-1.16	-2.03	-1.74	-1.16	-0.51	0.15	0.44	-0.94
W5	-1.25	-0.44	-0.26	-0.30	-0.15	-0.19	-0.22	-0.37	-0.40	-0.65	-0.79	-1.61
m	-1.41	-0.38	-0.18	-0.38	-0.50	-0.66	-0.63	-0.49	-0.33	-0.21	-0.37	-1.44
s	0.97	0.79	0.66	0.44	0.49	0.63	0.55	0.45	0.41	0.42	0.52	0.62
VAR		0.625	0.433	0.194	0.244	0.397	0.302	0.203	0.164	0.176	0.264	0.381
MBSV = 0.308		SV = 0.390			DC = 79%			NI = 1.3(= 105%/79%)				

表 6.06 中的以分贝为单位的离散系数(DC)是 105%,而表 6.07 中以标准差为单位的离散系数是 79%。T3 的归一化指数仅 1.3,因此在减少人际差异方面不如 T1 和 T2。

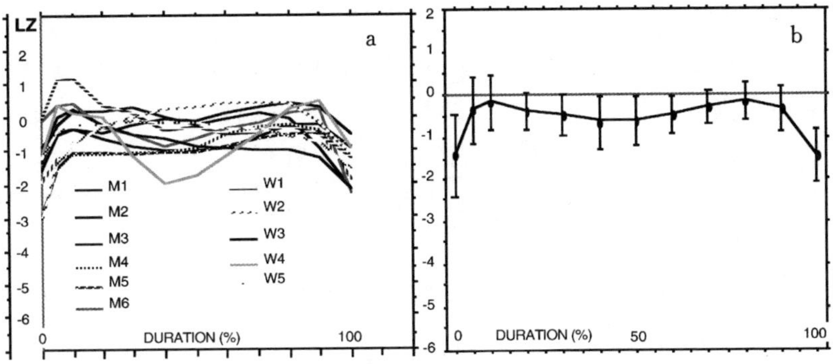

图 6.11 (a)11 位发音人经 LZ 归一化的音强,(b)T3 的平均 LZ 归一化音强（纵轴是距离均值的标准差）

6.3.6 基频和音强

T3 的基频和音强之间的相关性比 T2 的更差：$r=-0.306$，$n=66$。他们也是负相关。图 6.12 给出 T3 两个变体(升型和凹型)的曲线,以及相应的音强曲线,单位都是 LZ 转换值。图中最引人注目的是有两条形状不一样的音强曲线对应于不同的基频曲线。

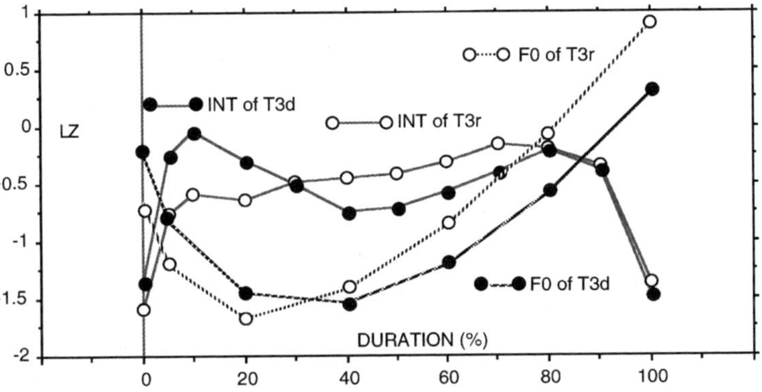

图 6.12 (a)T3 -基频 Hz 和音强 dB,(b)LZ 归一化了的标准基频和音强

对应于基频升调(空心圈)的音强曲线只有一个在 70%时点处的峰点。它基本上单调上升,仅在 10%和 20%时点之间稍有回落,此处是升调的谷点。

对应于基频凹调(实心圈)的音强曲线亦呈凹型,两头有峰点

(10%和 80%时点处),谷点在 40%时点处,此处对应于基频凹调的谷点。它从 80%时点处开始下降,从 90%处降得更快。T3 凹型调的延后了的音强谷点可能是引起听感上低频拖长的因素。

与两种基频曲线一样,凹型的音强曲线在前三分之一段里都高于升型音强曲线,但它的第二个峰点稍稍低于升型的峰点。从 10%到 70%时段内音强和基频有相关性。此后两条音强曲线重合一起下降,而两条基频曲线继续上升。那说明这两条基频曲线的差别是单由声带紧张度不同导致的。

6.3.7 小结

T3 中依然没有发现高低元音的音强差别。个人的音强曲线的中间段大体上是平的,只是在 40%时点基频谷点处,音强的变化率稍有不同。T3 的音强曲线可以分为四段,只在第二段(从 10%到 40%处)与同一段基频曲线相似。音强的起点处预计它是上升的。到 70%时点后,基频仍稳步上升,而音强则缓缓下降,过了 90%时点,则降得很快。这说明基频的上升是单由声带紧张引起的,喉下压力没起作用。

第七章　阴入 T4 的声学性质

本章描写讨论阴入 T4 的声学性质：§7.1 节是时长，§7.2 基频，§7.3 音强。T4 的听感是一开始就紧喉的极短高调。

7.1　时　　长

7.1.1　引言

本节考察阴入 T4 时长的各种情况，包括时长和元音高度的关系（§7.1.1），时长和性别的关系（§7.1.2），以及时长和发音人的关系（§7.1.3）。

表 7.01 给出 T4 在各种情况下的时长均值和标准差：分不同元音/i, u, a/，跨元音，单个发音人，男组(M)，女组(W)，以及所有人的总平均(All)，单位是毫秒，n 是用于平均的样本数。

表 7.01　T4 时长-均值和标准差，单位毫秒 ms

	/i/			/u/			/a/			T4		
	m	*s*	*n*	*m*	*s*	*n*	*m*	*s*	*n*	*m*	*s*	*n*
M1	72	8	6	73	11	6	61	7	6	69	10	18
M2	68	11	6	63	10	6	72	3	6	68	9	18
M3	70	8	6	63	6	6	63	4	6	65	6	18
M4	85	14	6	77	16	6	86	13	6	82	14	18
M5	111	21	6	102	16	6	116	15	6	110	18	18
M6	67	6	6	67	5	6	64	10	6	66	7	18
W1	71	10	6	80	16	6	71	9	6	74	12	18
W2	82	15	6	105	20	6	95	17	6	94	19	18
W3	70	7	6	60	7	6	65	9	6	65	8	18
W4	94	18	6	93	18	6	80	20	6	89	19	18
W5	94	10	6	83	9	6	87	8	6	88	10	18
M	79	17	6	74	15	6	77	21	6	77	17	6
W	82	12	5	84	17	5	80	12	5	82	12	5
All	80	14	11	79	16	11	78	17	11	79	15	11

T4 的时长总平均值非常之短，只有 79 毫秒(SD=15, n=11)，这与费国华报道的七个上海发音人的平均时长 73 毫秒相似。两者都远远短于 Zee & Maddieson(1980:54)根据一个女发音人得出的 102 毫秒。显然，要么 Zee 和 Maddieson 不巧碰到一位发音人发出的 T4 特别长，就像本书中的 M5(110 毫秒)，要么他们的测量方法把不该量的地方算进去了。这儿可以看到使用多个发音人在语音学研究中的重要性，也可以看到方法对于结论的重要性。

7.1.2 时长和元音高度

在前三章中看到，降调 T1 的低元音显著低于两个高元音，但升调 T2 和 T3 中高、低元音时长无区别。[7A]中男组的/a/时长在/i, u/之间，但对于女组和全体来说/a/长于/i/和/u/。不过双尾检验表明在 0.05 水平上高低元音的时长差在三个组内都没有显著区别。因此 T4 中没发现有高、低元音的时长差别。

[7A]

	/i/	/a/	/u/	DF		/u/	/i/	/a/	DF		/i/	/u/	/a/	DF
M	79	77	74	5	W	84	82	80	4	总	80	79	78	10

以上结果在两方面支持了我们对于元音内在时长 IVD 的看法：莱斯特版的 IVD(a>i)并不是真正的元音内在时长。用以解释莱氏 IVD 现象的有两个假说，一个是 C_1VC_2 结构，从 V 趋向 C2 位置的过程中，下巴的机械运动路线的长短决定了低元音时长长于高元音。一个是中枢控制使得低元音长于高元音。

我的观点是不赞成上述两个假说。机械运动假说支持的是元音"外在"时长，因为低元音音节长的不是低元音本身，而是元音到后接辅音的过渡段。现在在上海话阴入 T4 的情况下，C2 是个喉塞音，也就是说，不涉及下巴运动，也就没有了元音到 C2 的过渡段，那么高、低元音的长度应该相当。我们的实验结果支持我们的看法。

至于 Weatbury 和 Keating 关于莱氏 IVD(a>i)是中枢控制的观点，我们在§4.1.1 节中已经加以拒绝。因为如果真是中枢控制，实在没理由为什么要一个长、一个短，中枢不该如此厚此薄彼，而应该把高、低元音发得一样长短才对。上海话短调 T4 无疑是中枢控制的。上海人很清楚什么时候要用一个喉塞音把 T4 音节掐断，因此我的观点在此得到支持。当发音人的大脑中有意控制短音节的时长时，他们就能发出一样长短的高低元音。

7.1.3 时长和性别

表 7.01 中女组 T4 的时长均值(82 ms)比男组的(77 ms)长 5 毫秒，但没有显著意义(双尾，DF=9，$\alpha=0.05$)。

女组的/i，u，a/比男组的分别长 3，10，3 毫秒，不过都没有显著意义(双尾，DF=9，$\alpha=0.05$)。

因此 T4 的时长和性别无相关性。

7.1.4 时长的归一化

T4 在五个单字调中是最短的，总平均只有 79 毫秒。如果不算那个录音时有些不自然的 M5，那么就更短了。图 7.01 和表 7.01 中看到最短的(M3 和 W3 的 65 毫秒)只有最长的(M5 的 110 毫秒)59%。T4 经归一化后的标准时长是 0.43，标准差 0.08。跟前面三个长调不同的是，归一化没有减少 T4 的人际方差。T4 绝对时长的离散系数是 0.156，标准时长的离散系数是 0.142。归一化指数仅 1.1(=0.156/0.142)。这表明对 T4 的归一化没有取得减少变异的结果。

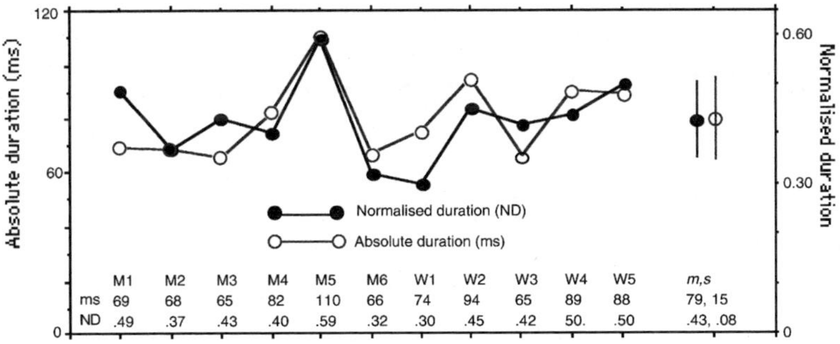

图 7.01　11 位发音人 T4 的绝对时长和标准时长

图 7.01 中有两个人(M5 和 W1)成问题。M5 的 T4 从两方面来看都出格地长。在所有发音人中是最长的,比其余十人的平均值长近一半(M5 的 110 ms ÷ 其余十人的平均时长 76 ms＝1.45)。相对于他本人三个长调也太长了,是三个长调的均值的一半(110/224＝49%)。除去 M5, T4 的平均时长是三个长调平均时长的 30%(＝76/250),这个比值不到 M5 的三分之二。另一个发音人 W1 的问题在于她的三个长调都是最长的,但她的 T4(74 毫秒)却短于平均时长(79 毫秒)。这些事实表明长短调或许最好分开处理。

表 7.01 还显示了均值和标准差之间的关系,平均时长越长,标准差就越大,除了 W5,她的平均时长是 88 毫秒,长于总均值 79 毫秒,但她的标准差仅有 10 毫秒,低于平均的 15 毫秒。

7.1.5 小结

T4 没发现有莱氏版的元音内在时长,没发现时长与性别有什么关系。T4 的时长归一化结果不如长调的归一化。这可能是因为说话人控制短元音和控制长元音的策略不一样,也可能各人的 T4 绝对时长的差别不是很大。

7.2 基 频

7.2.1 引言

本节处理 T4 的基频:基频高低和元音高度的关系(§7.2.1),基频形状和元音的关系(§7.2.2), T4 的基频曲线(§7.2.3),基频分布(§7.2.4), T4 的基频归一化(§7.2.5)。最后一小节总结主要发现。

表 7.02 中给出 T4 在各种情况下的基频均值和标准差:分不同元音/i, u, a/,不同发音人,不同性别。例如,发音人 M1 的 T4,在元音/i/的 0%处的六个读例的均值是 168 赫兹,标准差是 27 赫兹。这些基频均值在图 7.02(个人)和图 7.03(男女组)中画成绝对时间(毫秒)的函数。为了显出 T4 短的性质,时间轴故意定得像前几章的长调一样长。

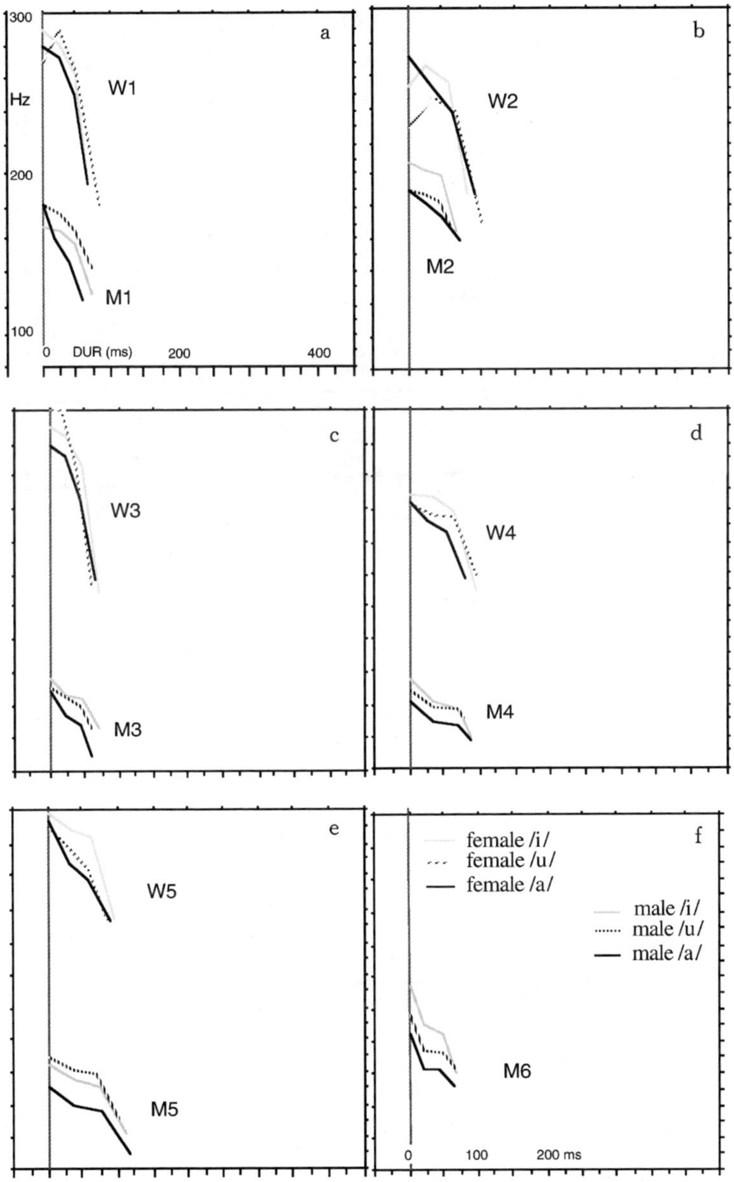

图 7.02　11 位发音人的 T4 分元音/i，u，a/的基频曲线

纵轴是基频，单位 Hz；横轴是时间，单位 ms

表 7.02 T4 分/i, u, a/的基频-均值和标准差，

单位 Hz(个人 $n=6$,男组 $n=6$,女组 $n=5$)

	%	0	33	67	100	%	0	33	67	100
/i/	M1	168(27)	165(10)	157(7)	126(10)	W1	290(12)	282(13)	263(19)	198(19)
/u/		182(22)	174(18)	165(12)	141(16)		270(19)	290(14)	263(20)	183(26)
/a/		183(19)	160(14)	146(13)	122(13)		280(19)	272(13)	250(18)	195(34)
/i/	M2	207(8)	202(5)	199(5)	164(10)	W2	253(15)	267(12)	256(13)	187(30)
/u/		191(20)	187(18)	182(16)	165(20)		228(9)	245(15)	238(19)	168(23)
/a/		191(14)	181(11)	173(9)	159(6)		270(4)	252(9)	239(14)	186(22)
/i/	M3	137(4)	126(6)	123(5)	104(9)	W3	291(10)	287(8)	267(7)	189(11)
/u/		130(9)	125(2)	120(1)	106(5)		297(24)	300(22)	264(28)	194(23)
/a/		128(12)	114(7)	109(4)	90(7)		280(19)	272(25)	247(24)	197(19)
/i/	M4	135(5)	121(7)	116(8)	99(7)	W4	250(6)	247(7)	239(5)	190(18)
/u/		128(5)	118(5)	116(6)	110(7)		242(6)	237(4)	234(4)	199(17)
/a/		121(13)	109(12)	106(12)	97(11)		244(12)	231(10)	226(10)	197(23)
/i/	M5	144(9)	135(15)	131(14)	103(10)	W5	298(10)	289(11)	285(7)	234(16)
/u/		149(14)	141(15)	139(18)	111(17)		290(11)	278(9)	266(6)	233(19)
/a/		132(5)	120(5)	116(4)	90(7)		294(8)	268(12)	259(12)	232(14)
/i/	M6	193(15)	170(11)	165(7)	140(4)					
/u/		177(13)	154(7)	153(9)	143(10)					
/a/		164(8)	143(9)	143(10)	132(11)					
/i/	M	164(31)	153(31)	149(31)	123(26)	W	276(23)	274(18)	262(17)	200(20)
/u/		160(27)	150(27)	146(26)	129(24)		265(30)	270(28)	253(16)	195(24)
/a/		153(30)	138(29)	132(26)	115(28)		274(19)	259(18)	244(12)	201(18)

7.2.2 基频和元音高度

7.2.2.1 IF0 总体区别

前三章中看到,长调的大部分时点上有元音内在基频 IF0。具体地说,IF0 出现于调征目标处,但不出现于三个长调的起点,也不出现于降调的终点处。短调 T4 也如此。图 7.03 表明,除了女组的起点和终点,高元音/i, u/的基频高于低元音/a/。单尾 t 检验的结果在[7B]中,短而降的基频曲线的起点和终点都不是调征目标,因为女组的曲线在头尾两端都没有 IF0 差别。

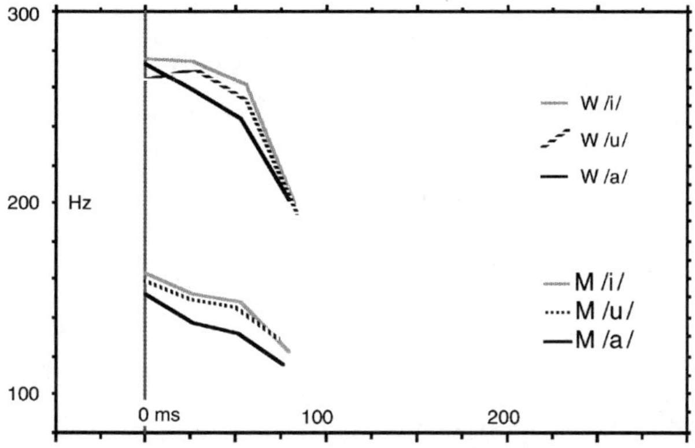

图 7.03　T4 分/i, u, a/、分男女的基频曲线

[7B]

	M					W				
	0%	33	67	100	DF	0%	33	67	100	DF
/i/ vs /a/	*	**	***	**	5	～	***	***	～	4
/u/ vs /a/	*	**	**	***	5	～	～	*	～	4
/i&u/ vs /a/	*	***	***	***	5	～	**	**	～	4

7.2.2.2　个人 IF0 指数

图 7.02 中可以看到，除了 W2 的/a/曲线与/u/曲线一样高，其他人的/a/曲线的中段都低于/i, u/。这一点也可从[7C]的 IF0 指数中得到核实。W3 的 IF0 差别最大，有 20 Hz，W2 的最小，仅 6 Hz。男组(14 Hz)和女组(13 Hz)基本相等。但是用半音(st)表示，男子组 IF0 差别是女子组的两倍。所有男性的 IF0 指数都有 1.3 个半音或更大，所有女性的指数都是 1.3 半音或以下。从[7C]的个人 IF0 指数算出的人际方差是 0.6 半音。

[7C]

	W2	M4	W4	M1	M3	W1	M2	W5	M6	M5	W3	M	W
Hz	6	10	11	12	12	14	16	16	18	19	20	14	13
	W2	W4	W1	W5	W3	M1	M2	M4	M3	M6	M5	M	W
st	0.4	0.8	0.9	1.0	1.3	1.3	1.5	1.6	1.8	2.0	2.5	1.8	0.9

7.2.2.3　小结

IF0 出现于短降基频曲线的中段。两性的 IF0 指数用赫兹为单位则几乎相同，但用半音为单位，男子组的 IF0 是女子组的两倍。

7.2.3　基频形状和元音、性别

T1 中看到起点干扰的复杂情况，这在 T4 中也是如此。图 7.02 中所有/a/曲线和大部分/i, u/曲线都是降调头，有些（如 M6）降得较陡，有些（如 M5）较缓。在/i/曲线，尤其/u/曲线中还可见到其他形状的调头，如 W1 的/u/曲线和 W2 的/i, u/曲线都是升调头，W4 的/i/曲线是平调头。

图 7.03 画的是分性别的平均基频，女子组/u/曲线的前三分之一与其他曲线的两样，它上升了 5 赫兹。图 7.02 中五条女性的曲线中仅有 W5 调头下降，尽管不如/i, a/调头降得那么多。有两个（W3, W4）是平调头，还有两个升得很厉害：W1 升了 20 赫兹，W2 升了 17 赫兹。W2 的/i/曲线的调头也是升的。比较一下图 7.03 和图 4.03 中的降调 T1 有个共同点，所有三条男性曲线和女性的/a/曲线都是一路下降，女性的/i/调头差不多是平的，/u/调头是升的。造成基频降调 T1 和 T4 这种调头依元音不同而波动的机制（可能是空气动力学方面）还不清楚。

7.2.4　T4 基频曲线

本小节处理个人跨元音的平均基频曲线。表 7.03 给出个人的 T4 基频均值和标准差，图 7.04 把这些均值画成平均绝对时长的函数。

表 7.03　T4 基频-均值和标准差，单位 Hz

	0%	33	67	100	*n*		0%	33	67	100	*n*
M1	177(23)	166(15)	156(13)	130(15)	18	W1	280(18)	281(15)	259(19)	192(26)	18
M2	196(16)	190(15)	185(15)	162(13)	18	W2	250(20)	255(15)	244(17)	180(26)	18
M3	132(9)	122(7)	117(7)	100(10)	18	W3	289(19)	286(22)	259(22)	193(18)	18
M4	128(10)	116(10)	113(10)	102(10)	18	W4	245(9)	238(10)	233(8)	196(19)	18
M5	141(12)	132(15)	129(16)	101(14)	18	W5	294(10)	278(13)	270(14)	233(16)	18
M6	178(17)	156(14)	154(12)	138(9)	18						
BSV		4 564	3 812								
MBSV = 4 188				SV = 4 011				DC = 4 188/4 011 = 104.4%			

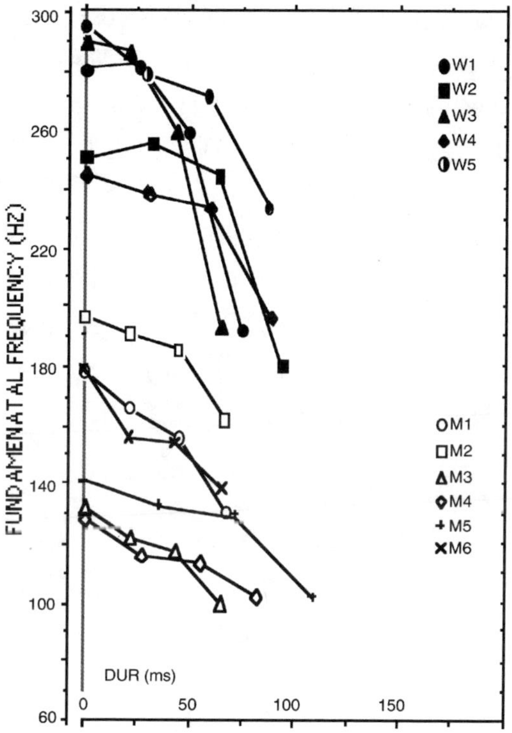

图 7.04　T4 曲线-11 位发音人的基频均值和平均绝对时长

图 7.04 中个人的 T4 基频曲线可以分三段来分析。前三分之一大多是降调头,除了三个女性(W1, W2, W3)差不多是平的。与 T1 相同,T4 的调头也随声母辅音和元音而变。在 66%时点处所有曲线的下降速率都与前不同。最后三分之一段急剧下降, Zee 和 Maddieson(1980)认为这是由喉塞尾引起的。中间三分之一段可看作整根声调的主要部分,当然,由于整根声调也那么短,没有哪儿能免受来自前后辅音的影响。中间段实际上是平的,除了三人(M1, W1,和 W3)的曲线降得多点。这可从[7D]中给出的 33%和 67%时点处的基频差读出。例外的三位的基频差超过 1 个半音,其余都不足 1 个。

[7D]

	M6	W4	M5	M4	M2	W5	M3	W2	Ave	M1	W1	W3	Ave
Hz	2	5	3	3	5	8	5	11	4	10	22	27	20
st	0.2	0.4	0.4	0.5	0.5	0.5	0.7	0.8	0.6	1.1	1.4	1.7	1.4

图 7.04 中的 11 条曲线中段,有的降得多点,有的比较平坦。但我们并不恣意去作区分。因为即使区分出平/降两种调型,归一化指数并未改善。更重要的是,用以区分调型的 T4 中间段只有 20 多毫秒,难以免受语境的影响。因此,图中各条曲线中段的斜率差别可能反映的是声母辅音的影响,而不是由曲拱形状本身所决定。像其他高尾标声调(T2, T3, T5)一样,T4 有个会提高基频的喉塞尾,这个升尾没有在图中显现出来,可能是因为声调太短受到声母/p/的影响。我们知道,/p/会导致降调头。假如这两个因素被排除后,那么与前三个高尾标声调的情况就会一样,我们熟悉的上升型调尾就会出现。后文 § 7.2.5 会对此详加讨论。

7.2.5 基频分布

7.2.5.1 频域和调头

表 7.03 中 11 人各人的平均基频,从最低的 M3 终点的 100 赫兹到最高的 W5 的起点 294 赫兹,跨度为 193 赫兹。女性的跨度为 114 赫兹(=294−180),男性跨度 96 赫兹(=196−100)。两者差距 18 赫兹不算大。图 7.04 中所见两性的基频跨度基本上不相交。女性基频都在 180 赫兹以上,男性都在 180 以下,除了 M2 最初的三个测量值高于 180 赫兹。[7E]给出个人频域,上半部是赫兹(Hz),下半部是半音(st)。

[7E]

	M4	M3	M2	M5	M6	M1	W4	W5	W2	W1	W3	M	W
Hz	26	32	34	40	40	47	49	61	75	89	96	37	73
	M2	W4	M4	W5	M6	M3	M1	M5	W2	W1	W3	M	W
st	3.3	3.9	3.9	4.0	4.4	4.8	5.3	5.8	6.0	6.6	7.0	4.6	5.4

人际频域差别很大。W3 的频域(96 Hz)是 M4(26 Hz)的 3.7 倍,以半音为单位 W3 是 M2 的两倍多。女性的平均频域(73 Hz)是男性的(37 Hz)两倍,但以半音记,仅 1.17 倍。

表 7.03 表明男性起点频域是 68 赫兹(=196−128),比女性的 49 赫兹(=294−245)多 18 赫兹,或 1.4 倍。以半音记,男性频域(7.4 st)比女性的(3.2 st)多 4.2 st(或 2.3 倍)。

7.2.5.2 起点/最高值、终点处基频以及频域之间的关系

个人的基频最高值(F_{max})大多出现于起点,除了 W2 和 W3 的最高值在 33%时点处。这些微小例外不会改变排序。[7F]给出个人起点/最大值、终点、频域的基频值得序位。W5 的起点最高,所以排在第一;M4 起点最低,排在最后。W5 的终点也最高。男、女组起点和终点高度都正相关。男性按起点高度和终点高度的排位都是 M3<M5<M1<M6<M2,只有 M4 例外,他的起点最低,但终点是第三低。女性排位都是 W2<W1<W3<W5,但 W4 例外,她的起点在女性中最低,但终点第二高。女性起点和频域之间的关系也紧密相关,排序是 W4<W2<W1<W3,例外的是 W5,她起点第一,但频域倒数第二。[7F]中男组起点和频域关系、男女两组终点和频域的关系,都不那么直截了当。[7G]中的斯皮尔曼序位相关检验表明,如果把所有发音人放到一起来看,他们的起点/最高值、终点、和频域排序都在 0.05 水平上正相关。

[7F]

	11	10	9	8	7	6	5	4	3	2	1
起点/F_{max}	M4	M3	M5	M1	M6	M2	W4	W2	W1	W3	W5
终点	M3	M5	M4	M1	M6	M2	W2	W1	W3	W4	W5
频域	M4	M3	M2	M5	M6	M1	W4	W5	W2	W1	W3

[7G] ($n = 11$)

	起点	最高值	终点	频域
起　点	1	**	**	**
最高值	1	1	**	**
终　点	0.918	0.918	1	*
频　域	0.864	0.864	0.736	1

图 7.05 给出个人在最高点、起点、终点/最低值,以及频域的基频值。[7H]给出皮尔森相关系数(r 值)和最高值对终点、频域的显著性水平。最高值、起点和终点这三个数值,与频域都在至少 0.05 的水平上相关,这一点在五个声调中是唯一的。一般频域总是和其他参数相关度很低,这在前三章已经看到,后一章也是如此。括号中的 r 平方值是预见精确度的指针。如从起点可以 73%的把握预测频域。图

7.06 中可以用拟配线和 95％置信带目测从最高值/起点、终点和频域任何一点预测两点。

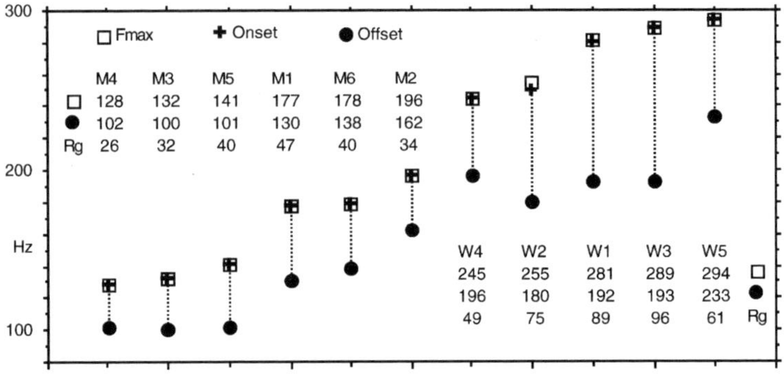

图 7.05　各发音人 T4 的最高值(F_{max})，起点(onset)，终点(offset)和频域(range，Rg)，单位 Hz

[7H](DF = 1，9)

	起点	最高点	最低点	频域
起　点	1	***	***	***
最高点	1(0.999)	1	***	***
最低点	0.966(0.932)	0.964(0.93)	1	*
频　域	0.855(0.732)	0.859(0.738)	0.692(0.479)	1

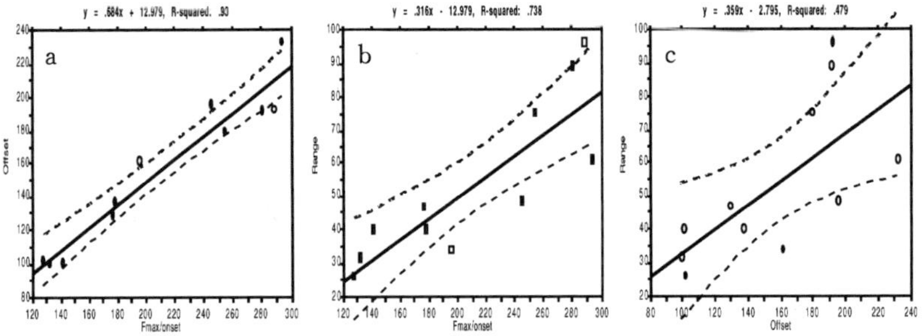

图 7.06　(a)起点和终点，(b)起点和频域，(c)终点和频域，基频之间的拟配线和 95％的置信带

7.2.6　基频归一化

T4 用于归一化的标准点是 33％和 67％时点。表 7.04 给出 11 位发音人的 LZ 归一化结果,以及他们的均值和标准差。图 7.07 以图的形式给出个人归一化结果(a),以及均值和标准差(b)。T4 的归一化指数是 1.7,是五个声调中最低的。这是由于时长特短、两边又都有辅音影响,尤其声母辅音的影响人各有异,影响到 33%时点的测量值。因此,即使作了归一化,人际差异仍旧很大。

表 7.04 经 LZ 转换的 T4 基频值

	0%	33	67	100
M1	2.11	1.50	0.94	−0.72
M2	1.57	1.40	1.26	0.59
M3	2.16	1.43	1.08	−0.48
M4	2.23	1.13	0.82	−0.36
M5	1.90	1.25	1.00	−1.28
M6	1.79	0.98	0.89	0.24
W1	1.80	1.84	1.27	−0.71
W2	0.96	1.13	0.75	−1.91
W3	1.91	1.83	1.03	−1.33
W4	1.67	1.39	1.17	−0.57
W5	1.74	1.24	0.96	−0.41
m	1.80	1.37	1.02	−0.63
s	0.35	0.28	0.17	0.70
Var		0.076	0.029	
MBSV = 0.052		SV = 0.083		
DC = 62.7%		NI = 104.6%/62.7% = 1.7		

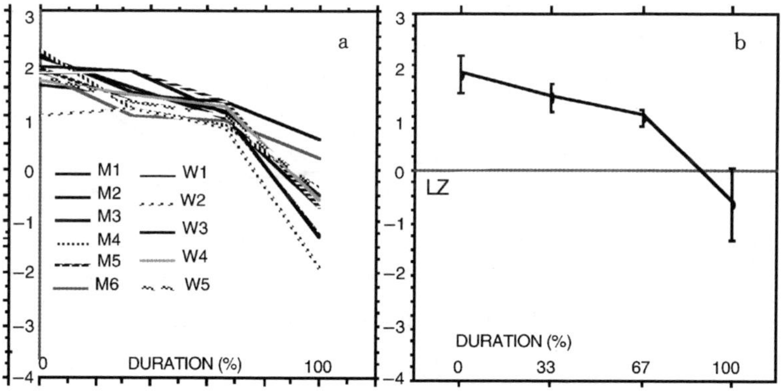

图 7.07 (a)LZ 归一化了的 T4 基频,(b)LZ 归一化了的均值和标准差

纵轴刻度是围绕均值的标准差

从图 7.07b 的 LZ 曲线的中段来看，T4 实质上是平调。但有个大问题，T4 有喉塞尾为什么不导致升尾？可能是因为 T4 太短，而且声母 p̲ 又带来降调头。如果这两个因素被排除，T4 就会显出升尾来了。这从附录 A7.01 中可以看到。

A7.01 中上排是 M2 发的三个单音节语素：呀 iaq|□折叠 yiq|挖 uaq，这些零声母字常被认为带有前喉塞。这些音节元音部分的时长，即排除峰点后的反映喉塞尾的声带关闭阶段的降尾，分别为 94, 92 和 106 毫秒。由于这些音节中有个介音 i, ü，或 u，它们的时长跟 M2 的 T4 的时长均值(68 ms)和总平均时长(79 ms，见表 7.01)相比拉长了些，但这并不意味着凡升调必须时长较长。如图下排两个音节，基频曲拱短于 60 毫秒(不算降尾)，一旦声母 p 被[ʔ]取代以后，仍然可以是升型。注意这些曲线甚至短于表 7.01 中个人最短的时长(M3 和 W3 的 65 ms)。

进一步的证据来自 W4 和 M3 的两个在第十章里还要讨论的图。图 7.08(a)和(b)分别是他们两人的五个声调的均值，是另外录的音。用于实验的 T4 音节是"一"[ʔ]iq，T2 音节是"布"pu。图中清楚表明两人 T4 曲线的起点和终点与 T2 曲线惊人的相似。

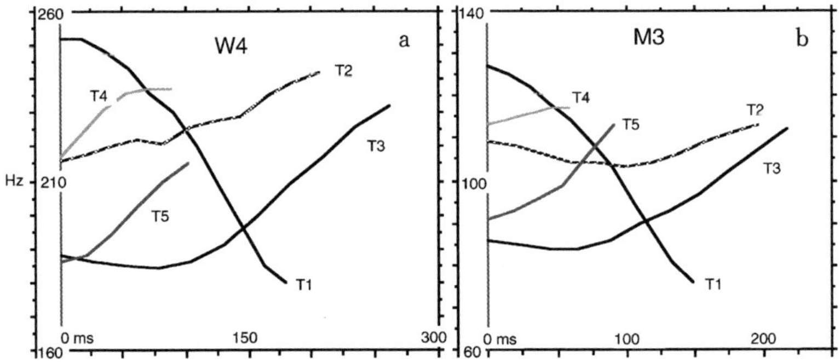

图 7.08　W4(a)和 M3(b)的五个单字调的基频均值，单位赫兹

可能有人会问，附录 A7.01 和图 7.08 中 T4 的升型是否由前喉塞引起的？即前喉塞压低了调头，引起升调头，而由于 T4 很短，这升调头可能会影响整个调型。这个想法被附录中的下两个图给否定了：前喉塞只稍稍影响调头。图 A7.02 给出 M1 四个单音节降调 T1 的语图(左面两个)和升调 T2(右面两个),上两图无介音,下两图有。这四个图都是稍稍下降的调头。附录 A7.03 是无意义音节[ʔaʔaʔa]的语图,调头是平的,一个是说英语的人发的,一个是说汉语的人发的。这些有前喉塞的音节的调头没有什么波动。因此附录 A7.01 中的上升调形不是由前喉塞引起的。附录 A7.03 中值得一提的是降尾前由喉塞尾引起的基频上升,英语发音人的上升比汉语发音人小。

阴入 T4 曲线的多样性有些是出于发音人、记音人不同的原因,更主要的是由例字的音节结构、或所包含音段不同引起的。清不送气声母 p̲ 引起降调头,前喉塞引起平或升调头。由于声母 p̲ 影响很大,它影响到时长为约 80 毫秒的整个短音节。看来在短音节的情况下,例字用零声母字较好,因为已经证明前喉塞对后接元音的调头干扰较小,可以忽略。

结论:T4 哪怕短至 60 毫秒,它的调征目标仍是升调。由于整个声调的时长太短,而且又受到来自前后塞音的影响,所以声调中段在语音层面上呈现出平或稍降,后段的陡降则是由喉塞尾的残余声带振动造成的。附录 7.04 中的降调头和平形的调干部分都是受声母 p̲ 影响造成的。

7.2.7 小结

本节内讨论了 T4 的基频。我们发现 IF0 出现于 T4 的中段,该处是调征目标。与长降调 T1 一样,T4 的调头形状很复杂,升调头主要与后元音/u/相关。因为有喉塞尾,短调 T4 的基频必定是升的。T4 的调征目标是高频区,这一点后文第十章讨论连字调时还要谈。T4 曲线的最后阶段的激降无疑是喉塞尾关闭声门后余震造成的基频干扰。前三分之二微降型是由清声母 p̲ 引起的。五个声调的基频归一化中,T4 因为最短,因而受声母影响最大,归一化的结果最差。发音人的最高值/起点、终点和频域的基频值的排序在 0.05 水平上都正相关。

7.3 音　　强

7.3.1 引言

本节内讨论 T4 的音强的各种情况：音强和元音的关系（§7.3.1），分元音的和合并了元音后 T4 音强的形状（§7.3.2），音强的分布（§7.3.3），以及音强的归一化（§7.3.4）。

表 7.05 给出 T4 在元音/i, u, a/上的音强均值和标准差（个人读例 $n=18$，总平均 $n=11$）。图 7.08 把这些均值画成图，作为相对时长的函数。表 7.06 给出个人的 T4 音强均值和标准差（dB），以及总平均值和标准差。图 7.09 画出个人的均值，图 7.10 画出音强总平均值和标准差。

表 7.05　T4 分/i, u, a/的音强-均值和标准差，单位 dB（个人 $n=6$，总 $n=11$）

	%	0	33	67	100	%	0	33	67	100
/i/	M1	25.8(1.4)	26.9(1.8)	24.8(2.2)	19.8(3.4)	W1	25.2(4.0)	26.1(4.2)	25.0(4.9)	17.9(5.8)
/u/		25.8(1.3)	28.0(1.2)	26.9(2.5)	16.3(5.1)		20.6(1.6)	27.0(3.5)	25.9(3.1)	17.1(4.9)
/a/		24.1(3.4)	26.0(3.1)	24.0(3.3)	17.9(2.9)		21.7(2.6)	23.9(1.6)	23.2(1.8)	14.7(2.8)
/i/	M2	30.2(0.2)	33.0(0.6)	32.8(1.6)	22.8(4.5)	W2	25.5(1.1)	27.0(1.9)	26.9(2.0)	22.4(3.2)
/u/		31.9(1.4)	34.3(1.5)	33.1(1.0)	27.2(1.7)		25.4(2.8)	28.4(3.2)	27.4(3.5)	21.7(3.1)
/a/		31.0(1.1)	32.3(0.4)	29.9(0.9)	21.7(3.0)		24.0(2.3)	26.8(2.2)	26.2(2.1)	19.9(3.2)
/i/	M3	32.4(1.5)	35.1(1.5)	31.8(3.4)	20.7(5.3)	W3	20.1(3.0)	23.5(4.1)	23.1(3.6)	13.1(4.7)
/u/		31.0(1.6)	35.7(2.0)	33.8(1.9)	24.4(1.5)		19.1(1.9)	24.5(0.8)	23.7(3.1)	17.9(3.2)
/a/		29.2(2.6)	32.2(2.2)	28.6(3.2)	20.3(2.8)		23.0(2.5)	27.1(2.6)	24.5(4.0)	16.1(4.9)
/i/	M4	24.8(1.6)	27.0(1.5)	25.5(1.6)	17.4(3.1)	W4	24.5(1.0)	28.6(1.7)	27.9(2.1)	18.0(3.5)
/u/		21.9(1.5)	25.8(1.6)	25.2(1.0)	18.6(1.8)		21.9(1.1)	25.4(1.7)	23.2(1.8)	16.9(3.0)
/a/		22.9(2.5)	24.9(2.0)	23.3(2.9)	16.7(4.5)		23.0(2.8)	24.9(3.0)	23.9(3.3)	17.3(3.3)
/i/	M5	29.7(2.0)	33.2(1.1)	32.5(1.2)	24.3(2.1)	W5	30.0(1.4)	31.8(1.8)	33.7(0.9)	22.8(3.6)
/u/		30.4(2.2)	33.3(0.9)	32.8(1.9)	25.7(3.0)		27.9(2.7)	36.8(0.8)	32.5(1.3)	25.2(2.0)
/a/		29.7(1.0)	32.0(0.7)	30.4(0.9)	23.6(0.8)		32.8(1.9)	34.6(1.2)	33.1(1.4)	24.7(2.6)
/i/	M6	25.8(3.2)	27.4(2.3)	25.7(1.7)	19.3(2.1)	All	26.7(3.5)	29.0(3.6)	28.1(3.8)	19.9(3.2)
/u/		26.3(0.8)	27.6(1.3)	26.1(0.9)	18.3(2.0)		25.6(4.4)	29.7(4.4)	28.2(4.0)	20.8(4.1)
/a/		25.6(1.4)	26.4(1.8)	25.1(2.1)	17.4(2.4)		26.1(3.9)	28.3(3.7)	26.6(3.4)	19.1(3.2)

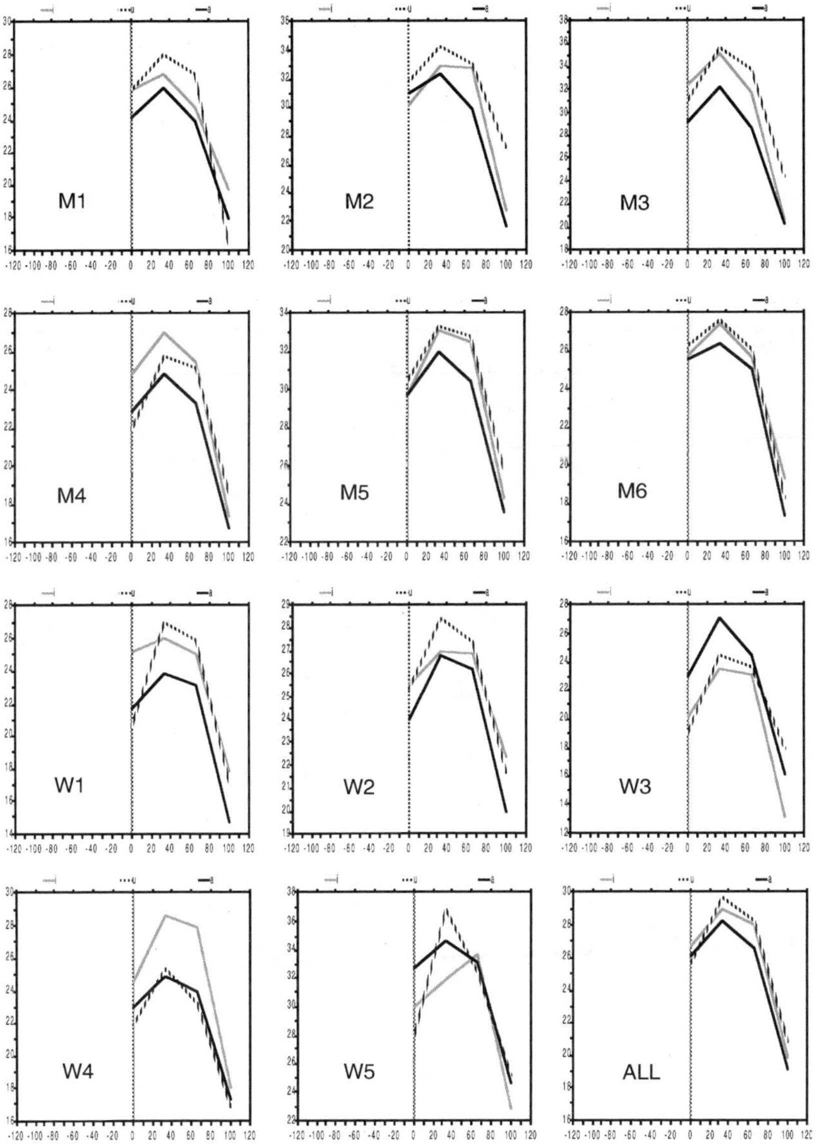

图 7.09　T4 分/i, u, a/的音强曲线

纵轴音强 dB;横轴相等时长

表 7.06　T4 音强-均值和标准差，单位 dB（个人读例 $n = 18$，均值 $n = 11$）

	0%	33	67	100		0%	33	67	100
M1	25.2(2.2)	26.9(2.2)	25.2(2.9)	18.0(4.0)	W1	22.5(3.4)	25.7(3.4)	24.7(3.5)	16.6(4.6)
M2	31.0(1.2)	33.2(1.2)	31.9(1.9)	23.9(3.9)	W2	25.0(2.2)	27.4(2.5)	26.8(2.5)	21.4(3.2)
M3	30.9(2.3)	34.3(2.4)	31.4(3.5)	21.8(3.8)	W3	20.7(2.9)	25.1(3.1)	23.7(3.4)	15.7(4.6)
M4	23.2(2.2)	25.9(1.9)	24.7(2.1)	17.5(3.2)	W4	23.1(2.0)	26.3(2.7)	25.0(3.2)	17.4(3.1)
M5	29.9(1.7)	32.8(1.1)	31.9(1.7)	24.5(2.3)	W5	30.2(2.8)	34.4(2.5)	33.1(1.3)	24.2(2.9)
M6	25.9(2.0)	27.1(1.8)	25.6(1.6)	18.3(2.2)	均	26.1(3.8)	28.9(3.7)	27.7(3.5)	19.9(3.1)
VAR		14.3	13.1						
MBSV = 13.7			SV = 13.5		DC = 101%				

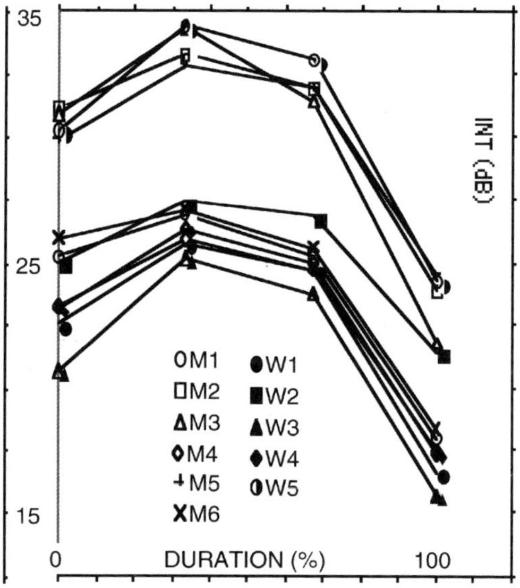

图 7.10　11 位发音人的 T4 音强曲线

7.3.2　音强和元音高度

从前三章长调的情况中可以看到，高、低元音之间没有音强差别。短调 T4 中也是如此。不但如此，图 7.09 中分元音的平均音强小图（All）中，如果不计起、终点（0%和 100%时点），/a/的音强甚至低于/i/和/u/。十一位发音人中只有 W3 的/a/高于/i, u/。所有六个男性发音人，还有 W1 和 W2 的/a/音强都低于/i/和/u/。W4 的/a/与她的/u/一样高，W5 的/a/在/i/和/u/之间。[7K]给出元音音强指数,按/a/和合并了的/i&u/之差由小到大排列。

[7K](差值单位是 dB)

峰点差	W3	W5	W2	M6	M5	M2	M1	M4	W4	W1	M3	*m*
/a—i/	3.7	1.0	−0.2	−1.0	−1.2	−0.7	−0.9	−2.2	−3.6	−2.2	−2.9	−0.9
/a—u/	2.6	−2.2	−1.6	−1.2	−1.3	−2.0	−2.0	−0.9	−0.5	−3.1	−3.5	−1.4
/a—i&u/	3.1	−0.6	−0.9	−1.1	−1.3	−1.4	−1.5	−1.5	−2.1	−2.6	−3.2	−1.2
平均差	W3	W5	W2	M6	M1	M5	M4	W4	M2	W1	M3	*m*
/a—i/	2.5	1.1	−0.4	−0.8	−0.9	−1.7	−2.2	−3.9	−1.8	−2	−3.1	−1.1
/a—u/	1.7	−0.8	−1.4	−1.1	−2.5	−1.9	−1.4	0.1	−2.6	−2.9	−4.4	−1.5
/a—i&u/	2.1	0.1	−0.9	−0.9	−1.7	−1.8	−1.8	−1.9	−2.2	−2.5	−3.7	−1.3

从[7K]中可以看到,只有 W3 的/a/高于/i/,/u/和合并的/i&u/约 2 dB。[7K]最后一行中 W5, W2 和 M6 的指数可以忽略(在 −1 和 1 dB 之间)。其余七人的指数都是/a/低于/i&u/1.7 dB 或更多。平均而言,/a/低于/i/1.1 dB,低于/u/1.5 dB,低于/i&u/1.3 dB。

7.3.3 音强形状

T4 分元音 /i, u, a/的音强形状—图 7.09 中所有/i, u, a/的音强曲线都很相似,仅有一些小小变异。例如,W1 和 W5 的/u/曲线升得比其他人陡些,而 W1 的/i/曲线则升得很缓。峰点一般位于 33%时点处,但 W5 的/i/曲线例外,她的峰点在较后的 67%时点处。

T4 的音强曲线—图 7.10 是把元音平均了的个人音强曲线。所有 11 个人的 T4 音强曲线形状都很相似:一开始上升直到 33%的峰点,中段缓缓下降,或维持较平的形状,后段是陡降。

7.3.4 音强分布

从表 7.06 可以看到,个人的平均音强分布从 15.7 dB(W3 的终点处)到 34.4 dB(W5 的 33%时点处)。表 7.06 和图 7.10 中可以看到有两个组。"高"组的音强(包括 M2, M3, M5 和 W5)在 30 dB 以上,"低"组在 30 dB 以下。男性比女性的音强高些。

从表 7.06 中的数据算得的个人音强域及总平均见[7I]。M3 强域最大,12.5 dB, W2 最小,6.0 dB,平均为 9.0 dB。男组的强域(9.4 dB)稍大于女组(8.7 dB)。

[7I]

	W2	M5	M4	M6	M1	W4	W1	M2	W3	W5	M3	M	W	All
强域	6.0	8.3	8.4	8.8	8.9	8.9	9.1	9.3	9.4	10.2	12.5	9.4	8.7	9.1

从标准点 33%和 67%处算出的 T4 音强均值见[7J]。W5 的均值最大,33.8 dB,而 W3 最小,24.4 dB。总平均是 28.3 dB。男组(29.2 dB)比女组(27.2 dB)高 2 dB。

[7J]

	W3	W1	M4	W4	M1	M6	W2	M5	M2	M3	W5	M	W	All
均	24.4	25.2	25.3	25.7	26.1	26.4	27.1	32.4	32.6	32.9	33.8	29.2	27.2	28.3

7.3.5 音强归一化

T4 音强归一化时的标准点是 33%和 67%时点。图 7.10 和 7.11 给出简单的用分贝的标准化结果。从表 7.06 右半最后一行的数据算出来的两个标准点的平均标准差是 3.6 dB,'均'行的平均音强的域是 9 dB(=33%处的 28.9−100%处的 19.9)。平均标准差和总强域之比为 0.4(=3.6/9)。

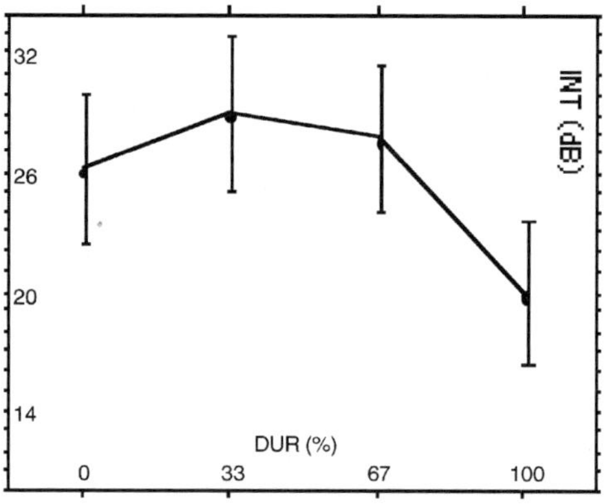

图 7.11 11 个人 T4 音强曲线-总平均和标准差,单位 dB(纵轴是均值上下一个标准差)

表 7.07 给出经 LZ 转换的 T4 音强值及其均值和标准差,图 7.12 是这些数据的图标。在 33%和 67%时点处的平均标准差是 0.56 单

位，平均音强的范围是 4.52 个单位（＝33％处的 1.48－100％处的（－3.04））。两者之比是 0.12（＝0.56/4.52），不到上面用 dB 为单位的（0.4）的三分之一。这说明用 LZ 转换比用 dB 平均法在减少人际差异方面好得多。

表 7.07　经 LZ 转换的 T4 音强值

	0％	33	67	100		0％	33	67	100
M1	－0.84	0.30	－0.84	－5.66	W1	0.11	1.47	1.04	－2.39
M2	0.38	1.19	0.71	－2.23	W2	－0.97	1.29	0.72	－4.35
M3	0.79	1.96	0.97	－2.33	W3	－0.12	1.39	0.91	－1.85
M4	0.28	1.66	1.05	－2.63	W4	－0.07	2.25	1.31	－4.21
M5	0.05	1.67	1.17	－2.96	W5	0.41	1.9	1.44	－1.71
M6	0.64	1.24	0.49	－3.17	*m*	0.06	1.48	0.82	－3.04
					s	0.55	0.51	0.61	1.22
VAR		0.265	0.376						
MBSV ＝ 0.320		SV ＝ 0.422		DC　76％		NI ＝ 1.3(101％/76％)			

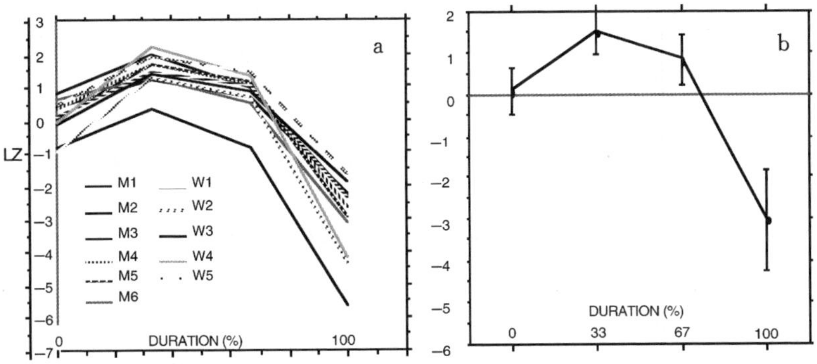

图 7.12　(a)11 个人经 LZ 归一化的 T4 音强曲线，
(b)LZ 归一化的 T4 平均音强曲线
（纵轴刻度是均值上下的标准差）

表 7.06 中以 dB 为单位的离散系数（DC）是 101％，表 7.07 中以标准差（SD）为单位的离散系数为 76％。T4 音强的标准指数只有 1.3，因此在较少人际差异这方面与 T3 的情况一样差。

7.3.6　基频和音强

现在比较 T4 的基频和音强，用的是经 LZ 归一化转换的值。图

7.13 显示 T4 的基频和音强曲线同时从 33%时点处开始下降。不过，如果仅考虑 11 人在基频和音强 LZ 归一化的共同的标准点，即 33 和 67%时点上的值，两者的相关度很低，*r* 仅有 0.355(N=22)。这可能因为各人曲线下降的速率不一样。音强的开头上升很多，但这“并不反映喉下气压 Ps 的突然增加，而可能是由于声母除阻后声道增大的缘故”(Rose 1981:219)。

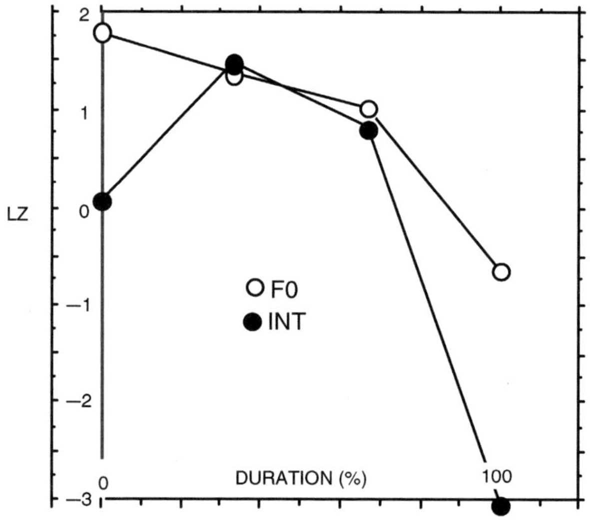

图 7.13　T4：经 LZ 归一化处理的基频和音强

7.3.7　小结

短调 T4 中也没发现有高低元音之间的音强区别。11 个发音人的 T4 音强曲线形状很相似，前段上升，中段稍降或维持平型，后段急降。T4 的基频和音强曲线在 33%时点处同时下降，但两者相关度很低(*r*=0.355)，这可能是由于各人降率不同造成的。

第八章　阳入 T5 的声学性质

本章描写、讨论阳入 T5 的声学性质：§8.1 是时长，§8.2 是基频，§8.3 是音强。T5 在听感上是带有噪音的低升调。

8.1　时　　长

8.1.1　引言

本节讨论 T5 时长的各种情况：时长与元音高度的关系（§8.1.1），时长与性别的关系（§8.1.2），时长与不同发音人的关系（§8.1.3）。

表 8.01 给出 T5 在各种情况下的时长的均值和标准差，分不同元音/i, u, a/，跨元音，单个发音人，男组(M)，女组(W)，以及所有人的总平均(All)，单位是毫秒，*n* 是用于平均的样本数。

表 8.01　T5 时长-均值和标准差，单位 ms

	0—100%						100+%					
	/i/	/u/	/a/	*n*	T5	*n*	/i/	/u/	/a/	*n*	T5	*n*
M1	67(5)	67(15)	72(8)	6	68(10)	18	29(4)	23(4)	14(5)	6	22(7)	18
M2	99(6)	113(12)	102(12)	6	105(12)	18	21(3)	25(4)	26(4)	6	24(4)	18
M3	89(8)	100(22)	87(12)	6	92(15)	18	18(4)	19(5)	22(6)	6	20(5)	18
M4	107(17)	104(21)	113(24)	6	108(20)	18	22(6)	24(3)	17(2)	6	21(5)	18
M5	142(35)	155(32)	179(51)	6	158(41)	18	33(6)	30(7)	37(8)	6	33(7)	18
M6	112(13)	121(9)	118(18)	6	117(14)	18	#	#	#	#	#	
W1	118(26)	145(37)	177(30)	6	147(39)	18	31(6)	34(6)	24(5)	6	30(7)	18
W2	150(20)	166(16)	166(18)	6	161(19)	18	32(6)	32(7)	23(2)	6	29(7)	18
W3	84(11)	89(12)	85(7)	6	86(10)	18	20(6)	18(3)	27(7)	6	22(7)	18
W4	171(28)	122(23)	149(29)	6	147(33)	18	18(3)	25(3)	21(4)	6	21(4)	18
W5	82(20)	92(10)	99(7)	6	91(15)	18	22(8)	22(2)	22(5)	6	22(5)	18
M	102(25)	110(29)	112(37)	6	108(30)	6						
W	121(39)	123(33)	135(41)	5	126(35)	5						
All	111(32)	116(30)	122(39)	11	116(31)	11						

像长而升的 T2、T3 一样，T5 的最后阶段的基频有干扰(表中标为 100+%时点)，这是由喉塞尾引起的。M6 的 T5 跟他其他升调一样没有这个基频波动。T5 的时长从 0%算到 100%时点。

8.1.2 时长和元音高度

基于两个理由，我们预计在 T5 情况下高、低元音不会有莱氏版的内在长度 IVD 的差别。第一，T5 是升调，而升调 T2、T3 中都没有显著性 IVD。第二，T5 是短调，在短调 T4 中也没发现有显著性 IVD。[8A]中可以看到/a/在男、女、所有人三个组内比/i/和/u/都稍长，但是，双尾 t 检验($\alpha=0.05$)表明没有一对之间有显著性差别，因此，时长和元音之间无关联。

[8A]

	/a/	/u/	/i/	DF		/a/	/u/	/i/	DF		/a/	/u/	/i/	DF
男	112	110	102	5	女	135	123	121	4	总	122	116	111	10

8.1.3 时长和性别

女组的时长均值是 126 ms(见表 8.01)比男组(108 ms)长 19 毫秒，但在 0.05 水平上无显著性差别(双尾，DF=9)。女组的/i, u, a/分别比男组的长 19, 13，和 23 毫秒，但都没有显著性差别($\alpha=0.05$，双尾，DF=9)。

因此，T5 的时长与性别之间没发现有相关性。

8.1.4 时长归一化

表 8.01 中的 T5 总均值是 116 毫秒(SD=31, $n=11$)，仅长于 T4。标准差 31 毫秒，比起长元音来不算大，但是表现为离散系数(0.227)的相对差异(因为 T5 本身不算长)是五个声调中最大的。表 8.01 中最短的(M1 的 68 ms)仅是最长的(W2 的 161 ms)42%。标准时长的离散系数是 0.140，归一化指数 NI 是 1.62(=0.227/0.140)。这个结果没有三个长调那么好。这的确如图 8.01 中实心圈所示，个人的标准时长仍然散布在一个相对而言较大的跨度内：从 M1 的 0.49 到 M5 的 0.82。M5 的短调我们已经在前四章谈时长时都提到了，比起他

的长调来,他的短调是太长了。M1 的特异之处在于他最短的声调是 T5,而所有其他人都是 T4。图 8.01 中的情况也许可以分两类。一类 (M5, W2, W4)是标准时长超过 0.70,相对于平均标准长 0.61 来说是很长的。其余八人的标准长都在 0.60 或以下。这种分布跟 T4 的情况不同,大部分人的 T4 标准长都在平均标准时长上下,除了三个在时长方面比较特别的人:M5 的 T4 极长,W1 和 M6 的极短。

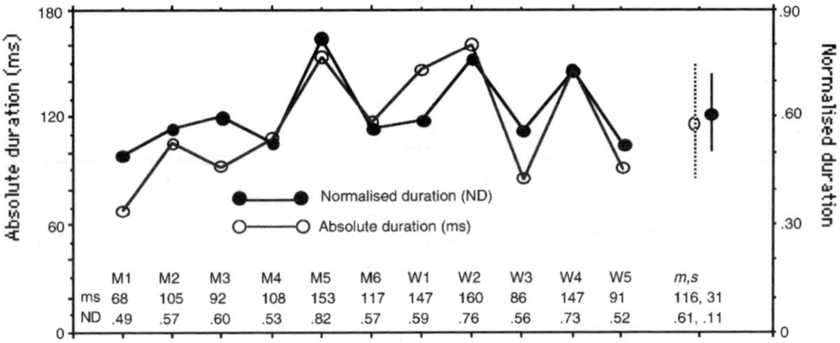

图 8.01　11 个发音人的绝对时长和标准时长

8.1.5　小结

在短升调 T5 中没发现元音时长差别,也没发现时长与性别的相关性。跟另一个短调 T4 一样,T5 时长的归一化结果不如长调。看来短调中的人际变异大大多于长调。

8.2　基　　频

8.2.1　引言

本节内处理 T5 的基频:基频高低和元音高度的关系(§8.2.1),基频形状和元音的关系(§8.2.2), T5 的基频曲线(§8.2.3),基频分布(§8.2.4),基频归一化(§8.2.5)。最后一小节(§8.2.6)总结主要发现。

表 8.02 中给出 T5 在不同情况下的基频均值和标准差,分不同元音/i, u, a/,不同发音人,不同性别。例如,发音人 M1 的 T5,在元音/i/的 0%时点处的六个读例的均值是 138 赫兹,标准差是 11 赫兹。这些基频均值在图 8.02(个人)和图 8.03(男女组)中画成绝对时

间的函数。

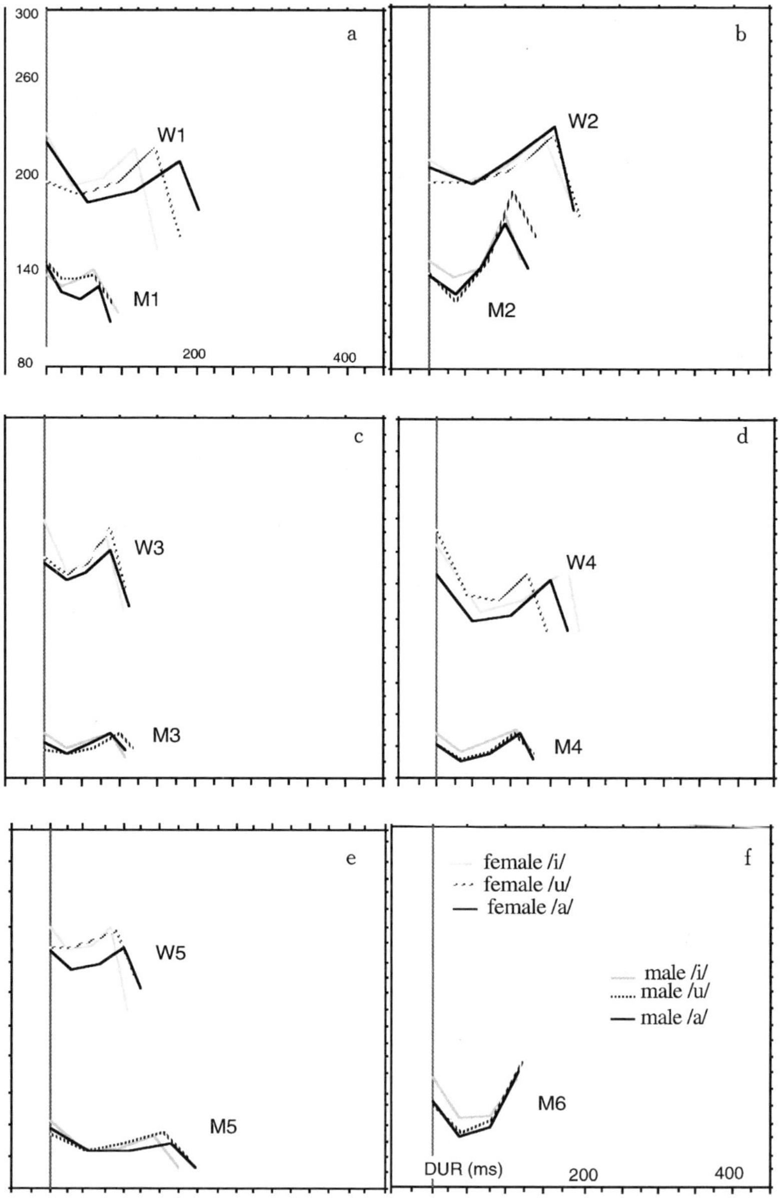

图 8.02　11 位发音人分元音/i，u，a/的 T5 基频曲线

纵轴表示基频，单位 Hz。横轴时间，单位 ms，六个小图中横轴刻度都与(a)中一样

表 8.02　T5 分/i, u, a/的基频：均值和标准差，单位 Hz(个人 $n=6$)

	%	0	33	67	100	100+	%	0	33	67	100	100+
/i/	M1	138(11)	131(5)	133(4)	140(7)	114(5)	W1	223(13)	194(10)	198(11)	215(12)	154(12)
/u/		145(11)	134(8)	135(11)	138(12)	120(11)		196(14)	187(11)	196(13)	217(11)	163(28)
/a/		144(4)	127(5)	124(9)	130(6)	108(10)		219(18)	183(9)	189(5)	207(14)	178(25)
/i/	M2	146(20)	135(20)	143(14)	175(12)	148(19)	W2	207(10)	196(7)	205(11)	223(12)	184(15)
/u/		138(6)	123(7)	145(11)	188(10)	160(11)		196(7)	196(7)	203(7)	222(6)	175(17)
/a/		136(12)	125(10)	142(10)	169(13)	143(12)		204(13)	194(5)	208(8)	228(10)	177(23)
/i/	M3	108(12)	99(5)	103(6)	108(8)	93(9)	W3	239(14)	207(13)	211(12)	230(10)	183(16)
/u/		98(6)	95(7)	99(6)	107(6)	99(6)		215(8)	206(7)	213(9)	234(9)	196(11)
/a/		102(4)	95(6)	100(5)	107(4)	98(9)		212(9)	201(8)	207(8)	220(12)	187(7)
/i/	M4	107(7)	98(6)	103(6)	110(9)	97(11)	W4	223(16)	182(7)	189(7)	210(7)	171(15)
/u/		102(5)	94(7)	98(8)	108(7)	96(6)		231(26)	190(9)	190(6)	204(11)	171(8)
/a/		102(10)	92(6)	96(6)	107(7)	93(4)		204(19)	177(7)	181(5)	201(5)	171(8)
/i/	M5	121(10)	104(11)	104(9)	113(11)	92(13)	W5	240(11)	226(7)	229(4)	239(13)	189(29)
/u/		114(5)	103(7)	108(7)	116(7)	98(4)		227(9)	227(6)	231(4)	237(10)	210(6)
/a/		117(6)	103(3)	103(3)	108(3)	93(3)		225(8)	212(10)	218(4)	227(7)	202(12)
/i/	M6	149(24)	122(13)	124(10)	145(10)	#						
/u/		131(4)	114(5)	121(5)	157(4)	#						
/a/		133(12)	110(2)	116(7)	151(13)	#						
/i/	M	128(19)	115(17)	118(18)	132(26)	$n=6$	W	226(14)	201(17)	206(15)	223(12)	$n=5$
/u/		121(20)	111(16)	118(19)	136(32)			213(17)	201(16)	207(16)	223(13)	
/a/		122(18)	109(15)	114(17)	129(26)			213(9)	193(14)	201(15)	217(12)	

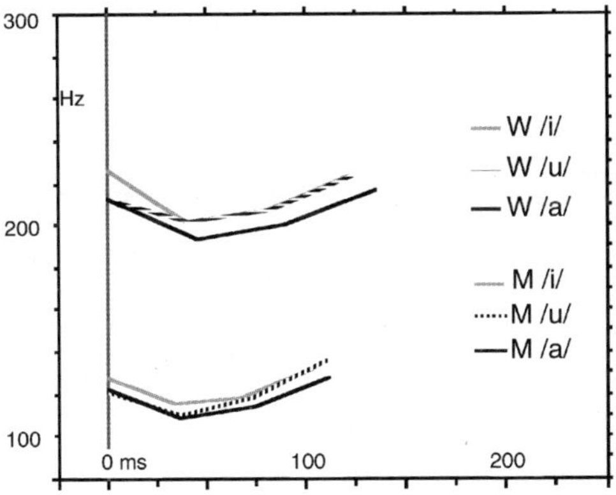

图 8.03　T5 分/i, u, a/，分性别的基频曲线

8.2.2 基频值和元音高度

8.2.2.1 IF0 的总体差别

上一章中看到 IF0 效应出现于 T4 的中间段。图 8.03 中可以看到短升调 T5 的终点 100%时点处低元音/a/也比较低。[8B]的最后一行(合并了的/i&u/和/a/)的单尾 t 检验的结果表明起点处没有 IF0 差别,但此后都有,男女组都如此。因此,T5 的起点不是调征目标,但谷点和峰点都是调征目标。[8B]中有些非起点上的差别无显著性,这说明短调的 IF0 差别不如长调那么鲜明。

[8B] (男组 DF = 5, 女组 DF = 4)

	M				W			
	0%	33	67	100	0%	33	67	100
/i/ vs /a/	~	**	*	~	*	*	*	*
/u/ vs /a/	~	~	*	**	~	*	~	~
/i&u/ vs /a/	~	**	**	*	~	**	*	*

8.2.2.2 IF0 的个人指数

图 8.02 给出个人/i, u, a/的基频图。有六个人的/a/曲线至少跟一条高元音曲线相似。其余五人(M1, M5, W1, W4, W5)的/a/曲线从 33%时点起比/i, u/都低。[8C]给出赫兹和半音的 IF0 指数。其中只有 W2 的指数-1 小到可以忽略。W5 的指数 13 赫兹最大。女组平均指数比男组高 3 赫兹。从[8C]中个人 IF0 指数(st)可以得出,男女组指数都是 0.6 个半音,人际差异 0.4 个半音。

[8C]

	W2	M5	M3	M2	M4	W3	M6	M1	W1	W4	W5	M	W
Hz	-1	2	2	3	4	5	7	8	8	9	13	4	7
	W2	M5	M3	W3	M2	W1	W4	M4	M1	W5	M6	M	W
st	-0.1	0.3	0.3	0.4	0.4	0.7	0.8	0.8	1.0	1.0	1.1	0.6	0.6

8.2.2.3 小结

除了非调征目标的起点,IF0 在 T5 整条曲线上都出现,不过比起长升调来不那么鲜明。以赫兹记,女组平均 IF0 稍大于男组,但以半音为单位两者指数相等。

8.2.3 基频形状和元音

图 8.02 中个人分元音的 T5 基频与长升调有个跟元音有关的共同点。大部分人的 T5 和 T3 一样，调头是降的，峰点高于起点。还有些人和 T2 一样，例如 W2 的/u/曲线是平调头，W4 的所有曲线上的起点都高于峰点。

在讨论 T2 和 T3 时我们看到后元音/u/的相对于谷点的起点高度(ROH)较低，而/i, a/的相对起点高度较高；同时阳声域的[＋气声]特征压低了 T3 的起点，从而减小了后与非后元音之间的相对起点高度差别。这在同是阳声域的 T5 中又得到证实。从[8D]中可以看到，/u/的 ROH 是 11 赫兹(SD＝11)，/i/是 19 赫兹，/a/是 17 赫兹，合并了的/i&a/是 18 赫兹。双尾 t 检验表明/u/的相对起点高度在 0.05 水平上显著低于合并了的/i&a/的起点。T5 中的 ROH 区别不如 T3 明显，我想是由于 T5 的短调性质造成的。内在的语音性质只有当时长足够长时才能显现出来。IF0 效应如此(§8.2.1)，ROH 效应也如此。

[8D] (/i, u, a/的相对起点高度 ROH)

	/u/	/i/	/u/	/a/	/u/	/i&a/
	11(11)	19(11)	11(11)	17(9)	11(11)	18(9)
DF	10		10		10	
p	*		～		*	

8.2.4 T5 的基频曲线

本节讨论 T5 跨元音的平均基频。表 8.03 给出个人的 T4 基频均值和标准差，图 8.04 把这些均值画成平均绝对时长的函数。

表 8.03 T5 基频-均值和标准差，单位 Hz (n = 18)

	0%	33		67	100	100+
$M1_d$	142(10)	130(6)		131(9)	136(9)	114(10)
$M2_r$	140(14)	128(14)	***	143(11)	177(14)	150(16)
$M3_r$	102(8)	96(6)	*	101(6)	108(6)	96(8)
M4	104(7)	95(7)	{0.07}	99(7)	108(8)	95(8)
$M5_d$	117(7)	103(7)		105(7)	112(8)	95(8)
M6	138(17)	115(9)	{0.08}	121(8)	151(10)	#

	0%	33	67	100	100+
W1	212(19)	188(10) {0.08}	194(11)	213(12)	165(24)
$W2_r$	202(11)	195(6) ***	205(9)	225(9)	179(18)
W3	222(16)	204(9) {0.08}	210(10)	228(11)	188(12)
$W4_d$	219(22)	183(9)	187(7)	205(8)	171(10)
$W5_d$	231(11)	222(10)	226(7)	234(11)	200(19)

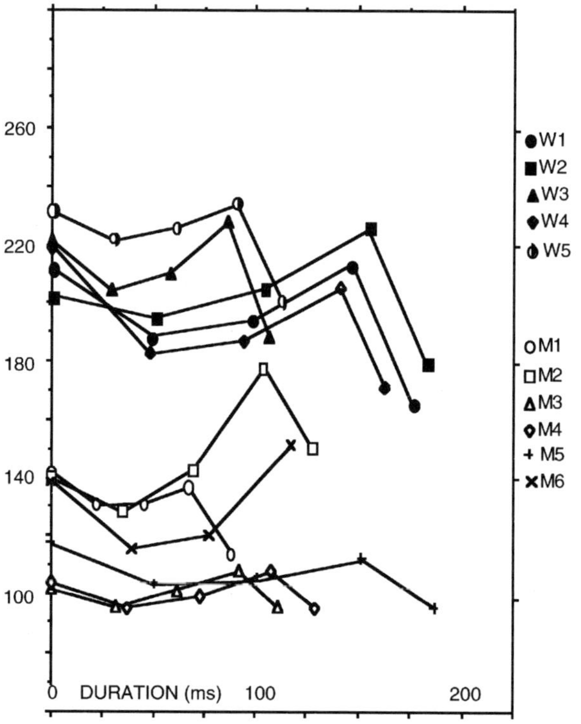

图 8.04　11 位发音人的 T5 曲线-平均基频和平均绝对时长

图 8.04 表明大部分人的峰点高于起点，除了三个例外：M1，M5 和 W4。图中的个人曲线与 T3 相同。有些曲线，如 W2，M3 和 M4 的，尤其 M2 和 M6 的，升得比较快。M1 和 M5 的曲线比较扁，浅凹型的。从图 8.04 中可以辨认出像 T3 一样升、凹两种调型。辨别标准也与 T3 中用的一样：谷点（33%时点处）的基频是否显著低于下一个点（67%时点处）。如果是，则是升型，如果不是，则是凹型。

在此应该指出，这个标准只是临时性的，因为T5每隔三分之一才有一个测量点，不够密。双尾t检验(DF=34)结果见表8.03。底下划线的表示在0.05水平上没有显著区别。在33%和67%时点上的基频对立的统计结果与以上非正式观察并不完全相符，即仅有三个人(M2, M3和W2)是升型，而不是五个人。四个人(M1, M5, W4和W5)是凹型。其余四人(M4, M6, W1和W3)尽管他们67%时点处的基频不是显著高于33%时点处的，但他们的曲线形状很难确定。表中圆括号里的概率稍高于显著性水平。说难以确定有两个原因。第一，像M6的曲线看上去更像是升型，而不是凹型。第二，假如t检验的择一假设是单尾而不是双尾，即检验67%时点的高度是否高于33%时点，而不是检验是否有区别，那么结果便是有显著性了。这个单尾检验不是不合理，因为我们有理由预见谷点(33%时点)后的基频会上升。而实际上每个人的T5在67%时点处都高于各自的33%时点处。不过现在我先把这四位放在一边，暂不确定他们的调型。等后文讨论了T5的基频归一化(§8.2.5)以后再来处理这问题，那时会提出另一条确定他们调型的辅助标准。

不像前面的T1和T3，这儿T5的两种调型听感上无别，这显然是因为T5太短了。

8.2.5 基频分布

8.2.5.1 频域和起点

图8.04显示男女曲线在互不相交的两个频域内，如果不计100%时点上的基频干扰的话。W4的谷点(183 Hz)在女性中最低，仍比男性中最高点，M2的峰点(177 Hz)高6赫兹。表8.03中个人基频从最低的95赫兹(M4的33%时点)到最高的234赫兹(W5的100%时点)，跨度为139赫兹。

与T2一样，五个女性的基频跨度51赫兹(=234－183)，小于六个男性的82赫兹(=177－95)。这是由M2特高的峰点造成的，这在图8.04中清晰可见。M2在男性中基频较高，他又是升型，所以他的高峰点拉大了男性基频跨度。

个人频域和两性频域见[8E]。男组的平均频域是21赫兹(=

132－111)，与女组 23 赫兹(＝221－198)近似。但以半音记，男组比女组大 1.1 个半音。两个男性(M2 和 M6)在图 8.04 中的曲线比他人升得快多了。他们的赫兹频域最大，半音频域也最大，远远大于他人。我们记得，这两位发音人在读字表时是最正式，还有点紧张。

[**8E**]

Sp	M1	M3	W5	M4	M5	W3	W1	W2	W4	M6	M2	M	W
Hz	12	12	12	13	14	24	25	30	36	36	49	21	23
Sp	W5	M1	W3	M3	W1	M5	M4	W2	W4	M6	M2	M	W
st	0.9	1.5	1.9	2.0	2.2	2.2	2.2	2.5	3.1	4.7	5.6	3.0	1.9

六位男性在起点处的基频跨度是 40 赫兹(142－102)1.4 倍于五位女性的 29 赫兹(231－202)。以半音记，男性是 5.7，2.5 倍于女性的 2.3 个半音。男性在峰点处的基频跨度是 69 赫兹(177－108)，2.4 倍于女性的 29 赫兹(234－205)。以半音记，男性是 8.6，3.7 倍于女性的 2.3 个半音。与起点处一样，W5 的峰点最高，M3 和 M4 最低。男性在谷点处的基频跨度 35 赫兹(130－95)与女性的 39 赫兹(222－183)差得不多。以半音记，男性是 5.4，1.6 倍于女性的 3.3 个半音。W5 的谷点最高，M4 的最低。

8.2.5.2　**起点、谷点、峰点和频域之间的关系**

上面讨论 T2 和 T3 时看到，起点、谷点和峰点高度相关，但与频域的相关度就较低，甚至很差。这在 T5 中更是如此。[8F]给出各人的起点、谷点、峰点、频域的排序，[8G]给出斯皮尔曼序位相关检验结果。起点、谷点和峰点处的基频在 0.01 水平上都正相关，但与频域不相关。

[**8F**]

	11	10	9	8	7	6	5	4	3	2	1
起点	M3	M4	M5	M6	M2	M1	W2	W1	W4	W3	W5
谷点	M4	M3	M5	M6	M2	M1	W4	W1	W2	W3	W5
峰点	M3	M4	M5	M1	M6	M2	W4	W1	W2	W3	W5
频域	M3	M1	W5	M4	M5	W3	W1	W2	W4	M6	M2

[8G] ($n = 11$)

	起点	谷点	峰点	频域
起点	1	**	**	～
谷点	0.955	1	**	～
峰点	0.927	0.973	1	～
频域	0.055	0.018	0.155	1

图 8.05 给出各人在起点、谷点、峰点、频域的基频，按峰点基频从小到大排列。

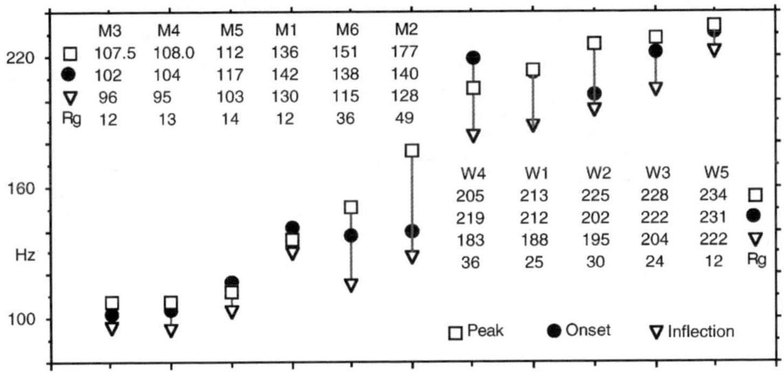

图 8.05　11 位发音人 T5 的峰点，起点，谷点和频域的基频

[8H]给出起点、峰点、谷点、频域的基频之间的皮尔森相关系数(r 值)和显著性水平($\alpha=0.05$, DF$=1$, 9)。可以看到起点、谷点、峰点处的基频高度相关，这三个 r 值都超过 0.96。起点和谷点相关度最高($r=0.985$)。括号中的 r 平方值能用来从三点的任何一点预测其他两点的高度，精确度高于 96%。但这三点的基频值与频域相关度很低($r<0.4$)。图 8.06 给出这三点的拟配线和 95%的置信带，由此可从一点目测另两点的高度。

[8H] (DF = 1, 9)

	起点	谷点	峰点	频域
起点	1	***	***	～
谷点	0.985(0.97)	1	***	～
峰点	0.962(0.925)	0.967(0.936)	1	～
频域	0.211(0.044)	0.138(0.019)	0.369(0.136)	1

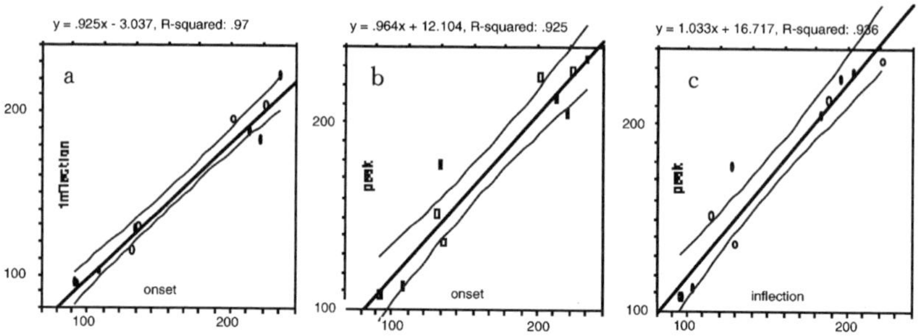

图 8.06　(a)起点和谷点,(b)起点和峰点,(c)谷点和峰点,基频之间的拟配线和 95%置信带

8.2.6　基频归一化

用作 T5 归一化的标准点是在 33%，67%和 100%时点。表 8.04 给出经 LZ 转换得到的 11 位发音人的基频标准值,以及均值和标准差。图 8.07 把这些数据画成图,图 a 是升型,图 b 是凹型,图(c)是均值和标准差。

表 8.04　经 LZ 转换的 T5 的基频值

T5r	0%	33	67	100	T5d	0%	33	67	100
M2	−0.18	−0.66	−0.06	1.04	W1	−0.04	−0.85	−0.63	−0.02
M3	−0.22	−0.81	−0.39	0.25	W3	−0.21	−0.88	−0.66	−0.01
M4	−0.14	−1.17	−0.68	0.32	W4	0.56	−1.24	−1.03	−0.10
M6	0.22	−0.85	−0.59	0.79	W5	−0.50	−0.87	−0.70	−0.37
W2	−0.91	−1.23	−0.78	0.01	M1	0.13	−0.67	−0.63	−0.28
					M5	0.12	−1.11	−0.96	−0.32
m	−0.25	−0.94	−0.50	0.48		0.01	−0.94	−0.77	−0.18
s	0.41	0.25	0.28	0.42		0.36	0.20	0.18	0.16
BSV		0.060	0.081	0.177			0.042	0.032	0.024
MBSV		0.106					0.033		
SV		0.470					0.139		
DC		0.106/0.47 = 22.5%				0.033/0.139 = 23.6%			
NI		107.6%/22.5%=4.8			116.1%/23.6%=4.9				

上文 § 8.2.3 节中怀疑 T5 有两种调型。本节用第 6 章中的标准来鉴别。由于 T5 看上去像是 T3 的短型,鉴别 T3 两种调型的标准也许适用于 T5。T3 升型的终点显著高于凹型的终点。因此我用峰点高度来测定 T5 的调型。凡峰点高于平均值(0 SD)的归成一类,低于均

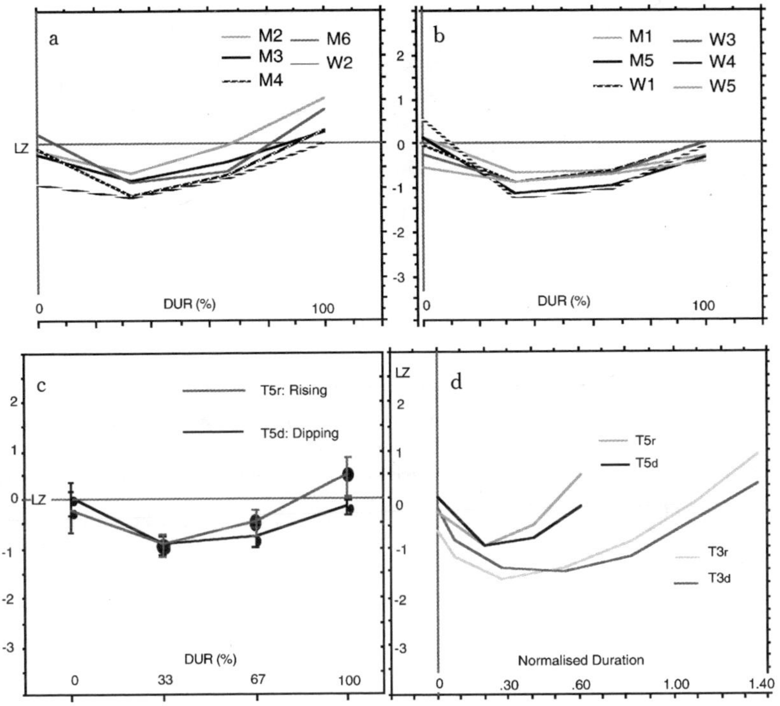

图 8.07　T5 的 LZ 曲线及其与 T3 的比较

(a)升型 T5r 和(b)凹型 T5d 的 LZ 归一化基频曲线,(c)两个调型的均值和标准差,(d)T5 的两个调型和 T3 两个调型的比较(纵轴是均值上下的标准差)

值的另一类。T5 的两种调型在图 8.07c 中很清楚地显现出来。升型包括 M2，M3，W2，M4 和 M6,后两位的调型在§5.2.3 中未确定。凹型包括 M1，M5，W4，W5，W1 和 W3,后两位前面也未确定。

本章前面§8.2.3 节中用 33%时点和 67%时点上的基频差作为标准来区别 T5 的两种调型。如果用 20%和 40%时点处的基频差可能更显豁点。我把 11 位发音人的 T5 样本每隔 20%重新测量了一次，结果发现凹型曲线在 40%时点的基频显著($\alpha=0.05$)低于 20%处的(这表明谷点比较后,升得晚),升型无此区别。有 10 个人的分类与本小节前面相同,只有一个 M6 像是一个过渡型,上文说他是升型,但他 40%时点处的基频又显著低于 20%时点处。

看来如果采样点不够密集的话,用峰点值比用其他任意取样点的值在区别调型方面更可靠些。

由于表 8.03 中有四个人的调型未能确定，所以无法计算统计量。现在他们的调型都确定了，统计量也能算了，见表 8.05。表 8.04 下半是 LZ 转换值的统计量。两种调型的标志指数(NIs)相同：跟原来的离散系数(DCs)相比，都减少了五倍。

表 8.05　T5 两种调型的统计特征，单位赫兹 (r = 升型，d = 凹型)

T5r	0%	33	67	100	T5d	0%	33	67	100
BSV		1 685	1 924	2 446	BSV		2 074	2 243	2 613
MBSV = 2 018		SV = 1 876			MBSV = 2 310		SV = 1 990		
DC = 2 018/1 876 = 107.6%					DC = 2 310/1 990 = 116.1%				

假若没有区分出这两种调型，那么，合在一起的 T5 的 NI 只有 3.0 而不是 5.0 了。这是正确区别两种调型的重要指针。为进一步证实这一点，我做了次随机分组试验。把 11 位发音人随机分两组，一组包括 M1，M2，M5，M6，W3 和 W4，另一组 M3，M4，W1 和 W2。第一组的 NI 是 2.4，比合在一起的 T5 的 NI 差，第二组的 NI 是 5.9，要好得多。

费国华(Rose 1993)没分出 T5 的两种调型。我觉得他原文中图 2 的 T5 小图中两种调型目测也可看出来。

T5 的两个调型的谷点一样高(−0.94 SD)，但升型的峰点显著高于凹型($p<0.01$，DF=9)。两者的时长无区别：升型 117 ms，凹型 116 ms。

T5 的两个调型之间的关系与 T3 的两个调型的关系一样。两个升调的起点都低于凹调起点，但没有显著性；峰点都显著高于凹调。比较图 8.07d 中 T3 和 T5 的两个调型可以看到：1)T5 是 T3 的短型；2)T5 曲线没 T3 那么外围化，他们的起点、谷点和峰点都比较接近均值(0 SD)；3)T5 两个调型的谷点显著高于相应的 T3 的谷点($p<0.0001$，DF=20)。似乎上海发音人感觉得到 T5 的峰点高度以及要达到这峰点的时间，因此他们在发短调 T5 时起点和凹点都高于 T3，以便及时达到峰点。

8.2.7　小结

与 T3 相同，T5 也可辨认出升型和凹型两个变体，它们的峰点高度显著不同。T5 的两个变体可以看作是 T3 升、凹两型的短变体。其他重要发现有：IF0 出现于 T5 整条曲线，除了不是调征目标的起点，但不如长调那么明显。T5 中/u/的相对起点高度低于/i, a/，但没长调 T3 那么明显。发音人在起点、谷点、峰点高度的排序在 0.01 水平上高度相关;起点、谷点、峰点处的基频在 0.001 水平上高度相关。

8.3 音　　强

8.3.1 引言

本节内讨论 T5 的音强:音强和元音的关系(§8.3.1),分元音的和合并了元音后 T5 音强的形状(§8.3.2),音强的分布(§8.3.3),以及音强的归一化(§8.3.4)。

表 8.06 给出 T5 在元音/i, u, a/上的音强均值和标准差。图 8.08 把这些均值画成相对时长的函数。表 8.07 给出个人跨元音的 T5 的音强均值和标准差(dB),以及总平均值和标准差。图 8.09 画出个人的均值,图 8.10 画的是总平均音强和标准差。

表 8.06　T5 分/i, u, a/的音强:均值和标准差,单位 dB(个人 $n = 6$, 总 $n = 11$)

		0%	10	20	40	60	80	100	100+
M1	/i/	27.3(1.1)	28.8(1.0)	29.1(0.7)	28.7(0.8)	28.3(0.9)	27.7(1.0)	25.7(2.7)	18.0(5.8)
	/u/	27.1(1.1)	28.4(0.8)	28.9(0.9)	28.7(1.1)	28.6(1.5)	28.9(1.1)	28.1(1.4)	21.1(4.5)
	/a/	25.6(1.8)	26.8(1.1)	27.0(1.0)	26.8(1.0)	26.7(0.8)	26.3(0.9)	25.7(0.8)	19.0(1.8)
M2	/i/	28.7(1.9)	32.1(1.0)	32.9(1.0)	33.4(0.7)	32.2(0.8)	31.9(1.0)	28.8(1.6)	19.0(1.9)
	/u/	26.9(2.5)	31.5(0.9)	32.3(0.9)	32.8(0.4)	32.1(1.6)	31.5(1.7)	29.2(2.8)	20.2(2.6)
	/a/	29.2(1.3)	31.6(0.6)	31.9(0.3)	31.3(1.3)	30.8(0.5)	31.6(0.9)	30.2(1.5)	18.9(1.8)
M3	/i/	34.9(5.7)	36.8(5.7)	37.3(4.5)	34.1(2.0)	33.0(2.2)	31.4(1.8)	28.0(1.7)	20.0(2.4)
	/u/	34.9(3.0)	35.5(3.8)	35.9(3.4)	33.6(4.0)	31.1(2.4)	30.5(1.5)	28.4(3.3)	19.4(7.1)
	/a/	28.7(3.7)	30.2(3.6)	31.3(2.4)	30.2(2.0)	30.7(2.1)	30.6(2.3)	27.7(2.9)	18.4(3.9)
M4	/i/	23.1(2.4)	25.6(3.1)	26.1(4.5)	26.0(3.8)	25.6(3.4)	25.1(2.5)	22.1(2.6)	11.5(6.3)
	/u/	21.5(1.8)	23.1(1.7)	23.8(1.8)	24.7(2.7)	25.2(2.2)	25.4(2.5)	24.7(3.7)	13.0(5.7)
	/a/	21.0(2.0)	22.2(2.9)	22.6(3.0)	22.4(3.1)	22.2(2.7)	22.6(2.1)	20.4(1.7)	13.7(6.0)
M5	/i/	27.3(1.2)	29.9(1.6)	30.4(1.4)	31.0(1.4)	31.3(1.6)	30.9(1.6)	29.4(1.9)	23.8(2.4)
	/u/	25.7(1.5)	29.3(1.5)	30.6(1.2)	30.5(1.2)	30.9(1.3)	31.2(1.2)	31.0(1.1)	24.7(1.9)
	/a/	27.2(1.1)	29.7(0.9)	30.2(0.7)	29.5(0.6)	29.5(0.6)	29.3(0.8)	27.9(1.3)	22.3(2.4)
M6	/i/	25.8(2.2)	28.2(1.4)	28.1(1.3)	27.5(1.2)	27.0(0.9)	26.4(0.9)	22.1(1.4)	#
	/u/	26.6(1.8)	27.5(2.4)	29.3(3.5)	29.6(3.6)	28.6(2.5)	27.0(1.6)	20.1(1.6)	#
	/a/	24.5(2.5)	26.6(1.2)	26.3(1.2)	25.9(1.2)	25.1(0.7)	25.3(1.0)	20.9(2.3)	#
W1	/i/	23.7(3.0)	25.4(1.9)	26.1(2.4)	25.1(1.9)	24.3(2.7)	22.5(4.5)	21.4(4.8)	13.9(6.8)
	/u/	24.7(3.7)	26.2(2.8)	26.1(2.3)	25.6(1.9)	24.4(2.8)	24.2(3.2)	23.5(3.6)	15.3(6.3)
	/a/	21.0(2.0)	24.2(2.2)	23.8(2.6)	22.4(2.2)	20.6(3.1)	18.5(4.8)	16.4(5.2)	9.9(3.9)

续表

		0%	10	20	40	60	80	100	100+
W2	/i/	25.3(1.0)	27.3(1.2)	27.1(1.6)	26.2(2.0)	25.9(2.3)	25.6(2.9)	24.7(3.9)	17.5(4.0)
	/u/	24.6(1.6)	27.4(1.5)	27.7(1.4)	28.8(1.6)	28.4(1.9)	27.4(2.2)	26.7(2.0)	19.3(5.3)
	/a/	25.8(1.6)	28.7(1.8)	28.8(2.0)	28.7(2.0)	28.2(2.1)	28.0(2.2)	27.1(2.6)	20.3(3.7)
W3	/i/	19.5(4.1)	23.4(4.4)	24.7(4.6)	25.1(4.5)	25.1(3.7)	24.8(3.2)	20.6(4.3)	12.8(2.7)
	/u/	17.6(3.1)	22.3(3.4)	23.4(3.4)	24.2(3.3)	24.6(3.1)	25.0(2.6)	23.7(4.1)	18.4(3.7)
	/a/	17.9(2.9)	21.5(3.8)	22.5(3.6)	23.5(3.2)	23.6(3.8)	23.0(4.4)	22.5(4.0)	16.4(4.4)
W4	/i/	23.1(1.2)	24.2(1.3)	23.6(2.5)	22.5(2.0)	22.5(1.9)	22.8(2.1)	21.0(2.3)	14.7(2.5)
	/u/	22.2(1.4)	24.2(1.1)	24.4(1.2)	24.4(1.6)	24.5(1.5)	24.9(1.7)	23.6(2.3)	15.5(3.3)
	/a/	21.7(2.0)	23.7(1.4)	23.1(1.4)	22.2(2.1)	23.2(2.1)	24.8(1.7)	24.2(2.4)	18.1(4.2)
W5	/i/	27.7(3.4)	31.0(3.0)	33.1(3.0)	34.1(4.2)	33.0(5.0)	30.4(5.5)	27.2(5.6)	18.4(7.7)
	/u/	26.7(1.4)	29.8(0.5)	31.8(0.9)	34.5(1.7)	35.6(1.3)	34.0(1.4)	28.7(1.8)	20.0(2.0)
	/a/	28.2(1.9)	30.8(1.8)	31.4(1.6)	31.6(1.5)	32.8(1.3)	33.6(1.5)	30.9(1.2)	22.4(2.1)
All	/i/	26.0(4.6)	28.4(4.6)	28.9(4.8)	28.5(4.6)	28.0(4.3)	27.2(4.2)	24.6(4.4)	$n=11$
	/u/	25.3(4.6)	27.7(4.2)	28.6(4.3)	28.9(4.2)	28.6(4.0)	28.2(3.6)	26.1(4.0)	
	/a/	24.6(4.1)	26.9(4.0)	27.2(4.1)	26.8(4.0)	26.7(4.3)	26.7(4.8)	24.9(5.0)	

表 8.07　T5 音强-均值和标准差,单位 dB

	%	0	10	20	40	60	80	100	100+	*n*
M1	*m*	26.6	28.0	28.4	28.1	27.9	27.6	26.5	19.4	18
	s	1.5	1.3	1.3	1.3	1.3	1.4	2.1	4.3	
M2	*m*	28.3	31.8	32.4	32.5	31.7	31.7	29.4	19.3	18
	s	2.1	0.8	0.8	1.2	1.2	1.2	2.0	2.1	
M3	*m*	32.8	34.2	34.8	32.6	31.6	30.8	28.0	19.3	18
	s	5.0	5.1	4.2	3.2	2.4	1.9	2.6	4.6	
M4	*m*	21.9	23.6	24.2	24.4	24.3	24.4	22.4	12.7	18
	s	2.2	2.9	3.4	3.4	3.1	2.6	3.2	5.7	
M5	*m*	26.7	29.6	30.4	30.3	30.5	30.5	29.5	23.6	18
	s	1.4	1.3	1.1	1.2	1.4	1.4	1.9	2.4	
M6	*m*	25.6	27.4	27.9	27.7	26.9	26.2	21.0	#	18
	s	2.2	1.8	2.5	2.7	2.1	1.3	1.9	#	
W1	*m*	23.1	25.2	25.3	24.4	23.1	21.7	20.4	13.0	18
	s	3.2	2.3	2.5	2.4	3.3	4.7	5.3	5.9	
W2	*m*	25.2	27.8	27.9	27.9	27.5	27.0	26.1	19.0	18
	s	1.4	1.6	1.7	2.1	2.3	2.5	2.9	4.3	
W3	*m*	18.3	22.4	23.5	24.3	24.4	24.3	22.2	15.9	18
	s	3.3	3.7	3.8	3.6	3.4	3.4	4.1	4.2	
W4	*m*	22.3	24.0	23.7	23.1	23.4	24.2	22.9	16.1	18
	s	1.6	1.2	1.8	2.0	1.9	2.0	2.6	3.5	
W5	*m*	27.5	30.5	32.1	33.4	33.8	32.6	28.9	20.3	18
	s	2.3	2.0	2.1	2.9	3.2	3.6	3.6	4.8	
All	*m*	25.3	27.7	28.2	28.1	27.7	27.4	25.2		11
	s	3.9	3.7	3.9	3.7	3.7	3.6	3.5		
VAR			13.6	14.8	14.0	13.9	13.0	12.3		
MBSV = 13.6				SV = 13.6				DC = 100%		

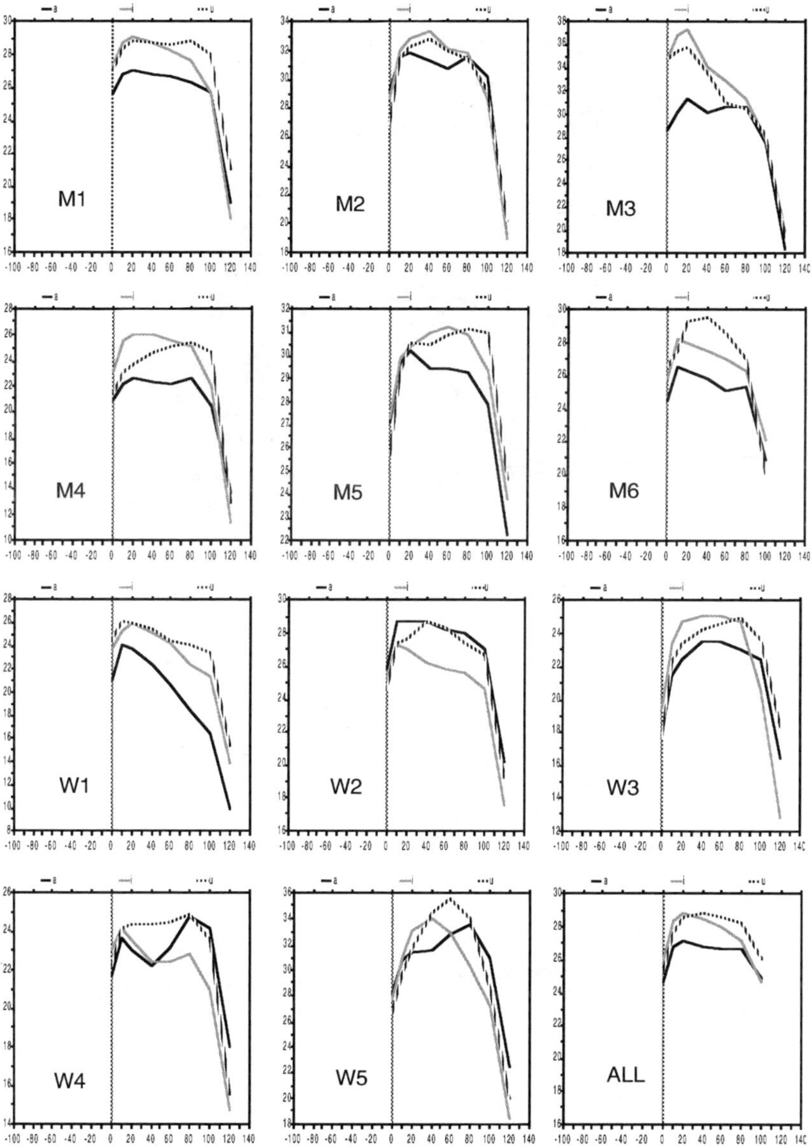

图 8.08　T5 分/i, u, a/的音强曲线

纵轴是音强分贝 dB;横轴是相对时长

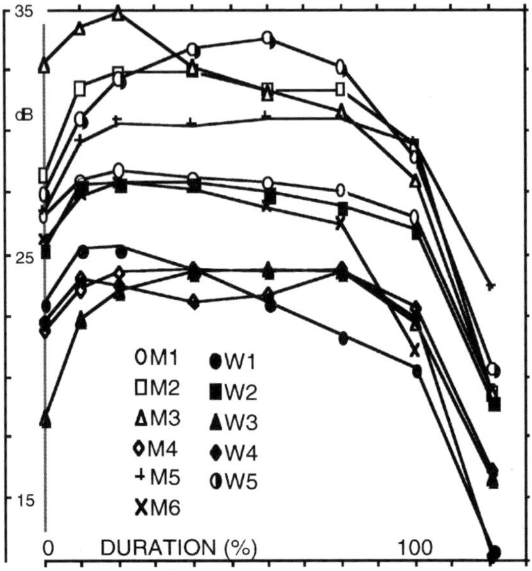

图 8.09　11 位发音人的 T5 音强曲线

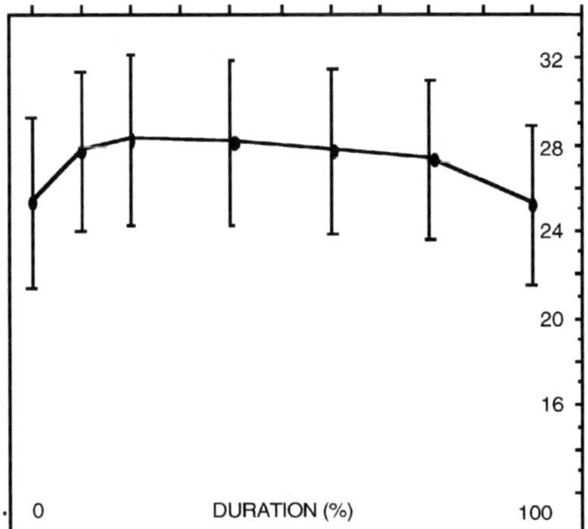

图 8.10　T5 音强-11 人的总平均和标准差
（纵轴是围绕均值的标准差）

8.3.2 音强值和元音高度

图 8.08 中“All”小图显示从 20%到 60%时点/a/曲线低于另两条至少 1 分贝。大部分人的/a/低于另两条,只有 W2 和 W4 的/i/曲线最低。[8I]给出音强指数,按高低元音之差大小排列。表中只有 W2 的元音音强正指数(1.3 dB)足够大,接下来三个(W4, W5, M2)很小(在+1 和−1 dB 之间),可以忽略。剩下 7 个他们的/a/比/i&u/小至少 1 dB。平均来说,带 T5 的/a/的音强低于/i/1.1 dB,低于/u/1.5 dB,低于合并的/i&u/1.3 dB。因此还是没有发现元音的内在音强差别。

[8I] (差值,单位 dB)

峰点差	W2	W4	M5	M2	W5	W3	W1	M1	M6	M4	M3	*m*
/a-i/	1.5	0.6	−1.1	−1.6	−0.5	−1.6	−1.9	−2.1	−1.6	−3.5	−6.0	−1.6
/a-u/	0.0	−0.1	−1.1	−0.9	−2.1	−1.4	−2.0	−1.9	−3.1	−2.8	−4.6	−1.8
/a-i&u/	0.7	0.3	−1.1	−1.2	−1.3	−1.5	−1.9	−2.0	−2.3	−3.2	−5.3	−1.7
均　差	W2	W4	W5	M2	W3	M5	M1	M6	M4	M3	W1	*m*
/a-i/	2.1	0.8	0.4	−0.7	−1.2	−1.1	−1.5	−1.5	−3	−3.3	−3.2	−1.1
/a-u/	0.5	−0.8	−0.5	−0.3	−1.1	−1.2	−2.1	−2	−2.4	−2.4	−4.0	−1.5
/a-i&u/	1.3	0.0	−0.1	−0.5	−1.1	−1.2	−1.8	−1.8	−2.7	−2.9	−3.6	−1.3

8.3.3 音强曲线形状

分元音的 T5 音强形状—图 8.08 中可看到多种多样的形状。/a/曲线:有七条是凹的,大多是浅凹,只有 W4 的凹谷很深;有三条是降的,其中 W1 的降的很陡;只有 W3 的是凸的。/i/曲线:大多是降的,有些如 M3 和 W5 降得很陡;M5 和 W3 是凸的。/u/曲线形状最多样:M2 和 W1 的缓降,M3 的急降,M6 的凸型;M1 和 W4 大体是平的,M4, M5 和 W3 是升的;W5 是凸的。

图 8.08 最后一个小图中的人际平均的/i/和/a/曲线基本上是平的,/u/缓降。音强最高点/i/和/a/曲线在 20%时点处,/u/曲线在 40%时点处。从 40%到 80%的中段,/a/是平的,其余两条缓降。

T5 的音强形状—图 8.10 中 T5 的总体形状在主体部分实际上是平的,20%时点处的音强仅比 80%时点处高 0.8 dB,两头都是下垂的。图 8.09 中有些个人的变体。M3 和 W1 的音强曲线是降的;W5 是凸的,峰点在 60%处;W4 是凹的。

8.3.4 音强分布

如表 8.07 和图 8.09 所示,11 个发音人的 T5 音强均值的分布(排除在 100+%处)从 18.3 dB(W3 的起点处)到 34.8 dB(M3 的 20%时点处),跨度为 16.5 dB。

从表 8.07 的值算得的个人分贝范围及其均值由小到大排在[8J]中。M6 的音强域最大,6.9 dB; M1 和 W4 的最小,1.9 dB。平均为 4.4 dB,与 T3 的正好一样。

[8J]

	M1	W4	M4	W2	M5	M2	W1	W3	W5	M3	M6	M	W	All
域	1.9	1.9	2.5	2.7	3.8	4.2	4.9	6.1	6.3	6.8	6.9	4.3	4.4	4.4

个人的平均音强列在[8K]中,这是从 10%到 100%时点处算出。T5 的音强总平均是 27.4 dB。男组均值高于女组 2.7 dB。

[8K]

	W1	W3	W4	M4	M6	W2	M1	M5	M2	W5	M3	M	W	All
均	23.4	23.5	23.6	23.9	26.2	27.4	27.8	30.1	31.6	31.9	32.0	28.6	25.9	27.4

8.3.5 音强归一化

T5 音强归一化的标准点是从 10%到 100%时点。图 8.10 和 8.11 中是简单的分贝标准化。从表 8.07 倒数第 3 行算出的标准差均值是 3.7,从同表上一行中算出的平均分贝的跨度仅有 3.0 dB(10%时点处的 28.2 dB—100%时点处的 25.2 dB)。两者之比是 1.23(=3.7/3.0)。

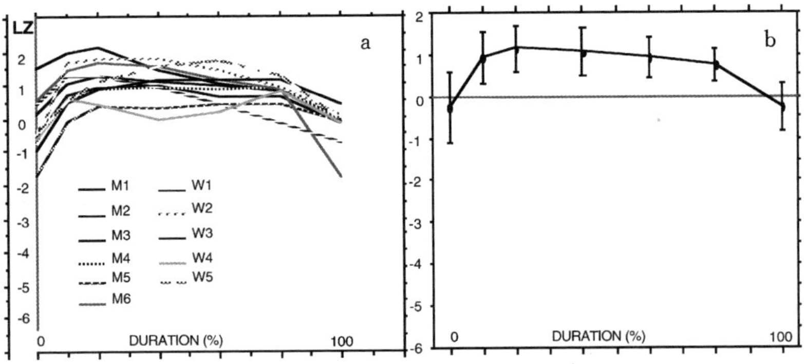

图 8.11 (a)T5 音强-11 个人的 LZ 归一化曲线,
(b)T5-经 LZ 转化的音强均值和标准差

表 8.08 给出经 LZ 转换的 11 位发音人的 T5 音强值及其均值和标准差。这些值分别画在图 8.11a 和 b 中。从 10％到 100％时点处的平均标准差是 0.53 个单位,均值的跨度为 1.42 个标准差(＝20％时点处的 1.13—0％时点处的(－0.29))。两者之比为 0.37,仅为前面分贝比值(1.23)的三分之一。这说明 LZ 归一化在减少人际差异方面要比分贝平均法好得多。

表 8.08　经 LZ 转换的 T5 音强值(r:T5r; d:T5d)

	0%	10	20	40	60	80	100
M1d	0.10	1.04	1.30	1.10	0.97	0.77	0.03
M2r	−0.61	0.68	0.90	0.94	0.64	0.64	−0.21
M3r	1.45	1.93	2.13	1.38	1.03	0.76	−0.20
M4r	−0.38	0.49	0.80	0.90	0.85	0.90	−0.12
M5d	−1.73	−0.12	0.33	0.27	0.39	0.39	−0.17
M6r	0.49	1.39	1.64	1.54	1.14	0.79	−1.82
W1d	0.36	1.25	1.30	0.91	0.36	−0.23	−0.78
W2r	−0.78	1.66	1.76	1.76	1.38	0.91	0.07
W3d	−0.95	0.46	0.84	1.12	1.15	1.12	0.39
W4d	−0.65	0.58	0.36	−0.07	0.15	0.73	−0.22
W5d	−0.54	0.52	1.09	1.55	1.69	1.26	−0.05
m	−0.29	0.90	1.13	1.04	0.89	0.73	−0.28
s	0.85	0.61	0.57	0.55	0.47	0.39	0.58
VAR		0.371	0.320	0.301	0.218	0.154	0.339
MBSV = 0.284　SV = 0.487　DC = 58%　NI = 1.7(105%/58%)							

表 8.07 中以分贝为单位的离散系数(DC)是 105％,表 8.08 以标准差为单位的是 58％,标准指数为 1.7,稍好于 T3 和 T4。

8.3.6　基频和音强

T5 在 33％、67％、100％时点上的基频 LZ 值,和在 40％、60％、100％时点上的音强 LZ 值的负相关性较高,$r = -0.659$, $n = 33$(见图 8.12)。

图 8.12 中两条清晰可辨的音强曲线,证明了我们区分 T5 两条基频曲线(升、凹)的合理性。升型(T5r)的基频和音强峰点都高于凹型(T5d)的。升型的音强曲线从 20％时点起到终点一路下降,而凹型则从 20％时点到 80％时点处基本上是平的。两者的音强峰点都在 20％处。

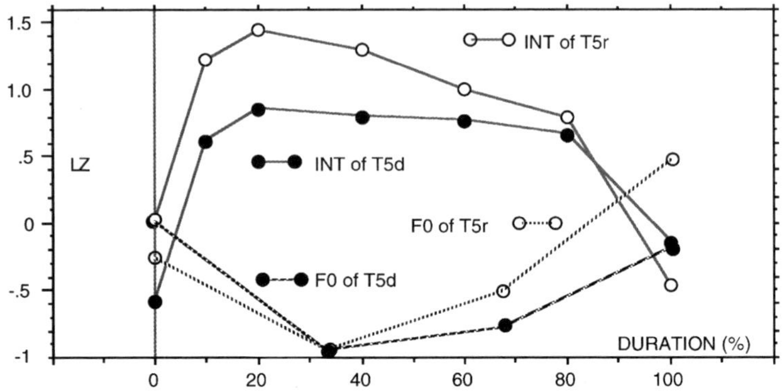

图 8.12　T5:LZ 转换的基频和音强

T3 的两条音强曲线与各自的基频曲线吻合得很好,但是 T5 的两条音强曲线既不升,也不凹,这可能是由于 T5 太短。长凹调 T3 有时间来实现它的双峰点,但短凹型 T5 只有 100 毫秒稍多点,要实现两个峰点显然时间不够。

T5 升型的音强曲线的前段高于凹型的前段,这与 T3 一样。基频曲线的后三分之一段 T5 升型显著高于 T5 凹型,但两者音强在 80% 时点处却很接近。这仍然表明引起两个变体在后段的基频差别的是声带紧张度而不是喉下气压。

8.3.7　小结

T5 中仍没发现有高低元音之间的内在音强差。音强和基频的 LZ 值较高地负相关($r=-0.659$),这说明当基频上升时,音强在下降。音强的两条曲线与基频的两条曲线相配,升型的基频和音强曲线在总体上都高于凹型。

第九章　单字调总说

本章前三节先总结一下在前五章里分散讨论的参数间相互作用的语音学课题:关于时长和性别、时长和基频形状、时长和元音高度的关系(§9.1),基频和元音高度的关系(§9.2),基频和音强的关系(§9.3)。然后§9.4提出一种二次三项式的连续曲线表示法。后面三节探讨单字调的音法表达方式。先讨论声调与发声态的关系(§9.5),然后§9.6用通用调型库来为上海话五个声调定位,最后一节§9.7讨论分域四度声调模型。音高相差一度的分域四度制是本书最初英文版(1995)的最重要的理论突破。

9.1　时　　长

本节总结三种关系:1)时长和性别,2)时长和基频形状,3)时长和元音高度。

9.1.1　时长和性别

男女所有五个声调的平均时长、标准差,以及男女之差的总结在[9A]中给出。在所有五个声调中女组都比男组长,从T4的5毫秒到T2的34毫秒。不过,双尾T检验(DF=9)的结果表明两者在0.05水平上无区别。所以时长和性别之间无相关性。

[9A]

	T1	T2	T3	T4	T5	*n*
M	219(34)	245(46)	244(43)	77(17)	108(30)	6
W	233(44)	279(57)	270(57)	82(12)	126(35)	5
差(W−M)	14	34	26	5	18	
p	~	~	~	~	~	

9.1.2 时长和基频形状

有很多研究(如 Howie 1976; Rose 1980)报告了一种情况,升调一般最长,平调次之,降调最短①,上海话中也是如此,它的八个同位调的平均时长的排序在[9B]中给出,下画线表示无显著性差别(α=0.05,双尾)。表中数据分三个组:三个长舒声的五个同位调是一组,短入声中 T5 的两个同位调是一组,T4 自成一组。T2 和 T3 实际上时长相同:T2 是 261 ms, T3 升型是 257 ms, T3 凹型是 255 ms。缓降的 T1 稍短(208 ms),但与直降型 T1(240 ms)和凹型 T3 无显著性区别。T5 的凹型和升型时长基本相同,而 T4 只有 T5 三分之二那么长。这样的时长差别实际上反映了音韵学中的自然类或语音学效果。三个长调和两个短调之间的差别是传统音韵学中的舒入之分。而短调 T5 和 T4 之间的时长差反映了声调形状对元音长度的影响。T5 是上升型的,而 T4 的时长 79 毫秒是从带清塞音声母的音节的降型基频的读例中量得的。

[9B]

长/舒声					短/入声		
261	257	255	240	208	117	116	79
T2	T3r	T3d	T1s	T1d	T5r	T5d	T4

[9C]中是个人时长的排序,绝大多数人的 T2 和 T3 在 0.05 水平上无显著性差别(双尾,不配对),用下加线表示。只有 M1 的 T2 显著长于 T3, M2 的 T3 长于 T2($p<0.05$)。

[9C]

M1	T2	T3	T1	**T4**	**T5**	W1	T2	T3	T1	T5	T4
M2	T3	**T1**	**T2**	T5	T4	W2	T2	T3	T1	T5	T4
M3	T3	T2	T1	T5	T4	W3	T3	T2	T1	T5	T4
M4	T2	T3	T1	T5	T4	W4	T2	T3	T1	T5	T4
M5	**T1**	**T2**	**T3**	T5	T4	W5	T2	**T1**	**T3**	T5	T4
M6	T2	T3	T1	T5	T4						

① 但是 Abramson(1960:158)的发现有所不同,标准泰语有五个声调,长元音的平均时长人各不同:他有个发音人是低平调>中平调>升调>降调>高平调,另一个发音人是低平调>中平调>升调>高平调>降调。

升调形的 T2 和 T3 一般都长于降调形的 T1,升调性的 T5 一般长于基频下降的 T4。但也有些例外,在[9C]中以黑体注出:M1 的 T4 (69 ms)>T5(68 ms), M5 的 T1(233 ms)>T2(222 ms), M2 的 T1 (253 ms)>T2(241 ms), W5 的 T1(230 ms)>T3(223 ms)。不过,这些差别都很小,无统计显著性。

9.1.3 元音内在时长 IVD

前几章中发现,在 CV 型音节,如果是降调 T1,那么出于空气动力学的原因,高元音长于低元音。在 CV 型音节中,如果是升调 T2 或 T3,那么由于空气动力学和声带紧张度这两个矛盾因素相互抵消,高低元音的长度就没有区别。在带短调 T4 或 T5 的 CVʔ 情况下,由于中枢控制的缘故,高低元音实际上一样长。

9.2 元音内在基频 IF0

9.2.1 IF0 总体差别

从前五章看到,不是所有的人都有 IF0 差别的。有少数几个人在某些场合没有 IF0。具体来说,M3 的 T1, M3 和 W2 的 T5 从头到尾/a/与/i, u/都没有 IF0 差别。至于/a/和/i/、/u/两者之一无 IF0 差别的则有 M1 和 M6 的 T1, M5 的 T2, M2 的 T3, W2 的 T4,以及 M2、M4 和 M6 的 T5。

如果分男女两组,那么 IF0 差别就在五个声调的绝大多数时点上显现。具体地说,在调征目标处都有 IF0 差别。在这些调征目标处,以 LZ 值计算的人际差异都明显小于非调标处。IF0 不出现于所有五个声调的起点处,也不见于降调性的 T1 和 T4 的终点处,这些都不是调征目标。

9.2.2 IF0 指数

IF0 指数是对个人和两性在/a/和合并的/i&u/之间的基频差别的一个平均量度。在大部分情况下,个人的 IF0 差别都有 5 赫兹或更大。无 IF0 差别(即低于 5 赫兹差异)的有 M1 和 M3 的 T1, M5 的

T3,以及五个人(W2, M5, M3, M2, M4)的 T5。

女组的 IF0 在四个声调中高于男组,但 T4 中男组高 1 赫兹。以半音记,情况较复杂。[9D]给出男女两组的赫兹和半音的 IF0 指数。以起点处基频高度来分,有三种情况:1)是高起点,2)T2 和 T4 中起点,3)T3 和 T5 低起点。在低起点阳声调中男女 IF0 无别,阴声调中男女有别,但有两种方式。在高起点的 T1 中,女组的 IF0 以半音为单位高于男组。中起点的 T2 和 T4 中,情况则反过来了,男组的 IF0 以半音为单位高于女组。如果把赫兹指数看作由发音区别造成的,半音指数看作听感区别造成的,那么性别间的发音 IF0 区别在听感中被减少了。

[9D]

	T1		T2		T4		T3		T5	
	M	W	M	W	M	W	M	W	M	W
Hz	6	21	14	16	14	13	10	16	4	7
st	0.8	1.5	1.7	1.2	1.8	0.9	1.4	1.4	0.6	0.6

总的来说,/i/和/u/都高于/a/1.1 半音。

我还计算了/i/和/u/之间的 IF0 差别,以半音为单位,结果见[9E]。可以看到两者确实无差别:T1 中/i/男女分别高于/u/0.7 和 0.6 个半音,T4 中 0.3 和 0.4 半音,但是 T2 中女组的/i/却低于/u/0.5 半音。其他数据微不足道。/i/和/u/之间的总体差别是很小的 0.2 半音(=(0.7+0.6+0.1−0.5+0.2+0.2+0.3+0.4+0.1+0)/10)。

[9E] /i-u/的 IF0 指数,单位 st

	T1		T2		T3		T4		T5	
	M	W	M	W	M	W	M	W	M	W
st	0.7	0.6	0.1	−0.5	0.2	0.2	0.3	0.4	0.1	0

9.3 基频和音强

T1 的基频和音强的 LZ 转换值高度正相关(r=0.871),而 T5(r=−0.659)则是较高地负相关。T2(r=−0.395)和 T3(r=−0.306)的基频和音强的 LZ 转换值负相关很低,T4(r=0.355)则是正相关很低。

图 9.01 给出基频和音强的相关程度,(a)图中是 LZ 值,(b)图中是原始值,用基频和音强共同的标准点上的值算出。LZ 值的相关系数($r=0.458$, $n=22$)与原始值($r=0.477$, $n=22$)几乎相同,与越南语中的情况相似(Puong 1981)。

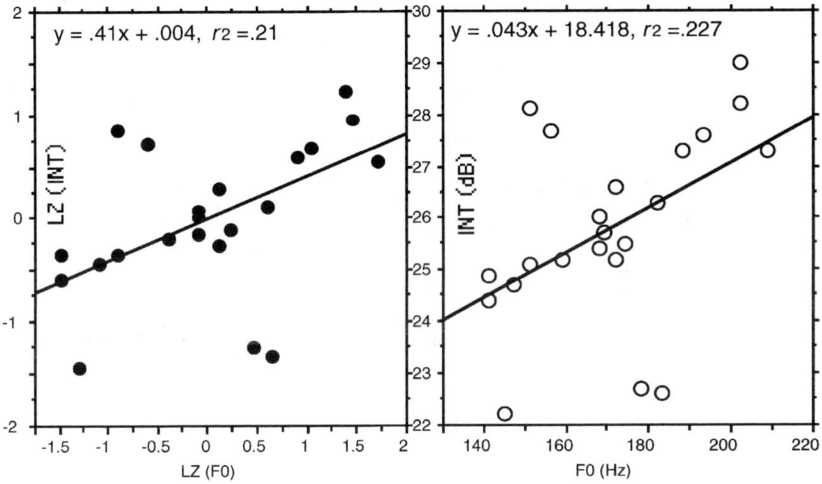

图 9.01　五个声调的基频和音强的相关度

图 9.02 给出所有八个同位调的经 LZ 转换的基频曲线(a)和音强曲线(b)。五个长调的基频和音强在两个方面相关度很高。一是 LZ 值的相对高度。T1 的两个同位调的起点最高,T3 的两个同位调起点最低。T1 的两个同位调终点最低,T2 和 T3 的两个同位调终点一样高。第二是基频和音强曲线形状,T1 直降型起点高于缓降型,T3 缓升型凹点低于直升型。

短调情况并非如此。小图(a)中 T4 的基频起点介于 T1 的两个同位调之间,但小图(b)里 T4 的音强峰点却是最高的。更引人瞩目的是(b)图中 T5 的两个同位调的音强高度。F5 的两个同位调的基频处于 T2 和 T3 之间,但 T5r 的音强峰点几乎与 T4 一样高,T5d 与 T1d 差不多高。换句话说,相对于长调来说,短调的音强曲线跟基频曲线相对而言高了。这可能与听感有关。Miller(1948)发现,短于 65 毫秒的短突噪音需要提高音强才能听起来像长噪音一样响。Small *et. al.* (1962)发现在临界点 50 毫秒以下,响度取决于长度。这两项研究都

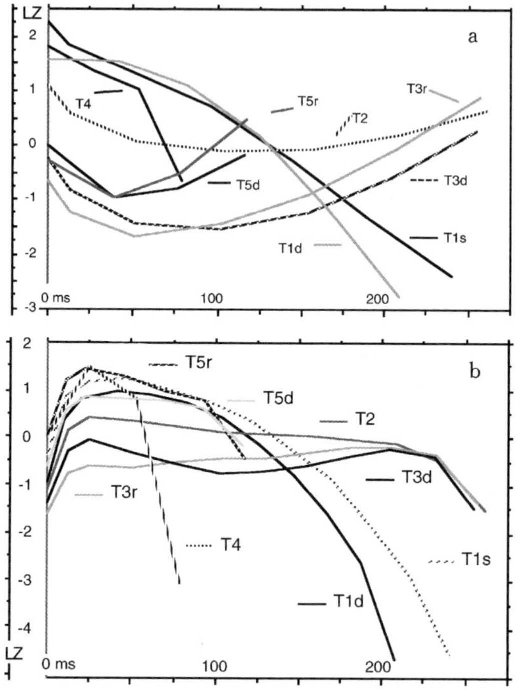

图 9.02　八个同位调经 LZ 转换的基频曲线(a)和音强曲线(b)

是只用了白噪音。T4 约 80 毫秒长,T5 达 115 毫秒。看来在自然语言中临界时长可能比非语言信号的要长点。

如上所述,基频降调(T1s, T1d 和 T4)与音强曲线正相关,但升调(T2, T3r, T3d, T5r 和 T5d)负相关。在时长最后百分之二三十的时段内,T2, T3 和 T5 的五条音强曲线下降,但基频仍上升。这无疑说明只有声带紧张才是基频上升的原因(Rose 1981:221)。

就音强曲线的中段来说,基频和音强有两种关系。第一,T2, T5r 和 T5d 的音强在 10%或 20%时点后一路下降,尽管 T2 和 T5d 降得较缓,而基频却是凹型的。这说明只有声带紧张这个因素引起基频上升。第二,在 T3r(20%至 80%时段)和 T3d(40%至 70%时段)的中段,音强和基频同步上升,这说明在考虑基频上升的因素时,喉下压力 Ps 不能排除,它可能和声带紧张同时在起作用。T3 伴有哞声,一般认为与声带较松弛、气流较大相关,而气流与喉下气压成正比,即哞声状态紧张度加大与喉门阻力相关。

不管从语音学还是音韵学角度，T5 都是与 T3 相配的短型。但它的音强曲线却与 T2 相似，即 T5 曲线自峰点后一路下降，而不是像 T3 那样还会回升造成双峰点。这可能是因为 T5 太短，没时间回升。

9.4 连续性的声调表达法

9.4.1 八个同位调的二次多项式表达

使用归一化值离散地刻画基频，则可以更精确、也更直观地描写声调，而且跨出了走向人际比较和语际比较的第一步（Rose 1993）。但是要从语音学上更为精确细致，也更为充分地描写声调，则需要一种连续性的表达法。

前五章中（4 到 8）看到在一些关键性的点上，T1 和 T4 的基频最高值和终点基频值，T2，T3 和 T5 的起点，谷点和峰点都高度相关。这些点上的基频被认为是声调的目标。更可能的是，基频曲线本身，而不是某些特定的点，才是声调的目标。在第 4 章里曾起用二次多项式来表示、比较上海话和镇海话的四根降调，结果令人满意。图 9.03 给出从 LZ 值拟测的八个同位调的二次多项式曲线和公式。

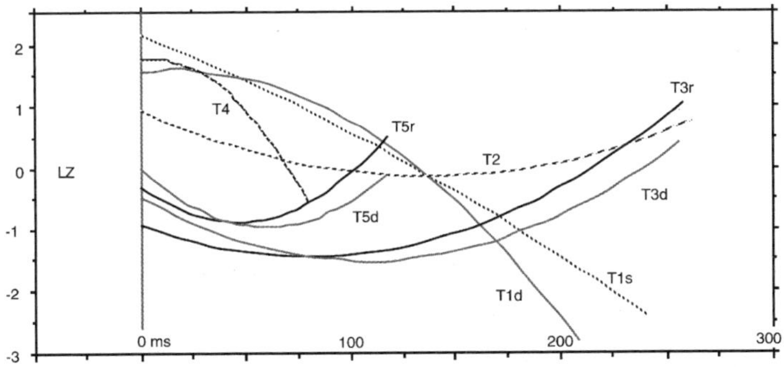

T1s　$y = -1.2932x^2 - 3.2556x + 2.1368$†　T1d　$y = -5.2327x^2 + 0.7518x + 1.5817$†

T2　$y = 3.9004x^2 - 4.0885x + 0.9099$

T3r　$y = 5.239x^2 - 3.2848x - 0.93$　T3d　$y = 5.7448x^2 - 4.8769x - 0.4726$

T4　$y = -2.7589x^2 + 0.4741x + 1.7274$

T5r　$y = 3.7766x^2 - 2.9881x - 0.2792$　T5d　$y = 3.4826x^2 - 3.6011x - 0.257$

† 这两个方程式中的系数与第 4 章中的有所不同，因为那儿用的是 z-score 归一化。

图 9.03　八个同位调的二次多项方程表达式

费国华(Rose 1993:212)处理了四套归一化材料(镇海、越南北部、两套上海)后发现,平均归一化标准差对最大归一化频域的比值是个常数 6—7%。这四套材料各自的平均标准差分别是 0.21, 0.25, 0.34 和 0.20,相当之小,这说明当发音人在实现语音目标时把基频控制得很好。前五章里看到,声调目标处的标准差小于其他点。如果我们在八条基频平均曲线上叠加一条 1 个标准差宽的带,我们可以很充分地描写上海话的声调。也就是说,高于 95%经 LZ 转换的观察值和预期值落入或将落入这八条 1 个标准差宽的带内。这样的连续多项式曲线加上标准差带声调表达成为一个适合于跨语言比较的模型(Rose 1993)。

从基频形状来看,T1d 起点比 T1s 低,降得晚。T3r 的终点比 T3d 高,T3d 比 T3r 升得晚;T5 也如此。T5 的两个同位调的凹点高于 T3 的,这与前面提到的听感相符。

9.4.2 声调的语言学目标

T2, T3 和 T5 共有五根升型基频曲线,它们的起点不是声调目标,因而这些起点处的标准差要比其他点上的大得多,而 IF0 却没有出现。我用两条声学标准来判断声调目标,见[9F]。主要标准是有 IF0,次要标准是标准差小。T4 音节是有 p 声母的,如果零声母则会像其他高尾标声调一样了。

[9F]

	T1s	T1d	T4	T2	T3r	T3d	T5r	T5d
起点处小 SD	Y	Y	N	N	N	N	N	N
起点处 IF0	N	N	N	N	N	N	N	N
起点是调征目标吗?	Y?	Y?	N	N	N	N	N	N
终点处小 SD	N	N	N	Y	N	N	N	Y
终点处 IF0	N	N	N	Y	Y	Y	Y	Y
终点是调征目标吗?	N	N	N	Y	Y	Y	Y	Y
谷点处小 SD	~	~	~	Y	Y	Y	Y	Y
谷点处 IF0	~	~	~	Y	Y	Y	Y	Y
谷点是调征目标吗?	~	~	~	Y	Y	Y	Y	Y

在大部分场合,如果有 IF0,那么标准差也会较小,两者同现。但

有五处只有一个现象单独出现，那就是，缓降 T1 和直降 T1 的起点，直升 T3、缓升 T3 和直升 T5 的终点。把连调的证据一起考虑在内，这后三个阳调的终点即峰点毫无疑问是调征的目标。至于 T1s 和 T1d 的起点，我只能暂且假定它们是语音学上的目标。

小结。本章的后三节讨论了声调的表示法。我们主张用二次多项式加上标准差误差带，可以看成对一个语言的声调的充分的语音学描写，适合于进行跨语言比较。语音目标是潜在的备用的音法学特征。它是否会在某个具体语言中显化，并在音法学中得到表达得看音法学家的具体处理，通盘考虑。

9.5 声调和发声态

第二章里我们看到上海话的阳调都带有气声，所以需设置一个下域来安置。本节内我们从更一般的类型学所需要的角度来讨论发声态和声域。

9.5.1 声素系统

发音过程分喉部发声和上声道调音。发声结果产生“声素”，调音结果是“音素”。音素我们很熟悉，就是元音辅音。声素包括发声态和超发声态。超发声态分长度和音高。长度分长/中短/短三度。音高分高度和拱度。高度可以两分为“H/L”（如日语的重音），也可三分为“H/M/L”（如英语的重音系统），最多分四度“4/3/2/1”（如汉语平仄调）。

表 9.01　声素分类系统

发声类	发声态		符号	超发声态	
Ⅰ. 假声	1.	假声	â	长度	长/aː
Ⅱ. 张声	2.	张裂声（断裂张声）	̏a		中短/aˑ
	3.	喉塞尾/喷音	aʔ/k’		短/ă
	4.	前喉塞/内爆音	ʔp，ʔm/ɓ	高度	4/H
Ⅲ. 常声 1（常态发声）（清洌声）	5.	不送态	p，m		3/M
	6.	清送态	p^h，m̤		2/L
	7.	弱送态	p‘		1/XL

续表

<table>
<tr><th>发声类</th><th colspan="2">发声态</th><th>符号</th><th colspan="2">超发声态</th></tr>
<tr><td>Ⅳ. 常声 2</td><td>8.</td><td>振声</td><td>b, m</td><td rowspan="5">拱度</td><td>纯低</td></tr>
<tr><td rowspan="3">Ⅴ. 气声
(浊声)</td><td>9.</td><td>弱弛态</td><td>pạ</td><td>平</td></tr>
<tr><td>10.</td><td>弛声</td><td>p̈a̤(pʱa), m̤a̤</td><td>降</td></tr>
<tr><td>11.</td><td>浊气态</td><td>b̤a̤(bʱa)</td><td>升</td></tr>
<tr><td>Ⅵ. 僵声</td><td>12.</td><td>喉堵态</td><td>a</td><td>凹</td></tr>
<tr><td></td><td>13.</td><td>嘎裂声</td><td>a̰</td><td colspan="2"></td></tr>
<tr><td></td><td>14.</td><td>弱僵态</td><td>a</td><td colspan="2"></td></tr>
</table>

发声态共有十四种。上海话中有三种作为区别性的发声态:不送态(第 5 种),清送态(6),弛声(10,即清音浊流)。前两种出现于常域,后一种出现于下域。

不送态有个语音变体,那就是前喉塞(4)。有个演变很有趣,可以提一下。上海市区的清声在郊区如浦东(包括原川沙县)、龙华、松江等地变为内爆音。这是前喉塞清爆音变为内爆音的证据之一(朱晓农、寸熙 2006)。

弛声有两个变体,即振声(8)和弱弛(9)。弛声和弱弛态是个连续统,其间并无截然分界。年轻一代气声性越来越弱,在最终消失之前必定会有一个弱弛态阶段。在两字组的后字位置上,弛声变为振声,见下一章。

张声喉塞尾(第 3 种)出现于阴入和阳入。从音位角度,入声的喉塞尾可以看成短调的伴随特征,但从音节学角度看,这个喉塞尾是个"必备"特征(有关必备特征,可参看赖伟、徐小颖、陈丽美、朱晓农 2016)。

西方语音学中有一对极为极为重要的概念,voiceless 和 voiced,因为他们是印欧及周边语言中仅有的发声态,所以成了西文写就的普通语音学中最为重要的辅音概念。其实少见多怪了,当他们进入表 9.01 声素系统后便泯然众人矣。中文一般叫作"清声/浊声"或"清音/浊音",不过注意这两个是发声态,而不是调音的音素。明白了这一点,叫什么都问题不大。语音学上我用"不带声/带声"来对译 voiceless 和 voiced。发声态系统中,他们分别是"常声 1"和"常声 2"——注意,英语法语的“浊塞音”和“清塞音”一样,都是常态发声。常声 1 也可以叫“清冽声”,这不是传统“清音”的意思,因为清冽声中还包括常态清冽发声的响音 m, n, l。这就是上文为什么说 voiceless/voiced 进入声素系统后就没那么重要了。真正的“浊音”是汉语从古到今吴赣湘方言中的气声。

9.5.2 发声态和声域、音高的关系

上述 14 种发声态归为六大类。常声 1 是底伏发声态,定义一个底伏的常域。任何语言都有常声 1,不单单是声调语,所以任何语言都有常域。假、气声在构成非常域时起较大作用,其余三类只是偶尔定义一个声域,大多数场合与其他发声态互为变体。从目前我所掌握的 1 500 个调系的声学材料来看,定义上、常、下三个声域够了。这三个声域及定义声域的发声态,以及相关的音高高低排列如图 9.04。

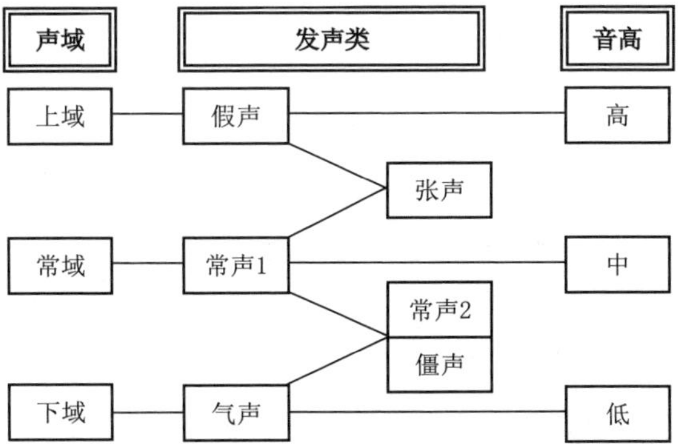

图 9.04 定义三个声域的六类发声态

至于超发声态,欧洲语言只有轻重音和长短音,就叫作超音段,便宜行事处理为元音特征。并错误地外推到亚洲语言中把我们的声调也叫作超音段,也看作元音的附加特征。他们不知道我们不但声韵调并立,而且在为语音分类时,第一个分出的大类就是声调。在《切韵》《指掌图》中声调是作为音韵学的首要范畴的,然后是音素组合,先韵母再声母。前贤把音长和发声态都归作声调特征,从音长特征分出入声,从发声态特征分出阴阳调。他们不把音高和时长当成韵母、更不

是元音的附加特征,清浊发声态首先表示为阴阳调,然后是清浊声母。所以,我们的音节结构在基本立场上是承继了韵书韵图的框架。

上域由假声定义,音高远超常域。张声一般作为清声的变体,但如果假声出现,张声就会和假声共组一个上域。在较少情况下张声独自定义一个上域。下域由气声定义。振声(即常声 2)和僵声都可以是常域、也可以是下域的一个语音实现。僵声引起最低的音高,在非声调语中可以是音位性的,在少数情况下跟清声(即常声 1)对立自组一个下域。但如果已有一个气声下域,僵声是否还能在其下独立定义一个"最下域",理论中有此可能,但实际上可能会因为听感或其他因素而有所限制。振声在非声调语中常与清声对立,但在声调语中如果定义一个下域,则可能与气声(吴赣湘等)或僵声(泰语)互为变体。

发声最简单的语言只有一个底伏常域,北方官话都是单声域的。吴语、湘语、北部赣语、苗瑶、侗台语等,至少有两个声域:常/下域,常/上域。少数情况下三域具备。在我们的实地调查材料中,发现过有四类发声态的,但只需定义三个声域:张声与假声共处上域、僵声与气声共处下域。对于声调语言来说,由发声态定义的声域区别对声调感知、分类、音系处理都有决定性的影响。

无声调语言中也有多于一种发声态,它们有时有对立(东南亚/南亚语言),有时只起副语言学的作用(欧洲、阿尔泰语言)。有四种发声态并构成对立的只见过白语一例,可靠性有待核实。

声域和音高有对应关系:上域最高,其次常域,下域最低。这是因为六类发声态尽管涉及的喉头活动各不相同,但都与声带纵向紧张有关。声带纵向紧张度从高到低是:假声>张声>清声>振声>气声。假声和前喉塞张声声带纵向拉得最紧,基频也最高。清声和振声一般,所以基频中等。气声纵向最松弛,所以基频最低。僵声的纵向紧张是收缩的,加上其他喉部紧张也都是收缩,遏制了声带振动,所以基频往往处于频域最低端。

三个声域的划分有生理学基础,还有声学相关表征,更重要的是有音法学的区别功能。它是声调的一个组成成分,能起到区别作用,所以是语言的一个不可或缺的成分。

六类发声态中，非常态的假/气/僵声的语音特征主要表现在韵母上。常态发声(清冽/振)与非常态的特殊发声之间的区别很明显。在常态发声内部，也就是常声Ⅰ和常声Ⅱ之间，是声母带不带声的区别，同时韵母也有区别，如音高音强甚至时长有所不同。欧洲语言中只用这两种常规类型，所以他们的语音学和音系学就只认这两种发声态，并错认为是辅音的附加特征，然后以偏概全地推广到全世界语言中。

研究发声态为语音学开辟了一个新领域，进而带动了连串突破：带领声调研究进入一个全新的天地，为辅音提供一个新的更合理的分类框架，同时打通了元音、辅音、声调中盲人摸象各自为政的状况，统一解决了很多语音学和音法学中的长期难题，构建起一个新的音节模型，并最终为语音学建立一个全局性理论作出贡献。

9.6　上海话声调的类型学表达式

调型是声调研究的核心概念，调型有三个特征：1)每个调型都有自己的声学和/或听感特征；2)每个调型都与同拱类中的另一调型至少在一个语言中构成对立；3)通用调型库对于描写全世界声调语中的各种声调是充分而必要的。

下面在通用调型库(表 9.02)中为这五个声调定位。描写声调就是为四个语音参数(发声态、时长、高度和拱度)取值。从程序上看，第一步确定是否有长短区别。第二步确定发声态是一个新步骤，是发现了发声态的音法学功能后才提出来的。第三步确定拱度，最后确定高度。

表 9.02　通用调型库

		长			中短|短				变体
拱度	拱型/调型狭义	*上域*	常域	**下域**	调型	*上域*	常域	**下域**	常域长调
非拱	纯低		22	**11**	纯低		(22)	**11**	{22, 32, 323, 23}
平 一升 一降	高平	*66*	55		高	*66*	55	(**44**)	{45, 55^4, 54} {44^3, 43} {33^2, 32}
	中平		44	**33**	中		44	**33**	
	低平		33	**22**	低		33	(**22**)	

续表

		长			中短|短				变体
拱度	拱型/调型狭义	*上域*	常域	**下域**	调型	*上域*	常域	**下域**	常域长调
降 −升 +降	高降	*63*	52	**40**	高	*63*	52|52		{53}
	中降		42	**31**			(42)		{43}
	高微降		54						{43}
	中微降		43						
	高弯降		552	**341**	弯				{553, 452}
	中弯降		342	**231**				**231**	{442, 332}
升 +升 −降	高升	*46*	35	**24**	高	*46*	35	(**24**)	{25}
	中升	*35*	24	**13**			(24)	**13**	{243}
	微升		34	**23**	中				{45}
	后凸升		354						{353, 243}
凹 +升 +降	前凹		324	**213**	央				{325}
	央凹	*404*	323	**202**			323	(**303**)	{303, 223, 324}
	后凹		523						{423}
	两折		4 343						{5 232, 3 242}
总	49＝35＋14	*5*	18	**12**		*3*	7	**4**	

上海话有三个常态发声的阴调,或有前喉塞张声的变体。阴平听感上是高降拱,阴去是升拱,阴入是个高短调。上海话还有两个弛声阳调阳去和阳入,都是低升拱,后者是带有喉塞尾的短调。如果要进行跨语言比较,则需在调型库中确定他们的属性:三个长调,其中两个是常域调:高降型 |52| 和微升型 |34|,一个下域高升型 |**24**|。还有两个短调:一个常域高型 |55|,一个下域升型 |**13**|。这既是音节音系学属性,又是音法类型学属性。

9.7 分域四度标调制

9.7.1 上海声调的双域五度表达

分域四度制是为了改进五度制而设计的,最早见于本书英文版(1995)。调型库的原始版见于朱晓农、衣莉(2011),成熟版见于朱晓

农(2014)。有了调型库以后,分四制的重要性就降低了。声调学中最基本的概念是"调型"(我截搭了一个英文词 tonotype 来对译),分四制的数字一是用来作为调型的代码,二是用来表示变体的调值。用分四制代码比文字概念的调型更为显豁,比如 |*46*|, |35|, |**24**|,一望而知,显然比"上域高升""常域高升""下域高升"更简明。

分域四度制和五度制一样,是一种基于听感的离散性的表达方式。汉语方言的声调描写一直采用赵元任在 1930 年发明的五度制。五度制对于描写声调来说是个里程碑。此前刘复(1924)和赵元任(1928)是用乐谱来描写声调的。但基频人各有异,声调的物理属性跟感知范畴无法机械地对应,跟音位学的处理更无法对应。所以赵元任(Chao 1930)发明了描写相对音高的五度制,并一直沿用至今。

现在我们对声调的认识比起二三十年代时更为深入了。我们知道声调不但跟声带的振动快慢、也就是基频有关,同时还跟声带在振动时的陪伴的发声状态(phonation modes)密不可分,比如有没有气声,有没有嘎裂声。所以,如果某个语言里有某种特别的发声态,就会影响声调的听感和描写。不是每个语言都有发声态的区别。如果有这区别,则需先分两个或三个域。如果没有这区别,那就不分域。图 9.05 就是分域四度制的表现形式之一:三域共六度。每域各四度,每域各差一度,加起来共六度。从经验角度来看,这大概是声调域数和度数的极限了。

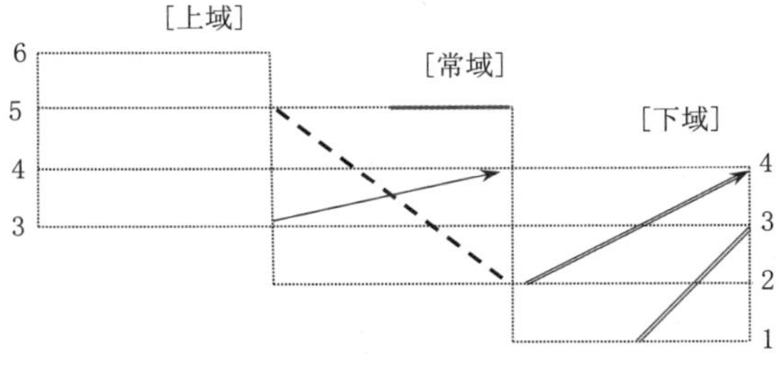

图 9.05 上海话五个声调在三域六度框架中

上海话五个声调示意性地表达在图 9.05 中。上域空着,表示上海话没有声调在这个域中。常域中有三个声调,分别属于高降型、微升型和短高型,代码为:T1 |52|, T2 |34|, T4 |<u>55</u>|;另有两个属于下域

高升型和短升型,代码为:T3 |**24**|, T5 |<u>**13**</u>|。

前面说了,五度制在语音学上太粗,但在音位学上又太冗余。分域四度制对此放弃语音学精确性,追求音法学和类型学上的充要性。下面就分节讨论分域的必要性、四度的充分性、分域四度制的合理性、相对于其他标调方式的优越性。

9.7.2 分域的必要性和四度的充分性

分域四度制的充要性已经体现在通用调型库的充要性中了。下面加以简要说明。

第一个要回答的问题是:为什么要提出这么个分域模型?

一个直截了当的回答就是,因为有上千包含不同发声态的声调系统,相当不少。中部汉语方言如吴语、北部赣语、湘语,以及苗瑶、侗台、藏缅、南亚语中都有特殊发声态如假声、气声、嘎裂声,所以需要分域来描写。

即使就具体的声调描写来说,在没有发声态概念之前,根本无法描写。比如对温州话阴上的描写有高降[53](按赵元任 1928 的乐谱估算),高升[45](郑张 1964),还有高凸[454](颜逸明 2000:15)三种,连调型都不同!又如浙江黄岩话的中折调赵元任(1928)记为"中喉塞",如[$ɔ^{31}ʔɔ^{3}$],郑张把邻近的天台话中相应的声调记为"喉塞尾",如[ʔ324],而母语者戴昭明(2003)的天台话描写则没有任何喉塞音[324]。一个声调如果如此记不清楚,而记音人都是高手,往往就不单单是个基频或音高的问题,那是发声态在作怪:温州话有个假声上域和气声下域,黄岩话有个僵声和气声共存的下域。

第二个要回答的问题是:为什么只需要四度?

对此最直截了当的回答就是:四度够了。很多语言中没有发声态的区别,那么,描写他们的声调就只需要一个声域,或者说,不分域。这种单声域的声调语最多只需四度。例如北京话的四个声调用五度制是:[55, 35, 214, 51],用四度制则是:{55, 35, 22, 52}。北京话没有声域对立,所以它的四个声调都在一个常态声域中。也有些语言需要五度的,这些语言都有两个声域,如高坝侗语的五个平调,最高的T5 是假声上域。鱼粮苗语有六个平调,一个在张声上域,三个在常域，两个是气声下域。

9.7.3 分域四度制的其他优越性

四度制除了反映出声域影响声调这个最基本的事实外，还有以下几方面的好处。

第一，从理论上来说，一个声调模型在容纳或者描写数以千计的实际声调系统时，应该是充分而又必要的。所谓充分而又必要，就是多一度便成赘冗，少一度便不足以区分。就像元素周期表容纳各种元素一样。充要性原则是制定任一分类系统时仅次于自洽性的第二个原则。自洽性原则决定对错，充要性原则决定好坏。五度制在语音学上来说不够细，但从音韵学上来说又太多，因为在单声域的语言中最多只有四个平调。所以从音韵学、音系学，以及最重要的声调类型学角度来看，四度是充分的、足够的；五度有太多冗余，是不必要的。

以前有人建议分九度，从音系学上来看，就更没必要了。至于从语音学角度来看，任你分多少度也是不够的。

Hyman(1993)建议用“每域三度，三域九度”的框架，同样没必要。说到底，声调不像音段，可以有声学定义，这九度是没法去对应赫兹的，声调在音系学中只是一个相对的音高概念。另一方面，碰到常域四平调的系统，就不足以描写了。例如广州粤语是四平调；又如广西龙胜伶话也是四个平调：宽 $hɔ^{55}$ | 干 $hɔ^{44}$ | 火 $hɔ^{33}$ | 黄 $hɔ^{22}$（王辅世 1979）。因此，三域九度模型总的度数太多（不必要），而每个域中的度数又太少（不充分）。

从充要性这一基本原则来看，分四制优于五度制，更不必说单域九度或三域九度制了。

第二，再来看仄调（升或降），分四制定义的仄调更能反映实际情况。分四制中有六种常域长降调：{52, 42, 54, 43, 552, 342}，这在闽语（沈瑞清/朱晓农/林文芳/洪英 2017）、吴语（朱晓农 2012；Zhu 2015）中可得到证实。而五度制所能定义的降调多达 50 种（朱晓农 2012），冗余度太大、预测性太小、定义性太差，结果就是造成对同一声调多种“差不多”的描写。

第三，可以减少描写上的歧义。这不但更实用了，在理论上也更合理了。拿上海话的阴平声降调为例。我们现在有好几种不同的描写:[51, 52, 53, 42, 41]等。如果用分四制,歧义就减少到只有最多两个描写:{52} 或{42}。如果加一条类型学限制:如果只有一个降调,最有可能是全降,那么就只有{52} 这么一个确切的描写了。这符合所谓“描写的充分性”这条原则。

第四,分四制能解释一些非常有趣的现象,如声学和听感之间不对应的描写。北京话和上海话中都有一个高降调和一个低凹调:北京话[51, 214],上海话[52, 214(114/113)]。分别比较它们的最低点会发现一个奇怪的现象。北京话的声学资料和听感描写相当吻合。北京话声调的声学测量,根据 Howie(1976),凹调(上声)的拐点是最低点(约 90 Hz),降调的终点稍高(约 105 Hz),听感描写都降到最低的[1]度:[51]和[214]。与此不同的是,上海话的声学和听感不一致。他的降调的基频降得远远低于凹调的拐点:如果上海话的凹调的基频是[214],那么他的降调的基频应该是[50]。令人困惑不解的是,所有对该降调终点的听感描写,不管是哪位,也不管描写的是新派中派还是老派,都毫无异议地记成高于[1],即[52, 42],甚至更高的[53]。而那个凹调的拐点却是最低的[1]。也就是说,上海话降调基频的终点低于凹调的拐点,但听感上却高于后者。这种基频和音高,或者声学和听感的矛盾在分域四度制(见图 9.06)中很简单地解决了。尽管上海降调的基频降得很低,但听上去却比凹调的拐点高,这是因为降调在常域中,凹调在下域中,前者比后者高一度。另一方面,北京话只有一个域,所以那两个调的最低点都在同一个域的同一度上。

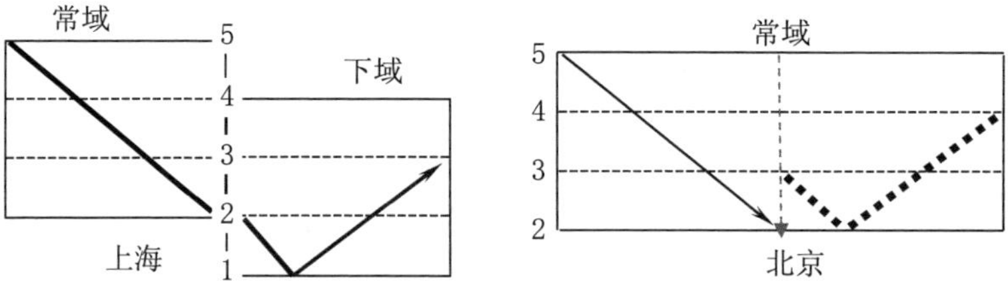

图 9.06　上海话与北京话声调的比较示意图

第五,辨认出不同的声域并确立他在音系学中的地位,不但对处理声调有利,甚至对处理具有松紧元音的系统也有利。松紧元音取值有三,藏缅语的松紧元音是常声元音对僵声(嘎裂声)元音。如载瓦语有 86 个韵母,除去/im/, /ip/,其余 84 个可分为 42 个松、42 个紧韵母(徐悉艰 1986)。当松紧元音还各有声调差异时,用分四制就更有利了。如哈尼语(朱晓农、周学文 2008)和拉祜语(朱晓农、刘劲荣、洪英 2011)都是松紧两套元音,声调分布与元音松紧有关。如果提出两个声域,以常域包容松元音,下域包容紧元音,整个音系就大大简化了。

第六,与藏缅语的松紧有所不同的是,南亚语的松紧中,紧元音是常声元音,松元音是气声元音,如佤语(朱晓农、龙从军 2009),同样需要两个声域来容纳。

第七,更为精彩的是,有了声素系统,很多看似不同领域的现象,如吴语声母清浊,朝鲜语辅音硬软,声调阴阳,藏缅、南亚语元音松紧,实际上都是整个音节上的发声态问题。这个全局发声态影响到声母、韵母、声调,结果使得不同领域不同传统的研究瞎子摸象起来(详论见朱晓农 2018:124—134,第七章《怎么统一处理分属声韵调的问题》)。

第八,分四制比起五度制音系学上粗了点,不但更容易音位化,事实上就是从分四制中发现了"调型"和调型库,从而有可能建立起声调类型学,并进一步研究演化声调学。

第九,分域四度制能作理论预测,这对于人文学科来说是不可多得的大优点。在分四制中,声域数和度数相互决定对方,因此能够作以下推断。

(1) 如果没有声域对立,最多可以有四个平调。如果多于四个平调,则一定有声域对立。

(2) 如果有两个声域,最多可以有五个平调。如果有五个平调,则至少有两个声域,如李方桂记录的台巩县施洞口清江黑苗方言(见张琨 1947,详细分析见关瑾 1971)有气声下域,高坝侗语(朱晓农/吴和德 2006)有假声上域。分域四度制预言这样的语言中有声域对立。

(3) 如果有三个域,最多可以有六个平调(或六度)。如果有六个平调(或六度),则一定有三个声域。由分域四度制预言的三域六度调系在中文初版时还未得到实证,现在已经看到在吴语温州话、赣语张先话、侗语口寨话等不下二三十个调系中得到证实。尤其是鱼粮苗语

(朱晓农/石德富/韦名应 2012)的六平调系统更是三域六度制的铁证。

9.7.4 小结

9.7.4.1 五度制的扩展

从上面分析来看,“两域各分四度”即“两域共五度”的模型实际上是五度制的细化和简化。分域是细化,四度是简化。这是五度制在不同语言或方言中的具体体现。细化的意思是当一个语言有两个域时,五度制要相应地拆成两个四度,这两个四度大部分重叠,实际上只差一度,所以加起来还是五度。更进一步,两域五度还可扩展为三域六度,以容纳更为复杂的声调系统,而三域调系看来比原来设想的要多得多。这进一步证明分域四度制的必要性。

至于分域四度制的充分性,也能得到保证,如果真有四个域,即有四重发声态对立,那么三域六度还可继续扩展。当然,按我现在的发声态知识来看,三域六度到顶了。

9.7.4.2 不利证据变铁证

在本书英文版(1995/1999)和中文初版(2005)那个时候,分域四度制还在论证阶段,仍有待于实证,所以看到林林总总亦正亦误的听感材料,觉得可能是不利证据,所以初版还加以讨论,认为文献所记录的数以千计的调系中,“只有三两个可能的例外。一个形式系统的美感当然不会因那几个疑疑惑惑的例子而被毁灭。当然,更可能的是,进一步的精密的考察可能会显示那几个可能的反例其实不是反例,而是因为当时的一般语音学还未深入到发声状态的研究,所以描写上并未注意到这种区别,实际声调应该如分四制所预言的那样有两个声域。‘并预期’现有的三两个疑疑惑惑的例子不足以构成真正的反例”。

在此之后,从 2006 到 2012 年,我开展了两项大规模的田野调查,录取了 1 500 个调系的音档,在这基础上发展出一个通用调型库(2014),廓清了所有疑疑惑惑的材料。果然,那些都不是例外,大花瑶其实只有四个平调,而清江苗语和高坝侗语分别有气声和假声,五个平调在两个域中,(清江苗语是常域和下域,高坝侗语是常域和上域)恰好是支持三域六度制、也是三域六度制预见的铁证!

第十章　两字调的声学性质

本章处理上海话两字组词汇连调的基频和时长。本章安排如下。§10.1 节介绍背景和实验程序。§10.2 讨论两字组时长，§10.3 两字组基频形状。§10.4 节进行归一化处理。§10.5 节讨论两字组连调类型。最后§10.6 总结全章的发现。

10.1　导　　言

本节内先简单介绍吴语的连调类型，然后讨论上海话的两字组连调，以及与重音的关系。

10.1.1　连调概说

10.1.1.1　吴语连调的类型

吴语以连调复杂著称。赵元任(Chao 1976:39)认为“吴语连调情况是汉语诸方言中最多样的，比福州、厦门还复杂。”费国华(Rose 1990:1)甚至认为吴语的连调可能是全世界声调语言中最复杂的。

北部吴语有两类连调①，这最早是金守拙(Kennedy 1953)半个世纪前在上海西南约 150 公里的小镇塘溪话发现的。第一类左控式发生在词汇平面，如：“炒”tso[34]＋“面”mi[14]＞名词“炒面”'tsomi['33＋44]。在左控式连调中，首字声调顺向覆盖整个多音节合成词，其他音节的声调全部丢失，接受从首字扩展过来的声调、预设调或元调。在上例中首字“炒”的声调[34]顺向覆盖了整个两字组，把字调的后一部分[4]延伸到后字。第二类是发生在词组平面的右控式，如：“炒”tso[34]＋“面”mi[14]＞动宾词组“炒面”tso 'mi[33＋'14]。在右

① 南部吴语有所不同，词汇平面的连调是右控式的。

控式连调中，后字调逆向主宰整个调域，前字失去原有声调，接受一个预设调。在上例动宾词组“炒面”中，后字“面”保留了原来的单字调[14]，而前字“炒”则失去原来的单字调[34]，接受了预设的中平调[33]。

在描写上海话的著作中(如许宝华、汤珍珠 1988)，左控式叫做“广用式”，右控式叫做“窄用式”。左控的广用式可以用于任何句法结构的词和短语，而右控的窄用式则主要用于动宾结构，较少用于主谓、动补、偏正(动)、并列结构，极少用于偏正(名)结构。尽管这两类连调大体上和句法界线相合①，但句法并不是一个区别两者的充分条件。另外，还有相当一批合成词在两者之间摇摆。在我的两字组字表中有个形名组合“宝刀”potò，有两个发音人发成左控式，另两个发成右控式。一般地说，一个组合越是常用，就越会被看作是一个“词”，也就越可能左控式。

尽管这两类连调在调型、句法结构方面很复杂，并由一些合成词读音两可，但有一件事很清楚：左控式词连调的音节之间结合(juncture)较紧密，右控式词组连调的音节之间结合较松。这导致连调类和调值的差别。上面举的“炒面 tso[34]+mi[14]”的两种连调，第一种左控式[33+34]结合较紧，变成了词。第二种右控式结合较松[33+14]，变成动宾词组。Ballard(1988:113)把右控式描写为“左轻右重”，“前字调大多变为中平调”。上海话 T5+'S2 两字调前字较弱，后字重读，但仍有右控(窄用)和左控(广用)两种连调。左控式字间结合紧，连调值为[11+'24]，如：白刀 baq'tò[T5+T1]，白毛 baq'mo[T5+T3]。右控式结合较松，连调值为[22]+'S2，后字保留原调，如：拔刀 baq 'tò[T5+T1]>[22+51]，拔毛 baq 'mo[T5+T3]>[22+14]。

Rose & Toda(1994)以两字组为例把吴语连调分为五类。第一类调形延伸(Contour Spreading)，出现于前后字，这应是左控式。例如岱山话前字高降[51]变成两个半降，第二个半降转移到后字。第二类是低降调[31]的预设调实现(Default Realisation)，出现于弱读后字，而“重读前字调或升或高平”(Rose & Toda 1994:269)。第三类调

① 参看 Jin(1985)关于上海话连调和形态—句法关系的详尽讨论。

形抹平(Contour Levelling),出现于弱读前字,而后字重读(p.270)。例如镇海话"所有弱读前字调变平,而高度取决于声域:阴调是[33],阳调是[11]"(p.270)。由于大部分情况下重音与连调类有关,第二类预设调实现应该是左控。第三类调形抹平应是右控。第四类"单字调目标"(Citation Target)出现于重读音节,不管词中位置,也不管连调类,用 Rose & Toda(1994:271)的话说就是"连调组中有个调变同某个单字调"。例如,镇海话 T2 和 T4 在前字位置变如相应单字调。第五类调类转移(Category Shift)包括单字目标和声调转移两个过程。例如镇海话 S1+'S2>[level+'falling],弱读前字上的 T1 和 T3 经历了调形抹平,重读后字上可以是四个舒声调的任何一个,后字调中和化变成相同的低降。Rose 和 Toda 认为这个低降调最好看作是高降 T1 单字调的同位调。

这五种连调模式总结在[10A]中,其中两类(单字目标和调类转移)是强式连调,仅出现于强读音节。另两类(调形抹平和预设实现)仅出现于弱读音节。调形扩展既涉及前字,又关乎后字都行。这五类连调并不是互补的,调类转移可包括单字目标。

[10A]

	出现于	连调方向
调型扩展	'S1 S2	左控
预设实现	('S1) S2,弱	左控
调型抹平	S1('S2),弱	右控
单字目标	任何,强	皆可
调类转移	任何,强	皆可

前面说在左控式连调中,首字声调顺向覆盖整个多音节合成词,其他音节的声调全部丢失,接受从首字扩展过来的声调或预设调或元调。例如名词"炒面",后字"面"的声调失去,前字"炒"的声调[34]扩展到整个词上:[33+44]。这样定义的左控式容易造成误解,以为左控式连调与左重音相关,右控式连调与右重音相关。这固然在大部分场合对得上,但并非完全如此。上海话 T5+X 是左控式连调,但右重音。因而,这样的定义漏掉了另一种左控式连调:后字失去原有的声调,并整个儿接受原属前字的声调;而前字把原有声调转移到了后字上,前字就接受了一个元调。

因此我提出另一个概括性更强的左控式连调的定义。如果像表 10.01 中吴语新昌话阳上声(2b)那行一样,整个横行的连调形式都一样(即 $aX_1=aX_2=aX_i$),那就是左控式,尽管它的前字调[231]并没实现在前字上,而是后字上,而前字接受了元调[21]。这个定义也包括上海话里的左重音左控式连调 T1/2/3/4+X(如名词“炒面”),以及右重音左控式连调 T5+X。在左控式连调模式中,如果比较竖列中的连调形式,调形都不相同,如表 10.01 中的(X+)1a 列。在这一列里,1a+1a 是[53+211],1b+1a 是[23+41],等等,前字、后字的调值都不一样。如果如表 10.02 中 X+2b 那样,竖列里的两字组连调相同(即 $X_1b=X_2b=X_ib$),那就是右控式。在右控式连调类型中,横行连调的调形不同,如表 10.02 的 4a(+X)行。

表 10.01　吴语新昌左控式两字组连调(我的调查)

	S2	(X+)1a	1b	2a	2b	3a	3b	4a	4b
S1		51	311	441	231	434	113	$\underline{54}$	$\underline{13}$
1a(+X)	51	53 211							
1b	311	23 41							
2a	441	41 232							
2b	231	21 231	21 231	21 231	21 131	21 231	21 231	21 $\underline{232}$	21 $\underline{13}_2$
3a	434	52 21							
3b	213	31 21							
4a	$\underline{54}$	$\underline{54}$ 41							
4b	$\underline{13}$	$\underline{11}$ 51							

表 10.02　吴语天台义宅乡右控式两字组连调(我的调查)

天台阴阳上(2a 和 2b)有个伴随性嘎裂声,用“0” 表示

	S2	(X+)1a	1b	2a	2b	3a	3b	4a	4b
S1		42_3	31_2	402	302	55	24	$\underline{55}$	$\underline{34}$
1a(+X)	42_3				33 301				
1b	31_2				33 301				
2a	402				22 401				
2b	302				22 301				
3a	55				22 301				
3b	24				33 301				
4a	$\underline{55}$	$\underline{55}$ 412	$\underline{33}$ 213	$\underline{44}$ 402	$\underline{33}$ 302	$\underline{33}$ 55	$\underline{33}$ 14	$\underline{55}$ $\underline{33}$	$\underline{33}$ $\underline{344}$
4b	$\underline{34}$				$\underline{33}$ 302				

10.1.1.2 上海话两字调模式

上海话单字调在吴语中算是比较少的,连调类型也不多。左控、右控都有。司马侃(Sherard 1972, 1980)用示意性的线条来描写左控式连调,Zee & Maddieson(1980)用调素(H, L 等),许/汤(1988)用五度制。在右控式中,后字调不变,前字调变成中平(Contour Levelling),具体高低依声域而定,常域的稍高于下域的。本书只处理出现于韵律词平面的两字组左控式连调,后文不再涉及右控式。

表 10.03 上半给出许宝华等(1981)的单字调(左栏)和两字调(中栏)的听感描写。例如,以 T2 为前字调的两字调是中平[33]加[44/44]。在他们的描写中,在 T2, T3 和 T4 后,后字调不管长短都一样,但在 T1 和 T5 后就不同了。许/汤(1988)则把后字不管长短都描写成一样(右栏),还不清楚这一描写改变是因为简化呢,还是因为什么别的原因。

表 10.03 上海话单字调和两字调调值

单字调	[]X(许等 1981) X[]T1/2/3	 T4/5	XX(许/汤 1988)	
T1[53]	T1 [55+21]	[55+22]	T1+X	[55+21]
T2[34]	T2 [33+44]	[33+44]	T2+X	[33+44]
T3[23]	T3 [22+44]	[22+44]	T3+X	[22+44]
T4[55]	T4 [33+44]	[33+44]	T4+X	[33+44]
T5[12]	T5 [11+23]	[11+33]	T5+X	[11+23]

单字调(朱)		两字调(朱)		
T1/hl, iP/	[52/42]	T1+X	/ˈh+l, i/	[55+22]
T2/lh, iP/	[334]	T2+X	/ˈl+h, i/	[33+44]
T3/lh, aP/	[14/113]	T3+X	/ˈl+h, a/	[11+44]
T4/lh, iq/	[44/34/54]	T4+X	/ˈl+h, i/	[33+44]
T5/lh, aq/	[24/223]	T5+X	/l+ˈlh, a/	[11+24]

表 10.03 下半是我的音高描写和音法学表达式,i, a, P, q 分别表示阴声域、阳声域、舒声长调、入声短调。我的五度标写与许宝华等有几点不同。一是 T1 后的连调值我是[22],但许/汤是[21];前字 T3 我是最低的[11],他们是[22];T5 后的连调我是全升型[24],而他们则是微升[23]。

从表 10.03 中的两字调调值可以看到有五个用前字输入调定义的

两字调类,而后字输入调与之无关。T1＋X 的音高是高平加短低调。T2＋X 是两个相连的中平调,后字调稍高。T3/4＋X 与此类似,只是 T3＋X 的前字调较低,T4＋X 的前字调较短。T5＋X 低短平加升调。

前面说过有两个韵律参数——声域和截度——把五个声调分为四类:阴舒(T1 和 T2),阳舒(T3),阴入(T4),阳入(T5)。T1 和 T2 在这两个参数上相同,但在曲拱上有别:T1 降而 T2 升。现在后字声调的声域和曲拱对立消失,只有截度对立犹存。于是,三个舒声长调 T1/2/3 在后字位置上,音高变得相同;两个入声短调 T4/5 也相等。例如,阴声 T1/T2,和阳声 T3 在 T2 后都实现为[44],阴声 T4 和阳声 T5 都是[44]。这就引出两个问题。第一、T1 和 T2 在后字位置中和化了,因为两者之间的唯一的曲拱差别在这位置上消失。因而“宝刀”potò(T2＋T1)和“报到”poto(T2＋T2)这么一对词,原来的区别在于后字输入调,一个是阴平“刀”tò[51],一个是阴去“到”to[34],现在变成同音了。我把在后字位置上合成一类的 T1 和 T2 称为 T0。第二、像“报到”poto(T2＋T2)和“报导”podo(T2＋T3)这样一对,或“一百”iqpaq(T4＋T4)和“一□块”iqbaq(T4＋T5)还有区别,尽管他们的调值描写一样,但前者是清 C2,后者是浊 C2。

因此一共有 25 种(＝5 前字输入调×5 后字输入调)两字调搭配,20 种(＝5×4)模式(T1 和 T2 在后字位置中和了),五个类(根据前字输入调)。

10.1.1.3　**连调模式与重音位置**

许宝华等(1981, 1988)没有讨论重音。其实很少有人在讨论声调时讨论重音。个别例外如 Kratochvíl(1968)讨论官话,费国华(Rose 1981, 1989)讨论镇海话时都认为要说明声调的声学性质,重音是不可忽略的。重音是“有语言学意义的重读”(Lehiste 1970:119—120)。不是每个语言中都有重音。有重音的语言也不是都用同样的声学手段来表示,一般来说,主要是基频在起作用,另外时长也很重要,而音强的作用微不足道(Fry 1976:423)。这就是为什么声调语(如上海话)的重音判断更为困难,因为在声调语中,基频是用来区别声调,而不是区别重音的,所以重音的区别主要在于时长(见§10.2.6)。

沈钟伟、王士元(Shen *et al*. 1987:204)他们认为上海话的双音节合成词的重音一般在前字；但如果前字是 T5，那么就重读后字。Duanmu(1995)看法与此不同，他从连调的形式分析着眼，认为上海话都是左重音。我的听感、时长对比、基频形状几个方面的语音学材料都支持沈钟伟、王士元等的看法。形式分析见仁见智，可以有多种处理。上海话连调都是左控式，但这并不意味着都是左重音。如果一定要为左控式连调找一个声调以外的控制因素(当然不一定有这必要)，可以叫它“强音”“连调控制单位”，或别的什么；但不要叫“重音”，因为重音并不与连调互为充要条件，重音是从其他角度独立定义的。

作为当地人和语音学家的语感，我觉得上海话两字组有不同程度的听觉强度。在 T1＋X 中，前字重读，后字弱读。在 T5＋X，则是后字重读，前字弱读。其余三种组合 T2/3/4＋X 都是前字主重，后字次重。后文 § 10.2.6 中将看到，这三等响度与时长正相关。不过，由于受到截度和声域的影响，这种相关性不是那么直截了当。即从绝对时长来看，较长的音节并不总是强于较短的音节。重音部分是由合成词中的音节时长与单字时的时长相比较而决定的。也就是说，重音是由相对时长，而不是绝对时长决定的。重音也与后字曲拱有关(§ 10.5)。两字组的重音可以分为两组：T5＋X 的/w s/，其余的是/s w/。

需要指出的是，有些场合的重音很难确定，特别是 T4＋T4。由于 T4＋T1/2/3/5 的重音模式是“主重＋次重”，以此类推把 T4＋T4 也定为主重＋次重，但实际上前后两个 T4 听上去轻重差不多。这可能是因为基频和时长互相抵消。附录中图 A10.01 给出一个 T4＋T4 的例子，“八百”paqpaq，前后字的音段相同，音强看上去也相同。前字比后字时长稍长，但基频稍低。这把听感的轻重互相抵消了。这种基频和时长方面的些微差别各人解释不同，正如 Jones(1940)早就说过重音感还取决于有关语言的直感和知识。对一个非声调语的说话人，如费国华，后字稍高的基频使他觉得后字重读。而像上海话说者，如沈钟伟、王士元等，由于预知 T4＋T4 有个高尾目标，所以把时长作为线索，觉得前字重读，而忽略后字较高的基频。

10.1.2 实验程序

两字调的实验程序和单字调相似。以下各小节依次介绍两字组的测试字表，发音人，录音，测量。

10.1.2.1　字表

为了得到与单字调可比的材料，我在准备两字组例字时尽量选用与单字调录音时相同的声韵配合音节，声母是不送气塞音 p 或 b，韵母则是 i，u 或 a。如果选不出这样的字，则用其他送气塞音或不送气塞音声母，元音换成 e 或 o，等等。有鼻化元音、送气塞擦音或擦音的音节不予考虑，免得声学性质不匹配。表 10.04 中是 25 个双音节词，穷尽了所有两字组合。表左端一栏表示前字调，例如"1[ ]"表示首字为 T1。表上端两行表示后字调，例如"[ ]3"表示后字为 T3。又如：第 3 行和最后一栏的交叉处，"单薄"tèboq 是一个前字调为 T1、后字调为 T5 的两字组。最理想的例字是 T2(2[ ])和 T3(3[ ])行里头上六个全舒声词：宝刀 potò | 报到 poto | 报导 bodo | 刨刀 botò | 跑到 boto | 跑道 bodo，它们构成十五组可能的最小对。当然，实际上只有六组对立，因为由于 T1 和 T2 在后字位置中和化，所以"宝刀"potò＝"报到"poto，"刨刀"botò＝"跑到"boto。

表 10.04　两字组字表(1[ ]＝S1 是 T1，[ ]1＝S2 是 T1 等)

	[ ]0		[ ]3	[ ]4	[ ]5
	[ ]1	[ ]2			
1[ ]	爸爸 pàpà	颠倒 tìto	编排 pìba	边角 pìkoq	单薄 tèboq
2[ ]	宝刀 potò	报到 poto	报导 podo	报答 potaq	告别 kobiq
3[ ]	刨刀 botò	跑到 boto	跑道 bodo	道德 doteq	搅轧 gogaq
4[ ]	八间 paqkè	笔架 piqka	八埭 paqda	八百 paqpaq	北极 poqjiq
5[ ]	别针 biqtzèn	达到 daqto	鼻头 biqdeu	蹩脚 biqjiaq	特别 deqbiq

10.1.2.2　发音人

两字组声学材料录自四位单字调实验中也合作过的发音人(M1，M2，M4 和 W3)，他们都说中派 I 变体。原来我也想使用同样 11 位发音人，但显然不太现实，因为材料太多而无法处理，实际上还有大批三字组材料无法在本书中讨论。

10.1.2.3　录音

两字组录音是在单字调录音后大约九个月，在同样的语音实验室，使用同样的录音设备，所有多字组材料都在一次录完。与单字调一样，两字组的实验字写在几张 A4 大小纸上，首尾中间都有辅助的充数字。每个发音人都一次录完，每人念字表六次，每次之间有简短间隔。两字组录完后休息十多分钟，又录两字以上的多字组。

发音人在录多字组时比单字调更为自然。这一方面可能他们有了录音经验，也可能多字组比单字更接近自然语言。

10.1.2.4 测量程序

两字调的基频曲线也从窄带图上量得。同时性的宽带做在下面以帮助确定起点和终点。测量时借助一种连接计算机的计数器。

入声短调在时长的每三分之一处取样。舒声长调每五分之一取样，外加一 10%时点。但 T1 后的舒声调除外，它的连调很短，所以每四分之一处取样。

在决定前字、后字的基频起点和后字的终点时，使用和单字调的同样标准，见 § 3.1.4，即起点从 F2 清晰可见处的第一个声门脉冲算起。终点如果是升调则在峰点处，如果是降调则在出现不规则声门脉冲处。前字基频终点定义为最后一个可见的 F2 声门脉冲直条。切分音段的语图样品在附录图 A10.02 中。

10.2 两字调时长

10.2.1 引言

与处理单字调一样，两字调也从时长开始，然后再是基频。根据行文方便，“两字组”和“两字调”，“舒声”和“长调”，“入声”和“短调”会交替使用。一个两字调包括前字(S1)调，词间辅音 C2(如果有的话)，后字(S2)调。前字调基频和时长不包括声母 C1，后字调的基频和时长不包括喉塞尾(如果有)引起的基频波动段。图表中用符号“X[ ]”(简自“X[X]”)代表前字调，“[ ]X”(简自“[X]X”)代表后字调。

前面说过，T1 和 T2 在后字位置失去曲拱对立，由于它们同属常域和长调，所以此时就听辨不出任何区别，声学性质也一样。表 10.05 把 T1 和 T2 两两相配，给出它们在五个声调后的时长。例如在 T2 后(见第三栏带框的两组数据)，M2 的 T1 是 118 毫秒，T2 是 120 毫秒，总平均 T1 是 118 毫秒，T2 是 127 毫秒。最后 p 行里给出双尾 t 检验表明任何一对之间都没有显著性区别。图 10.01 给出 M2 的 T2＋P 的例子,后字是三个长调 T1,T2 和 T3。可以看到后字位置上的 T1 和 T2 基频曲线的基频和时长实际上都一样,但都和后字的 T3 曲线有明显区别。

表 10.05　后字位置上的 T1 和 T2 的时长,单位 ms

	[1]1	[1]2	[2]1	[2]2	[3]1	[3]2	[4]1	[4]2	[5]1	[5]2
M1	47	62	99	107	#	(108)	113	115	156	144
M2	92	89	118	120	138	117	123	142	151	150
M4	67	83	118	134	116	130	130	182	199	189
W3	72	73	138	133	#	(130)	139	179	196	169
m	70	77	118	127	127	121	126	155	176	163
p	～		～		～		～		～	

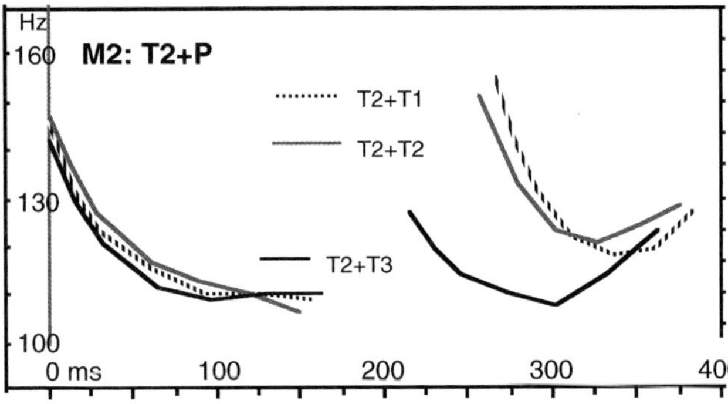

图 10.01　T1 和 T2 在后字位置中和化例图

因此,本节后文把后字 T1 和 T2 的时长数据平均合在一起,用 T0 表示。因而将只给出 20 个两字组模式(patterns)的声学数据,而不是前述 25 种排列(concatenations)。这样的处理还有一个额外的统计学上的好处,在计算均值和标准差时排除了常域长调类不必要的权重。

表 10.06 中给出各位发音人 20 种两字调模式的时长均值,单位毫秒。数据按如下方式安排。最左第一栏是输入调模式,例如 T1＋T0 表示一个两字组,前字是 T1,后字是合并了的 T1 和 T2(用 T0 表示)。表端第一行是发音人,第二行是两字组成分:前字调 X[ ],元音间的辅

音 C(即后字声母),后字调[ ]X,以及整个两字调 XX①。例如,W3 的 T1＋T5 两字组的前字调的平均时长是 182 ms,标准差是19 ms,整个 T1＋T5,包括后字声母是 337 ms(表 10.06 中带框的数字)。表的最下部是人际均值和标准差。例如,前字 T1 在 T0 前是 158 ms,在 T3 前是 187 ms;T1 和 T4 之间的辅音是 160 ms;后字 T5 在 T1 后是 46 ms,等等(带阴影的数据)。各两字组读例都是 6 个,但后字为 T0 的是 12 个,因为 T0 合并了 T1 和 T2。个别两字组读例少于 6 个。如 M1 的 T1＋T4 组合的六个读例中有五个其后字带嘎裂声,因此无法测到基频。此外,由于只有一个读例,所以也没有标准差,因此表中用"#"表示。M1 和 W3 读"宝刀"potò(T3＋T1)时发成右控式,这些共 12 个读例没包括在内,因此他们各自的 T3＋T0 两字组是 6 个读例。

表 10.06 两字调时长均值和标准差,单位 ms("X0" $n=12$, 其他 $n=6$)

		M1				M2				M4				W3			
		X[]	C	[]X	XX	X[]	C	[]X	XX	X[]	C	[]X	XX	X[]	C	[]X	XX
T1＋X																	
1＋0	*m*	160	111	54	325	141	99	90	330	164	140	75	379	165	133	72	370
1＋0	*s*	9	14	21		13	11	11		19	11	19		17	27	15	
1＋3	*m*	208	49	72	329	150	44	91	285	198	88	74	360	191	80	85	356
1＋3	*s*	13	6	16		12	6	18		14	8	16		10	11	10	
1＋4	*m*	175	159	30	364	149	140	34	323	170	169	49	388	155	171	41	367
1＋4	*s*	#	#	#		14	13	5		21	18	16		14	10	7	
1＋5	*m*	192	68	30	290	150	77	54	281	197	105	61	363	182	116	39	337
1＋5	*s*	19	14	3		13	14	16		17	7	9		19	12	7	
T2＋X																	
2＋0	*m*	176	112	103	391	153	108	119	380	183	139	126	448	185	145	135	465
2＋0	*s*	35	14	19		13	5	8		13	8	13		21	10	24	
2＋3	*m*	219	46	118	383	162	54	146	362	181	84	136	401	201	81	138	420
2＋3	*s*	22	10	20		10	7	10		14	13	7		31	7	32	
2＋4	*m*	191	138	44	373	145	127	53	325	181	159	56	396	179	166	50	395
2＋4	*s*	17	14	7		15	6	7		8	7	8		21	7	7	
2＋5	*m*	235	51	51	337	165	84	71	320	204	101	59	364	203	90	67	360
2＋5	*s*	17	6	10		10	12	9		22	7	8		24	11	24	

① 除非另外注明,两字组(用 XX, T1＋T5, 1＋5, Pq 表示)的时长包括中间的辅音。

续表

		M1				M2				M4				W3			
		X[]	C	[]X	XX	X[]	C	[]X	XX	X[]	C	[]X	XX	X[]	C	[]X	XX
T3＋X																	
3＋0	*m*	184	117	108	409	145	120	127	392	181	148	122	451	177	155	130	462
3＋0	*s*	24	13	12		7	5	15		15	14	12		21	23	21	
3＋3	*m*	239	43	114	396	159	68	126	353	206	79	145	430	203	76	129	408
3＋3	*s*	22	9	7		10	5	7		25	9	15		25	9	20	
3＋4	*m*	187	135	46	368	164	149	46	359	177	169	66	412	181	165	62	408
3＋4	*s*	21	12	12		15	12	9		15	9	18		19	20	4	
3＋5	*m*	225	84	50	359	179	96	71	346	245	113	65	423	195	121	53	369
3＋5	*s*	24	10	13		14	12	14		16	17	14		20	9	7	
T4＋X																	
4＋0	*m*	56	150	114	320	54	153	133	340	56	162	156	374	54	162	154	370
4＋0	*s*	8	35	14		8	7	12		8	27	29		8	13	39	
4＋3	*m*	69	78	128	275	76	50	167	293	83	80	201	364	80	74	149	303
4＋3	*s*	9	10	24		4	6	6		6	11	21		5	11	32	
4＋4	*m*	55	151	48	254	59	164	63	286	62	147	52	261	58	150	53	261
4＋4	*s*	11	31	12		6	25	8		7	9	2		5	26	7	
4＋5	*m*	75	83	52	210	68	126	82	276	84	126	69	279	86	110	60	256
4＋5	*s*	9	8	7		6	8	12		7	16	12		6	15	10	
T5＋X																	
5＋0	*m*	58	158	150	366	49	164	151	364	71	172	194	437	48	186	182	416
5＋0	*s*	9	23	20		16	15	12		11	13	18		12	15	23	
5＋3	*m*	59	64	164	287	59	70	188	317	71	74	227	372	70	98	192	360
5＋3	*s*	5	9	15		7	7	7		12	10	21		7	11	12	
5＋4	*m*	62	176	45	283	46	190	74	310	65	211	71	347	46	201	62	309
5＋4	*s*	10	23	7		7	20	15		9	19	12		3	29	15	
5＋5	*m*	71	78	65	214	65	73	95	233	69	99	94	262	68	108	85	261
5＋5	*s*	8	10	3		7	15	9		4	7	7		9	9	30	

人均	T1＋X				T2＋X				T3＋X				T4＋X				T5＋X			
n＝4	X[]	C	[]X	XX	X[]	C	[]X	XX	X[]	C	[]X	XX	X[]	C	[]X	XX	X[]	C	[]X	XX
[]0 *m*	158	121	73	351	174	126	121	421	172	135	122	429	55	157	139	351	57	170	169	396
[]0 *s*	11	19	15	27	15	19	14	42	18	19	10	33	1	6	20	26	11	12	22	37
[]3 *m*	187	65	81	333	191	66	135	392	202	67	129	397	77	71	161	309	65	77	193	334
[]3 *s*	25	22	9	35	25	19	12	25	33	16	13	32	6	14	31	39	7	15	26	39
[]4 *m*	162	160	39	361	174	148	51	372	177	155	55	387	59	153	54	266	55	195	63	312
[]4 *s*	12	14	8	27	20	18	5	33	10	16	11	27	3	8	6	14	10	15	13	26
[]5 *m*	180	92	46	318	202	82	62	345	211	104	60	374	78	111	66	255	68	90	85	243
[]5 *s*	21	23	14	39	29	22	9	21	30	17	10	34	8	20	13	32	3	17	14	23

以下诸小节依次讨论前字调时长(§10.2.1),中间辅音(C2)时长,包括辅音成阻期和后接元音的VOT(§10.2.2),各种语境中的后

字调时长(§10.2.3),以及全时长(§10.2.4)。特别要注意截度、声域(与基频高度)、重音、清浊对同音节和邻音节时长的影响。§10.2.5节对两字组时长进行归一化处理。§10.2.6节通过比较前后字调的时长来讨论重音和时长的关系。§10.2.7节比较两字调和单字调的时长。最后一小节(§10.2.8)总结本节主要发现。有几个符号再交代一下:"P","q","X"分别代表长调、短调、未指定舒入的任何声调;"u","v","C"分别代表元音之间的清辅音、浊辅音、未指定清浊的任何辅音。

10.2.2 前字调时长

本小节内比较前字调在各种情况下的时长:1)比较后接清辅音与后接浊辅音的情况,以考察C2清浊对前字调时长的影响,2)比较后接长调与后接短调的情况,以考察后字调时长对前字调时长的影响,以及3)比较带高调与中调与低调的情况,以考察音高对时长的影响。

C2清浊对前字调长的影响。很多语言中都发现,一个元音在后接清辅音时比较短,后接浊辅音时则较长(Lehiste 1970; Chen 1971; Rose 1990)。[10B]左上部给出前字调在浊辅音(v)和清辅音(u)前的时长,以及双尾t检验结果。一个长调(P)/短调(q),如果在浊辅音(来自气声辅音)前则比在清辅音前分别长25 ms(15%)和16 ms(29%),两者都在0.001水平有显著差别。

[10B](DF=自由度)

	P[v]	P[u]	q[v]	q[u]	P[q]	P[P]	q[q]	q[P]
m	195	170	72	56	184	180	65	63
s	26	15	9	7	26	25	11	11
n	24	24	16	16	24	24	16	16
差/比	25/115%		16/129%		4/102%		2/103%	
DF	23		15		23		15	
p	***		***		~		~	

	1[v]	1[u]	2[v]	2[u]	3[v]	3[u]	4[v]	4[u]	5[v]	5[u]
m	183	160	196	174	204	175	78	57	66	57
s	21	11	25	16	29	14	7	3	5	10
n	8	8	8	8	8	8	8	8	8	8
差	24		22		31		21		10	
DF	7		7		7		7		7	
p	**		**		**		***		*	

表[10B]的下半进一步给出后接清、浊辅音的前字调时长差别。所有五个前字调都是在浊辅音前比在清辅音前显著地长。例如，T1在浊 C2 前是 183 ms，在清 C2 前是 160 ms，前者在 0.01 水平上显著长于后者。重音似乎也起了作用。注意，T1 到 T4 受 C2 清浊影响的差有 20 ms 以上(见“差”行)，但是 T5 在清浊 C2 前的差别只有 10 ms。前四种两字组都是前字重读，但是 T5 前字是弱读。

后字截度对前字时长无影响。[10B]右上部给出后字的长短对前字长短影响的结果。检验结果表明无显著性差别，不管后字调是长是短，前字调的时长基本不受影响，差别仅 2—4 毫秒。

音高和重音对时长的影响。[10C]上半是长调，下半是短调，表中给出前字调在清/浊辅音前(右半)，在清浊合并的辅音前(左半)的时长，以及双尾 t 检验结果。三个长调在前字位置都是平的，但基频高度不同：连调后的 T1 是高平，T2 中平，T3 低平。前字位置的中平调(T2)与低平调(T3)无显著差别。前字位置的高平调(T1)在 0.001 水平上显著短于中平调和低平调，但是这儿与重音无关，可能与前字基频高度也无关，而是与另两个因素有关：底层调或原调的长短，后字调

[10C]

	1[ ]	2[ ]	3[ ]	1[u]	2[u]	3[u]	1[v]	2[v]	3[v]
m	172	185	190	160	174	175	184	196	206
s	21	24	28	11	16	14	22	25	29
n	16	16	16	8	8	8	8	8	8
差	−13	−5		−14	0		−12	−10	
DF	15	15		7	7		7	7	
p	***	～		**	～		～	～	
							p(1[v] vs 3[v])= **		

	4[ ]	5[ ]	4[u]	5[u]	4[v]	5[v]
m	67	61	57	56	78	66
s	12	9	3	10	7	5
n	16	16	8	8	8	8
差	7		1		12	
DF	15		7		7	
p	*		～		**	

除非另有说明，如果两个相邻的项有显著差别，那么两端两个不相邻的项也有显著差别。例如，相邻的 1[ ]和 2[ ]有显著差别，所以不相邻的 1[ ]和 3[ ]也有显著差别(其实是 $p<0.001$)。

高低/长短的影响。四个发音人中有两个(M4 和 W3)T1 单字调显著短于 T2 和 T3(见[9C]),这可能是个原因。但更重要的可能是两字组中 T1 后的后字调是个低调,整个声调包络依然像个降调;而 T2 和 T3 后的后字调是个更高的调,整个声调包络像升调。

前字位置的中平短调(T4)却显著长于低平短调(T5)。这里可能的影响因素有基频高度和重音两项:前字 T4 是中调而重读,前字 T5 低调而弱读。由于高调可能短于中低调(如上前字位置的 T1 高于但短于 T2 和 T3),所以可以暂且假定是重音使得前字位置重读的 T4 长于处于前字的弱读 T5。

当数据如表[10C]右半根据 C2 清浊分组时,T1 就显著短于另两个长调,只有一个例外:后接浊 C2 时非显著性短于 T2($p=0.0657$)。后接 C2 的清浊不影响 T2 和 T3 的时长。短调有些不同,后接浊 C2 时 T4 显著长于 T5,但在清 C2 前无显著性区别。

小结。影响前字调长的可能因素有三个:后接 C2 的清浊,重音和基频高低。浊 C2 前的字调长于清 C2 前。浊 C2 前的重读短调长于弱读短调。基频高低与时长有一定关系:高平调显著短于中平和低平调,但中平和低平无区别。没发现后字截度对前字调时长有什么影响。

10.2.3 词间 C2 的时长

本小节讨论词间清、浊对 C2 时长的影响,以及 C2 在各种语境中的时长:在短调前对在长调前,在短调后对在长调后,以考察来自前后两方面的截度的影响。

清浊对 C2 时长的影响。如前所述,阳声域中的气声清声母在后字位置变为普通浊声。[10D]给出词间 C2 在各种情况下时长的双尾 t 检验结果。在所有以下四种情况下浊 C2 都短于清 C2:在长调与长调之间,在长调与短调之间,在短调与长调之间,在两个短调之间。例如[10D]上半的第三种情况,在短调与长调之间时([q]__[P])浊 C2 (74 ms)不到清 C2(164 ms)的一半(45%)。表[10D]下半是平均数据的检验结果。后接长调时浊 C2(69 ms)只有清 C2(142 ms)的 49%那么长,后接短调时浊 C2(96 ms)只有清 C2(162 ms)的 59%。总的来说，浊 C2 时长(82 ms)只有清 C2(151 ms)的 54%那么长。

[10D]

	[P]v[P]	[P]u[P]	[P]v[q]	[P]u[q]	[q]v[P]	[q]u[P]	[q]v[q]	[q]u[q]
m	66	127	92	154	74	164	101	174
s	18	18	21	15	14	11	21	25
n	12	12	12	12	8	8	8	8
差/比	−61/52%		−62/60%		−90/45%		−73/58%	
DF	11		11		7		7	
p	***		***		***		***	
	[ ]v[P]	[ ]u[P]	[ ]v[q]	[ ]u[q]			[ ]v[ ]	[ ]u[ ]
m	69	142	96	162			82	151
s	16	24	21	22			23	25
n	20	20	20	20			40	40
差/比	−73/49%		−66/59%				−69/54%	
DF	19		19				39	
p	***		***				***	

还有个细节很有趣，值得讨论。四个发音人中唯一的女性 W3 在大部分场合把元音间的/b d g/清化了，但时长对立仍保留①。那就是说，她的清化不是由于众所周知的与成阻期时长相关的空气动力学原理。例如，她的 T4 和 T0 之间的清 C2 时长是 162 ms，而 T4 和 T3 之间的清化浊 C2 时长是 74 ms，见表 10.06。这与 M4 的 162 和 80 ms 相若。附录 A10.03 给出一对最小对立的例图，左图“跑道”<u>bodo</u> 的 <u>d</u> 清化了，右图“跑到”<u>boto</u> 中间的 <u>t</u> 是清音，<u>t</u> 比 <u>d</u> 长出一倍。这与王士元(Wang 1972:495)的看法相附，在耳语中原来清浊塞音的时长差别依然保留，他说：“主要特征失去了，即使原先的主要特征是造成次要特征的原因，但次要特征仍存在，并取而代之成为区别标志。”

来自后字截度的影响。词间 C2 如果后接入声短调比在舒声长调前长。表[10E]给出清浊 C2 平均时长在四种截度环境中的双尾 t 检验结果：舒声和舒声之间(P __ P)，舒声和入声之间(P __ q)、入声和舒声之间(q __ P)、入声和入声之间(q __ q)。表[10E]上半部显示，舒声前的 C2(127, 66, 164, 74 ms)比相应的入声前的 C2(154, 92, 174,

① Shen *et al*(1987)报道过相同的一例，一位上海男发音人仅在 T5 后的元音间/b d g/清化了，但/p t k/和清化的/b d g/之间的时长对立仍保留。

101 ms)短 10 到 27 ms,四种情况下有三种在 0.05 水平上有显著差别。表下半是合并的数据。清 C2 在舒声前(142 ms)比在入声前(162 ms)短 20 ms,不管前字截度如何。同样,浊 C2 在舒入声前有 27 ms(=96−69)差别。如果不管前字截度,也不管本身清浊,C2 在舒声前(105 ms)比在入声前(129 ms)短 24 ms。这三个差都在 0.001 水平上有显著差异。

[10E] u=清 C2,v=浊 C2

	[P]u[P]	[P]u[q]	[P]v[P]	[P]v[q]	[q]u[P]	[q]u[q]	[q]v[P]	[q]v[q]
m	127	154	66	92	164	174	74	101
s	18	15	18	21	11	25	14	21
n	12	12	12	12	8	8	8	8
差/比	−27/82%		−26/72%		−10/94%		−27/73%	
DF	11		11		7		7	
p	***		***		~		*	

	[ ]u[P]	[ ]u[q]	[ ]v[P]	[ ]v[q]	[ ]C[P]	[ ]C[q]
m	142	162	69	96	105	129
s	24	22	16	21	41	40
n	20	20	20	20	40	40
差/比	−20/88%		−27/72%		−24/81%	
DF	19		19		39	
p	***		***		***	

来自前字截度的影响。如果前字入声,C2 比在舒声后更长。由于舒声(T1, T2, T3)后 C2 的测量数据多于在入声(T4, T5)后,因此无法进行成对 t 检验。但不成对的 t 检验又不太合适,因为人际方差会把要考察的辅音的差异淹没。所以我把所有舒声或入声后的辅音数据分别合并再做检验。双尾统计结果见[10F]。此表上半部的前两项数据表明,如果后字为舒声([ ]u[P]),清 C2 在入声后(164 ms)显著长于在舒声后(127 ms)。如果后字为入声([ ]u[q]),则稍高于显著水平($p=0.054$),尽管两者之差有 20 ms(=174−154),这至少部分是因为自由度(3)太小。至于浊 C2,则反过来了。[10F]上半部后两项数据表明,如果后字为入声的话([ ]v[q]),那么浊 C2 在入声后(101 ms)显著长于舒声后(92 ms);但如果后字是舒声([ ]v[P])则无显著差别(74∶66)。如[10F]下半部前两项数合并了后字截度得数据,最后一项是连 C2 清浊数据也合并了。前两项数据表明,如果后字截度已合

并，即不考虑后字截度影响，清 C2 在入声后(169 ms)显著长于在舒声后(141 ms)；但浊 C2 没这区别(88∶80)。总的来说，如果后字截度合并，词间 C2，不管清浊，在入声后(128 ms)显著长于在舒声后(110 ms)。

[10F]

	[P]u[P]	[q]u[P]	[P]u[q]	[q]u[q]	[P]v[P]	[q]v[P]	[P]v[q]	[q]v[q]
m	127	164	154	174	66	74	92	101
s	18	11	15	25	18	14	21	21
n	4	4	4	4	4	4	4	4
差/比	−37/77%		−20/89%		−8/89%		−9/91%	
DF	3		3		3		3	
p	***		0.054		～		*	

	[P]u[ ]	[q]u[ ]	[P]v[ ]	[q]v[ ]	[P]C[ ]	[q]C[ ]
m	141	169	80	88	110	128
s	17	7	18	12	18	9
n	4	4	4	4	4	4
差/比	−28/83%		−8/91%		−18/86%	
DF	3		3		3	
p	*		～		*	

总之，词间清 C2 在任何同等环境中长于浊 C2([10D])，在入声后倾向于长于舒声后。似乎 C2 能从两边的入声短调处都能获得时长补偿。如果的确如此，那么前后都是入声的 C2 应该最长。这个推想得到数据的证实。[10G]表明清/浊 C2 在入声短调之间都是最长(174/101 ms)，在舒声长调之间都最短(127/66 ms)，当然是跟清浊相同的 C2 比。清 C2 在前入后舒(q __ P)之间的时长(164 ms)长于在前舒后入(P __ q)之间的时长(154 ms)，但是，浊 C2 在前舒后入(P __ q)之间的时长(92 ms)长于在前入后舒(q __ P)之间(74 ms)，两者在 0.05 水平上都没显著差别。这些事实表明，前后字调的截度赋值对词间 C2 的长度的影响大致相同。当清浊 C2 数据合并，见[10G]下半，两边都是入声短调的环境(q __ q)引发出最长的 C2(138 ms)，显著长于另三种环境(123/119/97 ms)。另一方面，两边都是舒声长调的环境(P __ P)引出最短的 C2(97 ms)，显著短于其他三个环境。前舒后入的环境(123 ms)和前入后舒的环境(119 ms)对 C2 时长影响几乎一样，两者与另两种环境(138/97 ms)对 C2 时长的影响都有显著差别。

[10G]

	[q]u[q]	[q]u[P]	[P]u[q]	[P]u[P]	[q]v[q]	[P]v[q]	[q]v[P]	[P]v[P]
m	174	164	154	127	101	92	74	66
SD	7	9	15	19	15	20	11	18
n	4	4	4	4	4	4	4	4
p	~(0.056)	~	***	*	*	~	~	
p		~(0.054)					**	

	[q]C[q]	[P]C[q]	[q]C[P]	[P]C[P]
m	138	123	119	97
SD	11	17	9	18
n	4	4	4	4
p	*	~	*	

总结。影响词间 C2 时长的因素有两个:C2 本身清浊,前后字的截度。浊 C2 只有清 C2 一半长。前后声调的截度影响 C2 的方式相同:入声短调不管在前字还是后字都使 C2 变长,或者反过来说前后字的舒声长调都使 C2 变短。换句话说,如果前后有入声短调,C2 的长度会得到补偿,从而使得整个词长得到平衡。因此 C2 在一个入声短调前(后)比在一个舒声长调前(后)来得长;在两个入声短调间最长,在两个舒声长调间最短;在一舒一入之间或一入一舒之间的情况下则居中。

10.2.4 后字调时长

本小节讨论后字调时长,以及对它可能产生影响的因素如 C2 清浊、前字截度、前字基频高度、重音。后字调根据三个正交参数可以划分为 12 类,这三个参数是前字调舒降、舒升、入声三个类型(`P, ´P 和 q),C2 清浊(u 和 v),后字调舒入两种截度(P 和 q)。表[10H]给出后字在各种情况下的时长及双尾 t 检验结果,上半是舒声后字,下半是入声后字。

C2 清浊对后字调时长的影响。[10H]右栏表明,前字调若为 T1,后字舒声(80∶73)和入声(46∶39)都是在浊 C2 后([1v]P 下的 80 ms 和[1v]q 下的 46 ms)长于在清 C2 后([1u]P 下的 73 ms 和[1u]q 下的 39 ms),不过在 0.05 水平上都没显著差别。但是,中栏里的数据表明,前字若为高标调(T2～T5),那么,在浊 C2 后([´Xv]P 下的 154 ms

和[ˊXv]q 下的 68 ms)就分别显著长于在清 C2 后([ˊXu]P 下的 138 ms 和[ˊXu]q 下的 56 ms)。即当前字高标调数据合并后,带浊声母的后字 T3 显著长于带清声母的后字 T2,带浊声母的后字 T5 显著长于带清声母的后字 T4。而作为单字调时,T3 与 T2 时长无区别,但 T5 长于 T4。

[10H]

	[q]P		[ˊP]P		[1]P	[ˊXv]P		[ˊXu]P	[1v]P		[1u]P
m	166		127		77	154		138	80		73
s	30		12		12	33		26	9		15
n	16		16		8	16		16	4		4
差		39		50			16			−7	
DF		15		22			15			3	
p		***		***			**			~	
	[q]q		[ˊP]q		[1]q	[ˊXv]q		[ˊXu]q	[1v]q		[1u]q
m	70		57		42	68		56	46		39
s	16		9		11	15		10	14		8
n	16		16		8	16		16	4		4
差		10		15			12			−7	
DF		15		22			15			3	
p		**		**			***			~	

前字截度对后字调时长的影响。[10H]左栏表明,根据三种不同的前字调情况,后字调时长会起显著变化(a=0.01):前字入声(T4/5),前字高标舒声(T2/3),前字低标舒声(T1)。前字若为 T1,那后字调是降形,时长就最短(舒声 77 ms,入声 42 ms)。在这种情况下后字调对前字截度有时长补偿:前字调若是舒声长调,后字调就会短些;前字调若是入声短调,后字调就会长些。具体地说,后字舒声调在短调后(166 ms)比在长调后(127 ms)长;后字入声调也如此,在短调后是 70 ms,长于在长调后的 57 ms。

前字基频高度对后字调时长的影响。表[10I]给出在中调 T2/4 和低调 T3/5 后的时长的双尾 t 检验结果。表左半表明前字基频高度不起作用。在中平 T2 后和在低平 T3 后,舒声只有 3 ms 之差,而入声只有 1 ms 之差,还是负的,两者都无显著差别。

[10I]

	[2]P	[3]P	[2]q	[3]q	[4]P	[5]P	[4]q	[5]q
m	128	125	56	57	151	181	60	74
s	14	11	9	10	27	26	11	17
差	3		−1		−30		−14	
DF	7		7		7		7	
p	~		~		***		**	

重音对后字调时长的影响。在前字位置上,T4 和 T5 都变成短平调,但有两个不同:一、T4 是中平[33],T5 是低平[11];二、T4+X 组合重音在前字,T5+X 组合重音在后字。[10I]右半表明,舒声在 T5 后(181 ms)在 0.01 水平上显著长于 T4 后(151 ms),入声也是(74:60)。上一小节讨论[2]X 和[3]X 时刚说到,前字调基频高低不影响后字调长短。由于重音与时长正相关,除了 Estonian(Lehiste 1970)例外,所以很自然可以说此处的时长差别是由于重音关系引起的。

小结。基频形状、重音、C2 清浊以及前字截度这四项因素都会影响后字调时长。后字调若是非降形则长于降形,若是重读则长于非重读,若在入声后则长于在舒声后。非降形后字调若在浊 C2 后则长于清 C2 后,但降形后字调没这区别。前字中平还是低平对非降形后字调时长无影响。

10.2.5 整个两字调的时长

本章“导言”中把“整个”两字调定义为前字调加后字调再加词间辅音 C2,但不包括前字声母 C1 和后字的喉塞尾,如果有的话。

根据在两字调中的表现可以分出五大类组合,表[10J]给出这五类组合的平均时长和双尾 t 检验结果。前字分三类:低标舒声(T1),高标舒声(ˈP,即 T2/3),入声(q,即 T4/5)。后字分舒(P)入两类,不过在 T1 后部分。所以一共五类。

[10J](双尾, *n* = 16, DF = 30, 时长包括 C2)

	1		2		3		4		5
	ˈPP		ˈPq		qP		1X		qq
m	409		370		348		340		269
s	34		30		46		34		35
p		**		~		~		***	
				p(ˈPq vs 1X) = *					

前字为高标舒声 T2/3 的两字调(ʼPP＝409，ʼPq＝370)长于前字为入声 T4/5 的两字调(qP＝348，qq＝269)。T1 是舒声，但 T1＋X(1X)组合由于弱而短的后字调，所以时长只有 340 ms，甚至短于入舒组合(qP，348 ms)，仅长于入入组合(qq，269 ms)。所有五个声调在 T1 后都变成同样的陡降形。单字调中降调短于非降调。在弱读后字位置上，降调就更短了。T1＋舒声(342 ms)和 T1＋入声(339 ms)实际上一样长(p＝0.882，DF＝14，双尾不配对)，所以后字数据就合并在一起进行 t 检验，见[10J]。只有第 3 栏入舒组合(qP＝348)与它两边的高标舒＋入(ʼPq＝370)和 T1＋X(1X＝340)在 0.05 水平上无显著差别，其他任何一对都在好于 0.05 水平上有显著差别。

上面看到清 C2 长于浊 C2，但浊 C2 前的声调长于清 C2 前的声调。这两个对立因素在两字调中没有互相抵销，在决定两字调时长时，清浊对辅音本身的影响超过了对前字调的影响。[10K]给出根据三种前字调检验清浊影响的双尾检验结果，这三种前字调是高标舒声 T2/3、低标舒声 T1、入声 T4/5。可以看到有清 C2 的两字调比有浊 C2 的分别长出 25 到 47 ms，都在 0.01 或更好的水平上有显著差别。

[10K](双尾 t 检验)

	ʼPuX	ʼPvX	1uX	1vX	quX	qvX
m	402	377	356	325	332	285
s	39	33	26	35	55	49
n	16	16	8	8	16	16
差	25		31		47	
DF	15		7		15	
p	***		**		***	

小结。截度和基频形状都影响两字调时长：非降形的后字调长于降形后字调，如果都是非降形，舒声长于入声。因此，两个非降形的舒声组合最长，两个入声组合最短，舒入组合和舒声加降形后字调居中。作为通则“清浊影响时长”的一个推论，其他条件相同，那么有浊 C2 的两字调短于有清 C2 的两字调。

10.2.6 时长的归一化

两字调时长也有人际差异，但不如单字调那么大。表 10.07 给出各人五类两字调的平均时长和标准差，以及总平均。M4 的总平均值最大，376 ms，M2 的最小 324 ms。两者之差有 50 ms，相对于单字调来说较小。与单字调一样，我使用表 10.07"X+X"栏中各人跨声调总均值作为参照，把各人的时长作了归一化处理，归一化值见表 10.08。它们表达为个人总均值的倍数或分数。例如，M2 的 T1+X 是 305 ms，他的总均值是 324 ms，前者是后者的 94%。归一化结果反映为标准指数(NI=4.3)，与单字调的结果相若(NI=4.4)。

表 10.07　五个两字调类的时长-均值(和标准差)，单位 ms

ms	T1+X	T2+X	T3+X	T4+X	T5+X	n	X+X	n
M1	327(30)	371(24)	383(23)	265(46)	288(62)	4	327(51)	5
M2	305(25)	347(29)	363(20)	299(28)	306(54)	4	324(29)	5
M4	373(13)	402(35)	429(16)	320(58)	355(72)	4	376(42)	5
W3	358(15)	410(44)	411(38)	299(55)	337(67)	4	363(48)	5
All	341(31)	383(29)	397(29)	296(23)	322(30)	4	347(42)	5
MAD	25	24	24	15	25			
DC′	0.073	0.061	0.059	0.052	0.076			
BSV	935	843	857	518	908			
MBSV=812			SV=2 120		DC=812/2 120=0.383			

表 10.08　五个两字调类的归一化时长(单位=347 ms)

x/m	T1+X	T2+X	T3+X	T4+X	T5+X
M1	1.00	1.14	1.17	0.81	0.88
M2	0.94	1.07	1.12	0.92	0.94
M4	0.99	1.07	1.14	0.85	0.94
W3	0.99	1.13	1.13	0.82	0.93
m(SD)	0.98(0.027)	1.10(0.038)	1.14(0.022)	0.85(0.05)	0.92(0.029)
MAD	0.020	0.032	0.015	0.035	0.023
DC′	0.020	0.030	0.013	0.041	0.024
NI	3.6	2.1	4.5	1.3	3.1
BSV	0.000 7	0.001 3	0.000 5	0.002 5	0.000 9
MBSV=0.001 2		SV=0.013 2		DC=0.001 2/0.013 2=0.089	
		总 NI=0.383/0.089=4.3			

图 10.02 中的小竖杠表示标准差，各位发音人的归一化时长惊人地相似。只有 T4+X 的组合中的人际差异相对大点。这也表现在表 10.08 的标准指数上。T4+X 类的 NI 值 1.3 最小。归一化的最佳结

果见于 T3＋X，NI＝4.5 是最高的。

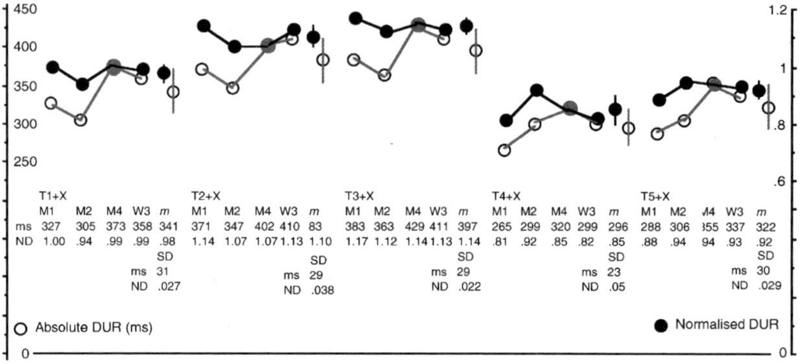

图 10.02　五类两字调的绝对时长和标准时长

某个两字调的人均标准时长可以用两种方法计算：一是把所有人的有关标准时长加以平均，二是把平均绝对时长除以总平均时长 347 ms。例如，T1＋X 的平均标准时长 0.98，可以从个人的标准时长加以平均((1.00＋0.94＋0.99＋0.99)/4)而得到，也可以从 T1＋X 的平均绝对时长除以总均值(341/347)而得到。由于后者更为简便，所以如果标准差不需要时，就用它来计算两字调各成分的时长。

表 10.09 上半给出两字调成分在各种情况下的人均时长和标准差。第 1 栏是前字调长，例如，前字 T1 的均值是 172 ms，标准差是 21 ms。第 2 栏是词间辅音 C2 的时长，如在 T1 和入声之间“[1]C[q]”的 C2 是 126 ms，标准差 40 ms。第 3 栏是后字调长，如在 T2 后的舒声平均长 128 ms，在 T3 后的入声均长 57 ms。第 4 栏是两字调全长，如前字为 T4、后字为入声的两字调全长 259 ms；前字 T5，后字入声的全长为 278 ms。

表 10.09　两字调及其成分的绝对时长(单位 ms，$n=8$)和标准时长(总均长 347 ms)

1. 前字调长	2. 词间辅音时长	3. 后字调长	4. 全长
'1[] 172(21)	[1]C[P] 93(35)	[1]P 77(12)	1CP 342
	[1]C[q] 126(40)	[1]q 42(11)	1Cq 340
'2[] 185(24)	[2]C[P] 96(36)	[2]P 128(14)	2CP 409
	[2]C[q] 115(40)	[2]q 56(9)	2Cq 356

续表

1. 前字调长	2. 词间辅音时长	3. 后字调长	4. 全长
'3[] 190(28)	[3]C[P] 101(40)	[3]P 125(11)	3CP 416
	[3]C[q] 129(31)	[3]q 57(10)	3Cq 376
'4[] 67(12)	[4]C[P] 114(47)	[4]P 151(27)	4CP 332
	[4]C[q] 132(26)	[4]q 60(11)	4Cq 259
5'[] 61(9)	[5]C[P] 123(52)	[5]P 181(26)	5CP 365
	[5]C[q] 143(58)	[5]q 74(17)	5Cq 278
'1[] 0.50	[1]C[P] 0.27	[1]P 0.22	1CP 0.99
	[1]C[q] 0.36	[1]q 0.12	1Cq 0.98
'2[] 0.53	[2]C[P] 0.28	[2]P 0.37	2CP 1.18
	[2]C[q] 0.33	[2]q 0.16	2Cq 1.02
'3[] 0.55	[3]C[P] 0.29	[3]P 0.36	3CP 1.20
	[3]C[q] 0.37	[3]q 0.16	3Cq 1.08
'4[] 0.19	[4]C[P] 0.33	[4]P 0.44	4CP 0.96
	[4]C[q] 0.38	[4]q 0.17	4Cq 0.74
5'[] 0.18	[5]C[P] 0.35	[5]P 0.52	5CP 1.05
	[5]C[q] 0.41	[5]q 0.21	5Cq 0.80

‘'’表示重音。两字组除了 T5＋X，都是前字重读。

以总均值 347 ms 为单位对这些均值进行归一化处理得到的标准时长列在表下半。人际时长变异在归一化后微不足道。两字调的人际变异,在时长表达为总均值的函数后能得到说明。

这些标准值在后文会用来画基频归一化了的两字调曲线。前字位置的舒声(T1/2/3)时长相若(0.50/0.53/0.55),而入声(T4/5)则几乎相等(0.19/0.18)。舒声后的 C2 几乎相等:若后字为舒声,T1 后的 C2 长 0.27, T2 后是 0.28, T3 后是 0.29;若后字是入声,T1 后的 C2 长 0.36, T2 后长 0.33, T3 后是 0.37。同样入声后的 C2 也十分接近(0.33∶0.35, 0.38∶0.41)。主要区别在后字调上,我们把表 10.09 中的有关资料重复如下:

	前字	[T1]	[T2/3/4]		[T5]
后字入声 q		0.12	0.16/0.16/0.17		0.21
	前字	[T1]	[T2/3]	[T4]	[T5]
后字舒声 P		0.22	0.37/0.36	0.44	0.52

从后字入声来看,可以分三类:T1 后的入声最短,只有 0.12 个单

位，它自成一类。T2/3/4 后的入声时长居中，0.16～0.17 个单位，它们合成一类。T5 后的入声最长，0.21 个单位，它也各自成一类。

从后字舒声来看，可以分四类：T2/3 后的合为一类，其余自成一类。由于在入声后，后字调有一定时长补偿。把这因素排除掉以后，后字舒声在 T4 后应该更接近在 T2/3 后，而离在 T5 后较远。因此，以前字调为参照，后字调的时长也可分三类，在 T1 后是一类，在 T2/3/4 后合成一类，在 T5 后是一类。

综合起来看，两字调时长分三类：T1＋X 是一类，后字最短；T2/3/4＋X 是第二类，后字较短；T5＋X 是第三类，后字最长。这与两字组的三类听感重音相符：T1＋X 是“强弱”，T2/3/4＋X 是“主重＋次重”，T5＋X 是“弱强”。

10.2.7 时长和重音：前后字调的时长比较

一般认为重音与三个声学参数正相关，Lehiste(1970：138)说：“在很多语言中，基频加上音强提供了决定性的线索。在其他语言中，时长与重音最有关。”但是 Fry(1958)认为音强实际上对重音不起作用。声调语中基频高度自有语音学和音法学的作用，比如上海话的三组重中式高标两字调(T2/3/4＋X)中后字调都高于前字调，所以基频不能用来判断重音所在。

因此，判断上海话重音的一个可靠标准就是声调的时长。此处我不说是音节的时长，那是因为(1)两字调的时长中没包括前字声母 C1 的时长和后字音节末喉塞尾的成阻期时长；(2)词间 C2 的时长大致相当，如 C2 在“T4 __ P”之间是 0.33，在“T5 __ P”之间是 0.35；在“T4 __ q”间是 0.38，在“T5 __ q”间是 0.41。因此，剩下的只有前字调长和后字调长与重音有关。

如表 10.09 下半所示，一个舒声在弱读后字位置与在重读前字位置相比，时长相差很大。如果是 'T1＋P 的情况，弱读后字则不到重读前字的一半那么长(44%＝0.22/0.50，[1]P＝0.22，1[ ]＝0.50)。如果是 'T2/3＋P，则大约是三分之二：70%＝0.37/0.53([2]P＝0.37，2[ ]＝0.53)；65%＝0.36/0.55([3]P＝0.36，3[ ]＝0.55)。舒声中最短的是处于 T1 之后的降调([1]P)，绝对时长 77 ms，相对时长 0.22，这是因为基频下降比上升所需时间少(Ohala & Ewan 1973)。

入声的情况要分项考察,先看前字重读的情况。T1 后的入声(和舒声一样)大大减短了,只有 42 ms。如果前字是高标调,入声在弱读后字的时长与处于重读前字位置的 T4 时长 67 ms 相比,也有一定程度的减短:在 T2/3 后是 56/57 ms,在 T4 后是 60 ms。其所以只减短 10%—15%,是因为在两字调中即使处于前字重读位置,入声也非常短(T4=67 ms),再短就难以实现一个升调了;再加上 T4 后的入声延长了,因为要补偿前字短调,见 § 10.2.3。

§ 10.02 中说有三度强弱对比:前字 T1~4 主重式,T2/3/4 后的后字中重式,T1 后的后字和前字 T5 弱读。这三度分立得到时长数据的支持。T1 后的弱读后字调如此之短,连原来的舒声都只剩 77 ms,相比之下中重的后字舒声有 125—151 ms。单字调的 T5(116 ms)比 T4(79 ms)长出近一半,但在弱读前字的连调 T5(61 ms)在 0.05 水平上显著短于重读前字的 T4(67 ms)。另一方面,T5 后的重读后字位置的舒声(181 ms)和入声(74 ms)在好于 0.01 水平上分别显著长于 T2/3/4 后的中重后字调(舒声 125~151 ms,入声 56~60 ms)。

§ 10.02 中提到 T4+T4 的重音最难确定。让我们来考察一下前后调相同的典型组合。来看表 10.06 中带下划线的数据,T1+T0 分别是 158 和 73 ms 长,T2+T0 是 174+121,T3+T3 是 202+129——以上三种情况下前字在 0.001 水平上都显著长于后字。T5+'T5 反过来是前字短(65),后字长(85),并在 0.01 水平有显著区别。与此不同的是,T4+T4 的前字调 59 ms 只是稍长于后字调 54 ms,但在 0.05 水平无显著差别。

10.2.8 两字调和单字调的时长比较

10.2.8.1 人际差异比较

单字调时长的巨大人际差别好像在两字调中大大减小了。例如,M2 两字调的总均值 324 ms,在四个人中最短,是最长的 M4 的总均值 376 ms 的 86%,而单字调总均值最短的(M1 的 139 ms)仅是最长的(M4 的 203 ms)68%。

在正式、定量的比较之前需要说明几点。首先,不能用标准时长进行比较，因为归一化程序大大减少了人际变异。其次，最好用同样四个发音人，因为单字调有 11 位发音人，比起两字调的四个发音人，随机差异可能更大。第三，不能用离散系数(DC)作为变异指针，因为单字调时长和相应的两字调时长很不一样，例如，T4＋X 的四人均长是 296 ms，而这同样四人的 T4 单字调均长只有 71 ms；同时，最长与最短两字调之比，比起单字调之比，大大减小了，因此样本方差(SV)也大受影响。第四，由于两字调比单字调长，所以不可避免人际方差也大，所以不能用平均人际方差(MBSV)作为指针。因此，我们用另一种离散系数(DC′)来进行比较，DC′在§4.1.3 中定义为平均绝对差异(MAD)与均值之比。

表 10.10 上半是五组两字调和单字调的人均调均的时长总均值。下半是绝对差异(AD)和其他以此算出的统计量。AD 定义为 $|x\text{-}m_{sp}|$。例如，M1 的 T1＋X 的 AD 是 14 ms，等于他的 T1＋X 的绝对时长 327 ms 减去人均时长 341 的绝对值。正如 DC′值所示，两字调的人际差异仅是相应单字调人际差异的从 T3(＋X)的 38％(＝0.059/0.152)到 T1(＋X)的 47％(＝0.073/0.154)，T4＋X 的 DC’高些，是 T4 人际差异的 67％(＝0.055/0.077)。总体来说，两字调的人际差异不到单字调的一半(47％＝0.064/0.135)。这证实了前面的观察，单字调的随机差异在两字调中大大减少，确切地说是减少了两倍多。可能读两字组比读单字更接近自然语言。在交际效率要求下，正常言语既不能太快，也不能太慢。自然语言有一个相对稳定的速率，即人人服从 ·种“韵律模式”。而念单字表时就不那么自然了，尤其有些还是黏着语素，因此有更多的人为因素引出更大的人际差异。

表 10.10　两字调和单字调的绝对时长和绝对差异，单位 ms

	T1+X	T2+X	T3+X	T4+X	T5+X	m_T	T1	T2	T3	T4	T5	m_T
M1	327	371	383	265	288	327	173	199	185	69	68	139
M2	305	347	363	299	306	324	253	241	261	68	105	186
M4	373	402	429	320	355	376	235	302	288	82	108	203
W3	358	410	411	299	337	363	185	218	219	65	86	155
m_{sp}	341	383	397	296	322	347	212	240	238	71	92	171
BSV	935	843	857	518	908		1 486	2 003	2 066	57	346	
	MBSV＝812	SV＝2 120		DC＝0.383		MBSV＝1 192		SV＝6 668		DC＝0.179		

续表

绝对差异										
	T1+X	T2+X	T3+X	T4+X	T5+X	T1	T2	T3	T4	T5
M1	14	12	14	31	34	39	41	53	2	24
M2	36	36	34	3	16	42	1	23	3	13
M4	32	20	33	24	34	24	62	50	11	16
W3	17	28	15	3	16	27	22	19	6	6
MAD	25	24	24	15	25	33	32	36	6	15
DC′	0.073	0.061	0.059	0.052	0.076	0.154	0.131	0.152	0.077	0.161
MDC′	0.064					0.135				

10.2.8.2　**时长比较**

整个两字调和单字调的比较。三个舒声的时长关系与三组相应的两字调的时长关系惊人地相似。如果把 T1 时长作为参照,那么 T2 和 T3 分别是 1.13 和 1.12 个单位,见[10L]左边。同样,如果把 T1+X 作为参照,T2+X 和 T3+X 分别是 1.12 和 1.16 个单位,见[10L]右边。

[10L]

	P	P	P	q	q	PX	PX	PX	qX	qX
	T1	T2	T3	T4	T5	T1+X	T2+X	T3+X	T4+X	T5+X
ms	212	240	238	71	92	341	383	397	296	322
T1[+X]	1.00	1.13	1.12	0.33	0.43	1.00	1.12	1.16	0.87	0.94
单字	1.0	1.0	1.0	1.0	1.0	1.6	1.6	1.7	4.2	3.5

不过,两组入声起头的两字调(qX)却是极大地延长了。单字调 T4 和 T5 时长仅是 T1 的 33%和 43%,但 T4+X 和 T5+X 却是 T1+X 的 87%和 94%那么长。这主要是由于把词间 C2 的时长也包括在内了,而 C2 的时长在入声前后延长了。

[10L]的最后一行是两字调时长与相应单字调时长之比,如 T1+X 是 T1 的 1.6 倍,这也是其他两个舒声(PX∶X)之比。但入声起头的两字调则比相应单字调长多了:T4+X 是 T4 的 4.2 倍,T5+X 是 T5 的 3.5 倍。所以,一个舒声起头的两字调(PX)比相应单字调长出 60%,而一个入声起头的两字调(qX)则比相应单字调长出 4 倍左右。

前字调与单字调时长比较。来看[10M],前字位置的三个舒声连调(172/185/190 ms)都是相应单字调(212/240/238 ms)的 80%左右,重读前字位置的 T4 时长几乎未变(94%=67/71)。但弱读前字位置的 T5 大为减短,只有单字 T5 的三分之二(66%=61/92)那么长。

[10M]

	T1	T2	T3	T4	T5	1[]	2[]	3[]	4[]	5[]
ms	212	240	238	71	92	172	185	190	67	61
比例	1.00	1.00	1.00	1.00	1.00	0.81	0.77	0.80	0.94	0.66

后字调与单字调时长比较。后字位置上的 T1 和 T2 已中和化(T0),所以只有四种后字调(T0, T3, T4, T5)与单字调做比较。[10N]左半给出后字调平均时长。例如,T5 后的 T3 长 193 ms, T1 后的 T3 是 81 ms,见表中有阴影的数字。上面说过,浊 C2 后的后字调长于清 C2 后,舒声仍然长于入声。当我们使用相应的四个单字调(除去 T2)作为参照,由 C2 清浊引起的后字调时长差异消失了。[10N]右半表明,T1 后的 T0([1]0)与单字 T1 之比是 0.34,T1 后的 T3 与 T3 之比也是 0.34,完全相等,T2 后的 T0([2]0)与 T1 之比,与 T2 后的 T3 与 T3 之比也完全相等(0.57)。最大的差别见于"[3]4": T4(0.77)和"[3]5": T5(0.65)。但另一种来自截度的变异来源仍存在。舒声之比小于入声之比(如 T1 后的舒声是 0.34,但 T1 后的入声是 0.54 和 0.50),这说明后字位置上的舒声在相对时长与绝对时长方面都比入声减少得多。

[10N]

	ms				比例			
	T1	T3	T4	T5	(=[]X_i/X_i)			
	212	238	71	92				
	[]0	[]3	[]4	[]5	[]0/T1	[]3/T3	[]4/T4	[]5/T5
[1]X	73	81	39	46	0.34	0.34	0.54	0.50
[2]X	121	135	51	62	0.57	0.57	0.71	0.67
[3]X	122	129	55	60	0.57	0.54	0.77	0.65
[4]X	139	161	54	66	0.66	0.68	0.76	0.71
[5]X	169	193	63	85	0.80	0.81	0.89	0.92

注意到[10N]右半中“[ ]0/T1”与“[ ]3/T3”的比例完全一样(0.34),但假如用 T2(240 ms)作为参照,“[ ]0”与 T2 之比就要比“[ ]3/T3”之比小多了。这给了我们一个想法,那就是 T1 和 T2 在后字位置并不是合并成一个新的 T0 类,而可以看成 T2 在后字变成 T1,或并入 T1。

T1 后的后字调比起在其他声调后(把“[1]X”行与其他行比)大大减短了,这显然来自基频形状。T1 后的降调大大短于其他调后的非降调。T5 后的后字调比起在其他声调后(把“[5]X”行与其他行比),大大延长了,这显然由于重音位置,重读的(在 T5 后)长,非重读的(在其他声调后)短。

10.2.9　总结

本节内讨论了两字调及其成分的时长。主要发现($p<0.05$)总结如下。

影响两字调及其三个成分(前字调、C2、后字调)时长的有五个因素:1)截度、2)C2 清浊、3)前字调基频高度、4)后字调基频形状、5)重音。

影响前字调时长的有:1)C2 清浊、2)基频高度(部分有关)。浊 C2 前的声调长于在清 C2 前。如果都重读,前字高调短于中、低调;但中、低调无区别。

影响 C2 时长的因素有:1)清浊、2)前后字调的截度。浊 C2 只有清 C2 的一半长。前字和后字入声(相对于舒声)都使 C2 加长。因此两个入声间的 C2 最长,两个舒声间最短,前后一舒一入则居中。

影响后字调时长的有:1)基频形状、2)重音、3)C2 清浊、4)前字截度。非降形后字调长于降形,重读调长于非重读,入声后长于舒声后。如果非降形,则在浊 C2 后长于清 C2 后。

影响两字调时长的有:1)后字调形、2)截度、3)清浊。后字非降形的两字调长于后字降形的。如果调形一样,舒声依旧长于入声。因此,两个非降形的组合最长,两个声入声组合最短,舒入组合和舒加降形的组合居中。有清 C2 的两字调长于有浊 C2 的。

像上海话那样的声调语言中重音与基频高度无关,而与时长相关。在五组两字调中,仅 T5+X 是后字重读,其他都是前字重读。单字调 T5 长于 T4,但在两字调的前字位置由于重音关系,短于同位置的 T4。而在 T5 后的后字调由于重读,所以长于其他声调后,截度一样的话。

归一化后的两字调时长的人际差异微不足道,这些差异大多可以用与个人总均值的比值来说明。两字调的人际差异大大小于单字调,这说明读两字组更为自然,而在自然言语中有一种人人都差不多的时长的韵律模式。

重读前字位置的三个舒声连调都是相应单字调的 80%左右,重读前字位置的 T4 时长几乎未变。但弱读前字位置的 T5 大为减短,只有单字 T5 的三分之二那么长。

三个舒声的时长关系与三组相应的两字调的时长关系几乎相等。具体地说,一个舒声扩展为两字调时,时长扩大了一个固定比例 60%。而入声扩展为两字调时,时长扩大了 4 倍左右。

如果把后字调表达为相应单字调的比值时,它的随机差异大大减少了。后字舒声[ ]0 和[ ]3 如果表达为相应单字调 T1 和 T3 的比值时,调际差异几乎清除一空。这说明 T1 和 T2 在后字位置不是合成一个新类 T0,而是 T2 并入 T1。

10.3 两字调基频

10.3.1 引言

本节 § 10.3 内描写五种两字调类基频形状的各种变异。前文说从听感和时长的统计意义上,后字位置的 T1 和 T2 没区别,下面可以看到它们的基频也没区别。表 10.11 中是四个发音人在后字位置上的 T1 和 T2 的平均基频值,前字从 T1 到 T5。下划线表示在 0.05 水平上有统计学意义的差别。基频值成对给出:前面是 T1 的值,后面是 T2 的值。例如,M1 在 T1 后面的 T1 的六个读例在 0%时点处的基频均值是 123 Hz,同样位置上的 T2 的均值是 138 Hz。两者的差在 0.05 水平上没有显著差别。前面 § 10.2.0 中提到,M1 和 W3 读“宝刀”potò(T3+T1)时有异读,所以在他们的 T3+T1 组合下无测量值。

表 10.11　后字 T1 和 T2 的基频均值，单位 Hz，$n = 6$

	0%		25		50		75		100	
	[]1	[]2	[]1	[]2	[]1	[]2	[]1	[]2	[]1	[]2
1[]										
M1	123	138	113	121	105	105	96	94	96	85
M2	142	142	117	115	102	97	92	87	83	80
M4	115	109	103	98	94	89	84	79	80	73
W3	218	233	191	201	168	177	146	150	123	129

	0%		10		20		40		60		80		100	
	[]1	[]2	[]1	[]2	[]1	[]2	[]1	[]2	[]1	[]2	[]1	[]2	[]1	[]2
2[]														
M1	153	146	147	141	145	139	141	136	137	134	133	134	131	135
M2	149	146	139	139	131	132	124	125	121	123	122	126	128	129
M4	128	122	124	117	120	114	117	110	116	110	115	110	114	109
W3	266	274	255	263	248	257	244	250	242	248	238	246	235	245
3[]														
M1	#	138	#	135	#	132	#	130	#	128	#	128	#	126
M2	149	141	143	135	138	133	138	131	136	131	134	133	131	135
M4	118	116	113	113	111	109	108	107	107	107	107	107	105	105
W3	#	260	#	247	#	241	#	241	#	240	#	235	#	235
4[]														
M1	149	149	143	143	140	138	140	133	140	131	140	129	137	128
M2	143	154	134	141	129	134	123	127	122	125	123	126	123	125
M4	130	117	126	107	122	104	119	102	116	101	114	101	110	101
W3	248	240	241	230	236	222	227	216	221	215	221	218	223	221
5[]														
M1	129	124	121	118	117	112	113	108	117	109	123	112	130	115
M2	130	119	118	111	113	105	113	103	118	109	129	119	144	130
M4	108	104	98	98	95	94	94	93	99	96	107	101	116	108
W3	215	199	197	187	185	181	191	182	201	188	217	196	242	208

表 10.11 中有三件事值得一提。第一，前字如是长调，后字 T1 和 T2 任何一个时点上的基频值都没显著性差别。第二，T4 之后有三个人也如此，但 M4 的 T1 从头到尾都显著（$\alpha = 0.05$）高于 T2，平均相差 15 赫兹。第三，T5 之后大体上也如此，除了在最后两个时点（80%和

100%)上四个人都是 T1 显著高于 T2($\alpha=0.05$)。这个差别可能是由 T5＋T1 组合例字“别针”biqtzèn 的鼻韵尾引起的。费国华(Rose 1992)发现镇海话中鼻韵尾比开音节后段的基频高,尽管在 0.05 水平上没有显著差别。所以当鼻韵尾引起的基频内在效应排除后,T1 和 T2 在后字位置任何时点上的基频实质上都没有差别,除了一个例外:M4 的 T4 之后。综合听感、时长和基频三因素来看,后字 T1 和 T2 没区别,所以后文就把它们合并在一起,用 T0 表示。

表 10.12 两字调基频-均值和标准差,单位 Hz

(X＋T0 组合 $n=12$,但 M1 和 W3 的 T3＋T0 组合 $n=6$,其余 $n=6$,但 M1 的 T1＋T4 组合 $n=1$,M1 的 T1＋T5 组合 $n=3$)

			X[]							[]X						
T1＋X			0%	10	20	40	60	80	100	0%	25	33	50	67	75	100
1＋0	M1	*m*	154	147	145	144	144	146	142	130	117		105		95	91
		s	10	8	8	8	8	7	7	15	11		10		10	13
	M2	*m*	171	160	155	151	150	149	145	142	116		99		89	82
		s	11	9	9	9	9	9	8	10	7		7		7	6
	M4	*m*	117	113	111	112	112	112	110	112	100		91		82	76
		s	10	11	11	13	13	12	10	9	7		6		7	8
	W3	*m*	301	295	290	283	275	270	265	225	196		173		148	126
		s	21	16	18	17	16	16	16	12	11		11		16	21
1＋3	M1	*m*	171	162	161	161	161	165	163	146	132		120		107	94
		s	9	5	5	4	5	5	10	8	5		7		10	12
	M2	*m*	161	152	148	145	144	145	143	147	122		106		97	89
		s	9	8	6	6	5	6	9	6	8		11		10	6
	M4	*m*	122	115	113	111	113	114	113	102	91		86		83	78
		s	6	4	5	4	4	4	4	4	3		2		2	5
	W3	*m*	299	292	287	280	274	277	267	228	200		180		163	150
		s	20	18	17	19	17	25	23	23	11		11		12	10
1＋4	M1	*m*	163	153	152	154	153	153	145	120		102		97		84
		s	7	8	5	4	6	7	6	#		#		#		#
	M2	*m*	171	157	150	147	147	143	135	134		120		104		91
		s	29	30	31	36	37	35	30	12		17		19		20
	M4	*m*	132	124	120	119	120	119	113	114		99		90		76
		s	7	6	4	4	3	3	4	7		3		5		8
	W3	*m*	295	292	289	282	280	277	259	203		186		165		141
		s	21	19	16	15	13	14	10	26		23		22		23

1+5	M1	*m*	158	150	149	149	151	151	142	115		107		100		92
		s	8	7	5	5	4	5	4	6		6		8		9
	M2	*m*	170	158	151	147	145	144	141	127		106		97		89
		s	13	9	6	6	5	5	3	13		8		3		5
	M4	*m*	122	116	113	114	115	114	110	104		94		86		78
		s	3	4	4	4	4	4	4	3		4		6		7
	W3	*m*	290	287	284	276	266	261	258	171		149		132		110
		s	16	16	16	16	15	15	13	41		29		20		12
			X[]							[]X						
T2+X			0%	10	20	40	60	80	100	0%	10	20\33	40	60\67	80	100
2+0	M1	*m*	139	133	130	126	125	125	123	149	144	142	139	135	134	133
		s	6	5	6	7	7	7	8	11	10	10	9	8	8	9
	M2	*m*	143	133	126	119	116	115	113	148	139	131	124	122	124	128
		s	8	7	6	5	5	5	4	8	5	4	5	5	5	5
	M4	*m*	120	116	113	110	109	109	108	125	120	117	114	113	113	111
		s	6	6	5	5	6	5	6	7	7	6	6	6	6	8
	W3	*m*	271	266	259	244	233	232	241	270	259	252	247	245	242	240
		s	19	15	14	10	10	11	13	13	13	13	13	12	11	9
2+3	M1	*m*	141	136	132	129	128	128	129	139	136	135	137	136	137	136
		s	5	5	4	4	5	4	5	5	4	4	3	3	4	7
	M2	*m*	139	130	123	116	114	115	115	128	122	118	115	113	118	125
		s	9	7	7	6	6	5	4	6	5	4	4	6	6	7
	M4	*m*	116	110	107	104	103	103	103	111	108	107	106	107	108	108
		s	3	3	3	4	4	4	4	4	4	4	3	4	4	4
	W3	*m*	291	281	273	256	245	240	233	247	241	238	237	239	238	237
		s	23	24	23	20	19	17	15	16	16	14	13	16	17	20
2+4	M1	*m*	138	134	131	126	123	123	119	164		154		147		141
		s	5	4	5	5	5	6	5	6		6		6		7
	M2	*m*	140	131	123	116	114	112	108	148		134		124		118
		s	8	6	5	4	5	5	5	6		6		7		9
	M4	*m*	117	110	107	105	103	103	102	128		118		110		99
		s	3	2	2	2	2	3	2	5		3		4		5
	W3	*m*	285	278	272	256	245	242	249	296		278		260		245
		s	11	9	7	6	9	10	10	17		13		12		21
2+5	M1	*m*	136	129	123	119	117	118	118	135		130		126		125
		s	4	4	5	4	5	5	4	8		6		4		6
	M2	*m*	140	130	123	112	110	110	108	134		119		123		129
		s	6	4	4	3	6	6	6	7		8		9		8

续表

	M4	*m*	116	108	105	103	101	101	100	110		105		103		99
		s	6	5	3	4	5	5	5	5		3		3		5
	W3	*m*	270	257	250	238	229	225	224	244		238		237		236
		s	21	17	16	14	13	12	15	8		11		12		17
			X[ ]							[ ]X						
T3+X			0%	10	20	40	60	80	100	0%	10	20\33	40	60\67	80	100
3+0	M1	*m*	121	113	108	102	98	97	95	138	135	132	130	128	128	126
		s	4	4	3	4	4	5	6	5	5	5	5	4	5	7
	M2	*m*	120	109	101	95	94	94	91	145	139	135	134	133	133	133
		s	12	11	8	6	4	4	4	11	10	8	8	8	6	5
	M4	*m*	96	92	90	88	88	88	88	117	113	110	107	107	107	105
		s	4	4	3	3	3	3	3	3	3	3	3	2	2	3
	W3	*m*	203	192	183	168	160	152	164	260	247	241	241	240	235	235
		s	14	13	10	12	13	13	8	16	14	15	18	18	16	20
3+3	M1	*m*	122	114	109	102	99	98	100	119	116	115	119	123	126	127
		s	3	3	3	6	5	4	5	4	4	4	4	3	2	3
	M2	*m*	127	112	101	99	101	101	97	125	120	118	120	124	129	133
		s	6	9	9	6	9	11	10	9	8	8	8	8	8	9
	M4	*m*	104	95	91	89	88	90	90	104	103	102	104	107	110	112
		s	6	6	6	5	6	6	6	7	7	7	7	6	6	7
	W3	*m*	202	193	185	174	166	163	163	195	189	190	199	208	217	221
		s	19	18	17	16	15	18	18	13	12	11	12	12	12	13
3+4	M1	*m*	127	117	111	103	98	95	94	154		143		135		126
		s	7	5	5	5	5	6	5	7		5		3		5
	M2	*m*	119	103	91	82	81	84	81	162		146		138		131
		s	6	4	4	5	6	6	5	9		3		4		5
	M4	*m*	98	92	87	86	86	87	87	122		114		106		96
		s	6	5	4	4	6	9	9	13		10		8		13
	W3	*m*	196	183	175	164	147	138	152	265		255		243		224
		s	10	5	5	9	17	9	14	9		7		10		16
3+5	M1	*m*	124	112	105	99	95	96	101	135		129		128		126
		s	6	6	7	8	9	9	8	8		7		5		5
	M2	*m*	113	96	87	83	84	89	86	128		117		117		125
		s	5	3	4	4	6	5	6	7		7		9		12
	M4	*m*	100	92	88	85	84	85	86	105		104		104		102
		s	4	3	2	3	4	4	4	7		4		4		7
	W3	*m*	186	177	167	152	145	146	145	202		206		217		228
		s	7	9	9	12	10	12	12	9		7		5		7

			X[]				[]X						
T4+X			0%	33	67	100	0%	10	20\33	40	60\67	80	100
4+0	M1	*m*	148	139	132	124	149	143	139	136	135	134	133
		s	9	7	8	9	10	9	7	8	8	8	9
	M2	*m*	161	142	127	113	149	138	131	125	123	124	124
		s	16	18	19	16	12	7	6	5	6	7	6
	M4	*m*	123	115	110	104	123	117	113	110	108	107	106
		s	8	7	6	7	9	11	11	10	9	7	7
	W3	*m*	247	248	246	233	244	236	229	221	218	220	222
		s	31	34	34	31	29	30	31	29	28	27	25
4+3	M1	*m*	139	134	131	127	136	132	130	128	128	130	130
		s	6	6	5	7	9	7	5	5	5	6	7
	M2	*m*	144	126	123	117	125	120	115	115	116	119	123
		s	12	10	11	11	8	6	6	5	6	4	3
	M4	*m*	113	106	102	97	106	102	100	100	101	102	100
		s	7	4	3	3	4	3	2	1	3	4	4
	W3	*m*	269	258	241	229	226	218	214	210	212	216	219
		s	17	13	12	10	12	12	13	11	8	9	11
4+4	M1	*m*	146	137	130	122	156		146		140		131
		s	13	8	7	6	10		6		9		13
	M2	*m*	149	131	119	106	143		134		129		126
		s	8	7	7	5	11		8		6		7
	M4	*m*	117	112	108	106	129		124		121		115
		s	2	2	2	3	6		5		7		8
	W3	*m*	279	272	262	247	290		280		265		236
		s	16	18	21	23	19		15		13		27
4+5	M1	*m*	151	142	137	131	145		146		147		145
		s	8	7	5	5	6		5		5		7
	M2	*m*	144	133	126	120	131		125		129		138
		s	6	5	4	3	6		4		5		5
	M4	*m*	126	116	110	106	112		110		114		119
		s	5	4	3	4	3		2		3		3
	W3	*m*	308	297	276	251	251		263		269		261
		s	15	18	21	28	15		15		17		15
			X[]				[]X						
T5+X			0%	33	67	100	0%	10	20\33	40	60\67	80	100
5+0	M1	*m*	127	115	105	97	126	119	114	111	113	118	123
		s	8	7	7	8	7	6	6	6	7	9	11

续表

	M2	*m*	120	104	94	87	125	115	109	108	114	124	137
		s	13	11	7	8	8	7	7	8	9	8	9
	M4	*m*	104	94	89	84	106	98	95	94	97	104	112
		s	12	7	5	5	4	5	5	4	5	5	6
	W3	*m*	211	194	179	172	207	192	183	186	194	206	225
		s	15	13	11	8	11	7	6	8	9	14	21
5+3	M1	*m*	126	118	113	108	121	113	110	111	113	121	126
		s	7	3	4	5	5	6	6	7	7	6	8
	M2	*m*	114	101	95	90	110	96	94	98	105	112	125
		s	5	4	4	3	8	7	7	7	7	9	9
	M4	*m*	98	93	89	85	93	88	86	87	91	97	105
		s	5	5	4	5	2	4	3	3	4	5	3
	W3	*m*	205	189	174	160	183	167	165	166	178	192	224
		s	19	13	8	9	17	7	7	8	6	7	15
5+4	M1	*m*	129	121	110	97	143		138		135		133
		s	9	6	6	5	11		10		9		12
	M2	*m*	118	101	88	78	134		120		119		117
		s	10	6	8	7	8		9		7		5
	M4	*m*	109	98	89	82	110		102		104		107
		s	9	7	4	4	5		5		5		6
	W3	*m*	210	193	181	175	235		247		252		251
		s	19	19	16	17	13		19		17		16
5+5	M1	*m*	127	114	106	100	123		121		122		125
		s	6	4	4	4	6		6		5		4
	M2	*m*	116	101	94	91	113		107		117		136
		s	7	5	3	4	4		3		5		6
	M4	*m*	105	90	88	82	100		96		101		106
		s	4	2	2	2	4		2		2		2
	W3	*m*	210	187	173	164	189		184		200		222
		s	21	8	13	15	11		13		15		22

表 10.12 给出所有 20 种两字调组合的平均基频和标准差。X+T1 和 X+T2 组合的数据合并,放在“X+0”名下,例如 M1 在 T1+0 的组合中后字在 0%时点处的 12 个读例的基频均值为 130 Hz,标准差为 15 Hz。

这些均值以两种方式画图。以 T1+X 两字调类为例。图 10.03 以人分小图,A 小图是 M1, B 小图是 M2 等等。每个小图中是 T1+X 的四个组合:T1+T0, T1+T3 等等。A 小图是 M1 的四个两字调组合,这样安排可以让我们看到,比如说对于 M1 来说,在前字位置的 T1 的四个变体分布在一个相对宽的范围:从 140 到 170 赫兹。比较不同小图,可以看到同一个两字调类中四个组合的人际分布差异。例如 B 小图中 M2 的前字 T1 的四条曲线的分布范围,比 A 小图中 M1 的要窄多了。另一方面,图 10.04 以类分图,A 小图是四个发音人的 T1＋T0 组合,B 小图是四个人的 T1＋T3 等等。每个小图中的四组曲线每一组代表一个发音人,所以人际比较很方便。其他几个(见图 10.05、图 10.06、图 10.07、图 10.08、图 10.09、图 10.10、图 10.11、图 10.12)两字调类的图也一样。图中标尺都是绝对单位:纵轴是赫兹,横轴是毫秒。图 10.05, 10.07, 10.09, 10.11 和 10.13 中标尺都一样:基频最低 60 Hz,最高 320 Hz,每 20 Hz 一格;时长从 0 到 500 ms,每 25 ms 一格。这样安排可以很方便比较人际差异,以及两字组之间的基频分布。

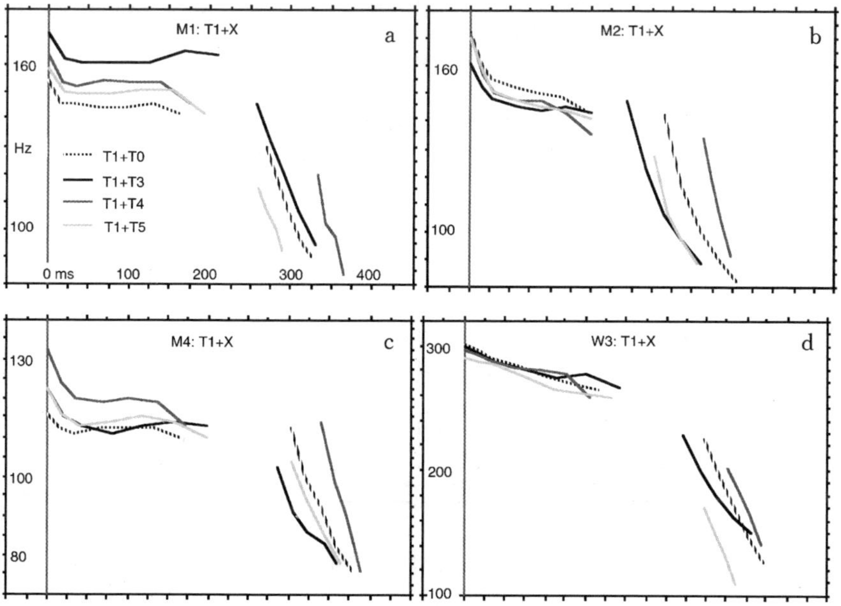

图 10.03　前字为 T1 的四种两字组的调形

后字 T3 和 T5 前的 C2 是浊音,所以也有基频。通常 C2 的基频总是降得很低,到后字的 T3/5 起点处又突然跃起。读者可参看附录 A10.02 和 A10.04 语图。例如,C2 基频终点和后字基频起点之间的断裂,可以从 A10.02 的第 3 谐波,A10.04 左图的第 2 谐波,右图基频中

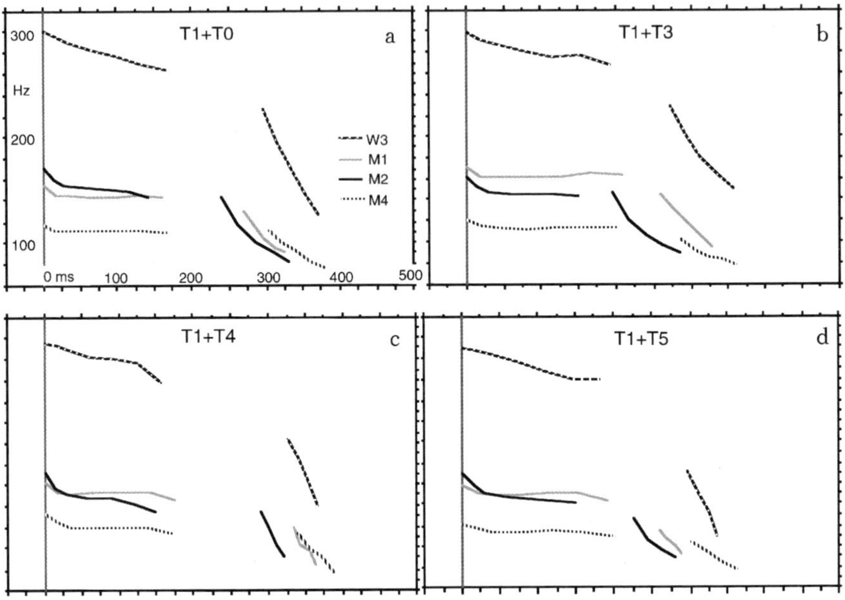

图 10.04　前字为 T1 的两字调人际比较

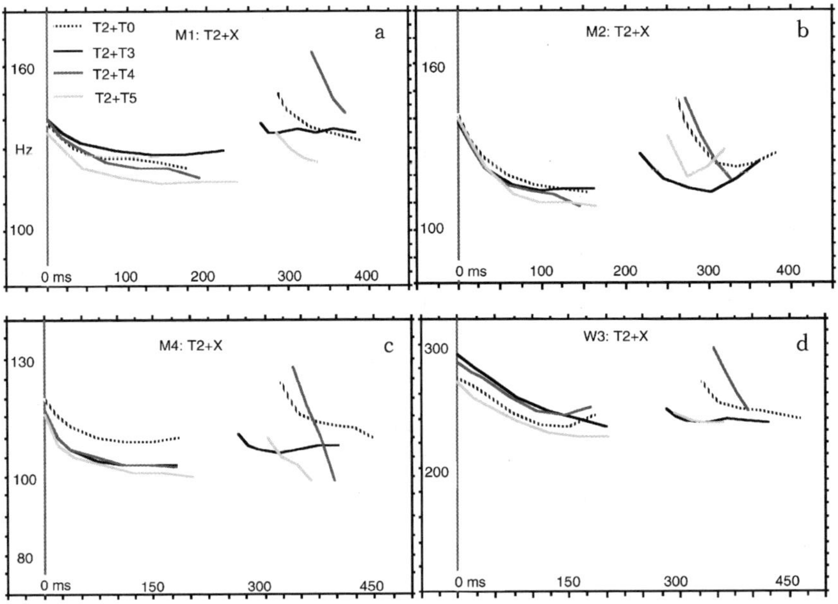

图 10.05　前字为 T2 的四种两字组的调形

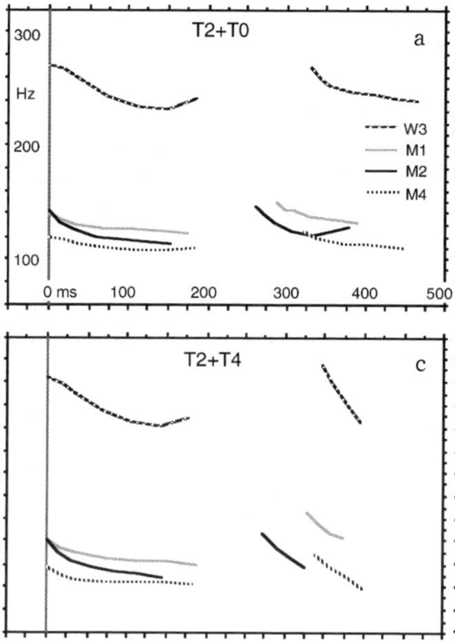

图 10.06　前字为 T2 的两字调人际比较

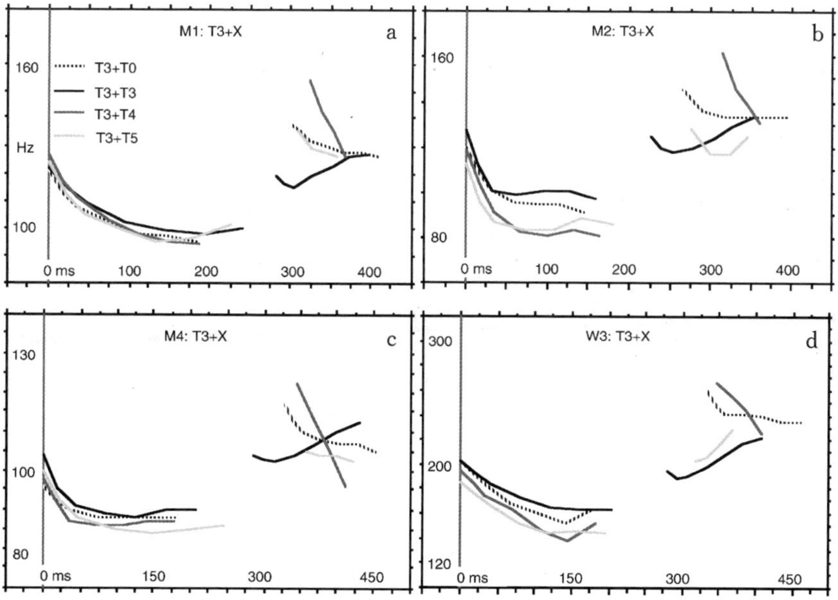

图 10.07　前字为 T3 的四种两字组的调形

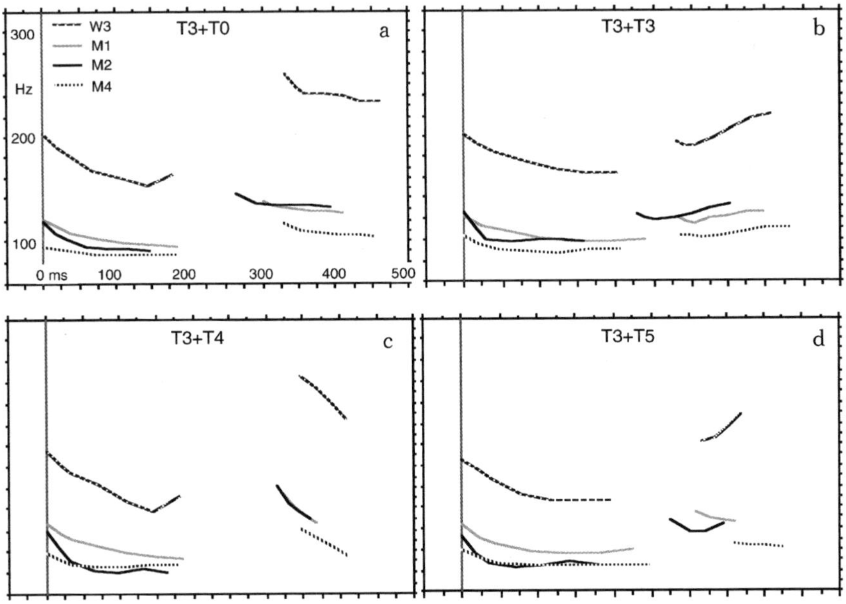

图 10.08　前字为 T3 的两字调人际比较

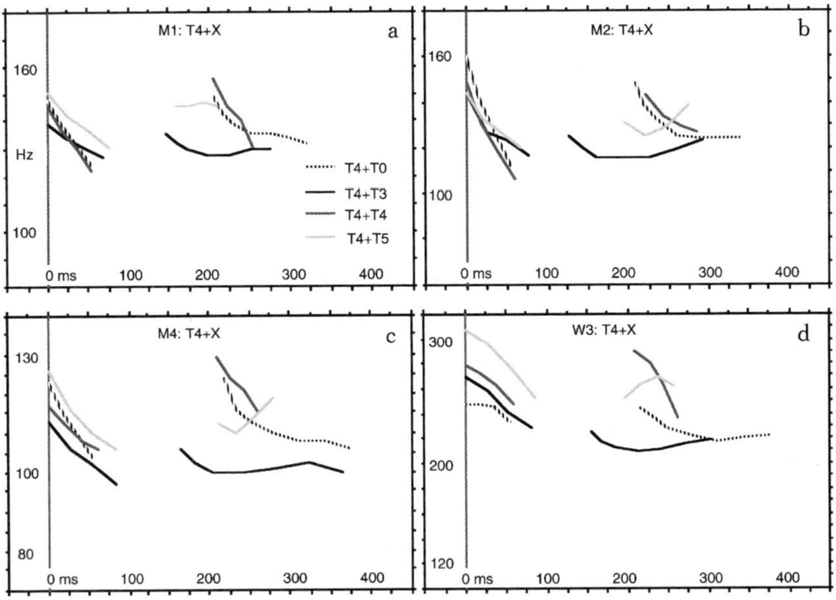

图 10.09　前字为 T4 的四种两字组的调形

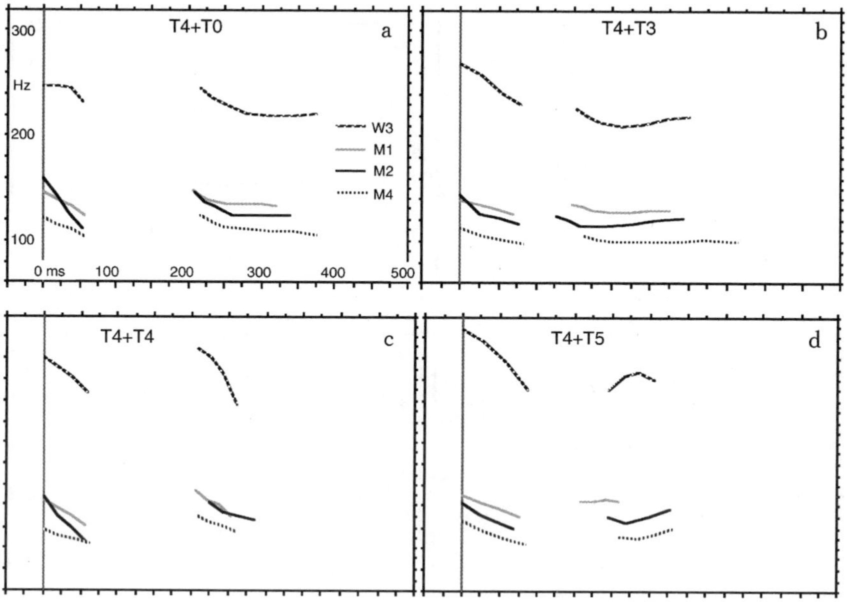

图 10.10　前字为 T4 的两字调人际比较

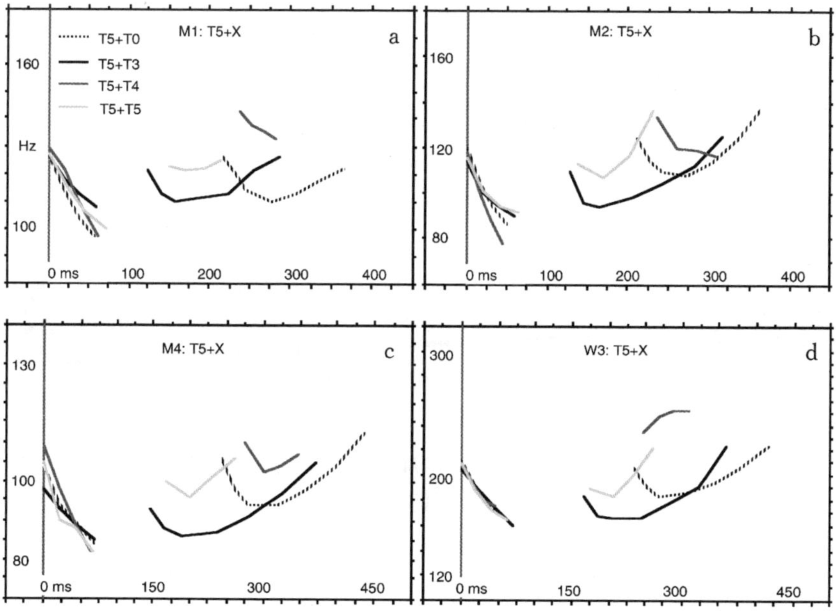

图 10.11　前字为 T5 的四种两字组的调形

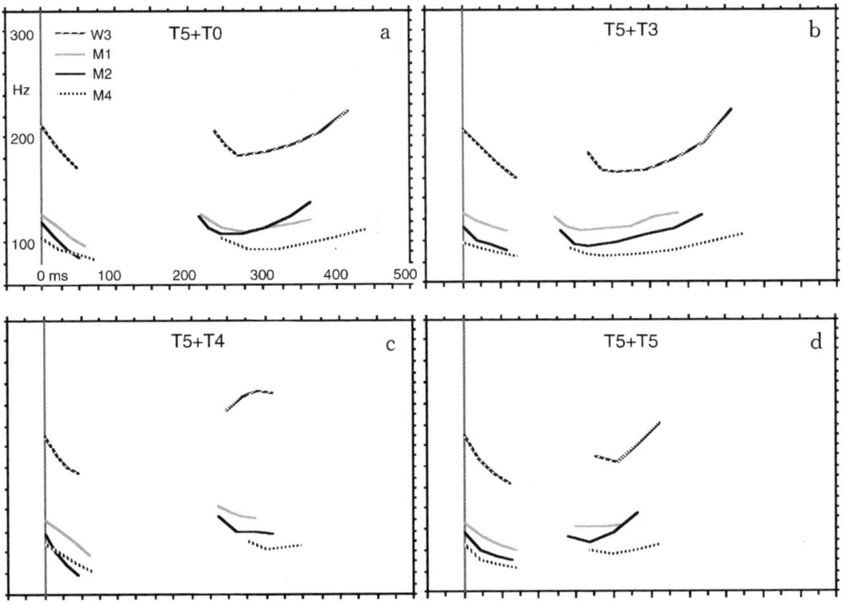

图 10.12　前字为 T5 的两字调人际比较

清晰可见。我没有像费国华(1990)那样测量浊 C2 基频的中点,所以在有关图中后字 T3/5 与前字调之间没有基频轨迹。这不妨碍讨论两字调,反而更清楚点。如果有那么个中间点,再连接两头,我怕会误导读者以为浊 C2 的基频轨迹是 V 形的。而实际上从语图上可以看到,浊 C2 的基频是一路缓降,直到后字前突然跃起。

前字调无需进行同类内的比较,而只需进行类际比较。在同一个两字调类内,前字基频曲线可以看成是从同一个母体中提取的,看不出 C2、后字截度和声域对前字调有什么明显的条件制约。因此在同一类中只需比较后字调,因为他们因声域和截度不同而有所不同。

以下五小节依次处理五个两字调类的基频。各类的终点目标与相应单字调的相同:T1+X 类是低标,T2/3/4/5+X 是高标。每一类都先考察前字调,然后后字调,尤其注意起点干扰、终点干扰、基频目标、声域、截度、元音高度等可能影响基频形状的因素。

10.3.2　前字为 T1 的两字调基频

前字为 T1 的组合(T1+X)的听感描写是前字高平,后字低降,五度制是[55＋22],分域四度是[44＋11][i]。前字重读,听上去更响亮更长。我的发音人中有两个(M1 和 W3)的后字最后常常有嘎裂声。这种听感基本上反映在图 10.03 和 10.04 中,四个人的基频模式大体上都是前字高平或稍降,后字调是很短的陡降。

10.3.2.1 前字基频

前字位置上的连调 T1 的基频目标是高平调,有的后半段稍有基频衰减(F0 declination)。

起点干扰　元音的基频,也就是声调的起始处受到前面声母辅音的干扰而造成调头波动:上升或下降。所有发音人的前字 T1 都是降调头,这与单字调 T1 不一样,单字调 T1 的调头有升有降还有平;反而与单字调 T2 相似,单字调 T2 的调头不是在频域最高区。像单字调 T1 一样,前字连调 T1 比起其他连调,不管前字还是后字,都来得高。但比起单字调 T1 来,前字 T1 的起点低多了(比较表 10.12 和表 4.04 中同样四个发音人),甚至低于三字调中的首字 T1 起点,三字调材料与两字调同时录音,未发表。这说明发音人在发两字组时没有充分使用他们的频域。虽然四个人的调头都是降的,但男女的降率不同。三位男性都是陡降,不管后接什么元音,波动出现在前 25—40 毫秒段,基频在这中间降了 5 至 15 赫兹。女性发音人很明显没有起点干扰,在发声开始处没有常见的基频突降。

终点干扰一所有人的前字调曲线都看不出有来自后接 C2 浊声的干扰,在最后 50 毫秒的时段中都比较平,或稍降。

调体　在元音时长的 20%至 80%时点之间的中间段是声调的主干调体,也是稳态段。前字 T1 的调体一般都是平的(M1 和 M4),或稍降(M2 和 W3)。注意,由于图 10.03 中四个小图的基频标尺不同,女性 W3(小图 d)的四条看上去紧挤在一起的前字调曲线,用赫兹计实际上并不一定比男性的更密集。当然,发音人在这一点上的确还是有区别的。前字调调体的基频高度同后字符音开口度或 C2 清浊之间都没有相关性。例如,在 T1＋T3(“编排”pìba)组合中,前字高元音,后接浊 C2,其基频在 M1 的四条同类前字曲线中是最高的(小图 a),在 M2 中最低(小图 b),W3 次高(小图 d),M4 次低(小图 c)。

10.3.2.2 后字基频

后字基频值得注意的是陡降调形和起点的高度。所有后字曲线都是陡降；起点有高有低，但一般都低于前字调，尤其是 W3。这些又短又陡的下降形基频使人生疑是否还听得出是降调。

起点干扰、终点干扰、调体一从这些陡降调上看不出调头、调体、调尾之间有什么系统的分界，这很可能是由于时长太短。例如，有些后字调(有舒有入)的全长只有长的前字调的起点干扰那么长。在这种情况下，任何基频目标只能看成藏在某种均值中，类似于英语中没有稳态段的短元音共振峰结构的目标(Painter 1979)。因此，把 T1 后的短短的调值，不管原来是舒声还是入声，都描写成[22]不但符合听感，或者说有心理上的现实性，其实也是理论上的需要。这儿的理论上的需要包括两方面。一是语音学上的基频目标。另一是指音法学上的调素延展、转移：在声调的右扩展中，前字的[hl]两个调素只有[l]转移到后字上，而不是[hl]都延伸到后字上。

后字基频起点的高度可能随后字截度和发音人而变，但人际影响并不系统。例如有三个人(M1, M2, W3)后字舒声调比入声调起点高。这可能是因为入声字的声母 C2 较长(见 § 10.2.3)，所以声带也更松，产生的基频也更低，假定声带松弛的速度都一样。

图 10.03 和表 10.12 中可以看到，T1＋X 的“高平＋陡降”的调形中，后字的起点基频一般低于前字的终点，但有三例(M2 的 T1＋T3，M4 的 T1＋T0 和 T1＋T4)后字起点稍高于前字终点 1 到 4 Hz。

10.3.3 前字为 T2 的两字调基频

前字为 T2 的两字调(T2＋X)的听感描写是两个中平调[33＋44]，前字调稍低，后字调稍高，分域四度是[22＋33][i]。前后字的时长差距悬殊：前字 T2 平均长 185 ms，后字舒声 T0 长 121 ms，T3 长 135 ms(§ 10.2.7.2)。我的听感是前字主重，后字中重，尽管前字的主重并不是一听就清楚的。按 § 10.01 中的假设，这可能是因为后字基频高，抵消了一点。图 10.05 和 10.06 中 T2＋X 的基频模式反映了听感描写。不过，图中的曲线也有不少变体：前字和后字都有降、凹、平。

10.3.3.1　**前字基频**

前字位置上的连调 T2 的基频目标是中平。

起点干扰　前字 T2 的调头都是降的，与单字调 T2 一样。不过，基频降率也是男女有别。三个男性依然在前端 25—40 毫秒段，跟中段调形相比，有明显下降，约 5—15 赫兹。女性的初始段和中段一路下降，所以看不出调头有什么明显突降。

终点干扰　四个人的前字调终点基频都是平的，或稍升，因为预计到后字调稍高的基频，仅有个别例外是降尾，例如 M1 和 M2 在“T2＋T4”组合中的 T2。调尾波动有人际差异。M2 和 M4 看不出有什么来自后接 C2 清浊的影响。M1 和 W3 有 C2 清浊影响，但正好相反。M1 的调尾在清 C2 前降了 3～4 Hz，而 W3 的调尾升了 7～9 Hz。两者在浊 C2 前的变化率不变。

调体　与 T1＋X 一样，前字 T2 的基频调体基本上是平的，或稍降。同样，稍降的是 W3 和 M2，平的是 M1 和 M4。比起 T1＋X 来，每个人的四条前字曲线挨得更紧密。这也许是因为前字符音是 o̱，见表 10.04“两字组字表”。后接 C2 的清浊对前字基频高度没有什么影响。例如在“T2＋浊 C2＋T3”组合(“报导”podo)中，M1 和 W3 的 T2 是最高的，但 M2 和 M4 的 T2 却在最低之列。T2 在 T5 前比在其他声调前都低，这是每个人都一样的。

10.3.3.2　**后字基频**

图 10.05 中的后字基频曲线形状各不相同：有平有凹，还有急降缓降。这要从后字截度和 C2 清浊来说明。

起点干扰　后字与前字一样也是降调头。这对后字阴声 T0/4 来说不奇怪，因为他们前面的 C2 是清辅音。但对于后字阳声 T3/5 来说就值得注意了，因为他们之前是浊 C2，而在其他语言/方言如镇海话中(Rose 1992)，浊 C2 引出升调头。我将在 § 10.3.7 中再来讨论这事。除了 M2 的阳入，入声的调体与调头之间看不到什么系统的基频波动。舒声调在前端 15～40 ms 段的调头波动因人而定。

起点高度　如果截度相等，后字位置上的阴调起点高于阳调。阴入起点高于舒声阴调，M2 例外，他的舒声 T0 和入声 T4 一样高。阳入与阳去一样高，除了 M2，他的阳入高于舒声阳去。

终点干扰　调体和调尾之间无明显变化。可能图 10.05c 中 M4 的 T2 后的 T5，在最后三分之一段降了 4 Hz，而在调体中段只降了 2 Hz。至于降调走向，图 10.05 中有很明显的两组。M2 的四条后字曲线中除了 T4，其余三条都是升调尾。其他三人的后字调尾都是平的或降的。这可能是因为 M2 的后字在很多场合有个喉塞尾，因此而提高了调尾。其他人得后字偶尔也有喉塞尾，不过少多了。

终点高度　后字终点高度人各不同。只有 W3 的四条后字曲线终于同一高度。M2 有三条终点相同，T4 终点低点。M1 的 T4 终点却最高，T5 最低。M4 的舒声调终点一样高，入声调也一样高，前者高于后者。

调体　后字基频模式在图 10.06 中看起来更清楚，每个小图给出 T2＋X 四个组合之一。调体的基频形状主要由截度决定，也有声域关系以及某些个人特征。后字舒声调的基频调体是平的，只有 M2 是凹的。如前所述，M2 后字常带喉塞尾，这可以用来解释他的凹形，因为喉塞尾能引起 9～25 Hz 的基频上升（Hombert 1978）；M2 的后字调从凹点到峰点最大差距是 12 Hz（T3），见图 10.05b，在那 9～25 Hz 的范围内。换句话说，M2 的后字基频目标是平调，用不着假定一个升尾目标，因为他的喉塞尾能解释他的后字调形。

后字 T4 全是降形，后字 T5 或缓降（不如 T4 那么陡），或凹形（M2）。

注意，所有后字曲线都失去原来的单字调形，而从前字 T2 处取得声调目标：平调形，但稍高于前字调。语音实现规则有两条，后文 §10.4.2.2 等做好归一化和坐标平移后再讨论。

10.3.4　前字为 T3 的两字调基频

前字为 T3 的两字调（T3＋X）的听感描写是低平加高平［11＋44］，分域四度是 $[\underline{11}+44]^{a}$。重音听感是前字主重，后字次重。§10.2.7.2 中的时长数据与重音听感相符：前字 T3（190 ms）是后字舒声（约 120 ms）的 1.5 倍。在 T3＋X 的组合中，前字强的感觉比 T2＋X 中还明显，这初看之下有些奇怪。在合成词中前字 T3 比前字 T2 基频低，而 T3 后的后字基频和 T2 后的一样高。在 T2＋X 中，由于后字较高的基频会补偿后字的弱读感,从而使得重音判断不那么直截了当。现在 T3+X 由于前后字基频相差更大,我们应预料后字得到更大的补偿,重音判断就会更模糊。但实际情况并非如此。有可能是 T3+X 组合中前字因为是气声,所以更为使劲,因而使得前字更强。比较“跑道”bodo 这样的双音节,前字气声,后字普通浊声,可以清楚感觉到发前字比后字更为使劲。

T3+X 的前低后高的听感反映在图 10.07 中,所有人的后字曲线都高于前字曲线,但是基频形状仍有一些变异,尤其是后字曲线。

10.3.4.1　**前字基频**

前字位置上的连调 T3 的基频目标是个中偏低的平调。

起点干扰　所有曲线都是降调头。图 10.07 中从调头到调体的转接段人各不同。首先,M2 和 M4 在从起点算起的 30 ms 处有个明显断续,基频分别突降了大约 25 Hz 和 15 Hz。其次,M1 的转接段很平稳,持续近 100 ms,是缓降式。第三,女性 W3 没有调头波动,斜率一直没变化,一直到最后四分之一处,而那儿的不连续性可能受到后接 C2 或后字调的影响。

终点干扰　前字调尾也人各不同:M2 的四条曲线都是降调尾,M4 的四条都是平的,除了 M4 的 T5 前的 T5 调尾稍升,M1 和 W3 的或平或升。后两人的前字调尾似乎受后接 C2 清浊影响,但效果正相反。M1 的在浊 C2 和 T3/5 前的两个调尾是升的,清 C2 前的两个调尾是平的。W3 正相反,清 C2 和 T2/4 前的两个调尾是升的,而浊 C2 前的两个调尾是平的。

调体　三位男性的前字 T3 的调体基频是平的,女性的调体稍降,在 20%和 80%时点之间降了约 30 Hz。四个发音人的 T3 之前的 T3 都稍高于其他调前的 T3。M2, M4 和 W3 的 T0 前的 T3 次高。M2 的四条前字曲线有更大的基频变异。

10.3.4.2　**后字基频**

起点干扰　与前字一样,后字都是降调头,只有 W3 的 T5 的是平或升调头。或许这不能叫例外,因为在浊 C2 后能预计到升调头。后文 § 10.3.7 再谈。入声 T4 看不到调头波动,即调头与调体之间无界线。入声 T5 也大多如此,除了 M2 的 T5 在前段斜率有突变。舒声调头波动发生在 20 到 40 ms 处，基频降落 10 到 25 Hz。

起点高度　后字阴声高于阳声，截度相等的话。阴入起点高于阴舒，但阳入起点与阳舒相同，除了 M1 的阳入 T5 高于阳去 T3。

终点干扰　没观察到终点干扰与调体之间有清楚的系统的分界，只有 M2 的 T5 的调尾比预计的升得高点。

终点高度　M1，M2 和 W3 的四条后字曲线终点差不多高，两个例外：M2 的 T5 终点稍低，W3 的 T0 稍高。M4 的四个终点似乎在不同高度。

调体—图 10.08 中的后字基频形状主要与声域和截度有关。后字 T0(图 a)的基频大体上是平的，从 20%到 80%时点的最大落差是 W3 的 6 Hz。后字 T3 曲线(b)都是升的。T4(c)一如既往是降的，但不像 T2 后那样陡。M2 和 W3 的后字 T5(d)是升的，M1 和 M4 是平的，从 33%到 100%时点仅差 2 Hz。

注意，所有四个后字声调 T0/3/4/5，都失去它们原来的单字调形，而接受了来自前字 T3 的音法目标“低高型”：在单字上实现为升形，在两字上实现为低平加高平。具体语音实现，如上所说的调体有些升降，另服从两条规则。后文 § 10.4.2.2 在作了归一化和坐标平移后还要讨论。

10.3.5　前字为 T4 的两字调基频

前字为 T4 的两字调(T4＋X)的听感描写是两个中平调，前者短而稍低[33＋44]，分域四度是[22＋33][i]。听感强度是前字主重，后字次重，基本上与时长比较相符。前字 T4 平均时长是 67 ms，长于 T4 后的 T4，54 ms，见表[10M]；甚至长于 T5 后的 T4，66 ms(表[10N]，§ 10.2.7.2)。前文 § 10.0.2 说，T4＋X 的强度判断最模糊，尤其是 T4＋T4。这也反映在时长数据中。前字 T4 是 59 ms，后字 T4 是 54 ms，仅差 5 ms，在 0.05 水平上无显著差别。单字 T4 有喉塞尾，但在前字位置失落。

图 10.9 和 10.10 中的基频曲线似乎与上述听感描写不太相符，尤其是后字基频好象并不总是高于前字。

10.3.5.1　前字基频

起点和终点干扰　看不出起点和终点与主干调体之间有什么分

隔，除了两个例外：M2 的 T3 前的 T4 起点，W3 的 T0 前的 T4 的终点，显出斜率有不连续处。

前字基频形状　前字 T4 的基频曲线都很短，但形状也稍有变化。图 10.10 中大多曲线是降的，快慢不同。例如，M2 的 T4 降得较快，尤其在阴调 T0/4 前(a, c)。W3 的 T0 前的 T4 是平调。图 10.09 中 W3 和 M4 的四条前字曲线分布的区域比 M1 和 M2 的宽。

元音高度的影响　图 10.09 每个小图中的四条前字 T4 曲线高度有别，这可能是由元音高度造成的：高元音基频高于低元音。T4＋T5(北极 poqdjiq)和 T4＋T0("八间"paqkè 和"笔架"piqka 的均值)前字基频稍高于 T4＋T3(八埭 paqda)和 T4＋T4(八百 paqpaq)，除了 W3 的 T0 前的 T4 是最低的。IF0 效应在 T4＋X 中比在前三类两字调中更明显。

10.3.5.2　***后字基频***

后字基频相对于前字的高度男女有别。男性都是后字稍高，但 W3 的后字 T3 稍低于前字 T4，另三条后字曲线与前字差不多高。

起点干扰　后字都是降调头，但 T5 有两个例外：M1 的是平调头，W3 是升的。如前所述，这可能不是例外。T4 由于短，起点干扰不明显。所有人的舒声 T0 和 T3 起点模式在两方面都很相似。都是降调头，下降 5 到 25 Hz。转接段稳定，有 25 到 75 ms。

起点高度　在后字位置，阴调起点高于阳调，截度相等的话。入声起点高于舒声，声域相等的话。只有 M2 例外，他的阴入 T4 起点低于舒声 T1。

终点干扰　大部分场合看不到终点干扰。仅 W3 的后字 T5 基频方向有突变。另外 M1 的后字 T4 斜率有变化。

终点高度　所有的人都是后字 T5 终点最高。M1, M2 和 W3 的其他三条曲线终点高度相似。与 T3＋X 情况一样，M4 的四条后字曲线终点高度不同。

调体　与前两类相同，图 10.10 中的 T0 曲线是平的或稍降，T3 是平或稍升，T4 降，T5 不降：平或升。注意，后字所有四个声调 T0 到 T5 失去原来的单字调，接受前字 T4 的音法目标：低高型。语音实现服从两条规则，见后文 § 10.4.2.2。

10.3.6 前字为 T5 的两字调基频

前字为 T5 的两字调(T5+X)的听感可描写为前字短低平调加后字低升调,前者短而稍低[11+24],分域四度是[11+24][a]。强度听感是弱读加重读。上海话两字组就它是右重型,后字较强。前字 T5 在所有五个前字调中是最短的(61 ms, 见§10.2.7.2),甚至短于前字 T4(67 ms)。回忆一下,单字 T5 的平均时长(116 ms)比单字 T4(79 ms)几乎长出一半。另一方面,T5 后的后字调长于在其他任何调后,如 T3 在 T5 后是 193 ms,而在其他声调后是 81～161 ms。T5 和 T4 一样,单字调有喉塞尾,但在两字调的前字位置上失落。这可从附录 A10.04"特别"deqbiq 语图中看到,前后音节之间没有断裂。听感描写低平加低升很好地反映在图 10.11 和 10.12 中 T5+X 的基频模式中。

10.3.6.1 **前字基频**

前字位置上的连调 T5 的基频形状都是短而降,处于频域的最底部。绝大部分场合看不到调头和调尾的波动(只有一两个例外,如 M2 的 T3 和 T5 前的 T5 调头斜率稍有变化),这是因为前字 T5 很短,全长不过前字舒声的调头波动段那么长。前字基频也观察不到 IF0。每个人的四条前字曲线都挤得很紧,其中 W3 的四条曲线最少变化,从头到尾一模一样。

10.3.6.2 **后字基频**

起点干扰　不管 C2 清浊和本身截度,后字都是降调头,除了 W3 的 T4 是升调头。

起点高度　后字阴调起点高于阳调,如果截度相同的话。入声起点高于舒声,如果声域相同的话。

终点干扰　没有终点干扰,除了 W5 的 T5 在最后阶段的基频斜率稍有变动。

终点高度　M2 的后字 T0 和 T5 的终点高于 T3 和 T4。其他三人都是三条曲线终点相同,但有一条稍高,M4 是 T0 终点稍高,M1 和 W3 都是 T4 终点稍高。

调体　后字 T0, T3 和 T5 的基频形状有升有降。T4 一如既往很短,如 M1 是 45 ms, W3 是 62 ms。但和以往在后字位置的快降形有所不同,在 T5 后它的形状有所变化:M1 是降的,M2 差不多是平的，只有微不足道的 3 Hz 下降（从 33%到 100%时点），M4 和 W3 则是升的。

10.3.7 总结

10.3.7.1 前字基频

起点和终点干扰　由于时长短，入声 T4 和 T5 在前字位置看不到起点和终点干扰。所有人的前字舒声都是降调头。前字 T1 的终点是降的，后面跟的是陡降的后字调。前字 T2 和 T3 的终点多变，平升降都有，后接的是个比前字高的后字调。

调体　前字弱读 T5 的基频失去了单字调 T5 的后半段，变成了降形。其他几个前字声调都是重读，基频形状有人际差异。没有什么系统的因素如 C2 清浊、元音高度影响前字基频形状。所以概括前字基频的一个简单办法就是把各人各个两字调类的前字调变体加以平均。但这样做可能不太合适，因为这会把某个两字调类中的前、后字基频的关系给扭曲了，并把同一类中的后字基频的规律性给掩盖了。这一点在下一节“归一化”中会详加讨论。

10.3.7.2 后字基频

后字基频形状受到终点目标和重音的影响。前字原调的终点目标决定了后字基频形状和高度，因而也决定了两字调的终点目标。低标前字调（T1）导致后字陡降调，降到频域的最低部，高标前字调（T2 至 T5）引出升到高频区的后字调；不过由于其他因素的影响，具体形状各不相同。后字重音按调尾目标分两大类三小类。两大类是低标调 T1 后弱读，高标调后非弱读。高标调后的后字基频形状以重音再分为两小类：T5 后重读，T2/3/4 后次重。弱读后字调（即 T1＋X 中的 X）全是降形，重读后字调（即 T5＋X 中的 X）全是升形，次重后字调（即 T2/3/4＋X 中的 X）的调形多种多样。

后字基频的高度受到截度和声域的影响。由于前面 C2 成阻期更长，低标 T1 后的入声起点低于舒声。高标 T2 至 T5 后的入声基频起点高于同声域舒声的起点。高标调后的阳声调起点低于，但终点高于阴调，截度相同的话。因此，阴入 T4 起点将最高（Zee & Maddieson 1980：60 注意到这一点），阳舒 T3 最低，而阴舒 T2 和阳入 T5 居中。

起点干扰　浊辅音使后接元音的基频开端上升，这在全世界语言中都如此（如 Hombert 1978，尤其 Rose 1990 所论镇海话后字调头波动）。因此在图 10.05 至 10.12 中看到高标两字调的浊 C2 后（T2/3/4/5＋浊 C2＋阳调 T3/5），几乎所有阳声后字调都是降调头，就很奇怪了。附录图 A10.04 中是两张例图：T2＋T3（报导 podo）和 T5＋T5（特别 deqbiq）。词间都是浊辅音 b 或 d。前者后字舒声，后者入声。如铅笔印所示，两个后字调都是降调头，这可能反映了从发声初始态起动的低升调。

高标后字入声的基频形状　有三个因素交互作用影响高标（即前字调为 T2/3/4/5）后字入声的基频形状，实时长、重音、C2 清浊。为了更细致地描写两者的关系，需要一些更精确的定义。基频形状分为降形和非降形（平、升）。“平”指在 100％时点处的基频不低于 33％时点处 3 Hz。时长分三类：超短 50 ms 或更短，中短 50—60 ms，常短 60 ms 或以上。重音分强（s）和弱（w，包括次重），发声分浊（v）和清（u）。超短调只能是降形。T5 后的重读后字位置上，不论 C2 清浊，入声基频非降形：大多升，仅 M2 的 T4 是平的，除非超短。其他调后的弱读后字位置上，如果清 C2，不管性质的短调只能是降形；如果浊 C2，那么常短调的基频非降形，中短调基频形状有降有不降。这些交互影响用下图 10.13 概括。

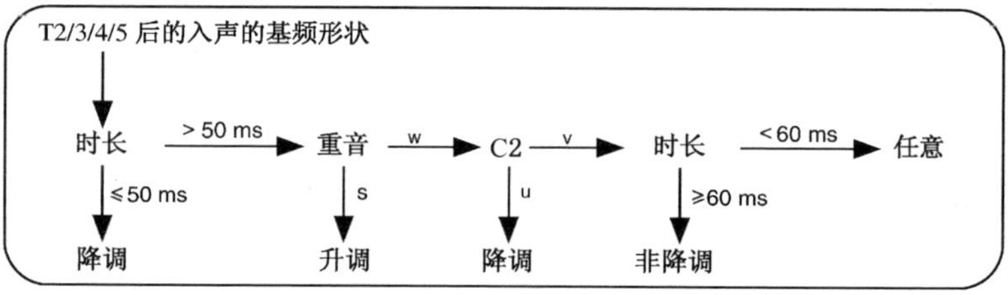

图 10.13　高标调 T2 至 T5 后的入声基频的决定条件

结论是后字入声基频形状首先取决于时长，Kratochvíl（1968：42 ff）说普通话基频形状严重依赖于时长，其次是重音和 C2 清浊也起作用。

10.3.7.3　**后字基频模式和前字基频变异**

为了总结后字基频模式，我们需要探讨一个高调两字调中的后字调基频高度和前字调基频变异之间的关系。我打破通常的次序，从

T5＋X 开始。原因在于每个人的 T5＋X 的前字基频曲线差不多都在同一高度，因此后字调可以在最相似的环境中进行比较。在讨论 T5＋X 中得出的规律，然后就能用来作为参照，以讨论其他高标两字类，它们的前字调基频起伏有变异。

图 10.11 每个小图中前字 T5 的四条曲线都紧紧挨在一起，尤其是 W3 的四条曲线几乎并成了一条，但是更最引人注目的是它引出的结果：所有人的后字调基频模式是如此相似。那就是，(1)在 T5 之后，后字调几乎都是凹调，只有 M1 的 T4 例外，是降形；W3 的 T4 是个升型，算不得太例外。(2)在 T5 之后，T4 的起点总是最高，T3 最低，T0 和 T5 居中。仅有一个例外在图(a)中，M1 的后字 T5 起点与 T3 一样低。但请注意，M1 的前字调的基频变异是所有人中最大的。他在 T5 前的前字 T5 低于在 T3 前。两者的基频差不算大，但会在某种程度上影响各自后字调的基频高度。如果我们把 M1 的 T5＋T5 平移提高一些，使得前字 T5 与 T3 前的 T5 一样高，那么 T5 后的 T5 的起点就会明显高于后字 T3。换句话说，后字 T5 相对于前字 T5 的高度，高于后字 T3 相对于前字 T5 的高度。

在其他三类高标两字调中，后字 T4 总是起点最高(除了 M2 在 T2/4 后的 T4)，T3 最低，T0 居中。但是现在的后字 T5 起点并不总是居中，而是常常与 T3 一样低，尤其是在 T2＋X 和 T3＋X 中。假如我们也为 M1 的 T5＋T5 做个平移，那么在其他三类高标两字调中与 T5＋X 同样的基频模式就会呈现。也就是说，那些在 T2/3/4＋X 中观察到的后字基频例外，当它们拿前字基频作参照时，就不是真正的例外。甚至图 10.09b 中 M2 的 T4 后的 T4，原本最像例外，经过适当的坐标平移，就会显出高于 T4 后的 T0 4 Hz。

因此有两个因素，声域和截度，决定后字起点高度和前段调形。以前字基频为参照点，后字阴调高于阳调，入声高于舒声。T4 又是阴调又是入声，因此最高。T3 又是阳调，又是舒声，所以最低。T0 阴调但舒声，T5 阳调但入声，这两个矛盾因素互相抵消，所以居中。看来声域和截度在决定后字起点高度和前段基频高度是起的作用一样大。

阴调起点高于阳调，这容易理解。但为什么在高标的后字上，入声短调起点高于舒声长调呢？在单字调中看到，入声高于同声域的舒声，即 T5 高于 T3，T4 高于 T2。但在两字调的前字位置，入声降低了，与同声域的舒声一样高了。例如，图 10.12 中三个男性的前字 T5 的基频在 100 Hz 上下，这也是他们的前字 T3 的高度，见图 10.08。

后字位置上的入声和舒声之间的基频高度的关系似乎与单字调时相似，而不像在前字位置时。前字位置上的入声失去了喉塞尾，但后字入声的喉塞尾还存在。由于后字 T4 和 T5 都非常短，喉塞尾就可能不仅仅提高后段的基频，而是使整个音节紧张而提高了全程基频。

10.4 两字调归一化

10.4.1 程序和结果

本节内进行两字调的基频归一化处理。两字调的归一化基本上与单字调一样，但要增加一个“坐标平移”的程序。下文先讨论如果不平移会有些什么结果，然后指出平移的必要性，设计平移的方法和程序，最后讨论平移后的数据和结果。

两字调的标准点选取标准与单字调相同，即排除所有音节在 0% 和 100% 时点的测量值，但包括“T2/3/5＋X”组合中的后字 100% 时点。两字调归一化也是先把标准点上的基频值转换成常用对数值。其次算出均值和标准差，见表 10.13，这些均值是原始基频值的几何均值。然后算出各人对数基频值的 z-分值。最后再把个人的 LZ 值放在一起加以总平均。

表 10.13 用作归一化的对数基频均值(和标准差)

M1	M2	M4	W3
2.100(0.057)	2.074(0.067)	2.012(0.044)	2.343(0.085)

表 10.14 中是人际 LZ 均值。例如，T1 在 T0 前的 LZ 均值是 1.68，SD 为 0.49，这 1.68 是四个发音人的总平均。这些值的图标在图 10.14 中，横轴是绝对平均时(见表 10.09)。图 10.14 中的每个小图是一个两字调类，包括四种组合。注意这是一个类中的四种组合，如小图(a)是前字为 T1 的 T1＋X 类，包括 T1＋T0，T3，T4 和 T5，而不是同一个类的四个发音人的曲线。

表 10.14　20 种两字调组合的基频 LZ 转换值—四人总平均和标准差

		X[]							[]X						
X+X		0%	10	20	40	60	80	100	0%	25	33	50	67	75	100
1+0	*m*	1.68	1.37	1.23	1.18	1.14	1.11	0.95	0.58	−0.39		−1.24		−2.07	−2.68
	s	0.49	0.46	0.43	0.32	0.26	0.27	0.25	0.49	0.21		0.11		0.16	0.24
1+3	*m*	1.88	1.51	1.39	1.28	1.29	1.38	1.27	0.65	−0.29		−0.97		−1.55	−2.19
	s	0.35	0.34	0.39	0.46	0.41	0.46	0.48	0.71	0.71		0.58		0.38	0.37
1+4	*m*	2.07	1.64	1.46	1.40	1.40	1.32	0.91	0.25		−0.69		−1.41		−2.51
	s	0.44	0.21	0.07	0.11	0.13	0.16	0.11	0.75		0.72		0.47		0.63
1+5	*m*	1.78	1.43	1.26	1.21	1.18	1.13	0.87	−0.36		−1.21		−1.86		−2.63
	s	0.39	0.30	0.26	0.16	0.19	0.23	0.19	0.79		0.57		0.55		0.70

		0%	10	20/33	40	60/67	80	100	0%	10	20/33	40	60/67	80	100
2+0	*m*	1.13	0.82	0.59	0.31	0.16	0.14	0.12	1.41	1.11	0.87	0.64	0.54	0.52	0.53
	s	0.33	0.31	0.33	0.33	0.32	0.34	0.43	0.36	0.31	0.27	0.28	0.31	0.26	0.18
2+3	*m*	1.12	0.77	0.52	0.23	0.10	0.09	0.07	0.64	0.42	0.32	0.27	0.27	0.37	0.44
	s	0.24	0.31	0.39	0.38	0.33	0.26	0.21	0.13	0.17	0.25	0.35	0.40	0.29	0.11
2+4	*m*	1.09	0.73	0.49	0.20	0.03	−0.02	−0.13	1.77		1.22		0.73		0.25
	s	0.28	0.32	0.39	0.40	0.36	0.37	0.55	0.36		0.32		0.36		0.55
2+5	*m*	0.97	0.51	0.22	−0.10	−0.26	−0.27	−0.33	0.62		0.21		0.15		0.11
	s	0.26	0.25	0.34	0.38	0.35	0.29	0.31	0.13		0.15		0.18		0.41
3+0	*m*	−0.34	−0.79	−1.10	−1.49	−1.65	−1.74	−1.74	1.01	0.76	0.58	0.47	0.42	0.38	0.31
	s	0.30	0.23	0.15	0.12	0.19	0.25	0.30	0.29	0.26	0.22	0.24	0.26	0.28	0.31
3+3	*m*	−0.04	−0.65	−1.06	−1.35	−1.46	−1.45	−1.48	−0.15	−0.33	−0.39	−0.19	0.05	0.28	0.41
	s	0.39	0.19	0.13	0.20	0.33	0.37	0.22	0.45	0.44	0.39	0.33	0.34	0.38	0.44
3+4	*m*	−0.25	−0.88	−1.38	−1.80	−2.05	−2.10	−2.06	1.54		1.02		0.57		0.01
	s	0.33	0.22	0.36	0.42	0.31	0.33	0.37	0.45		0.25		0.29		0.54
3+5	*m*	−0.39	−1.12	−1.59	−1.98	−2.13	−1.98	−1.92	0.19		−0.04		0.01		0.11
	s	0.33	0.20	0.29	0.23	0.11	0.13	0.23	0.45		0.24		0.12		0.18
4+0	*m*	1.37		0.89		0.51		−0.02	1.26	0.87	0.63	0.41	0.30	0.30	0.24
	s	0.61		0.27		0.14		0.27	0.54	0.38	0.31	0.29	0.28	0.22	0.15
4+3	*m*	0.99		0.49		0.23		−0.10	0.34	0.07	−0.10	−0.15	−0.10	0.02	0.04
	s	0.21		0.22		0.22		0.33	0.19	0.20	0.23	0.18	0.15	0.15	0.24
4+4	*m*	1.27		0.80		0.40		−0.03	1.61		1.24		0.97		0.53
	s	0.15		0.21		0.37		0.58	0.44		0.44		0.45		0.38
4+5	*m*	1.58		1.09		0.71		0.33	0.80		0.75		0.94		1.08
	s	0.33		0.34		0.32		0.24	0.20		0.34		0.27		0.25
5+0	*m*	0.01		−0.77		−1.34		−1.83	0.08	−0.46	−0.77	−0.84	−0.58	−0.12	0.41
	s	0.16		0.10		0.20		0.37	0.30	0.20	0.16	0.16	0.24	0.38	0.56
5+3	*m*	−0.28		−0.83		−1.22		−1.62	−0.68	−1.29	−1.44	−1.32	−0.98	−0.49	0.16
	s	0.20		0.24		0.28		0.31	0.33	0.31	0.30	0.28	0.19	0.18	0.15
5+4	*m*	0.12		−0.63		−1.35		−2.03	0.68		0.32		0.33		0.34
	s	0.35		0.32		0.44		0.64	0.27		0.38		0.32		0.32
5+5	*m*	−0.05		−1.01		−1.42		−1.80	−0.39		−0.66		−0.25		0.28
	s	0.19		0.26		0.16		0.31	0.27		0.24		0.19		0.43

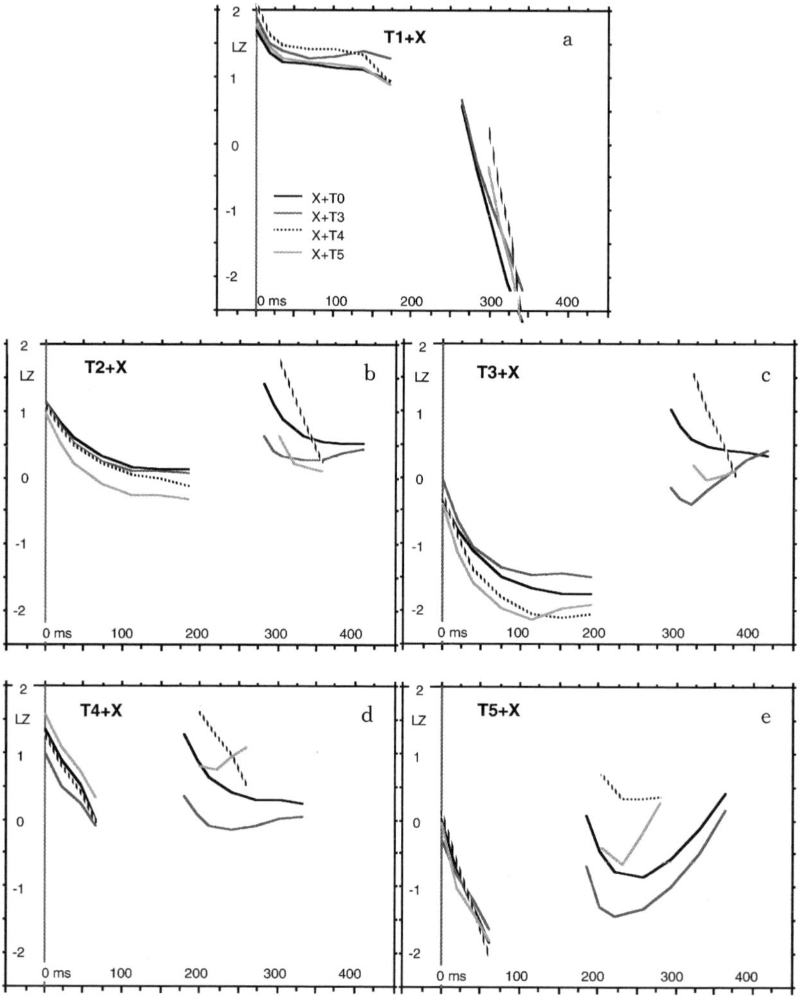

图 10.14　20 种两字调组合的平均 LZ 归一化曲线，横轴是绝对时长

然后，前字调的 LZ 均值在同类内再进行平均，结果见表 10.16。例如，四个发音人的 T1＋X 的四个两字调组合中的前字 T1 在 0%时点处的 LZ 总平均值是 1.85。

表 10.15 给出两字调的统计量和标准指数(NI)。两字调的归一化结果(NI＝5.5)不如单字调(NI＝17.4)。这也许是因为发音人不多，只有四个，而其中三个原来的基频曲线就已经很相似，没有多少随机差异需要消除。T1＋X 和 T3＋X 归一化结果最好，T4＋X 最差。

这都与单字调归一化结果(T1 最好,T4 最差)平行。

表 10.15 两字调的统计量和标准指数(赫兹的统计量从表 10.12 中的数据算得,LZ 值的统计量从表 10.14 中算出)

		T1+X	T2+X	T3+X	T4+X	T5+X	X+X
Hz	MBSV	3 084	3 386	1 816	2 941	1 845	2 613
	SV	3 779	3 248	1 882	2 968	1 779	2 864
	DC	81.6%	104.3%	96.5%	99.1%	103.7%	91.2%
LZ	MBSV	0.160	0.123	0.151	0.161	0.257	0.166
	SV	1.609	0.189	0.990	0.226	0.439	0.995
	DC	9.9%	65.3%	15.3%	71.0%	58.4%	16.7%
	NI	8.2	1.6	6.3	1.4	1.8	5.5

表 10.16 前字 LZ 均值和标准差($n=4$)

	m							*s*						
	0%	10	20/33	40	60/67	80	100	0%	10	20/33	40	60/67	80	100
1[]	1.85	1.49	1.34	1.27	1.25	1.23	1.00	0.41	0.32	0.30	0.28	0.26	0.30	0.31
2[]	1.08	0.71	0.46	0.16	0.01	−0.02	−0.07	0.26	0.30	0.36	0.37	0.35	0.33	0.40
3[]	−0.26	−0.86	−1.28	−1.65	−1.82	−1.82	−1.80	0.34	0.26	0.32	0.35	0.36	0.36	0.34
4[]	1.30		0.82		0.46		0.05	0.40		0.32		0.31		0.38
5[]	−0.05		−0.81		−1.33		−1.82	0.26		0.26		0.27		0.41

10.4.2 观察

从图 10.14 和表 10.14 可以观察到如下情况。

10.4.2.1 前字 LZ 转换的基频

起点干扰—首先注意到的是,图 10.14 五个小图中所有 20 根曲线不管原来是什么调,调头都是下降的。这反映了声母的影响。T1 的起点干扰在最初 35 毫秒段,然后基频突然下降,但降得不多,大约半个标准差。T2 和 T3 的起点转接很平稳,有 75 到 100 ms, T2 后段降了 1 个多 SD, T3 降了 1.5 SD。入声 T4/5 的调头和调体难以区分。

终点干扰 T1, T4 和 T5 都是降调尾,入声的调体与调尾仍难以区分。T2 和 T3 在舒声 T0/3 前是平调尾。T2 调尾在入声 T4/5 前微降,但 T3 在入声前微升。

基频形状和高度—每个两字调类的前字的四条曲线实际上形状相同,但在 LZ 高度上有随机变异。例如 T5 前的 LZ 曲线在图(b)中最低，但在图(d)中最高。前字 T5 的四条曲线挤得最紧，T3 的四条散得最开。

10.4.2.2 T1 后的后字 LZ 转换的基频

图(a)中四条后字降调曲线几乎相同，只是入声起点稍高于舒声。

10.4.2.3 高标两字调的后字 LZ 转换的基频

起点干扰 所有调头都是降的，表明 C2 对它有影响。

调体的基频形状—后字 T4 的调体都是降形，只有 T5 后重读后字调是平的。后字 T0 的调体基本上是平的，只有 T5 后的重读后字调是升的。阴调 T0/4 后的 T3 调体稍升，阳调 T3/5 后的 T3 升得较多。后字 T5 调体是升形，只有在 T2 后稍降。

调体的基频高度—T4 总是起点最高，其次 T0，而 T3 最低。T5 的起点高度在 T0 和 T3 之间。T2 和 T3 后的 T5 的调体与 T3 一样低，但在 T4 后较高。这都跟 T5 前的前字调的基频高度相符：T5 前的 T2 和 T3 最低，T5 前的 T4 最高。似乎后字基频高度与前字调相关。

10.4.3 坐标平移

正如 § 10.3.6.3 和 § 10.4.2.3 中所论，在处理两字调是有些单字调没有的问题。主要是前字基频高度的随机变异，弄乱了后字基频模式，因此需要在归一化以外再进行一些数学处理。下面先给出两个例子，看问题所在，以及如何解决。然后再讨论经过坐标转换的两字调。

要讨论前字调，一般都会把同一个两字调类的前字调变体加以平均，这是因为这些变体之间没有什么音法学或听感上的区别，它们的基频高度不同只是随机变异。但这样取平均值有两点不太合适。首先，它歪曲了一个两字调内前字调和后字调的关系，例如图 10.15 中的 T2＋T5，小图(a)里后字 T5 大大高出前字 T2 达 0.95 SD。但是，把前字调的随机变体平均之后，小图(b)中的后字 T5 只仅高于前字平均 T2 只有 0.69 SD。这种前后字基频高度的相对关系的扭曲会引出下面另一个问题。

把前字调随机变体加以简单的平均还掩盖了后字曲线的分布规律。虽然同一两字调类内的前字曲线分布是随机的，但每个变体却决

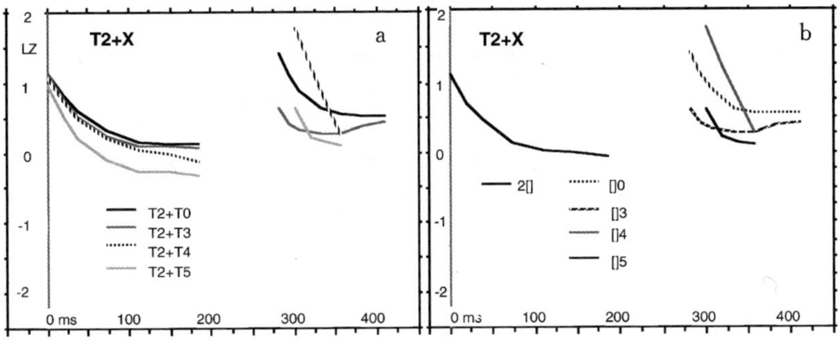

图 10.15　T2＋X 四个组合的 LZ 曲线，横轴绝对时间。
(a)前字调有各自的变体(即图 10.14b)，(b)前字调变体已加以平均

定了它后面的后字基频高度。前字调的基频变异越小，它引起的后字基频高度的波动也越小。仍以图 10.15 为例，小图(a)中的后字 T5 的起点高度，与它的前字 T2 的终点基频高度之差是 0.95 SD，而后字 T3 与它前面的 T2 终点高度之差是 0.57 SD。前者是后者的 1.67 倍(＝0.95/0.57)。也就是说，同样在 T2 后，T5 跃起的高度大大超过 T3。但是图 10.15b 却给出了一个误导的图像，后字 T3 的起点相对于前字平均 T2 的终点，高出 0.64 SD，而后字 T5 只高出 0.62 SD。这就弄乱了后字基频的分布模式。

上面谈到的后字基频模式中的不规则和复杂情况，如果把前字调随机变体加以适当处理，可能会显出规律性。前字调的随机变异的确需要排除，但不是靠简单的平均。因此我们设计了一种坐标平移的方法来减少前字调随机变异，与此同时又维持了、甚至显化了后字曲线的分布模式。结果见表 10.17 和图 10.16。下面介绍坐标平移的程序。

表 10.17　坐标平移后的 20 种两字调组合的 LZ 值

	X[]							[]X						
X+X	0%	10	20	40	60	80	100	0%	25	33	50	67	75	100
1+0	1.79	1.48	1.34	1.29	1.25	1.22	1.06	0.69	−0.28		−1.13		−1.96	−2.57
1+3	1.80	1.43	1.31	1.20	1.21	1.30	1.19	0.57	−0.37		−1.05		−1.63	−2.27
1+4	1.96	1.53	1.35	1.29	1.29	1.21	0.80	0.14		−0.80		−1.52		−2.62
1+5	1.86	1.51	1.35	1.29	1.26	1.21	0.95	−0.28		−1.13		−1.78		−2.55

续表

	X[]							[]X						
	0%	10	20/33	40	60/67	80	100	0%	10	20/33	40	60/67	80	100
2+0	1.00	0.69	0.46	0.17	0.03	0.00	−0.02	1.27	0.97	0.73	0.51	0.41	0.38	0.40
2+3	1.04	0.69	0.44	0.14	0.02	0.01	−0.01	0.56	0.34	0.24	0.19	0.18	0.29	0.36
2+4	1.08	0.72	0.48	0.19	0.02	−0.03	−0.14	1.77		1.21		0.73		0.24
2+5	1.19	0.73	0.45	0.12	−0.03	−0.04	−0.10	0.85		0.44		0.38		0.34
3+0	−0.43	−0.88	−1.19	−1.58	−1.74	−1.83	−1.83	0.92	0.67	0.49	0.38	0.33	0.29	0.22
3+3	−0.32	−0.93	−1.35	−1.64	−1.75	−1.74	−1.76	−0.44	−0.62	−0.68	−0.48	−0.24	−0.01	0.13
3+4	−0.10	−0.73	−1.23	−1.65	−1.91	−1.96	−1.91	1.69		1.16		0.72		0.16
3+5	−0.17	−0.89	−1.36	−1.75	−1.90	−1.75	−1.69	0.42		0.19		0.24		0.34
4+0	1.34		0.86		0.48		−0.05	1.22	0.84	0.60	0.38	0.27	0.26	0.21
4+3	1.24		0.75		0.48		0.15	0.59	0.33	0.16	0.11	0.16	0.28	0.30
4+4	1.31		0.84		0.45		0.02	1.66		1.29		1.01		0.58
4+5	1.31		0.82		0.44		0.06	0.53		0.48		0.66		0.81
5+0	−0.01		−0.79		−1.36		−1.85	0.06	−0.48	−0.79	−0.86	−0.60	−0.14	0.39
5+3	−0.29		−0.84		−1.24		−1.63	−0.70	−1.30	−1.46	−1.34	−0.99	−0.51	0.14
5+4	0.09		−0.66		−1.38		−2.06	0.65		0.29		0.30		0.31
5+5	0.02		−0.94		−1.35		−1.73	−0.33		−0.60		−0.18		0.34

首先，算出每个两字调类中的四个前字调变体跨时点的 LZ 均值，例如，从表 10.14 中的 LZ 值可以算出 T2＋T0 中的 T2 的均值是 0.47 (＝(1.13＋0.82＋0.59＋0.31＋0.16＋0.14＋0.12)/7)。与此相仿，算出 T3 前的 T2 均值为 0.41，T4 前为 0.34，T5 前为 0.11。

其次，算出第 1 步中得到的四个均值的总均值。例如前字 T2 的总均值是 0.33(＝(0.47＋0.41＋0.34＋0.11)/4)。

然后，算出总均值与各均值之差，仍以 T2＋X 为例，总均值与 T0 前的 T2 均值之差是－0.14(＝0.33－0.47)。这个差值再加到 T2＋X 的各时点上的值上。

加完差值－0.14，表 10.14 中 T2＋T0 的旧值(即前字 0%时点处的 1.13，到后字 100%处的 0.53)，就变成了表 10.17 中“2＋0”行中的新值：前字是 1.00，0.69，0.46，0.17，0.03，0.00，－0.02，后字是 1.27，0.97，0.73，0.51，0.41，0.38，0.40。

按照同样的步骤，就得到了一套新的、经过坐标平移的两字调 LZ 值，见表 10.17 和图 10.16。

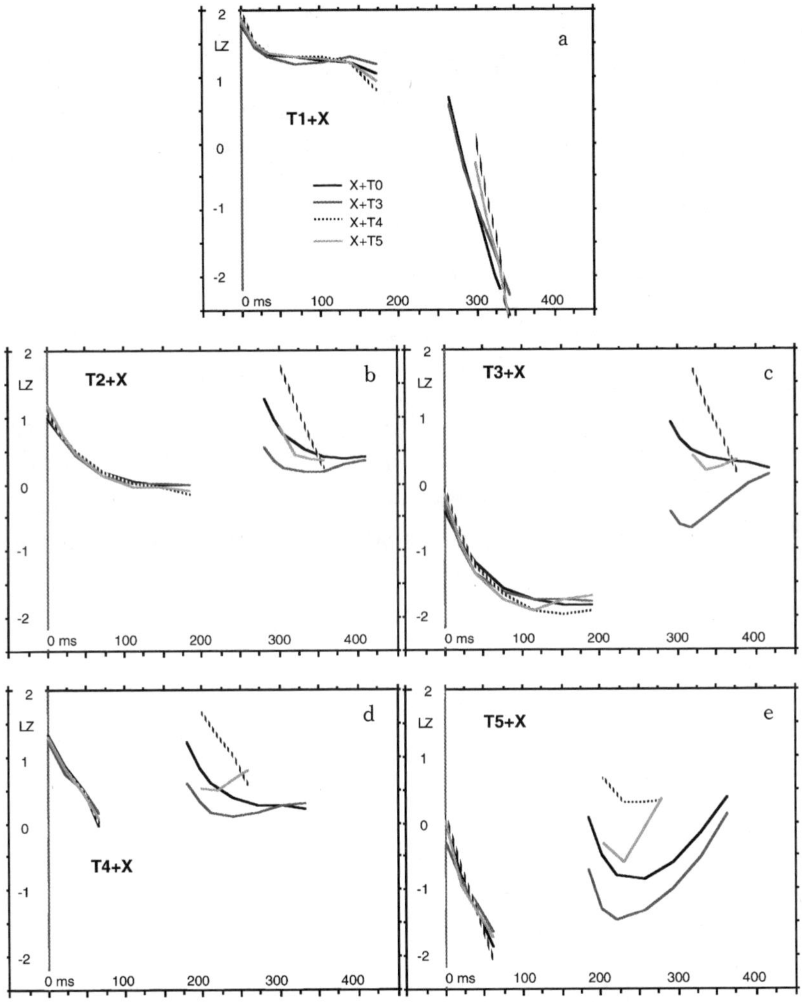

图 10.16　坐标平移后的 20 种两字调组合的 LZ 曲线,横轴是绝对时间

最后还有两点需要指出。一是新的前字平均曲线依然和旧的一样。例如,把 T0 到 T5 前的 T1 各时点上的新值加以平均,就得出与表 10.16 中“1[ ]”行里同样的数值。二是后字曲线有些调整,但后字基频模式仍维持未变。例如图 10.16b 中,在 T2＋T5 的组合中,后字 T5 的起点基频比起前字 T2 的终点基频来,增高了 0.95 SD;而在 T2＋T3 的组合中,后字 T3 与图 10.14b 一样,仍然只增高 0.57 SD。

坐标平移的结果令人满意,因为它满足了上面的两个要求。前字调变体间的随机差异大大减小了，后字基频模式在前字差异最小的T5＋X中维持未变，在低标T1＋X中也未变。在另三类高标类中后字基频分布有所调整，但原来的基频模式不但没变，反而显化了。

以下讨论就根据表10.17和图10.16中的坐标平移后的LZ值，除非另有说明。

10.4.4 前字调的平均LZ曲线

上文§10.4.2中讨论了两字调类内的前字基频变异。本小节内我们把各类的四个前字调变体先加以平均，然后来看五个前字调的一般性质。

图10.17和表10.16表明，五个前字调的平均基频的分布范围在－1.85和1.85 SD之间。三个阴调T1/2/4在上，两个阳调T3/5在下，分界大体上在0 SD。阴调还分两个区域。前字T1最高，起点在1.85 SD，调体在1.3 SD上下。其次是T2和T4，它们的起点稍高于1 SD，终点在0 SD上下。两个阳调最低，起点低于0 SD，终点在－1.8 SD上下。

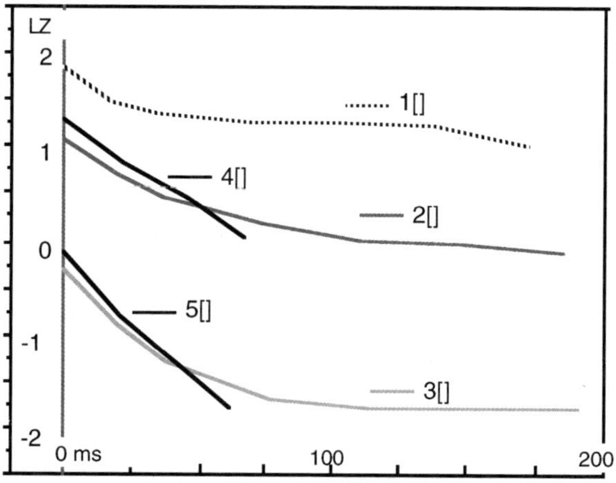

图10.17 前字调平均LZ曲线

三条舒声前字调曲线的高度并不是平均地分布在纵轴上。中平T2离高平T1较近，差约1.3 SD；离低平T3较远，差约1.8 SD。这与镇海话的三个前字连调平调惊人的相似(Rose 1990:19，图4)，只是调类不一样。镇海话中的前字弱读中平调 T1 离前字重读的高平调 T1 更近,而离前字弱读的低平调 T3/4 较远。这就是费国华(Rose 1993:218)所谓的"声调不同但语音相同"。T1 的调头波动出现在最初的 25 ms 段,然后降落半个 SD,再变为平调。T2 和 T3 的调头波动更为平稳,出现在前 75 ms 段,然后基频降落约 1 SD(T2)或 1.5(T3)。T2 的起点(1.08 SD)与 T1 的终点(1.00 SD)在同一高度,T3 的起点(−0.26)稍低于 T2 的终点(−0.07 SD)。简而言之,三个舒声基频曲线分别处于三个相邻但互不包含的区域内,T3 的起点干扰较大,这使得 T3 离 T2 较远,T2 调头波动较小,离 T1 就较近。

前字位置的两条入声曲线很相似,都是短而降,只是 T4 在频域的上半区,T5 在下半区。T4 从 1.30 SD 降至 0.05 SD,跨度与 T1 到 T2 之间的距离相若。T5 从−0.05 SD 降至−1.82 SD,跨度与 T2 和 T3 之间的距离相若。它们分别与 T2 和 T3 的前段(从起点到调体的转接段)如此相配,简直可以看成是语音上截短了的 T2 和 T3。

上面讨论了前字连调的聚类关系,下面把它们与各自相应的单字调进行比较。图 10.18 给出上海话五个单字调的八个变体(直降型 T1,缓降型 T1, T2,升型 T3,凹型 T3, T4,升型 T5,凹型 T5)的 LZ 曲线,以及前字位置的五个连调的 LZ 曲线。从左面图 10.18a 可以看到,三条前字舒声曲线与各自相应的单字曲线的前段很接近。前字 T1 起点在缓降型 T1 的单字调和直降型 T1 曲线之间,然后一直保持着一个平调,稍稍低于缓降型 T1 的前段,看上去像是把缓降型 T1 的前段拉直了。前字 T2 与单字 T2 的前三分之二,即前 170 ms 段都很

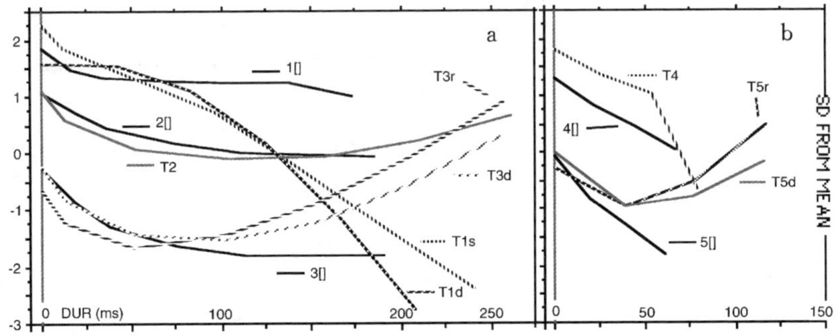

图 10.18　单字调和前字调的 LZ 曲线(a)舒声,(b)入声

相配，只是没有了单字 T2 最后的升尾。前字 T3 与凹形 T3 在最初 70 ms 段合得天衣无缝，并一直在单字 T3 的谷点那高度保持着低平调形。T2 和 T3 都是升调尾，但在两字组中，这个升调尾在相应前字调中失落了，或者说转移到后字调上去了，见后文图 10.22b—c，到时我们还要讨论。

右面的小图 10.18b 显示了 T4 和 T5 平行的基频曲线。前字 T4 很像单字 T4 的前三分之二，只是稍低。前字 T5 与两条单字 T5 变体（凹型和降型），两种前段处于同一高度，但前者后段继续下降，而后者过了谷点后开始回升。

10.4.5 坐标平移后的后字调 LZ 曲线

10.4.5.1 引言

从图 10.16 中可以看到，后字调的基频形状可分三组。第一组是在 T1 后，那四条曲线都是陡降。第二组是在 T2/3/4 后，那些曲线各式各样，有降的、平的、升的，但总体形状还算简单。第三组在 T5 后，基本上都是升形(降调头反映的是初始态发声)，后字 T4 升得勉强，那是因为有清 C2、阴声域、入声三重不利影响。第一组的曲线有低终点目标，其他两组都是高终点目标。前文 § 10.0.2 提到听感上的重音有三类：(1)T1＋X 是重读＋弱读，(2)T2/3/4＋X 是主重＋次重，(3)T5＋X 是弱读＋重读。这三类听感重音符合以时长定义的三类重音。上面这三组基频形状和这三类听感/时长重音相符。

第一组的后字调曲线最简单。小图(a)中 T1 后的四条曲线的斜率实际上是相同的。两条较短的曲线（T4 是 39 ms，T5 是 46 ms，见表 10.14)起点和终点都稍低于两条较长的曲线（T0 是 73 ms，T3 是 83 ms)，这可能是因为入声后字的 C2 成阻期稍长。

其他小图(b—e)里的高标两字组的后字曲线就复杂凌乱多了，下面主要讨论这些图里的问题。我们将从下面两方面来观察，最终会发现其实是很有规律的，基频形状的种种变异可以用以下四个因素来解释：1)后字截度，2)C2 清浊，3)前字声域，4)重音。

下面先从前字调角度来讨论，即 T2＋X（T0/3/4/5），T3＋X 等。我们将会看到同一个两字调类里，四条后字曲线其实有相同的终点目标，后字调前端各种基频变异可以用后字截度和 C2 清浊来说明。

另外还有两个别的因素也参与决定后字调形的不同，这就需要从后字调角度来考察，即 X(T2/3/4/5)＋T0，X＋T3 等。我们将会看到前字声域(这决定基频高低)和重音也对后字调形起了作用。

简单地说，第 2 组(即前字为 T2/3/4)中，后字调 T0/3/4/5 都有同样的基频目标。现在所看到的调形差异可以用前字基频高度(由前字声域决定)和 C2 清浊来解释。第 3 组(即前字是 T5)中，后字调的终点目标与第 2 组一样，两组后字调前端的基频差异可以重音来解释。

综上所述，所有高标两字调的 16 种(＝4×4)曲线的终点目标相同，后字调前端基频高度取决于后字截度和 C2 清浊，如果是(T3＋)T3/T5，前字声域也起一定作用，如果是(T5＋)X，重音也起作用。注意此处用“前端”不用“起点”，因为后字起点处基频干扰很大。“前端”可以量化为舒声 20％时点，入声 33％时点，同时也是谷点处。这些前端处的区别性要比起点处大。例如图 10.16d 中后字 T5 起点与 T3 一般高，但它的谷点却比 T3 高好多，这符合我们的预期。

10.4.5.2 同样的前字调＋不同的后字调

先来看高终点目标“相同前字调＋不同后字调”组合中的后字基频调形。图 10.16b—e 中有两条规律。一、每个小图中四个后字调(T0，T3，T4 和 T5)的终点大体上都在同一高度。例如，小图(b)中 T2 后四条后字调曲线的终点分别是 0.40，0.36，0.24 和 0.34 SD。差距最大的在小图(d)中，T4 后的四个后字调终点是 0.21，0.30，0.58 和 0.81 SD。二、尽管每个小图里的基频模式都有所不同，但四个后字调前端的基频高度有个稳定的排序，那就是，每个小图的四条后字调中，T4 总是最高，T3 总是最低，T0 和 T5 居中。由于每个小图中的前字调都是一样的，如小图(b)中的前字调都是 T2，所以这个稳定的排序不可能由后字以外的因素决定。在后字本身的原因中有两个候选因素：后字截度和 C2 清浊。前一节里谈基频形状(以赫兹为单位)时已涉及：入声后字调前端的基频高于舒声，C2 是清辅音的后字调前端基频高于 C2 是浊辅音的。

比较 T2 后的后字调分布模式(小图 b)和 T4 后的(图 d)，可以发现非常相似。由于两个小图中的前字调只有截度区别，而这又不影响后字调模式，我们可以把前字截度从条件单里排除。

比较 T2 后的后字调分布模式(图 b)和 T3 后的(图 c)，可以发现也很相似，只是 T3 后的 T3(图 c)与 T2 后的 T3(图 b)有所不同。由于两个小图中的前字调仅有声域不同，所以可以假定前字调的声域使得 T3 后的 T3 不同于 T2 后的 T3。

比较小图(d)和(e)中的曲线，可以发现巨大的区别。T4 后的四条后字调(d)比 T5 后的(e)处的位置高，分布的范围窄，两个舒声调的时长也短。两个小图(d, e)中前字都是入声，前者阴声而后者阳声。不过，如上一自然段里所述，前字的声域的影响并没那么大，前字阳声域(T3＋X)比起前字阴声域(T2＋X)来，只是把后字的 T3 调头拉低了。而现在，图(e)中的后字调与图(d)中的差别如此之大，就应该有其他因素在起作用。现在能发现的重要差别就是重音不一样：图(d)中的双音节是主重＋次重，图(e)中的是弱＋强。所以可以进一步假定重音可能是决定后字调形的第四个条件。

比较 T3＋X(图 c)和 T5＋X(图 e)中的曲线能得到同样的结论：重音决定后字调形。在 T3＋X 和 T5＋X 中，C2 都是浊声母，前字都是阳声，只有截度不同：T3 是舒声长调，T5 是入声短调。但如上比较 T2＋X(图 b)和 T4＋X(图 d)时所述，前字截度对后字调形不起作用。所以这儿能想到的区别因素还是重音位置不同。

现在可以看到，决定后字调形的有以下四个因素：

1) 后字截度，

2) C2 清浊，

3) 前字基频高度(大部分取决于声域)，以及

4) 重音。

由于图 10.16 仅给出同样环境中的后字调形(即前字调相同的情况)，要考察后两个条件需要按前字调不同来重新安排声调。

10.4.5.3 不同的前字调＋相同的后字调

下面来看高终点目标的“不同的前字调＋相同的后字调”组合的基频模式。由于这是左控式连调，后字调都失去原有的调形，转而接受来自前字的调形或调素。因此，在不同的前字调后面，即使后字原

来的声调相同，调形也会不同。这就是为什么相同的后字调值得比较，因为不同的前字调会引起相同的后字调起不同的变化。假如不是因为这样的变化，那么比较“相同的后字调”像是多此一举。

图 10.19 中是 T2/3/4 后的 T0(图 a)，T3(图 b)，T4(图 c)，T5(图 d)基频曲线。为方便比较，T5 后的曲线也放在图内。重读用‘ˈ’标示，弱读无标示。斜体表示阴声，黑体表示阳声。u 和 v 分别表示清/浊 C2。每个小图分两半，中间的“0 ms”直线表示后字调起点。右半图里的后字调是我们要考察的，左半图里的前字调是用来做后字基频的参照的。

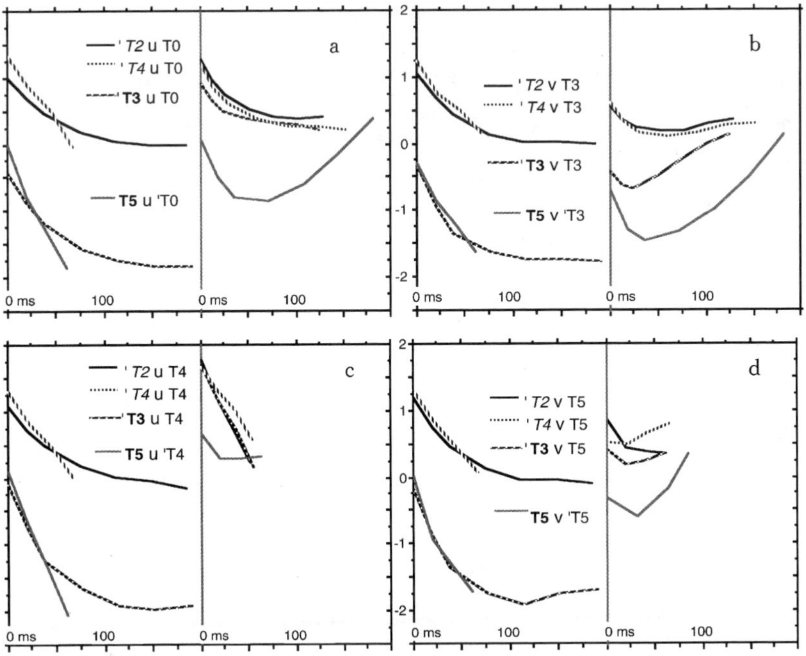

图 10.19　高标两字调的后字基频曲线：T0(a)，T3(b)，T4(c)，T5(d)

图 10.19 清楚地显示了两种重音模式所引起的调形差别：每个小图中上面三组曲线(T2/3/4＋X)是“强弱”重音组合，下面一组(T5＋X)是“弱强”组合。每个小图右半图里的四条相同的输入调中，T5 后的后字是重读，调形要么升要么平；其他三条后字调都是弱读，在(a，b，d)中基本上是平的，在(c)中是降形。只有一条弱读后字调，即(b)

中 T3 后的 T3 看上去有点像同一小图中的 T5 后的重读后字 T3。尽管如此，T3 后的弱读 T3，比起 T5 后的重读 T3 来，时长短得多(123 ∶ 193 ms)，谷点[①]高得多(−0.68 ∶ −1.46 SD)，终点升得没那么高(0.81 ∶ 1.60 SD)。这样的调形差别能也只能用重音来解释。

现在来看 T2/3/4 后的弱读后字调。在图 10.19 的每个小图中，同样的后字调基频曲线都非常相似：小图(a)右半图中，上面的那三条在 T2/3/4 后的阴声 T0 曲线简直一模一样；同样，小图(c)右半图中，上面的三条在 T2/3/4 后的阴声 T4 曲线也几乎一样。

在小图(b)的右半图中，最高的阴声 T2/4 后的两条 T3 曲线也一模一样。不过阳声 T3 后的 T3 起点/谷点较低。这是由两个必要条件合力引起的：浊 C2 和前字低调尾(由前字阳声域决定)。如果前字调尾较低，那么在走向高标终点时，浊 C2 会留下上升的轨迹。这也反映在另两种情况中：(1) T3 的起点/谷点在 T3 后(图 b)比在 T0 后(图 a)来得低；(2) T3 后的 T5 曲线也比较低(图 d)，只是它与另两条 T5 曲线差别没那么大，原因在于 T5 太短，如果谷点太低，就没有足够时间升到统一的峰点。浊 C2 和前字低调尾这两者都是必要的，因为第一，小图(b)中所有三个弱读后字的 C2 都是浊辅音，但只有在阳声 T3 的低调尾后才是升的；第二，前字阳声 T3 在所有四个小图中都一样是低调尾，但只有在浊 C2 后(小图 b, d)后字调才是升的。

每个小图中 T2/3/4 后的后字调是如此相似，以至可以假定后字调形受前字调 T2/3/4 同样的影响，在 T3＋T3 的组合中再加上 C2 清浊和前字调尾高度的合力作用于后字 C3。也就是说，重读前字 T2/3/4＋X 的两字调的后字调基频目标相同：高平。清 C2(小图 a 和 c)和前字阴声域(即使浊 C2)不影响这个基频目标。但是如果浊 C2 加前字阳声域(因而前字低调尾)则会拉低后字调头。

10.4.5.4 前字为高标调并重读的 T2/3/4/5 后的后字调的语音目标

前面看到，前字调如果是重读并且高标，后字就有相同的调形。下面进行图 10.19 中的跨小图的后字调的初步比较，主要考察后字调

---

① 此处又可看到，在比较基频形状时，凹点比起点更好。

的终点高度和后字调形。更详细的讨论见后文。

先来看一个小图间的惊人的相似点，所有后字调，包括 T5 后的终点都处于一个很窄的范围，从 0.13 和 0.81 SD 共 0.68 SD，平均为 0.33 SD。有两个终点离得稍远：T4 后的 T5(小图 d)终点是 0.81 SD，T4 后的 T4(c)终点为 0.58 SD。如果把这两个涉及前后都是入声的基频看作随机差异造成的例外，加以排除，终点的分布范围就会窄到不能再窄，只有大约一刻 SD(在 0.13 和 0.40 SD 之间)。因此，可以很有把握地假设，在所有高标辖域(即前字不是 T1 的两字组)中，后字调的终点目标都相同。前面说过，是后字重音关系使得 T5 后的后字调形变得低起点，从而升调形，终于稍高于基频均值 0 SD。而在 T2/3/4 后的弱读后字调则在这高于 0 SD 的高度保持平调(a, b, d)，或降到这高度(c)。

其次来看小图(a, b)右半中的弱读后字调，如果先把 T3 后的 T3 先放一边，那么，这些后字调不但终点目标相同，而且整个调形都极为相似。小图(a)右半中的三条后字 T0 曲线和小图(b)右半中的上面的两条后字 T3 曲线基本相同，前端少许高低差别可归之于起点干扰。后字 T0 前的清 C2(图 a)提高了基频起点，因此使调体微微下倾。后字 T3 前的浊 C2(图 b)压低了基频起点，造成调体微微显凹。T3 后的 T3，由于前字的低频，起点被进一步拉低，造成整条曲线呈升形。因此，在重读 T2 和 T3 后，舒声 T0 和 T3 的基频非常相似，只是由于受到 C2 清浊和前字低频的影响，使其中一条后字调(T3 后的 T3)与众小有区别。

下面两个小图(c, d)中的后字 T4/5 都是入声短调。小图(c)右半中的后字 T4 的降形是受以下因素影响造成的：1)清 C2 提高基频起点，2)喉塞尾引起基频降尾(不一定听得出)，这两点都见于第七章。3)短调吞没了底层可能是升形的调体曲线。小图(d)中 T5 后的 T2/3/4 大体上是平的①，曲线前段的区别是由前字声域引起的。

总之，可以假定 T2/3/4 后的弱读后字的基频曲线目标相同，图 10.19 中的差别主要是由后字截度和 C2 清浊引起的，在(T3＋)

---

① T4 后的那条稍高于预测。

T3/5 两种组合中又受到前字低频的影响。还可以假定所有高标两字组(T2/3/4/5+X)中的后字调的终点目标一致,现有的弱读后字(T2/3/4+X)和重读后字(T5+X)的调形差别,除了上述原因,还受到重音的影响。

第九章里看到高标单字调(T2/3/4/5)的终点都是在稍高于基频均值 0 SD 处,现在我们又看到在高标两字调(T2/3/4/5+X)的终点也是稍高于基频均值 0 SD。因此可以说,高标单字调的终点目标在两字组连调中实现于后字基频终点上。

10.4.5.5 **十六条后字曲线的四条语音实现规则**

在前面的引言中(§10.4.5.0)提到,高标后字调的基频高度和调形都远比低标后字调复杂。但经过上面的讨论我们发现了惊人的规律性。下面进一步探讨上述四个因素如何相互作用,把四个高标前字调后原有的十六条后字曲线(4×4)合并成十种形状,更有趣的是,还进一步合并成五种前段等高的曲线。由于这十六条曲线的终点高度相等,差异集中在前段的基频高度,并因此而影响到总体调形。所以,所谓前段等高的曲线实质上等价于从头到尾都相似的曲线,如果不考虑时长的话。下面来看决定后字调形的四个因素:1)后字截度,2)C2 清浊,3)前字基频高度,4)重音。

后字截度和 C2 清浊。先回过头去对图 10.16b—e 中的曲线作图内比较。一般而言,每个小图内后字曲线的前端,都是 T4 最高,T3 最低,另两条 T0 和 T5 基本上等高,调形极相似。所以需要两条规则来说明这些起点基频高低的区别。第一条,舒声低于入声;第二条,清 C2 后基频高于浊 C2 后。

前字阳声,后字浊 C2。前文已经看到如果是清 C2,前字声域并不影响后字基频高低,即如果 C2 是清辅音,前字不管是阴声还是阳声对后字调的作用是一样的。图 10.19(a, c)中能看到这一点。小图(a)右半中的三条后字 T0 曲线一条在阳声 T3 后,另两条在阴声 T2/4 后,但因为 C2 是清辅音,所以这三条曲线实际上都一样。小图(c)中的三条后字 T4 曲线也都一样。但是如果 C2 是浊的话,前字声域就对后字基频有影响。小图(b)中后字 T3 和图(d)中的后字 T5,都是在前字阳声 T3 后的低于在阴声 T2/4 后。因此需要第三条规则:在浊 C2 的情况下，前字为阳声的后字基频曲线，低于前字为阴声的。

重音。前文看到重音影响后字基频高度。图 10.19 的四个小图中都很清楚，尤其小图(b)和(d)更清楚。每个小图中最低、最完整的曲线都是在 T5 后的重读后字上。在小图(b)中，上述三个条件(后字舒声，浊 C2，前字阳声)对 T3＋T3 和 T5＋T3 影响相同。不过，由于重音的缘故，T5 后的 T3 低于 T3 后的 T3。小图(d)中的后字 T5 亦如此。因此我们需要第四条规则：重读音节上的基频起点低于弱读音节的基频。

这四条规则见[10O]。每个因素都影响后字前端基频一度(u＝清，v＝浊，X＝任何声调，P＝舒声，q＝入声)。

[10O]

对于高标后字调的前端，

1) 舒声(P)低于入声(q)一度。
2) 有浊 C2 的后字曲线([v]X)低于清 C2 的后字曲线([u]X)一度。
3) 如果是浊 C2，前字为阳声的后字曲线([Bv]X)低于前字为阴声的([Av]X)的后字曲线一度。
4) 重读后字调([ ]'X)低于弱读后字调('[ ]X)一度。

10.4.5.6 十六条后字曲线分为五型

用上述四条规则可以说明图 10.19 中十六条后字曲线的前段基频变异。首先，一些没有条件制约的曲线可以合并，如小图(a)中 T2/3/4 后的三条 T0 曲线，小图(c)中 T2/3/4 后的三条 T4 曲线，小图(b)中 T2/4 后的两条 T3 曲线，小图(d)中 T2/4 中的两条 T5 曲线。合并后就有了十种曲线：1)T2/3/4 后的平均 T4，2)T2/3/4 后的平均 T0，3)T2/4 后的平均 T5，4)T5 后的 T4，5)T2/4 后的平均 T3，6)T3 后的 T5，7)T5 后的 T0，8)T5 后的 T5，9)T3 后的 T3，10)T5 后的 T3。

运用表[10O]中的规则之后，十种曲线中有些曲线的前段基频高度相等，因为有些条件会互相抵消。结果最后有了[10P]中的五大类型。第 1 型后字曲线前段高于第 2 型一度，高于第 3 型两度，高于第 4 型三度，第 2 型高于第 3 型一度，如此等等。每种曲线代号下的数字是前段(舒声 20%时点处，入声 33%处)的 LZ 值，最后一行中是每一型的 LZ 值的平均值。举例来说，第一个数值 1.21 SD([10P]中加框的)，它是 T2＋T4 的后字调在 33%时点处的 LZ 值(见表 10.17)，最下一行中的 1.22 SD(有阴影者)是 T2/3/4＋T4 的三个后字调在 33％时点处的 LZ 值的均值。注意,相邻的两个型的数值差四分之三个标准差,只有第 2 型和第 3 型之间差 1/4 SD。

[10P]

第 1 型 陡降	**第 2 型** 稍降	**第 3 型** 平	**第 4 型** 缓升	**第 5 型** 全升
1)['234 u]T4 1.21, 1.16, 1.29	2)['234 u]T0 0.73, 0.49, 0.60	5)['24 v]T3 0.24, 0.16	7)[5 u]'T0 −0.79	10)[5 v]'T3 −1.46
	3)['24 v]T5 0.44, 0.48	6)['3 v]T5 0.19	8)[5 v]'T5 −0.60	
	4)[5 u] 'T4 0.29		9)['3 v]T3 −0.68	
1.22 (3/4 SD)	0.43 (1/4 SD)	0.20 (3/4 SD)	−0.69 (3/4 SD)	−1.46

两端的两个型各有一种曲线。第 1 型陡降型是 T2/3/4 后的弱读音节的 T4 均值,由于没有什么规则去降低它的调头,后字 T4 应该是十种曲线中起点最高的。第 5 型全升型是第十种曲线,T5(和浊 C2)后的重读 T3,这应该是最低的一条,因为所有四条规则都适用于它,因此它比第 1 型中的 T4 低四度。

第 2 型是稍降型,包括三种曲线。首先根据规则 1(舒声低于入声),T2/3/4 后的舒声 T0(曲线 2)应该比入声 T4(曲线 1)低一度,两者其他条件相等。其次,根据规则 2(有浊 C2 的低于清 C2),T2/4 后的 T5 均值(曲线 3)低于第 1 型中的 T4 一度,因为前者是浊 C2,后者是清 C2。因此曲线 3 等于曲线 2。第三,根据规则 4(重读比弱读低一度),T5 后的重读 T4(曲线 4)应该比第 1 型中的弱读 T4 低一度。与同型的曲线 3 相比,有清 C2(＋1)的重读(－1)T4 应该与有浊 C2 的弱读 T5 相等,因为 C2 清浊和重音互相抵消(规则 2 与 4)。与同型中的曲线 2 相比,入声(＋1)重读(－1)T4 应该与舒声弱读 T0 相等,因为截度和重音互相抵消(规则 1 和 4)。

第 3 型是平调形,包括两种曲线。由于规则 2,T2/4 后的平均 T3(曲线 5)应该比 T2/3/4 后的 T0(曲线 2)低一度。由于规则 1 和规则 2,比第 1 型的 T4 低两度。同型中的 T3 后的 T5(曲线 6)应该与曲线 5 的 T3 相等,因为规则 3 和规则 1 互相抵消。

第 4 型是缓升,包括三种曲线。T5 后的 T5(曲线 8)应该比 T3 后的 T5(曲线 6)低一度,根据规则 4。T5 后的 T0(曲线 7)应该与 T5 后的 T5(曲线 8)相等,因为规则 1 和 2 抵消。根据规则 1, T3 后的 T3(曲线 9)应该比 T3 后的 T5(曲线 6)低一度,根据规则 4 应该比第 5 型中的 T5 后的 T3(曲线 10)高一度。

以上推论为图 10.20 及[10P]所证实。图中横轴是等长时间。舒声后字曲线以不同线条表示,入声曲线用实线加圈、加菱形等表示。曲线上的 1—10 十个数字代表[10P]中的十种曲线。

图 10.20 中的五种型正如所料分布在五个不同的区域。那就是说那四条规则很合用。第 1 型中 T2/3/4 后的 T4(曲线 1)最高,前段高于 1 SD,而第 5 型中 T5 后的 T3(曲线 10)最低,谷点低于－1 SD。第 4 型中曲线 7, 8, 9 次低,前段处于－0.25 和－1 SD 之间。第 3 型中的曲线 5 和 6 的前段值处于－0.25 和 0.25 SD 之间,高于第 4 型,但低于第 2 型中的曲线 2, 3, 4,后者的前段处于 0.25 和 1 SD 之间。没有例外。

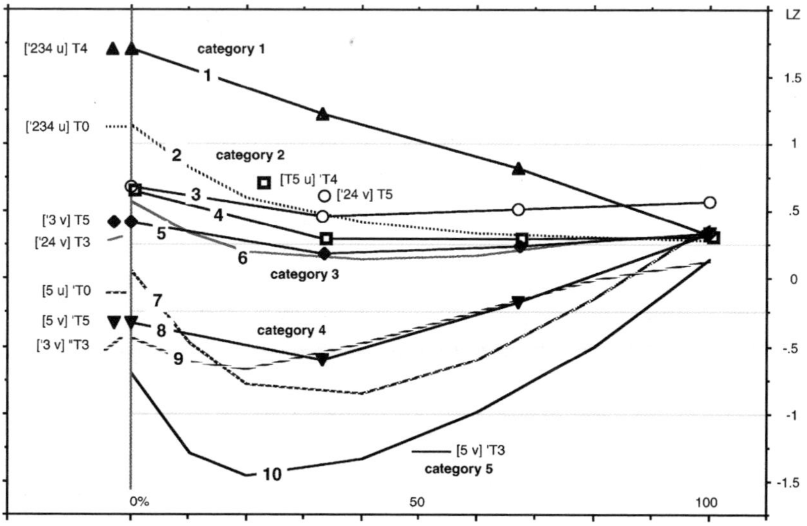

图 10.20　十种后字曲线(五种舒声,五种入声)以四个条件归成五种型

10.4.5.7　小结

两字调调形有三种,与三种听感强度和三种以时长定义的重音相

符。在重读 T1 后,所有弱读后字调都是陡降短调。在弱读 T5 后,所有重读后字调都是完整的升形。在主重 T2/3/4 后,次重后字调有升有降还有平。

后两组都是高终点目标,其十六条后字调曲线的终点引人注目地分布在一个很窄小的范围内,平均 0.33 SD,上下 1/4 SD。如果排除基频自然衰减造成的效果,高标两字调的终点与高标单字调的终点相同。因此,两字调的终点可以看成是前字调的终点往右迁移的结果。

在十六条高标后字调的前段,存在着巨大的基频变异。但这只是表面现象,一经使用涉及四个条件相互作用的四条规则,就显出惊人的规律性。根据四个条件,十六条后字调可以合成十种曲线。根据四条规则,十种曲线可进一步合成五个型。

一个最有趣的发现是,本来我们以为在右延伸连调中,如果前字调一样,那么不管后字调如何,都变成相同的调形。现在看来,如果终点目标和重音一样的话,不管前字调是什么,后字调都一样。

10.4.6 两字组中的陡降短调

陡降短调的听感和声学之间并不是配合得很好(参看表 10.03),声学曲线一直降得很低,但听感上却好像没那么低。图 10.16 中有四组短降调:小图(a)T1 后的四条后字调,小图(d)中前字 T4 四条变体,小图(e)中前字 T5 四条变体,小图(b, c, d)中后字 T4 三条曲线。

先看后字 T4 曲线。这些后字 T4 和其他后字调一样,听感上都被描写成[44]。但它们的基频曲线却是起点高于,但终点低于其他曲线。也就是说,这些声学曲线{54/53}在听感上是稍低的平调。声学上由清 C2 和短截度引起的高起点被听者滤掉了。与此相似的是,前字 T4 听感描写是[33],但它们的声学轨迹像是{43}。听者滤掉了这个声学上较高的起点,只感觉到后面的那段。

对于 T5+X 的组合还有一个重音因素在影响听感。图 10.17 中前字 T5 的起点与 T3 一样高,终点与 T3 的谷点一样低,声学轨迹 T5 为{21}, T3 为{211}。但听感描写(如许/汤 1988)前字 T5 是[11],低于前字 T3[22]。我把这看成是重音引出的效果:前字 T5 弱读,听感上低于前字重读的 T3,即使基频高度相等。

T1 后的后字调听感描写是[21](许/汤 1988),但它们的声学起点却高得多:舒声{41},入声{31}。前端实际上是转接段,听者把它忽略或过滤掉了。

总而言之,一个陡降短调听感上忽略了它的高基频调头,只听到较低的后半段。这也适用于舒声调头转接段,图 10.17 中的三个前字舒声长调的降调头都为听者所忽略。

10.5 两字组连调模式

10.5.1 引言

本节(§10.5)考察上海话左控式连调种类,尤其是在多大程度、以及什么含义上我们能说一个单字调往右扩展为两字调。

以下在比较单、双字调时将会用 LZ 归一化值。不适宜使用赫兹值的原因前文(如§10.4)已交代过。两字调发音人只是单字调发音人的一个子集,而且不是同一次录的音,即使是同一个发音人单双字调的发音也有不同的均值和标准差,所以用赫兹标尺无法比较。换成归一化值以后就能比较不同发音人的材料,或同样的发音人但不同时间的录音。

单字调的 LZ 值见前五章,两字调见表 10.16。图 10.21 画的是经坐标平移的两字调和相应单字调的 LZ 曲线,横轴在小图(a—e)中是等长时间,在小图(f—j)中是绝对时间。图 10.21a—e 中的后字时长按截度舒声 T0/3 和入声 T4/5 分别加以平均。

上海话连调,尤其是两字调多年来一直被作为"右扩展"或"右延伸"(rightward spreading)的典型。不过,这扩展的是什么东西却众说纷纭。有认为是音法特征(Sherard 1980:47),有认为是语音曲线(Zee & Maddieson 1980:60),也有的认为两者都有(Rose 1990:34)。这些分歧其实反映了声学材料不够充分这一现实。Sherard 的实验材料很简单,Zee & Maddieson 和 Rose 做得则比较仔细,尤其是 Rose 用了七个发音人,但他们的实验都不是专门为研究右扩展设计的。说得具体点,他们的两字组发音材料中后字不是零声母。结果,后字声母(C2)干扰了后字基频,从而无法判定是否右扩展。

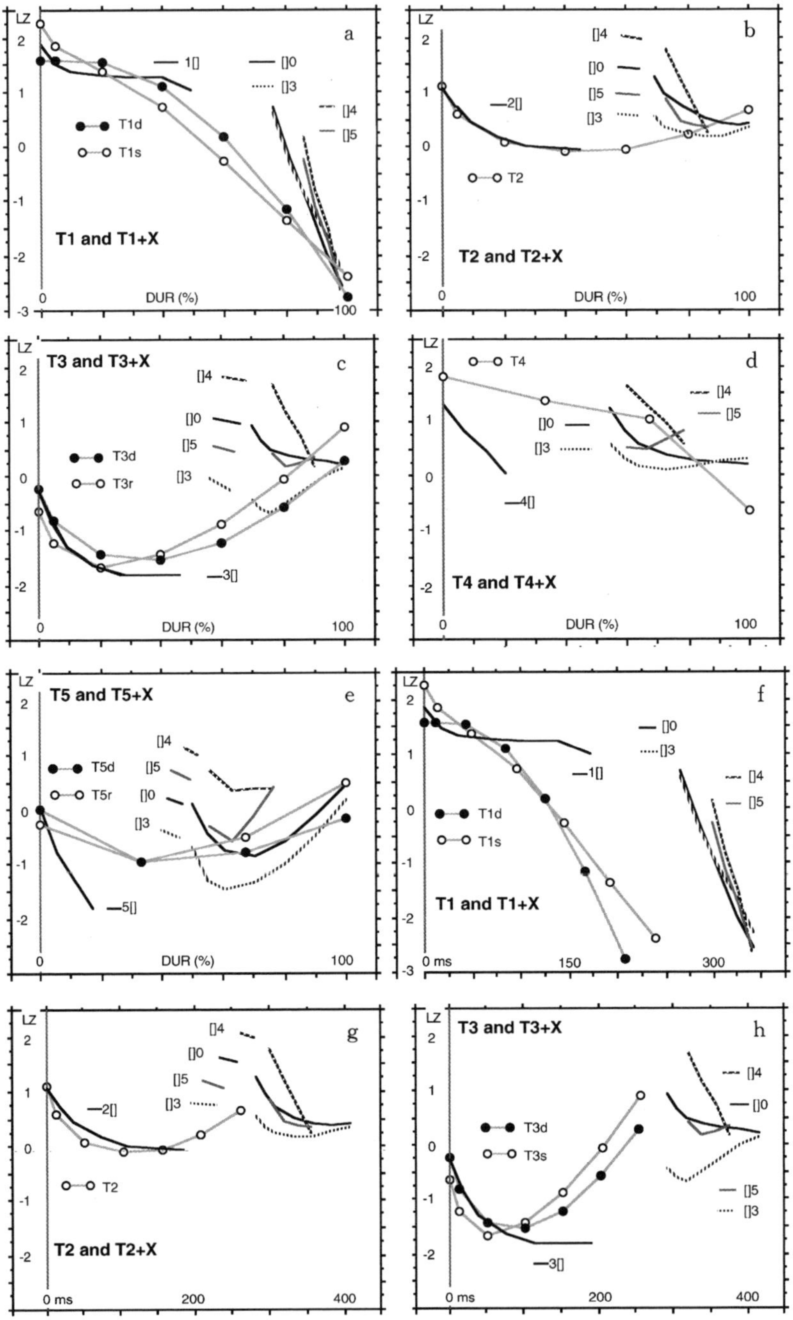
a
T1 and T1+X
T1d
T1s
1[]
[]0
[]3
[]4
[]5
LZ
DUR (%)
b
T2 and T2+X
T2
2[]
[]4
[]0
[]5
[]3
c
T3 and T3+X
T3d
T3r
3[]
d
T4 and T4+X
T4
4[]
e
T5 and T5+X
T5d
T5r
5[]
f
T1 and T1+X
0 ms
150
300
g
T2 and T2+X
200
400
h
T3 and T3+X
T3d
T3s

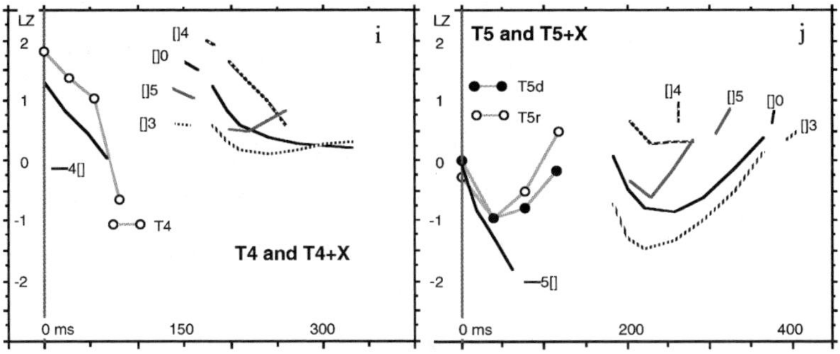

图 10.21　两字调和相应单字调的 LZ 曲线，横轴(a—e)是等长时间，(f—j)是绝对时间

图 10.21a—e 中所见的情况要比"右扩展"这么一句话的概括复杂得多。我们可以看到每个声调类中的情况都不一样。以图 10.21b 为例，图中是上海话阴去 T2 的单字调基频曲线(浅色带小圈的虚线)和相应的四组两字调：T2＋T0/T3/T4/T5。四个两字组的前字调已作了平均。从图中可以看到，两字组中的前字调，和单字调的前半段吻合得天衣无缝。但是，后字的四根基频曲线没有一根和 T2 单字调的后半段相吻合。这主要是由于 C2 干扰了基频起点，从而影响整条曲线的走向。不同的辅音由于口腔压力不同，对后接元音的基频的影响也各不相同(Ladefoged 1967:42)。此外，除了 C2，两字组后字调的变异细节还受到其他三个因素的影响：后字舒入、前字调的基频高低以及重音位置(Zhu 1998)。从图 10.21 中的资料，难以精确断定是否有语音学上的右扩展，因为尽管我能在[10P]中定量给出以上四个因素对 20％和 33％时点上基频的影响，但依然很难估价 C2 干扰，而这是影响后字基频起点最重要的因素。因此，从语音学角度来看，T2＋X 难以看成是 T2 的右扩展，所以 Zee & Maddieson，以及 Rose 所主张的语音曲线的延展难以成立。

如果不是语音曲线延展，那么能不能说是抽象了的音法特征如/h, l/的扩展呢？事实上，这也是二十多年来说得最多的。不过，我们首先要明白，使用/h, l/一类字母来表示声调时，它差不多就是个速记符号，或者说是个音位符号。同样一个/hl/，在不同的语言或方言里具体调值可能很不一样，如[51, 52, 53, 42, 41, 551, 441, 541, 451]

等等。同样,单字调扩展为两字调的过程表达式/hl/>/h + l/,这“h+l”是不是也有不同的调值,不同的物理意义呢?这就是本节的任务:从声学角度来考察说了很多年的右扩展连调其实质究竟是什么。

对声调的这种进一步的认识,就像对音段的认识加深一样。比方说,音法学里一个/b/,只是一个速记符号,一个音位符号,其具体音值是由它所处的音系来定义的。比如在法语里它代表全浊[b],在英语里代表半浊的[b],在北京话里代表弱/软清音[b̥],在上海话里代表气声清辅音(即弛声)[p̈],而在镇海话里则代表吼声 growling[1] 清音[p͌],或者把这 growling 标在后面的元音上[b̥ɛ͌]。这些语音特征,在同一个语言内,也许不起区别意义,所以用一个忽略细节的速记式音位符号/b/就行了。但如果想要跨越时空做历史追踪或类型比较,那么,没有了这些细节,也就没有了这些研究。

所以还得回到声学材料上来,而且用来比较的发音材料后字应该避免带有 C2,这样的基频曲线就是一条连续曲线,中间没有间断。结果表明,从基频曲线的几何图形来看,上海话两字调右扩展有两种情况:基频抻伸(A)和基频移位(B),基频移位还可在分为留下调头轨迹的基频挪移(B_1),在前字位置填入元调或初始调的基频跃移(B_2)。

10.5.2 程序和结果

本项实验用了两个发音人,M3 和 W4。他们都说中派Ⅱ上海话,与前次两字调实验中的四位发音人韵母稍有不同。他们的 T1 都是缓降型,T3 是凹型,M3 的 T5 是升型,W4 的 T5 是凹型。

实验用字包括五个声调不同的单音节字,以及五个首字声调不同的双音节组合,后字零声母。用零声母是为了保持两字调曲线连绵不断。C2 是清辅音就不必说了,即使浊阻音或响音,基频曲线仍会有不连续情况。后字也不用入声,因为它们太短,且有喉塞尾。后字 T0 还是 T3 没关系,因为 T0 字的前喉塞和 T3 字的气声在后字位置都失去了,所以 T0 和 T3 的非阻音声母字在后字位置上中和,如“一号”iqxo T4+T3 与“一拗”iq o T4+T2 变成同音。现在的字表 10.18 中五个

---

① Growling 是费国华(Rose 1981, 1982)描写镇海话阳声域时用的术语,他认为这跟北部吴语一般有的哞声 murmur 不一样。

两字组后字都是 T3。注意新派韵母 ii[$\mathrm{i_z}$]和 i[i]已合流。前字入声喉塞尾也失落,如“一”iq[ĭʔ]+“号”xo[ɦɔ]>iqxo[ĭɔ]。

表 10.18 单音节和无 C2 的双音节字表

T1	T2	T3	T4	T5
三	布	皮	一	六
sè	pu	bii	iq	loq
T1+X	T2+X	T3+X	T4+X	T5+X
三号	布鞋	皮鞋	一号	六号
sèxo	puxa	biixa	iqxo	loqxo

这些实验用字像前面一样,次序任意地写在两张 A4 大小的纸上,前中后都有其他字。每个发音人认真读了六遍。录音使用的是同样的 Nagra 录音机,但是在晚间安静的普通房间里进行。音强水平由手调控制。基频用 Signal Technology Inc.公司的 ILS(Interactive Laboratory System)软件的 API 程序测得。

声波图上第一个声门强脉冲确定为音节的基频起点,也就是说第一个周期常被摒弃。除了 T4,确定其他声调的基频终点与前面一样,降调 T1 的最后一个规则的周期,T2/3/4/5 的峰点处。注意由于用了零声元音节“一”iq,T4 的基频是升形(见第七章)。采样率是舒声每10%取点,入声是每 20%取点。

表 10.19 给出每个发音人六个读例的赫兹均值,但 M3 的“皮”bii和“皮鞋”biixa 是五个读例。那两个被摒弃的读例的时长前段上无法测到基频,可能是因为气声太重。表的读法举例来说,W4 的 T1 在0%时点处的平均基频值是 252 Hz。平均时长值放在左面第一列声调名称下,如 W4 的 T1 是 180 ms,她的 T1+X 是 386 ms。

表 10.19 M3 和 W4 单字调和两字调的基频均值和标准差,单位 Hz

W4		0%	10	20	30	40	50	60	70	80	90	100
T1	*m*	252	252	248	243	236	230	220	209	197	185	180
180	*s*	5	5	3	5	5	5	7	9	10	9	6
1+X	*m*	256	255	254	252	249	247	235	216	191	173	163
386	*s*	6	5	3	3	2	3	4	8	7	7	5
T2	*m*	216	218	220	222	221	226	228	229	235	239	242

续表

W4		0%	10	20	30	40	50	60	70	80	90	100
206	s	13	12	10	9	8	5	7	7	4	4	5
2+X	m	208	211	211	210	210	212	214	213	218	220	222
357	s	5	6	5	5	5	7	10	6	5	7	6
T3	m	188	186	185	184	186	191	200	209	217	226	232
261	s	7	10	8	7	8	6	7	6	5	7	7
3+X	m	183	174	172	170	170	180	186	192	202	211	215
392	s	6	4	3	3	5	3	3	3	3	5	4
T4	m	217		224		231		236		237		237
88	s	5		4		5		5		4		4
4+X	m	213	218	218	217	216	215	214	215	220	225	225
359	s	4	2	3	3	4	2	2	4	4	3	3
T5	m	186		188		194		202		210		215
102	s	5		5		3		2		5		4
5+X	m	179	176	171	168	167	167	178	191	200	206	213
372	s	5	5	5	6	5	7	6	6	5	6	6
M3												
T1	m	127	125	122	118	114	109	103	95	88	81	76
148	s	2	3	3	3	3	3	4	3	4	4	4
1+X	m	129	127	123	120	116	111	103	94	86	77	68
259	s	9	10	11	10	9	8	8	8	7	4	4
T2	m	109	108	106	104	104	103	104	106	109	111	113
196	s	4	3	4	3	3	3	3	2	3	3	3
2+X	m	108	108	105	105	105	105	104	105	106	107	107
281	s	5	5	5	5	5	5	4	3	3	2	2
T3	m	86	85	84	84	86	90	93	97	102	107	112
218	s	3	3	3	5	3	4	2	2	2	3	3
3+X	m	83	83	83	87	89	93	95	100	104	106	108
273	s	2	2	4	1	1	1	3	2	3	2	3
T4	m	113		114		115		116		117		117
58	s	3		2		4		4		5		5
4+X	m	106	106	103	100	97	95	95	97	100	102	104
299	s	6	5	4	4	4	3	3	3	3	2	3
T5	m	91		93		96		99		106		113
90	s	5		6		6		6		6		3
5+X	m	87	86	83	83	84	87	90	94	100	106	110
272	s	2	2	3	3	2	2	2	2	2	3	2

图 10.22a 中有四条基频曲线,上面两条是女性 W4 的,下面两条是男性 M3 的。浅色的是单字调 T1,深色的是两字调 T1+X。时间标尺定为等长。在右面小图(f)中是同样四条曲线,但时间标尺是绝对时长。下面四对小图中同样画出其他四个单字调和两字调。

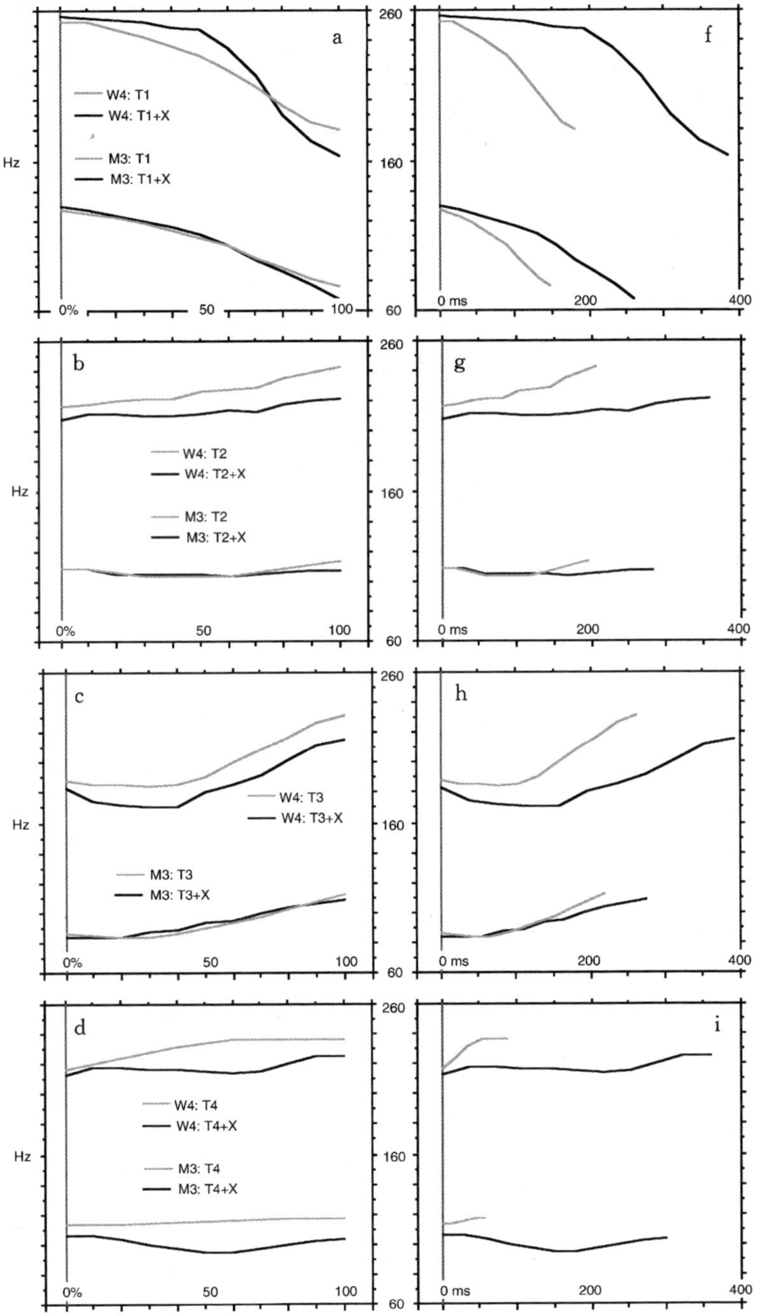

a
W4: T1
W4: T1+X
M3: T1
M3: T1+X
Hz
0%
50
100
f
260
160
60
0 ms
200
400
b
W4: T2
W4: T2+X
M3: T2
M3: T2+X
Hz
0%
50
100
g
260
160
60
0 ms
200
400
c
W4: T3
W4: T3+X
M3: T3
M3: T3+X
Hz
0%
50
100
h
260
160
60
0 ms
200
400
d
W4: T4
W4: T4+X
M3: T4
M3: T4+X
Hz
0%
50
100
i
260
160
60
0 ms
200
400

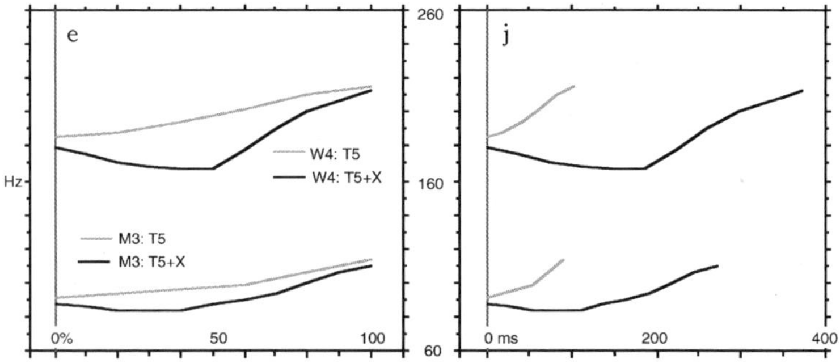

图 10.22　W4 和 M3 的单字调和相应两字调的基频曲线，横轴(a—e)是等长时间，(f—i)是绝对时长

图 10.23 以另一种方式画出同一个人的这五组声调的聚合关系。小图(a)中是 W4 的五个单字调，小图(b)中是她的五个两字调。M3 的单字调和两字调曲线分别见于小图(c)和(d)。四个小图中的横轴都是绝对时间，单位是 ms。左面小图(a)和(c)是单字调，基本上与单

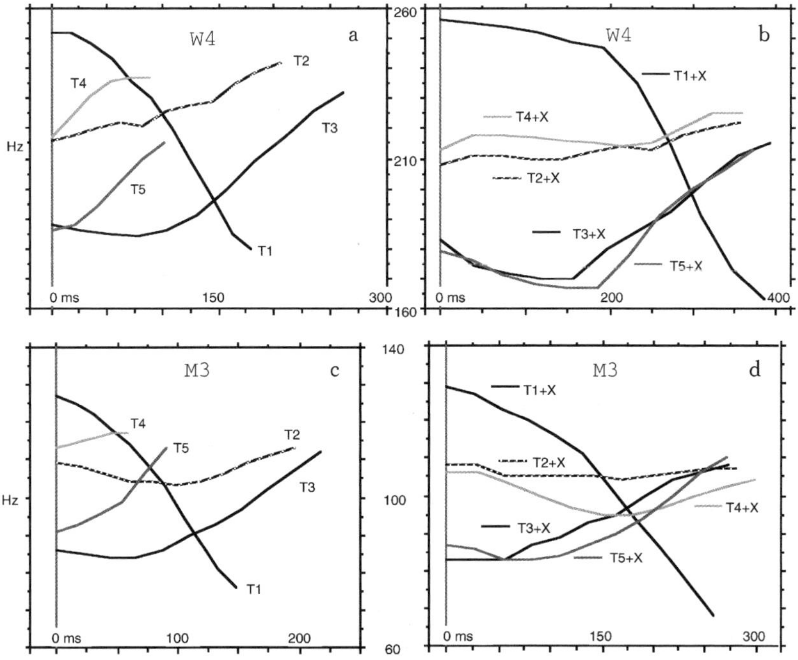

图 10.23　单字调基频曲线(a, c)和相应两字调曲线(b, d)，W4 的曲线(a, b)和 M3 的曲线(c, d)，横轴为绝对时长

字调实验中的 11 位发音人的平均曲线相同(见图 9.15a),但有一点不同,此处的 T4 基频是升形,而前面 T4 是降形(见 § 7.2.5),原因在于此处用的是零声母实验字 iq,而前面用的字的声母是清塞音 p。

10.5.3 讨论

本小节(§ 10.5.2)先讨论图 10.22 和 10.23 中的一般性问题,然后进一步讨论变调细节,并给出音法学处理。主要问题有:1)是否有语音学意义的右扩展? 2)如果有,C2 和其他三个因素起什么作用? 3)如果没有,那么发生了什么别的事?

一般地说,这两个发音人有两方面不同。1)图 10.22a—c 中男性 M3 的舒声两字调几乎与各自的单字调重叠在一起,只是两字调的终点稍低 4—8 Hz。而女性 W4 的三对舒声调配得不很严实。2)图 10.23b 中 W4 的两对高标升拱的两字调非常相似,阴舒 T2+X 像阴入 T4+X,阳舒 T3+X 像阳入 T5+X,每一对只有 4 Hz 的差别。这就是说,决定 W4 两字调基频的条件是前字声域,而不是截度。但在图 10.23d 中 M3 的两对两字调却有一定差别。详见下。

两位发音人之间有两个相同点。1)所有的两字调终点都比各自单字调的低。这可能是由基频自然衰减引起。2)基频衰减的落差在 T5(+X)中最小:W4 只有 2 Hz, M3 是 3 Hz,完全可以忽略。这可以解释为基频衰减在“强弱”两字组比在“弱强”组合中更明显,假定两字组与相应单字的终点目标一致。

上海话两字组连调有三种语音派生过程:基频抻伸、基频移位并留下起点轨迹(基频挪移)、基频移位并在前字位置填入初始调(基频跃移)。T1+X 连调有基频抻伸和挪移两种。T2/3+X 连调只有抻长一种。T4+X 只有挪移一种。基频跃移只见于重音模式与众不同的 T5+X。

首先值得注意的是两位发音人的阴平 T1。图 12.23a 和 c 中的两条 T1 曲线很相似,W4 的前端有个缓降段,M3 大体介于缓降和陡降之间。但是图 12.23b 和 d 中的 T1+X 两字调的形状却相差很大,W4 的前字调显然要平得多,详见后。

其次请注意阴入 T4。阴入一向被描写为高短调[55/54]。前面的声学资料(第七章)表明,如果是清塞音声母,基频是高降形。但如果是零声母,则如图 12.23a 和 c 所示,两位发音人的阴入都是中升:[34],与相应长调阴去 T2 一样。图 10.23a 中 W4 的两个入声短调起点与各自相应的舒声长调(T4～T2, T5～T3)起点处于同一高度,但终点稍低。另一方面,小图 c 中 M3 的两个短调起点都稍高于相应的长调,终点达到相同的高度。这样的变体让我们确信:短调实际上是相应长调的变体,它们实质上或底层都是升调,升的幅度与相应舒声长调一样,只不过由于短,所以要么像 W4 那样无法升足到相应长调的高度,要么像 M3 那样升到了同样高度,但那是靠起音“偷跑”起得高一点取得的。

从右面的两字调图(10.23b, d)中可以看到,小图 b 中 W4 的四条升型的两字调,高的一舒一入(T2＋X 和 T4＋X)线条极其相似;低的一舒一入(T3＋X 和 T5＋X)更是差不多完全吻合。平均算来,每对只有 4 Hz 的差别。这表明在决定两字调曲线时,前字的声域是一个条件:阴高而阳低,但前字的舒入不起作用。另一方面,小图 d 中 M3 的两个阳声两字调的曲线(T3＋X 和 T5＋X)较接近,但阴声域的入声两字调 T4＋X 的后半段比舒声两字调 T2＋X 低一些。

还有一点需注意的是时长。左面单字调图中舒声长而入声短,舒声中升调长而降调短。但是右面两个图中的两字调长短基本相同。即两字组有它特定的韵律,较短的入声或降调在两字组中会在其他地方,主要是 C2 处得到时长补偿。

以下单字调和相应两字调一对一对分头讨论。

10.5.3.1 降调辖域:T1 和 T1＋X

这是讨论得最多的一型。Zee & Maddison(1980), Jin(1985)提出阴平 T1 的单字调的调素/hl/右扩展到两字调 T1＋X 上变成/h＋l/。Toda(1990)对此表示异议。她认为降调右扩展分两种,一种是“语音扩展”,指的是产生两个半降调,如浙江岱山话中的[51]＞[53＋31],派生过程见图 10.24:先把/l/与前字的连接线删除,然后把它与后字连接,/hl＋Ø/＞/h＋l/。另一种是“音法扩展”,如上海话[51]＞[55＋31],派生过程见图 3b:先把/l/与前字的连接线删除,然后把后字与/h/和/l/同时连接,/hl＋Ø/＞/h＋hl/。下面将会看到,所谓“语音扩展”和“音法扩展”都有语音学的含义，所以我们不用这两个术语。这两种连调形式，[51]＞[53＋31]对应于前面所说的 A 型“基频抻伸”，[51]＞[55＋31]对应于 B1 型“基频挪移”。

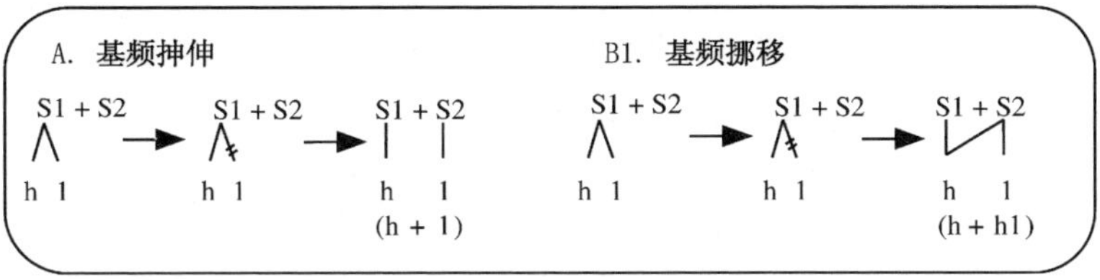

图 10.24　右扩展的两类音法派生过程

其实，上海话的降调不但有 B_1 型挪移，还有 A 型抻伸。我们把图 10.22a 和 f 复制了放在下面，两位发音人的 T1 单字调和相应两字调画在一起，这样对照着就能看出右扩展的声学实质。每个小图中各有四条曲线。上面两条是女性发音人 W4 的，下面两条是男性 M3 的。两条浅色的是单字调基频曲线，两条深色的是两字调曲线。左图中的横轴是等长时间，右图横轴是实际时间。上面提到，这两位发音人的单字调很相似，都有点儿缓降；但是他们的两字组调形却相差很大，正好对应 A、B 两种扩展。A 型抻伸在左图下方 M3 的曲线中可以看得更清楚；B_1 型挪移则从右图上方 W4 的曲线看得更清楚。

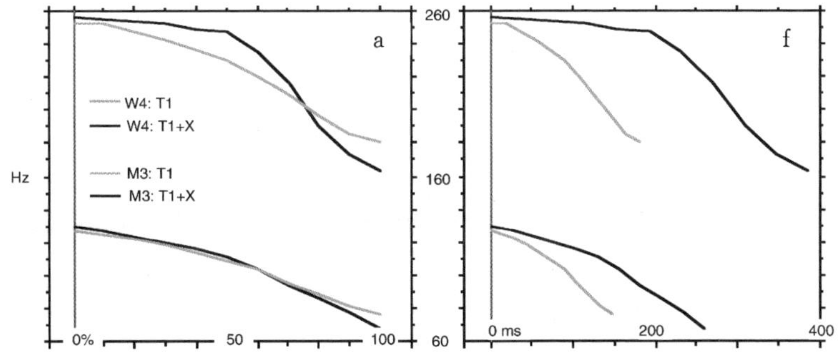

图 10.22a & f(复制)　女性 W4 和男性 M3 的下降型阴平 T1 的单字调和相应两字调的基频曲线。横轴表示时间，左图是等长时间(%)，右图是实际时间(ms)

左图上部 W4 的两字调 T1＋X 曲线前半段是个平调，在中间 50％的时间点上的基频比起始点只衰减了 9 Hz，后半段是个相对较陡的降调。这是“基频移位”的典型，这一点下面要进一步讨论。与此不同的是，M3 的两字调曲线和他的单字调吻合得几乎天衣无缝。这是我所见到的降调“基频抻伸”的最佳例子。他们两位的 T1 都是缓降型，因此，同样的音法输入/hl/，甚至同样的语音输入[441]，其连调输出却有所不同。

从单、双字调基频曲线的几何图形的关系可以看到：1)存在两种右扩展，2)两种右扩展都有实质性的语音解释，3)男性 M3 是 A 型右扩展“基频抻伸”，女性 W4 是 B1 型右扩展“基频移位”。

“基频抻伸”的几何特征，可以看左图(10.22a)下半 M3 的两条基频曲线。在等长时间轴上，他的单、双字调几乎完全重合。就好像他的两字调是从他的单字调成比例抻长而得到的。但是在右图中，沿着绝对时间轴，M3 的两条曲线的走向就不一样了。

“基频移位”的几何特征，可以看右图(10.22f)上部 W4 的不同的基频形状。左图(a)中沿着等长时间轴，W4 的单字调形状和两字调很不一样。但是右图中沿着绝对时间轴，她的两字调的后半段跟她的单字调几乎相同，只是稍微低一点，这是由基频衰减引起的。这种相似看上去就像把她的单字调往右平移一个字长，变成了她的双音节的后字调，而在这挪移过程中调头留下的轨迹就成了她的双音节的前字调。

由上所述，从几何图形的角度来看，基频抻伸可以定义为一条曲线沿着时间轴成比例地抻长。而基频移位可以定义为单字调曲线沿着时间轴往右平行移动，并留下调头在移动中的轨迹。

也就是说，上海话降调基频右扩展有两种方式。第一种 A 型基频抻伸时调头固定不动，整个单字调抻长到两个字长。第二种 B 型基频移位时调头一起移动，整个声调曲线沿着时间轴往右挪移一个字长，然后固定下来。所以这两种右扩展都有语音学的含义：A 型扩展是曲线抻伸的结果，B 型扩展是曲线移位的结果。

10.5.3.2　**长升调辖域：T2/3 和 T2/3＋X**

图 10.22b～g，c～h 是舒声升调 T2 和 T3 的单字调和两字调图形，复制在下面。跟上面降调 T1 的情况一样，男性 M3 的这两条两字调曲线与相应的单字调曲线吻合得几乎天衣无缝。左面两个小图(b, c)的下半部就是 M3 的四条曲线，图 10.22b 里是阴去 T2 和相应的两字调，图 10.22c 里是阳去 T3 和相应的两字调。两两相配，若合符节。

同样的基频衰减(4—6 Hz)也见于两个两字调的收尾处。他的基频曲线可以用来作为高升调和低升调基频抻伸的最佳范例。综合上面阴平 T1 的情况,这位男性发音人的舒声调的连字变调都是基频抻伸的好例。

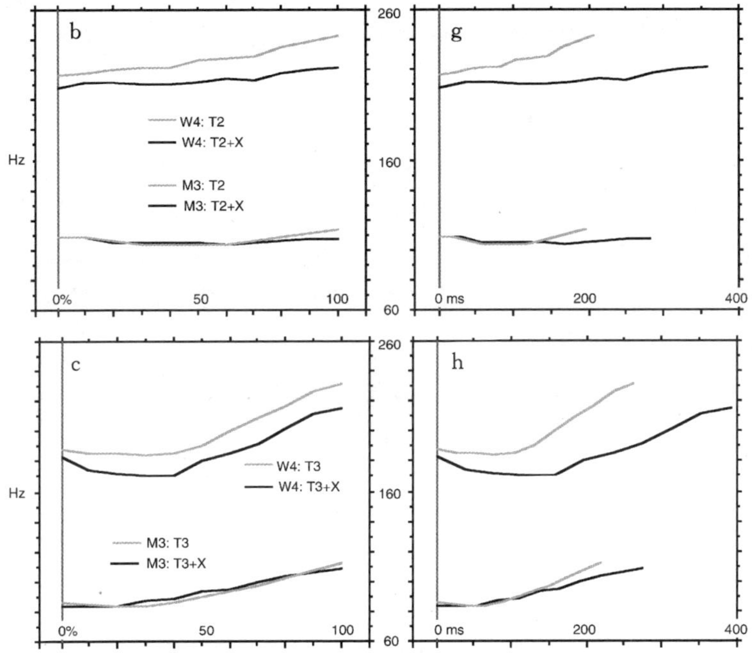

图 10.22b & g, c & h(复制)　W4 和 M3 的上升型阴去 T2(上面两图)和阳去 T3(下面两图)的单字调和相应两字调的基频曲线

再看左边 b, c 两个图上半部 W4 的四条曲线。她的两字调曲线走向和相应单字调基本一样,只是稍低,平均低 13 Hz。如果考虑到一般都会出现的两字调中的基频衰减,W4 的两字调也可看成是单字调曲线抻伸的结果。音法派生过程则如图 10.24 所示:/lh+Ø/>/l+h/。阴去和阳去开头的两字调变调相同,但不在同一个声域中。把 W4 的两字调曲线和相应的单字调相比,降是缓降,升是缓升。

结论是,在长升调辖域中,首字声调扩展到整个两字组,不过由于两字调的基频衰减,使得后字基频的确切高度比相应单字调稍低。具体地说,男性发音人低 5 赫兹,女性低 10 赫兹。

10.5.3.3　短升调辖域:T4/5 和 T4/5+X

上海话入声字以喉塞音收尾,音长很短。阳入平均 116 毫秒,阴入只有 79 毫秒。像这种带喉塞音尾的短音节的声调,在估价他们的连调变化时,就比不上舒声调的情况了。

先来看阴入 T4 及以阴入为首的两字调。图 10.22d 中不管男女,他们的两字调曲线都无法认为是单字调的基频抻伸。但是从右图中的几何形象来看,W4 两字调的后三分之一的曲线就像她的单字调往右挪移一段距离,稍带基频衰减。而前三分之二的平平的线条就像单字调在移动中其调头留下的轨迹。右图下半部 M3 的图像也是如此,只不过比起他的基频高度和幅度他的基频衰减更大些。以上观察符合基频移位的特征,前字调往右移动到后字,其调头在右移时留下一条轨迹。这条轨迹理论上应该是平的,但实际上常常由于基频随时间衰减而稍降 10 赫兹左右。阴入辖域的音法派生过程如图 10.24 所示:/lh+Ø/>/l+lh/。

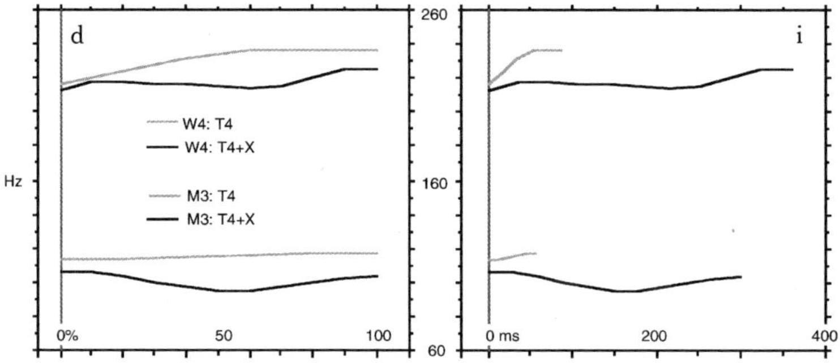

图 10.22d～i　W4 和 M3 的阴入 T4 单字调和相应两字调的基频曲线

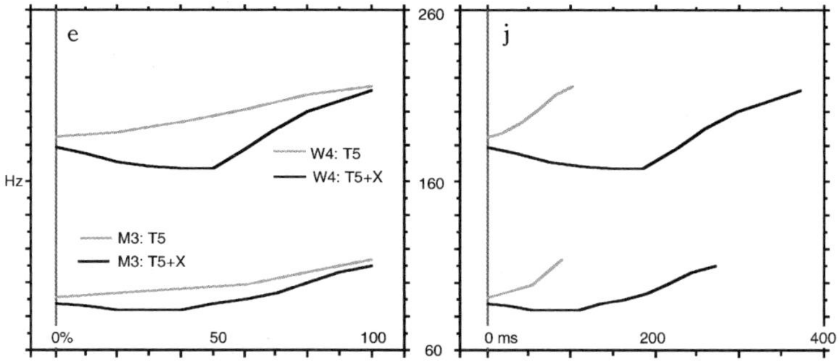

图 10.22e～j　W4 和 M3 的阳入 T5 单字调和相应两字调的基频曲线

最后来看阳入 T5 与相应两字调。T5 的单字调形与阳去 T3 相似，都是低升。但它的右扩展方式跟阴入 T4 相近，从图 10.22j 图来看，是曲线移位。上半部 W4 的两字调后半段调形与她的单字调形极相似，而前半段则是我们已经熟悉了的调头挪移后留下的轨迹，稍带基频衰减。下半部 M3 的两条曲线的关系也是如此。

音系学上可以有两种分析。一种是把短升调 T4 和 T5 的右扩展都看成是一般的基频挪移，调头在挪移中留下轨迹。其音法派生过程如图 10.24 所示：/lh＋Ø/＞/l＋lh/。

另一种是考虑到 T5＋X 辖域的后置重音，可以看成是处于前字位置的 T5 整个儿跃移到后字上，前字再赋予一个元调/l/，如图 10.25 所示一共四步五个表达式。左边第一个表达式表示前字的声调类是 T5，调素是/lh/，重音是弱读；后字可以是任何声调，但重读。第一步删去后字调素。第二步把前字调素整个儿迁移到后字上。第三步赋予前字一个预设调，此处是个元调/l/。最后，把首字和后字的两个/l/调素融合为一，重新规划连接线。即：/lh＋x/＞/lh＋Ø/＞/Ø＋lh/＞/l＋lh/。

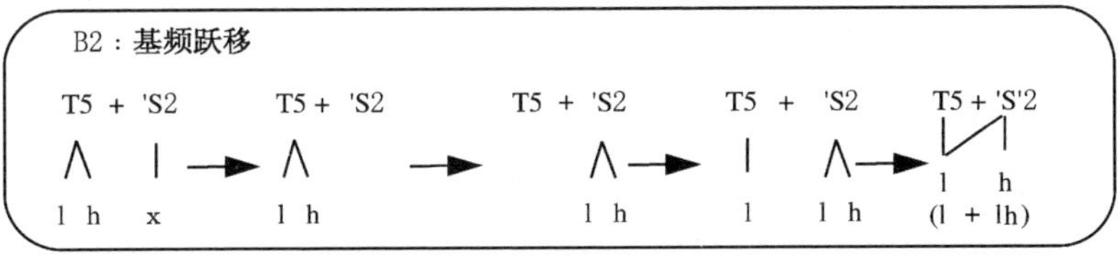

图 10.25　重音为/w s/的两字调右扩展音法派生过程的另一种分析：基频跃移(B2)

这两种右扩展从语音学上来说都属于"基频移位"，最终输出结果也都一样，是/l＋lh/，但中间过程的分析有所不同。前者是重音在前字上，前字调往右挪移时，重读的前字的调头留下挪移轨迹。后者是重音在后字上，前字调往右跃移到后字上，没留下什么痕迹，最后以元调填充。我们把前一种移位叫做"基频挪移"，后一种叫做"基频跃移"。

还有一点需要说明，那就是连字调中普遍存在的基频自然衰减。相对于相应的单字调，连字调的基频域稍窄，升得不那么足。所有两字调的结尾处基频都稍低于相应的单字调。从图 10.22 左边(b，c，d)三张小图可以看到，下部 M3 的三条升型两字调同相应的单字调相比,两字调的终点较单字调终点低 4—13 Hz。W4 差得更多,17—20 Hz。但是基频衰减在 T5+X 两字调中小到可以忽略不计:W4 的 T5+X 的终点(213 Hz)比单字调 T5 终点(215 Hz)只低 2 Hz, M3 的 T5+X 两字调终点(110 Hz)只比他的单字调 T5 终点(113 Hz)低 3 Hz。T2/3/4+X 这三组两字调的终点基频衰减较大,而 T5+X 的终点基本无衰减,这是因为 T5+X 是所有两字组中唯一后字重读的。重读后字充分实现了前字调右扩展的终点目标。下面图 10.26 把前面 11 位单字调发音人的两种 T5 曲线和四位两字调发音人的 T5+X 曲线加以比较,左小图 a 的横轴是绝对时长,右小图 b 是等长时间。从右图可以看到,后字位置上的 T0 和 T5 与升型单字调 T5 终点非常接近,后字 T3 和 T4 终点稍低,这是由于[10O]中的语音实现规则在起作用。

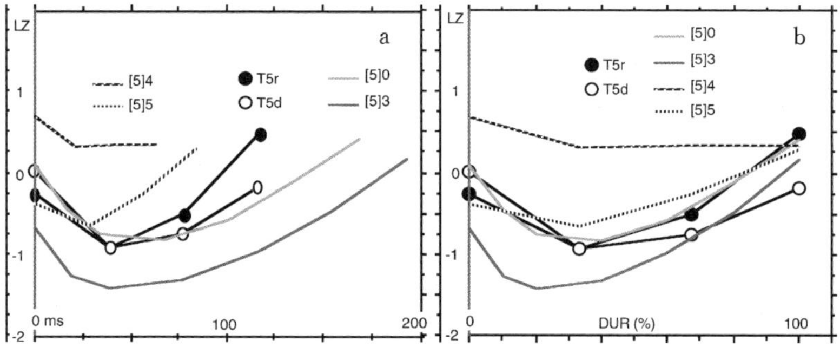

图 10.26　T5 单字调和 T5 后的后字调的 LZ 归一化后的基频曲线,小图 a 的横轴是绝对时长,小图 b 是等长时间

10.5.3.4　定量评估 C2,前字声域,后字截度和重音的影响

确定了两字调的右扩展类型,现在可以来评估 C2 以及其他因素对后字调头的影响。我们根据听感强弱和时长长短的三种类型来考察。图 10.27 把图 10.21 中带有 C2 的两字调和图 10.22 中无 C2 的两字调画在一起加以比较。

先看 T1+X"强弱"降调型。图 10.27a 有两条连续的无 C2 的两字调曲线,实线是女性 W4 的,虚线是男性 M3 的。还有一组有 C2 的曲线,前字调和后字调断开一段距离,前字调是一根平均曲线,后字调有四条(T0/3/4/5)。如果考虑到中间的 C2,断开的两字调曲线与 W4

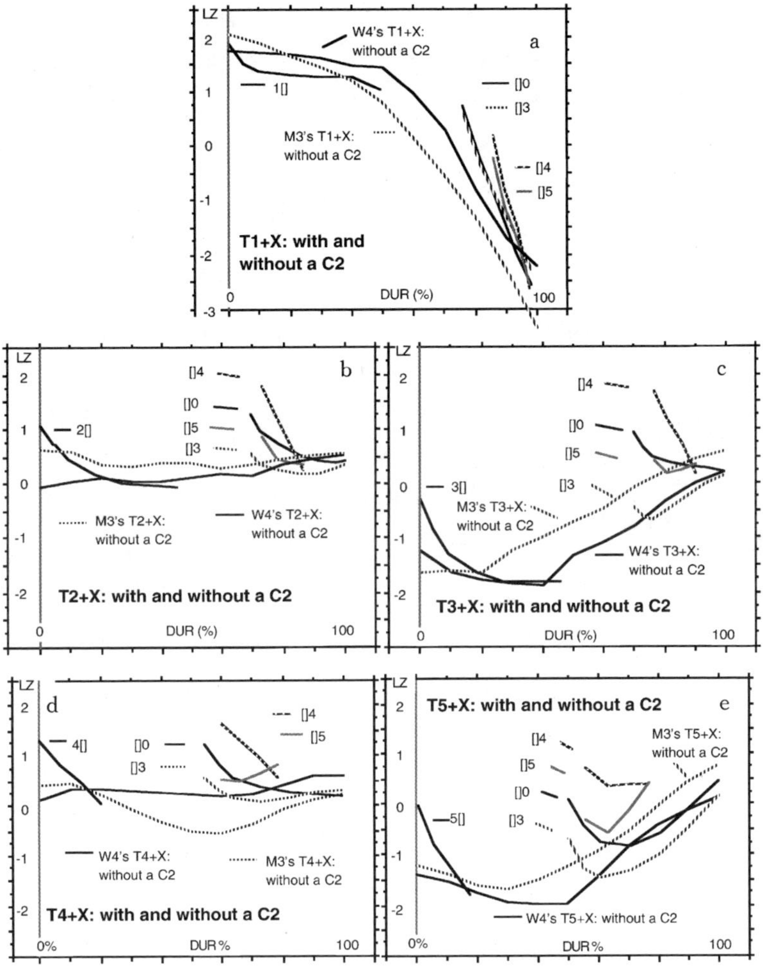

图 10.27　有 C2 和无 C2 的两字调比较

的"基频挪移"曲线很相似。现在(1)先把四根后字调的调头往下各引一条垂线,(2)再把 W4 和 M3 的两条曲线加以平均,(3)然后测量步骤 1 中的四条垂线从后字调头到步骤 2 得出的平均曲线之间的距离。可以得出浊 C2 后阳声 T3 和 T5 的.垂线距离是 1 SD,清 C2 后阴声 T0 和 T4 的垂线距离分别是 1.3 和 1.7 SD。也就是说,C2 提高了后字调头至少 1 SD,清 C2 比浊 C2 的调头更高约 1.5 SD。

再看"主强＋次强"升调 T2/3/4＋X 两字组。图 10.22 中看到

T2/3＋X 的基频移位。图 10.21b 中可以看到前字位置上的 T2 与单字调 T2 的前半段完全吻合，后字位置上的四条曲线终点都一样高，比单字调 T2 的终点稍稍低 0.25 到 0.41 个 SD。这也是图 10.22b—c 中后字调终点和相应单字调终点的关系，都是由于基频衰减引起的。

图 10.21c 中可以看到前字调与单字调 T3 的前 30%—40%很相似，四条后字调曲线收敛到与凹型 T3 相同的终点高度。还可注意后字位置的 T3 基频与凹型 T3 单字调的后半部分吻合，撇开降调头不计。

如同图 10.22c 中的情况，图 10.21 中 T3＋T3 的曲线可看成是从前字 T3 曲线右扩展而来。这在图 10.27c 中更为清晰：带 C2 的 T3＋T3 的平均曲线与 M3 无 C2 的 T3＋X 曲线吻合，不计起点波动。

T4＋X 的连调机制复杂点。图 10.27d 中可看到，带 C2 的 T4＋T3 的平均曲线与两条无 C2 的个人曲线很相配，不计 C1 和 C2 的影响。

要评估前述四个因素对 16 条高标后字调的调头的影响大小，先要从每条后字调调头处往下画一条垂线，在把 M3 和 W4 的曲线加以平均，然后测量垂线与这条平均曲线的相交的距离。数据见[10Q]。例如，小图(c)中 T0 后的 T3 的调头高于那条假想的平均曲线 1.3 SD，见[10Q]中的斜体字。据此可以估计如果前字是阳声 T3，会压低后字 T3 调头 0.3 SD。后字如果是舒声调，比起入声，会提高后字调头约 0.4 SD(＝[(1.5－1.15)＋(1.8－1.3)＋(1.8－1.3)＋(2.1－1.65)＋(0.65－0.35)＋(0.7－0＋0.3)＋(1.1－0.85)]/7)。浊 C2 比清 C2 能提高后字调头约 1 SD([1.15－0.35)＋(1.3－0－0.3)＋(1.3－0.7)＋(1.65－0.85)＋(1.5－0.65)＋(1.8－0.7)＋(1.8－0.7)＋(2.1－1.1)]/8＝0.906)。

[10Q]

	[]0	[]3	[]4	[]5
[2][]	1.15	0.35	1.5	0.65
[3][]	*1.3*	0	1.8	0.7
[4][]	1.3	0.7	1.8	0.7
[5][]	1.65	0.85	2.1	1.1

最后是“弱强”重音的升调 T5＋X。图 10.27e 表明 T5＋P(舒声)

的曲线,尤其是 T5+T0,与两个个人 T5+X 曲线很吻合,不计 C1 和 C2 的作用。T5+X 中的 C2 作用最强,后字调有个很长的降调头。这是由于后字强读的原因,估计能提高调头 0.3～0.4 SD。

10.5.4 余论

前面讨论了降调的两种扩展情况:基频抻伸(A)和基频移位(B)。从理论上来说,降调右扩展有四种极端形式,并有无数种中间形式。让我们来看下面的两个示意图,左单字调,右两字调。

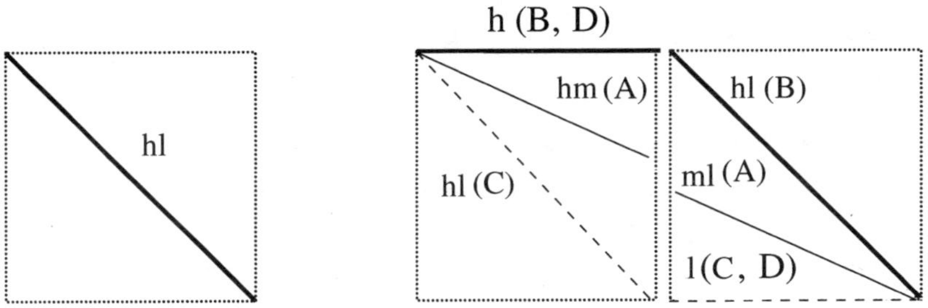

图 10.28 降调右扩展的四种形式

从图 10.28 中可以看到,一个降调如果扩展到双音节上,有四种方式:

A. /hm+ml/,如男发音人 M3,以及岱山话。

B. /h+hl/,如女发音人 W4。

C. /hl+l/,宜兴张渚阴上 T3+X[51 11],普通话的去声加轻声。

D. /h+l/,非洲的 Mendy 语(Toda 1989)。

前两型见于上海话,C 型在宜兴张渚话(汪平先生提供的录音)和北京话里能见到,这可称为预设调填充。D 型汉语中是否有有待考察。这种情况如果是无 C2 或浊 C2 的两字组是不可能出现的,因为它会使基频中断。如果清塞音 C2,得到的后字调依然是会有下降的基频轨迹,如图 10.22 一样,也就无法从几何意义上来定义,所以 D 型是典型的从音系学角度来定义的"调素右扩展"。

10.5.5 小结

最后小结一下,上海话连调中普遍存在着声调右扩展现象。从基频曲线的几何图形角度，上海话连调右扩展有两种情况：基频抻伸和基频移位。基频抻伸的几何定义是：在等长时间轴上，单、双字调曲线重合。基频移位的几何定义是：在绝对时间轴上，两字组后字调跟单字调相同。以上两个定义都要排除基频自然衰减的因素。在上海话降调的右扩展中，两种情况都有。在上海话升调的右扩展中，舒声长调主要是基频抻伸，入声短调主要是基频移位。从逻辑上说，右扩展还应该有另外两种情况，一种有几何定义，汉语中也很常见。另一种汉语中还未发现，它是从音法学角度来定义的。

图10.29中是上海话五个两字调模式的离散式的示意图。细分的话，高标两字组的后字调还可以分出长短。

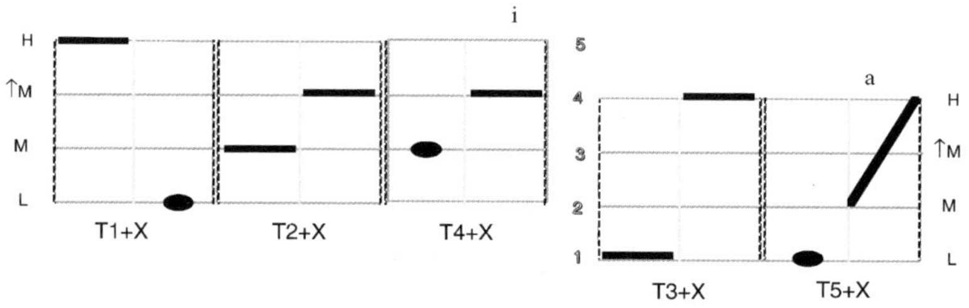

图 10.29　上海话两字组变调示意图

10.6　总　　结

本章前几节讨论了两字调的基频和时长，现对主要发现作一总结。下面总结的在各种情况下的时长区别都在0.05或更好的水平上有显著差别。

10.6.1　两字调时长

时长与辅音的互相作用。浊C2短于清C2，但这被两边加长的时长所弥补。浊辅音不但使前面的元音变长，这在任何语言中都一样，同时还使后接高标声调长于在清辅音后的。前后都是入声短调的两字调也得到中间C2加长的补偿。因此最长的C2是在两个入声短调中，最短的C2是在两个舒声长调中，前后一舒一入或一入一舒，C2时长则居中。

长短调的互相作用。两字调中若有一个入声，那么另一个声调会加长。但这种补偿是单向的。即前字入声比起前字舒声来，它的后字调就会加长；但是后字调截度不会影响前字调长短。

时长和基频高度的关系。前字高平调短于中/低平调，其他条件一样的话。后字降调(在高调后)短于非降调(在中/低调后)。但是后字的非降调不管前字中还是低都一样。

时长和重音的关系。后字调重读时(即在 T5 后)长于弱读时(在其他声调后)。

单字调和两字调的时长关系。两字调中的人际时长变异小于单字调。如果把说者的五个两字调类的时长表达为他本人时长总均值的函数，则能消除大部分人际变异。

三个舒声调的时长关系，几乎就是三个舒声两字调类(P＋X)的关系。当一个舒声单字调扩展为两字调时，时长扩大了一个固定的比例，约 60％。入声两字调(q＋X)却比相应单字调长出约 4 倍。

当后字入声调时长表达为相应单字调时长的函数时，原有的入声间的时长变异就大大减小了。当后字舒声调(T0/3)分别表达为单字 T1 和 T3 的函数时，舒声时长间的变异几乎全部消除。这表明 T1 和 T2 在后字不是合为一个新的 T0 调，而是 T2 并入 T1，变成了 T1。

10.6.2 两字调基频

前字的基频曲线。前字舒声输入调 T1/2/3 是平形，而入声输入调 T4/5 试降形。前字所有输入调的基频都与相应单字调一样高，只有前字 T4 稍低于单字 T4。没有什么系统的因素影响前字位置上的同位调，大部分情况下不存在元音影响基频的情况。

后字基频的起点干扰。所有高标后字调如果 C2 是浊音，那么都是降调头。造成这种奇怪的起点干扰原因不明。

后字基频拱形。后字拱形与重音模式有关。T1 后的弱读后字基频是降形，T5 后的重读后字基频非降形，T2/3/4 后的次重后字拱形有各种情况。

低标后字基频的起点高度。如果前字是低标 T1，后字入声由于 C2 较长，起点就低于舒声。

高标后字调的前段基频高度和调形。高标 T2/3/4 后的弱读后字调有同样的基频目标，他们的调形稍有不同，这可以 C2 清浊和后字截度来说明，如果是(T3＋)T3/T5，前字声域也起了作用。高标 T2/3/4/5 后的所有后字调的终点目标都一样，弱读后字调(T2/3/4 后)的拱形与重读后字调(T5 后)的区别除了上述三个条件外，还有重音原因。这四个因素互相作用，造成 10 种相同后字曲线，和五个基频高度的类。

四因素对后字基频起点影响的量化估算。前字 T3 的阳声域拉低了后字 T3 大约 0.3 SD。后字舒声截度比起后字入声来，提高了后字起点大约 0.4 SD。清 C2 比起浊 C2，提高了后字起点约 1 SD。后字重读提高的起点基频 0.3～0.4 SD。

后字调的终点高度是目标。后字调的终点基频由前字输入调的终点目标所决定。前字 T1 后的两字调终点降到频域的最低处。在四个高标前字调后，两字调的终点处于一个很窄的频域内，稍高于基频均值(0 SD)，范围为 1/4 SD。我们认为这个终点既是语音学目标，又是音系学目标。

上海话两字组连调右扩展。右扩展连调分 A 型基频抻伸和 B 型基频移位，基频移位又分 B1 型基频挪移和 B2 型基频跃移。低标 T1＋X 的连调有 A 型抻伸，也有 B1 型挪移。高标舒声辖域 T2/3＋X 的连调是 A 型基频抻伸。入声辖域的连调是基频移位。依重音不同，首字强读的 T4＋X(s w)的连调是 B1 型基频挪移。后字强读的 T5＋X(w s)与众不同，它的连调可分析为 B2 型基频跃移，前字声调迁跃到后字上，然后在前字位置插入元调。

第十一章　总　　结

这最后一章先总结本项研究中具有理论意义的主要发现，然后对语音学和音节学之间的关系作些简要评论，最后对以后的研究作些建议。

本书的主要工作是语音描写，不过，对声调的理论研究有一项突破性贡献，那就是最初英文版(1995)中提出的音高相差一度的分域四度制。这个声调模型是以后二十多年所有声调工作的基础：他是田野调查的方法论基础，是建构发声态系统和通用调型库，以及进行声调演化研究的理论基础。

本项研究是首次对声调语言的单字调和连字调进行多个发音人的声学考察，结果表明使用多个发音人对语音研究来说是必要的，同时对音系学也是必要的。如果没有多个发音人的材料，就不可能辨认出上海话降调和低升调的两种基频形式。而如果我们不了解语音学上的这些细节，由此而进行的音法学论述就不是在分析基础上的概括、整合，而是混沌未开的打统账。

多个发音人的声学材料显示出巨大的人际差异。为了滤掉这些个人变异，本书探索了基频、音强、音长归一化的各种处理方法，最后发展出一套最合适的程序：基频和音强的对数 z-score 法，时长的总平均法。归一化有很多优越性，最大的优越性也许就是能让我们最终看到在很纷乱的表象下存在着恒常模式。只有在把这些差异被实质性地消除后，才能提出具有普遍性的语言学语音学的模型，以充分刻画某个语言的声调；也能进行适合具体语言的本音系内的共时音法分析。

本项研究要解决的问题之一是声调标写中的差别。§2.2.3 节中探讨了不同研究人员对上海话五个声调的不同标写的七个来源：(1)发音人之间的差异，(2)同位调，(3)宽严不同的标写，(4)描写者的个人偏好，(5)标写对象不同(音高听感，未经处理的原始基频等)，

(6)用于测试的字表不同,(7)读字表的风格不同。

使用经过归一化处理的多个发音人的声学材料,可以消除第1、第2和第7种差异来源:即把风格差异处理为人际差异,而人际随机差异经归一化处理后可以实质性地减少,而同位调也能辨认出来。使用根据多个发音人的归一化数据制定的声调模型9.05,能把第3、和第4种差异来源减少到最低程度。归一化被认为是模拟听者的感知过程(Disner 1980; Rose 1987)。也就是说,经归一化后的声学曲线在模型9.05中与听感相符到令人满意的程度,即能弥合第5种差异。辨认出第6种差异来源很重要,它要求我们在获取声学数据时使用受控录音材料。

本项研究发展出两种描写声调的方法,一种是连续性描写,一种是离散性描写。连续性描写就是使用两次三项式方程曲线。离散性描写是分域四度制。

本项研究的其他主要发现总结如下。

元音固有基频(IF0)。有关IF0的研究见于很多语言,但只有两篇是专门处理平仄型声调语中的IF0,另有两篇稍稍涉及。本项研究在多个发音人材料的基础上,详细探讨了一个平仄型声调语中的IF0。最重要的发现在于:不是所有的人在所有的声调(调形和截度都不同)中都有IF0的。发音人好像能压制那些被认为是支撑IF0内在机制的因素。也就是说,所谓元音固有基频是"可以吊销的"(Tatham 1969)。从整体来看(即男女不分组),在人际差异特小的时点上都出现了IF0。这些时点上的基频可以认为是语音目标。长音节上的IF0比短音节更为明显。

调头干扰。在声母辅音相同的情况下,基频下降的T1和T4的调头依人、依元音有所不同。发音人的因素难以控制,但元音的影响比较稳定。后元音u最可能引出升调头,其次是i,低元音a最少可能。对于基频上升的T2, T3和T5,他们都是降调头。以谷点为参照,后元音u的起点低于非低元音i, a。有两处原本预期是升调头,但实际上出现了降调头。一是两字组中有浊C2的后字基频起点,这与所有以前的发现都不符,原因不明。二是声母为气声清塞音的阳声域音节的调头也是降的,这与Gandour(1974)在泰语中所发现的气化清塞音升调头不符。这说明要么上海话中的气辅音及其浊变体(词间浊C2

辅音是气声辅音的同位音)有些有待发现的独特性质,要么浊辅音和气声辅音可能有不同的调头形式以前没注意到。最大的可能也许是上海话这些升调的潜在起点在个人频域的最低处,而实际基频起点始于初始点,即四度制中的[2]度。由此往下降到最低处再开始上升。

元音固有时长(IVD)。按以前的看法,元音固有时长 IVD 意指低元音天然地长于高元音(a>i),如果其他情况一样(Lehiste 1971)。本项研究指出莱斯特版 IVD 只出现于 C_1VC_2 结构中,低元音在此环境中比高元音长的是 VC_2 那段转接段。上海话的材料证实了卡福(Catford 1978)的理论预言,在降调的 CV 音节中高元音长于低元音(i>a)。莱斯特版的 IVD 显然没有卡福版 IVD 那么"内在固有",因为前者需要一个外在的条件 C_2。另外还发现元音时长与调形、元音时长与音系学中的时长都有关系。即低元音长于高元音'i>a'主要出现于舒声长降调。如果是升调,那么就有两个决定时长的矛盾因素(气压和声带紧张度)会互相抵消,结果高低元音的时长基本相等。入声短调 T4 即使有下降形基频,但'i>a'的 IVD 没出现。可能是因为上海话说者知道这是个音系学上的短调,因而神经中心能在适当时候以喉塞尾截断元音以控制时长,而不管这元音是高还是低。

右扩展。使用不带 C2 的两字组材料,可以看到上海话中有两种扩展方式:基频抻伸和基频移位;基频移位有可根据重音不同分为挪移和跃移。这两种右扩展都有物理实质和几何解释。

后字调基频。根据在右扩展研究中的发现,对带 C2 的两字调的后字基频的高度和调形的变异可以用四个条件(后字截度、C2 清浊、前字声域、重音)的相互作用来说明。

本书第二章和第九章后半涉及音节音系学。英文版和中文初版中总结了使用生成音系学的"分域加高低法"来表达声调所遇到的种种困难。三四十年过去了,回过头去看,那些个表达式和规则要么只是些特设性假设,为表达特定语言的特定声调而特定发明的;要么连这发明都没有,干脆无视语音材料以保护心爱的理论。例如 Yip (2002:27)提到会颠覆她的双域四度声调模型的五个有五个平调语言,轻描淡写地说大部分记录太简陋。其中两个非洲语言(Dan,

Ngamambo Bamileke)和一个美洲印第安语(Trique)被认为只有四个底层的平调,然后让人参看她的1980年的论文。那还有两个亚洲五平调语(黑苗,高坝侗语)呢?尤其是高坝侗语文章(Shi *et al*. 1987)是1987年发表的,你1980年讨论不到。高坝侗语我后来又进一步加以研究(Zhu 2012;朱晓农、吴和得 2007),证实是五个平调,其中最高的那个是假声上域,所以是分域四度制的好例证。此后,我们更发现了鱼粮苗语有六个平调(朱晓农、石德富、韦名应 2012)。所以,生成音系学中的那些声调模型要么如Yip的不充分,要么不必要如Hyman的三域九度制。记得约二十年前,碰到一位国外的调系学家tonologist,刚想请教一下,他就一摆手挡住:"I'm an armchair linguist."意思是你这样的field linguist的问题就免了。

上海话声调先是很舒畅地安置在双域五度模型中,然后安放进更一般的音节模型中。回顾前两版的"总结",当时说:

> 现代音系学已经到了一个两歧路口,必须决定下一步往哪儿走。它可以走回头路,回到音位学的老观点,把优雅的表达式限于特定的语言。它也可以一直走下去,就像理论物理学,以实验为基础,把音系学语音学化。实际上,这也是新起的"实验音法学"(experimental phonology)所要做的,把历时的音韵学和共时的音系学统一起来,为他们建立一个坚实的物质基础。

果然,这二十多年来实验音法学沿着第二条路走下去,到达了现在的以音法类型学为经验基础的演化音法学,打通了历时音韵学和共时音节音系学。与本书主题相关的理论首先是'音节—声调—发声态'模型。这个音节学的综合理论包括声素—发声态系统,声调理论,音节构造理论,关于基本单位的语音学基础理论等。

具体来说,先是发声态。我们知道,对发声态的系统的生理、物理研究始于半个世纪前,现在的问题是,生理和物理的语音数据有了,音法范畴呢?这就是题记里说的"认知上却是高高万仞山!"这座山我爬了三十年,总算是翻越了。国外学界从Hockett(1958)算起,至少爬了整整一甲子,还越爬越没方向感。然后是声调。一百多年来的标准定义认为:声调就是区别词义的音高。但这错得离谱,所以声调研究尽管开展很早,最近几十年又作为热门领域理论滔滔,但由于上错基本概念，中缺类型框架，下乏实验材料，因此远远做不到描写的充分性，更遑论理论充分性了。

当我们根据从上海声调实验研究开始的所考察的1 500个调系而构建的音节—声调—发声态框架后，语音学的图景彻底改观了。语音学一百几十年来一直被认为是门应用学科，有材料有技术但没理论，现在从声调和发声态新理论出发，我们有了一个综合性的语言语音学基本理论架构(Zhu 2015b, c)。而上海话的声调可以在这个理论框架中得到安放，事实上，本书关于上海话声调的实验研究正是现在建构演化音法学最夯实的地基。

最后展望一下今后的声调研究。首先，不管你研究声调学的哪个领域，多个发音人和归一化的方法不可缺少，尤其是在目前语音变化迅速、内部差异巨大的年代。一个音系内部的人际差异在形式派音位学/音系学中是被忽略的，但在演化音法学中，变异和选择是两大基本概念，演化是对变异作出选择而进行的。所以，变异不但不是以往所认为的“不规则”“例外”而弃之不顾，反而应得到充分重视，引为研究的主要材料和对象。在音位学中，是对一个人的综合音系作出描写；在变异学派那儿是对多个人的单一参数作出描写。演化音法学要对多人材料在演化中进行综合的联动式考察，从变异中发现演化趋势，在演化过程中来理解变异(参考朱晓农、林晴、趴差桠 2015；朱晓农、李菲 2016；朱晓农 2018b；张静芬、朱晓农 2017, 2018)。

除了声调类型学和演化声调学，连字调及其习得，和与其他韵律单位和句法单位的互动的研究都是应该加强的。还有一项进行了很多年的声调感知研究，可惜一直进展不大，我想一个关键因素在于，不在调型基础上所做的感知实验难免流于生理感知，现在声调类型学建立了，就可以进行音法范畴的感知实验了——这才是语言学里所需要的“科学化”。

总之，从初版到再版的十五年间，声调研究取得了空前进展。初版时还在感慨：“对声调这栋大厦，我们才刚一条腿迈进门坎。”如今放眼望去，声调类型和演化的研究水平已然超过元辅音的类型和演化研究，这真让我老怀大慰，而所有这些进展，都起步于三十年前启动的上海声调实验录。

参 考 文 献

朱晓农　2018b　演化比较法:如何研究声调演化?《语言科学》17.2:113—132。

朱晓农　2018a　《语音答问》,上海:学林出版社。

朱晓农　2012b　降调的种类,《语言研究》2:1—19。

朱晓农　2012a　《音法演化——发声活动》,北京:商务印书馆。

朱晓农　2006b　《音韵研究》,北京:商务印书馆。

朱晓农　2006a　论分域四度标调制,载朱晓农 2006b,170—187。

朱晓农　2002c　嘎裂声中折调和台娄分界,庆祝《中国语文》创刊五十周年国际学术研讨会论文,南昌,2002 年 6 月。

朱晓农　2002b　亲密与高调:对小称调、美眉、女国音等高调现象的统一解释,Paper presented at The Second Kent Ridge International Roundtable Conference on Chinese Linguistics, Nov. 2002, Singapore。

朱晓农　2002a　汉语元音的链式高化和高顶出位,首届历史语言学研讨会,2002 年 5 月,温州。

朱晓农　1992　双音节声调右蔓延的种类,*Proceedings of The Second International Conference on Chinese Phonology*,台湾,1992 年 5 月 15—17 日。

朱晓农　1989　《北宋中原韵辙考》,北京:语文出版社。

朱晓农　1987b　声调笔记五则,《文字与文化》丛书 2:117—124,北京:光明日报出版社。

朱晓农　1987—88　虚实谈:现代语言学的工作旨趣[1—2],《文字与文化》丛书 2:1—27, 1987; 4:339—366, 1988,北京:光明日报出版社。

朱晓农　1983　读《论汉语普通话的区别特征及其相互关系》,《语言研究》总第 5 期:249—254。

朱晓农　1982　关于普通话日母的音值,《中国语文通讯》3:19—22。

朱晓农、周学文　2008　嘎裂化:哈尼语紧元音,《民族语文》4:9—18,载朱晓农 2012a:224—240。

朱晓农、吴和得　2007　高坝侗语五平调和分域四度标调法,《语言研究集刊》,第 4 辑,306—317,复旦大学,载朱晓农 2012a:346—363。

朱晓农、韦名应、王俊芳　2016　十五调和气调:侗语榕江县口寨村方言案例,《民族语文》5:12—24。
朱晓农、石德富、韦名应　2012　鱼粮苗语六平调和三域六度标调制，《民族语文》4:1—10。
朱晓农、龙从军　2009　弛化：佤语松音节的松元音，《民族语文》2:69—81，载朱晓农 2012a:202—223。
朱晓农、刘劲荣、洪英　2011　拉祜语紧元音：从嘎裂声到喉塞尾，《民族语文》3:1—9。
朱晓农、林晴、趴差桠　2015　泰语声调的类型和顺时针链移，《民族语文》4:3—18。
朱晓农、李菲　2016　梅州客方言的双向声调大链移：以演化比较法重建常观演化史一例，《语文研究》4:1—8。
朱晓农、寸熙　2006　清浊音变圈：兼论吴、闽语内爆音非出于侗台底层，《民族语文》3:3—13，载朱晓农 2012:577—605。
周德清　1324　《中原音韵》，上海古籍出版社重印，1979。
赵元任　1980/1959　《语言问题》，北京：商务印书馆，最早 1959 年出版于台湾。
赵元任　1929　韶州和湾头村的调查手稿，转引自余霭芹“韶关方言的变音初探”，中国东南部方言比较研究第九届国际研讨会论文，杭州 2002 年 3 月。
赵元任　1928　《现代吴语的研究》，北平：清华学校出版社。
张琨　1947　苗傜语声调问题，《史语所集刊》16。
张静芬、朱晓农　2018　潮汕入声：从阴高阳低到阴低阳高，《语言研究》4:15—27。
张静芬、朱晓农　2017　声调大链移：从惠来普宁一带的共时调系和变异看声调的系统演化，《中国语文》5:522—535。
袁家骅　1980　《汉语方言概况》，第 2 版，北京：文字改革出版社。
袁家骅　1983　《汉语方言概要》，北京：文字改革出版社。
游汝杰、钱乃荣、高征夏　1980　论普通话的音位系统，《中国语文》5, 328—334。
杨时逢　1974　《湖南方言调查报告》，台北：中研院史语所。
颜逸明　2000　《浙南瓯语》，上海：华东师大出版社。
许宝华、汤珍珠、钱乃荣　1981—1983　新派上海方言的连读变调(1—3)，《方言》1981:2, 145—155; 1982:2, 115—128; 1983:3, 197—201。
许宝华、汤珍珠　1962　上海方言的内部差异，《复旦学报》(社科版)1。
许宝华、汤珍珠(编)　1988　《上海市区方言志》，上海教育出版社。
徐云扬　1988　自主音段音韵学理论与上海声调变读，《中国语文》5, 331—350。

徐悉艰　1986　《载佤语简志》,北京:民族出版社。

徐世荣　1993　《普通话语音常识》,北京:语文出版社。

王辅世　1979　广西伶话记略(1, 2),《方言》1979:2, 137—141; 1979:3, 231—240。

陶寰　2019　保护断裂的上海话,原载《腾讯新闻》,引自公号《语言中的文化》2月13日。

孙宏开、陆绍尊、张济川、欧阳觉亚　1980　《门巴、珞巴、僜人的语言》,北京:中国社会科学出版社。

石林　1991　侗语声调的共时表现和历时演变,《民族语文》5:26—34。

石锋　1983　苏州话浊塞音的声学特征,《语言研究》4, 49—83。

沈同　1985　新派上海话声调的底层形式,《语言研究》2, 85—101。

沈同　1981—1982　老派上海方言的连读变调(1—2),《方言》1981:2, 122—130; 1982:2, 100—114。

沈同　1981　上海话老派新派的差别,《方言》4, 275—283。

沈瑞清、朱晓农、林文芳、洪英　2017　建阳方言的声调模式:兼论五条降拱的类型学意义,*Bulletin of Chinese Linguistics* 9:250—263。

上海社会科学院(编)　1992　《上海经济年鉴:1992》。

钱乃荣　2003　《上海方言发展史》,上海人民出版社。

钱乃荣　1985　上海市郊的词扩散,*Journal of Chinese Linguistics* 13:2, 189—215。

陆绍尊　2002　《门巴语方言研究》,北京:民族出版社。

刘复　1926　《四声实验录》,上海:亚东书局。

赖伟、徐小颖、陈丽美、朱晓农　2016　荣成凹调:僵声作为必备特征,《东方语言学》16:18—26。

胡坦、戴庆厦　1964　哈尼语元音的松紧,《中国语文》第1期。

胡明扬　1978　上海话一百年来的若干变化,《中国语文》3, 199—205。

傅国通、蔡勇飞、鲍士杰、方松熹、傅佐之、郑张尚芳　1986　吴语的分区,《方言》1, 1—7。

董同龢　1961　声母韵母的观念和现代的语音分析理论,《史语所集刊》增刊4: II, 681—691。

戴昭明　2003　《天台方言初探》,北京:中国社会科学出版社。

曹剑芬　1982　常阴沙话古全浊声母的发音特点,《中国语文》167, 273—278。

不署名　1960　《江苏省和上海市方言概况》,南京:江苏人民出版社。

Zhu, Xiaonong 2015c. Phonetics. In: Rint Sybesma(editor-in-chief), *Encyclopedia of Chinese Languages and Chinese Linguistics*. Vol.III, 399—413. Leiden, Boston: Brill.

Zhu, Xiaonong 2015b. Phonetics, Articulatory. In: James D. Wright(ed), *International Encyclopedia of the Social & Behavioral Sciences*, 2nd edition, Vol 18, 65—74. Oxford: Elsevier.

Zhu, Xiaonong 2015a. Types of falling tones. *Journal of Chinese Linguistics*. 43.2:605—637.

Zhu, Xiaonong 2012. Multi Registers and Four Levels: A New Tonal Model. *Journal of Chinese Linguistics* 40(1):1—17.

Zhu, Xiaonong 1996. Two stress patterns of Shanghai compounds. In P. McCormack & A. Russell(eds) *Proceedings of the Sixth Australian International Conference on Speech Science and Technology*, pp. 581—586. Australian Speech Science and Technology Association, Canberra, 1996.

Zhu, Xiaonong 1992. Intrinsic vowel F0 in a contour tone language. In R. Seidl (ed) *Proceedings of the Fourth Australian International Conference on Speech Science and Technology*, Melbourne.

Zhu, Xiaonong 1990. An acoustic description of Shanghai vowels and diphthongs. Manuscripts, Australian National University.

Zee, Eric and Ian Maddieson 1980. Tones and tone sandhi in Shanghai: phonetic evidence and phonological analysis.*Glossa 14 : 1* , 45—88.

Zee, Eric 1978a. The interaction of tone and vowel quality. *UCLA Working Papers in Phonetics 41* , 53—67.

Zee, Eric 1978. Duration and intensity as correlates of F0. *Journal of Phonetics 6* , 213—220.

Zawadzki, P.A. and H.R. Gilbert 1989. Vowel fundamental frequency and articulator position, *Journal of Phonetics 17* , 157—166.

Yip, Moira 1993. Tonal register in East Asian Languages. In H. van der Hulst and K. Snider(eds) *The Phonology of Tone: The Representation of Tonal Register*. New York: Mouton de Gruyter, 1993.

Yip, Moira 1989. Contour tones. *Phonology 6* , 149—174.

Yip, Moira 1980/1990. *The Tonal Phonology of Chinese*. Garland Publishing, Inc. New York. Originally presented as the author's PhD dissertation submitted at MIT in 1980.

Xu, Weiyuan 1989. *The Sociolinguistic Patterns of Pudonghua in Duhang*. MA thesis, Australian National University.

Woodrow, Herbert 1951. Time perception. In S. S. Stevens(ed) *Handbook of Experimental Psychology*. New York: John Wiley & Sons, Inc., 1951.

Westbury, J.R. and P.A. Keating 1980. Central representation of vowel duration. *Journal of the Acoustical Society of America 67*, Suppl. 1, S37(A).

Wang, William S-Y. 1972. The many uses of F0. In Albert Valdman(ed). *Papers in Linguistics and Phonetics to the Memory of Pierre Delattre*. The Hague: Mouton, 1972.

Walton A. Ronald 1983. *Tone, Segment, and Syllable in Chinese: A Polydimensional Approach to Surface Phonetic Structure*. Cornell University East Asia Papers, No 32. Ithaca.

Wakita, Hisashi 1977. Normalization of vowels by vocal tract length and its application to vowel identification. *IEEE Transaction on Acoustics, Specch, and Signal Processing ASSP-25*, 183—192.

Vilkman, E.; O. Aaltonen; I. Raimo; P. Arajarvi and H. Oksanen 1989. Articulatory hyoid-laryngeal changes vs. cricothyroid muscle activity in the control of intrinsic F0 of vowels. *Journal of Phonetics 17*, 193—203.

van der Hulst, Harry and K. Snider(eds) 1993. *The Phonology of Tone: The Representation of Tonal Register*. New York: Mouton de Gruyter.

Umeda, N. 1981. Influence of segmental factors on fundamental frequency in fluent speech. *Journal of the Acoustical Society of America 70*, 350—355.

Tseng, Chiu-yu 1990. *An Acoustic Phonetic Study on Tones in Mandarin Chinese*. Institute of History and Philology, Academia Sinica, Special publications No.94. Nankang, Taiwan.

Trubetskoy, Nicholas 1969. *Principles of Phonology*, translated by C. A. Baltaxe. Berkeley: University of California Press.

Toda, Takako 1990. Shanghai tonal phonology "rightward spreading"? Some arguments based on acoustic evidence. In Seidl, Roland(ed) 1990. *Proceedings of the Third Australian International Conference on Speech Science and Technology*. Melbourne, November 1990.

Toda, Takako 1989. Acoustic quantification of tone spreading in Daishan and Mende. *Cahiers de Linguistique Asie Orientale 18:1*, 63—80.

Thurgood, Graham 2002, Vietnamese and tonogenesis: Revising the model and the analysis, *Diachronica*, 19, 333—363.

Taylor, H. 1930. The fundamental pitch of English vowel. *Journal of Experimental Psychology 16*, 565—582.

Tatham A. M. A. 1969. Classifying allophones. *Occasional Papers 3*, 14—22, Language Centre, University of Essex.

Takefuta, Y. 1975. Method of acoustic analysis of intonation. In S. Singh(ed) *Measurement Procedures in Speech Hearing and Language*, 363—378. Baltimore: University Park Press.

Svantesson, J-O. 1989. Shanghai vowels. *Working Papers 35*, 191—202, Department of Linguistics, Lund University. Cited in Ren 1992.

Strevens, Peter 1960. Spectra of fricative noise in human speech. *Language and Speech 3*, 32—49. Reprinted in Lehiste(ed) 1967, 202—219.

Stoll, G. 1984. Pitch of vowels: Experimental and theoretical investigation on its dependence on vowel quality. *Speech Communication 3*, 137—150

Stevens, S.S. and J. Volkmann 1940. The relation of pitch to frequency: a revised scale. *American Journal of Psycology 53*, 329—353.

Stevens, Kenneth N. and Arthur S. House 1961. An acoustical theory of vowel production and some of its implications. *Journal of Speech and Hearing Research 4*, 303—320. Reprinted in Lehiste(ed) 1967:75—92.

Sokolov, M. V. 1965. Eksperimental' noe issledovanie tonov Shangkhajskogo dialekta[An experimental investigation of Shanghai dialect tones]. *Phonetica 12*, 197—200.

Snider, Keith and Harry van der Hulst 1993. Introduction to H. van der Hulst and K. Snider(eds), *The Phonology of Tone: The Representation of Tonal Register*. New York: Mouton de Gruyter, 1993.

Smith, Bruce L. 1987. Effects of bite block speech on intrinsic segment duration. *Phonetica* 44, 65—75.

Small, A.M., Jr.; J.F. Brandt and P.G. Cox 1962. Loudness as a function of signal duration. *Journal of the Acoustical Society of America 34*, 513—514.

Silverman, Kim E.A. 1984. What causes vowels to have intrinsic fundamental frequency? *Cambridge Papers in Phonetics and Experimental Linguistics*, Vol.3. Department of Linguistics, University of Cambridge.

Shih, Chi-Lin 1986. *The Prosodic Domain of Tone Sandhi in Chinese*. PhD dissertation, University of California at San Diego.

Shi Feng, Shi Lin and Liao Rongrong 1987. An experimental analysis of the five level tones of the Gaoba Dong language. *Journal of Chinese Linguistics*, 15(2), 335—361.

Sherard, Michael 1988. Puns and pig Latin, euphemisms and loan words: a look at Shanghai phonology through word play. Paper presented at the International Conference on Wu Dialects, Dec 12—14, 1988, The Chinese University of Hong Kong, Hong Kong.

Sherard, Michael 1980. *A Synchronic Phonology of Modern Colloquial Shanghai*. Computational Analyses of Asian and African Languages, No.15. Tokyo.

Sherard, Michael 1972. *Shanghai Phonology*. PhD dissertation, Cornell University.

Shen, Z. W.; C. Wooters and W. S-Y. Wang 1987. Closure duration in the classification of stops: a statistical analysis. *Ohio State University Working Papers in Linguistics 35*, 197—209.

Shen, Jiaxuan 1993. Slips of the tongue and the syllable structure. In Yau, Shun-chiu(ed) *Essays on the Chinese Language*, Editions *Language Croises*.

Selkirk, Elizabeth 1984. On the major class features and syllable theory. In Aronoff, Mak and Richard T. Oehrle(eds) 1984 *Language Sound Structure*. MIT Press.

Selkirk, Elizabeth 1980. The role of prosodic categories in English word stress. *Linguistic Inquiry 11:1*.

Selkirk, E. and T. Shen 1988. Prosodic domain in Shanghai Chinese. In S. Inkeles and D. Zec(eds) *The Phonology-Syntax Connection*, CSLI monograph. Cited in Duanmu 1990.

Schiefer, Lieselotte and Ling King 1988. An acoustic investigation of voice quality (phonation type) in Shanghai. Paper presented at the International Conference on Wu Dialects. Dec 12—14, 1988, The Chinese University of Hong Kong, Hong Kong.

Sampson, Geoffrey 1970. On the need for a phonological base. *Language 46*, 586—626.

Rose, Phil and T. Toda 1994. A typology of tone sandhi rules in northern Wu. In Hajime Kitamura; Tatsuo Nishida and Yasuhiko Nagano(eds) *Current Issues in Sino-Tibetan Linguistics*, proceedings of the 26th International Conference of Sino-Tibetan Languages and Linguistics(September 13—17 1993, Suita, Osaka, Japan), 267—273.

Rose, Phil 1994. A seven-tone dialect in Southern Thai with super-high: Pak-phanang tonal acoustics and physiological inferences. Ms, ANU.

Rose, Phil 1993a. "Renewing the experience": acoustics and phonology of two lexical trisyllabic tone patterns in Zhenhai. Paper presented at The 26th International Conference of Sino-Tibetan Languages and Linguistics. September 13—17 1990, Suita, Osaka, Japan.

Rose, Phil 1993. A linguistic-phonetic acoustic analysis of Shanghai tones. *Australian Journal of Linguistics 13*, 185—220.

Rose, Phil 1991. How effective are long term mean and standard deviation as normalisation parameters for tonal fundamental frequency? *Speech Communication 10*, 229—247.

Rose, Phil 1990b. Thai-Phake tones: acoustic, aerodynamic and perceptual data on a Tai dialect with contrastive creak. In R. Seidl(ed), *Proceedings of the Third Australian International Conference on Speech and Technology*. Australian Speech Science and Technology Association.

Rose, Phil 1990a. Linguistic phonetic aspects of Shanghai tonal acoustics. In R. Seidl(ed), *Proceedings of the Third International Conference on SST*, 388—393, Melbourne.

Rose, Phil 1990. Acoustics and phonology of complex tone sandhi. *Phonetica 47*, 1—35.

Rose, Phil 1989. Phonetics and phonology of Yang tone phonation types in Zhenhai. *CLAO 18:2*, 229—245.

Rose, Phil 1988. On the non-equivalence of fundamental frequency and pitch in tonal description. In David Bradley; Eugénie J.A. Henderson and Martine Mazaudon(eds), *Prosodic Analysis and Asian Linguistics: To Honour R.K. Sprigg*, 55—82. Pacific Linguistics, C-104, 1988.

Rose, Phil 1987. Considerations in the normalisation of the fundamental frequency of linguistic tone.*Speech Communication 6*, 343—351.

Rose, Phil 1984. The role of subglottal pressure and vocal cord tension in the production of tones in a Chinese dialect. In Beverley Hong(ed) 1984. *New Papers on Chinese Language Use. Contemporary China Papers No 18*. Australian National University.

Rose, Phil 1982. Acoustic characteristics of the Shanghai-Zhenhai syllable types. In David Bradley(ed), *Papers in South-East Asian Linguistics, No 8: Tona-*

tion, *Pacific Linguistics A-26*, 1—53.

Rose, Phil 1981. *An Acoustically based Phonetic Description of the Syllable in the Zhenhai Dialect*. PhD dissertation, The University of Cambridge.

Rose, P. 1992. Bidirectional Interaction between Tone and Syllable-Coda: Acoustic Evidence from Chinese. In J.Pittam ed. *Proc. 4th Australian Intl. Conf. on Speech Science and Technology*. Australian Speech Science and Technology Association, 292—297.

Ren, Nianqi 1992. Phonation Types and Consonant Distinctions: Shanghai Chinese. PhD dissertation, The University of Connecticut.

Ren, Nianqi 1988. A fiberoptic and Transillumination study of Shanghai stops. Paper presented at the International Conference on Wu Dialects. Dec 12—14, 1988. The Chinese University of Hong Kong, Hong Kong.

Ren, Hongmo and Marjorie K.M. Chan 1988. Acoustic analysis of the diphthongs in Shanghai, Cantonese and Mandarin. Paper presented at the International Conference on Wu Dialects. Dec 12—14, 1988. The Chinese University of Hong Kong, Hong Kong.

Ramsey, S. Robert 1987. *The Languages of China*. Princeton, NJ: Princeton University Press.

Pike, Kenneth, Lee 1975. *Phonemics: A Technique for Reducing Language to Writing*. Renewed edition. Ann Arbor: The University of Michigan Press. First published in 1947.

Pike, Kenneth Lee 1971. *Language in Relation to a Unified Theory of the Structure of Human Behavior*. The Hague: Mouton.

Pike, Kenneth Lee 1948. *Tone Languages: a Technique for Determining the Number and Type of Pitch Contrasts in a Language, with Studies in Tonemic Substitution and Fusion*.

Phuong, Vu Thanh 1981. *The Acoustic and Perceptual Nature of Tones in Vietnamese*. PhD dissertation, Australian National University.

Pettorino, M. 1987. Intrinsic pitch of vowel: an experimental study on Italian. *Proc XIth ICPhS 1*, 138—141.

Peterson, G. E. and N. P. McKinney 1961. The measurement of speech power. *Journal of the Acoustical Society of America 24*, 175—184.

Peterson, G. E. and I. Lehiste 1960. Duration of syllable nuclei in English. *Journal of the Acoustical Society of America 32*, 693—703.

Peterson, G. E. and H. L. Barney 1952. Control methods used in a study of vowels.*Journal of the Acoustical Society of America 24*, 175—184.

Petersen, N. Reinholt 1986. Perceptual compensation for segmentally conditioned fundamental frequency perturbation. *Phonetica 43*, 31—42.

Petersen, N. Reinholt 1978. Intrinsic fundamental frequency of Danish vowels. *Journal of Phonetics 6*, 177—190.

Painter, Colin 1979. *An Introduction to Instrumental Phonetics*. University Park Press.

Ohala, John and William G. Ewan 1973. Speed of pitch change. *Journal of the Acoustical Society of America 53:1*, 345.

Ohala, John 1990. There is no interface between phonology and phonetics: a personal view. *Journal of Phonetics 18*, 153—171.

Ohala, John 1984. Explanation in phonology: opinions and examples. In Dressler, Wolfgang U.; Hans C. Luschützky; Oskar E. Pfeiffer and John R. Rennison (eds) *Phonetica 1984, Proceedings of the Fifth International Phonology Meeting*, Eisenstadt, June 25—28, 1984, 215—225.

Ohala, John 1978a. Production of tone. In V. Fromkin(ed) *Tone A Linguistic Survey*, 5—39. New York: Academic Press.

Ohala, John 1977. Speculations on pitch regulation. *Phonetica 34*, 310—312.

Norman, Jerry 1988. *Chinese*. Cambridge University Press.

Moulton, W.G. 1962. *The Sounds of English and German*. Chicago: University of Chicago Press.

Monsen, B. Randall; A. Maynard Engebretson and N. Rao Vemula 1978. Indirect assessment of the contribution of subglottal air pressure and vocal-fold tension to change of fundamental frequency in English. *Journal of the Acoustical Society of America 64:1*, 65—80.

Mohr, B.(1971) Intrinsic variations in the speech signal. *Phonetica 23*, 65—93.

Mohanan, K.P. 1986. *The Theory of Lexical Phonology*. Dordrecht: D. Reidel.

Miller, G.A. 1948. The perception of short bursts of noise. *Journal of the Acoustical Society of America 20*, 171—182.

Menn, L. and S. Boyce 1982. Fundamental frequency and discourse structure, *Language and Speech 25*, 341—383.

McClean, R.J. 1969. *Swedish, a Grammar of the Modern Language*. London: The English Universities Press.

Martinet, André 1955. *Phonology as Functional Phonetics*. Oxford: Blackwell.

Malmberg, Bertil(ed) 1968. *Manual of Phonetics*. Amsterdam: North-Holland Publishing Company.

Maddieson, Ian and Karen Emmorey 1984. Is there a valid distinction between voiceless lateral approximants and fricatives? *Phonetica 41*, 181—190.

Maddieson, Ian 1984. *Patterns of Sounds*. Cambridge University Press.

Maddieson, Ian 1978. Universals of tone. In J. Greenberg(ed) *Universals of Human Languages*, Stanford, 335—365.

MaCarthy, J. 1986. OCP effects: gemination and antigemination. *Linguistic Inquiry 17*, 207—264.

Lyons, 1962. Phonemic and non-phonemic phonology. *International Journal of American Linguistics 28*, 127—133.

Lu, Zhiji 1987. Shanghai tones: a nonlinear analysis. *Studies in the Linguistic Sciences 17:2*, 93—113.

Lisker, Leigh and Arthur S. Abramson 1964. A cross-linguistic study of voicing in initial stops: acoustical measurements. *Word 20:3*, 384—422.

Lindblom, B. 1967. Vowel duration and a model of lip-mandible coordination. *Speech Transmission Laboratory Quarterly Progress and Status Report 4*, 1—29. Royal Institute of Technology, Stockholm.

Lindblom, B. 1963. Spectrographic study of vowel reduction. *Journal of the Acoustical Society of America 35*, 1173—1781.

Lieberman, Philip 1970. A study of prosody. *Status Reports on Speech Research*, *SR-23*, Haskins Laboratories, 179—208.

Lieberman, P.; R. Knudson and J. Mead 1969. Determination of the rate of change of fundamental frequency with respect to subglottal air pressure during sustained phonation. *Journal of the Acoustical Society of America 45*, 1537—1543.

Liberman, M. and A. Prince 1977. On stress and linguistic rhyme. *Linguistic Inquiry 8:2*, 249—336.

Lehiste, Ilse and G.E. Peterson 1961. Some basic considerations in the analysis of intonation. *Journal of the Acoustical Society of America 33*, 419—425.

Lehiste, Ilse 1976. Suprasegmental features of speech. In Norman J. Lass(ed) *Contemporary Issues in Experimental Phonetics*, New York: Academic Press, 223—239.

Lehiste, Ilse 1970. *Suprasegmentals*. Cambridge, MA: MIT Press.

Lehiste, Ilse(ed) 1967. *Readings in Acoustic Phonetics*. Cambridge, MA: MIT Press.

Leben, William 1973. *Suprasegmental Phonology*. MIT dissertation.

Laver, John 1980. *The Phonetic Description of Voice Quality*. Cambridge University Press.

Lass, Norman J. (ed) 1976. *Contemporary Issues in Experimental Phonetics*, New York: Academic Press.

Ladefoged, Peter and Norris P. McKinney 1963. Loudness, sound pressure, and subglottal pressure in speech. *Journal of the Acoustical Society of America 35*, 454—460.

Ladefoged, Peter & Ian Maddieson. 1996. *The Sounds of the World's Languages*. Oxford: Blackwell.

Ladefoged, Peter 2005. *Phonetic Data Analysis*,中译本《语音数据分析》,朱晓农等译,北京:商务印书馆,2018.

Ladefoged, Peter 1982. *A course in Phonetics*, 2nd edition. New York: Harcourt Brace Jovanovich, Inc.

Ladefoged, Peter 1967. *Three areas of experimental phonetics*. Oxford University Press.

Ladefoged, Peter 1971. *Preliminaries to Linguistic Phonetics*. The University of Chicago Press.

Ladefoged, Peter 1964. *A Phonetic Study of West African Languages: an auditory-instrumental survey*. Cambridge University Press.

Ladd, D.R.; K. Silverman; F. Tolkmitt; G. Bergmann and K. Scherer 1985. Evidence for the independent function of intonation contour type, voice quality, and F0 range in signalling speaker affect. *Journal of the Acoustical Society of America 78*, 435—444.

Ladd, D. and K. Silverman 1984. Vowel intrinsic pitch in connected speech. *Phonetica 41*, 31—40.

Labanov, B.M. 1971. Classification of Russian vowels spoken by different speakers. *Journal of the Acoustical Society of America 49:2*, 606—608.

Kratochvíl, Paul 1971. An Experiment in the Perception of Peking Dialect Tones. *Scandinavian Institute of Asian Studies monograph series No 6*.

Kratochvíl, Paul 1968. *The Chinese Language Today*. London: Hutchinson & Co (publishers) Ltd.

Klatt D. 1973. Discrimination of fundamental frequency contours in synthetic speech: Implications for models of pitch perception. *Journal of the Acoustical Society of America 53*, 8—16.

Kiparsky, Paul 1979. Metrical structure assignment is cyclic. *Linguistic Inquiry 10*, 421—442.

King, Ling and Lieselotte Schiefer 1988. Tone effect on voice-onset-time(VOT)-results from Shanghai. Paper presented at the International Conference on Wu Dialects. Dec 12—14, 1988, The Chinese University of Hong Kong, Hong Kong.

Kennedy, George 1953. Tone patterns in Tangsic. *Language 29*:*3*, 367—373.

Keating, Patricia A. 1985. Universal phonetics and the organization of grammars. In V. Fromkin(ed)1985. *Phonetic Linguistics*. Orlando: Academic Press.

Karlgren, Bernhard 1915—1926. *Etudes sur la phonologie de Chinois*. Stockholm.

Kahn, Daniel 1976/1980. *Syllable-Based Generalizations in English Phonology*. Originally submitted as a PhD dissertation to MIT in 1976, and published by New York: Garland Publishing, Inc., 1980.

Jones, Daniel 1960. *An Outline of English Phonetics*, 9th edition. Cambridge: W. Heffer.

Jin, Shunde1997. Toward a systematic account of Shanghai tonal phonology. In Wang, Jialing and Norval Smith(eds), *Studies in Chinese Phonology*. Foris.

Jin, Shunde 1985. *Shanghai Morphotonemics*. Reproduced by Indiana University Linguistics Club.

Jassem, Wiktor; Marie Steffen-Batóg and Stanislaw Czajka 1973. Statistical characteristics of short-term average F0 distributions as personal voice features. *Speech Analysis and Synthesis*, *Vol 3*, 209—225. Warsaw.

Jassem, Wiktor 1971. Pitch and compass of speaking voice. *Journal of International Phonetic Association 1 2*, 59—68.

Jakobson, Roman; Gunnar Fant and Morris Halle 1952. *Preliminaries to Speech Analysis*. Cambridge MA: MIT Press.

Iwata, Ray; Hajime Hirose; Seiji Niimi and Satoshi Horibuchi 1991. Physiological properties of 'breathy' phonation in a Chinese dialect—a fiberoptic and electromyographic study on Suzhou dialect. *Proceedings of the 12th International*

Congress of Phonetic Sciences, *Vol. 3*, 162—165. August 1991, Aix-en-Provence, France.

Hyman, Larry 1993. Register tones and tonal geometry. In Harry van der Hulst and Keith Snider(eds) *The Phonology of Tone*. Berlin: Mouton de Gruyter.

Hung, Tony T.N. 1989. *Syntactic and Semantic Aspects of Chinese Tone Sandhi*. PhD dissertation, UC San Diego, Reproduced by IULC 1989.

Howie, John Marshall 1976. *Acoustical Studies of Mandarin vowels and tones*. Cambridge University Press.

House, Arthur S. 1961. On vowel duration in English. *Journal of the Acoustical Society of America 33*, 1174—8.

House, A.S. and G. Fairbanks 1953. The influence of consonantal environment on the secondary acoustical characteristics of vowels. *Journal of Acoustical Society of America*, *25*:*1*, 105—135.

Honda, K.(1983) Variability analysis of laryngeal muscle activities. In Titze, I.R. and R.C. Schere(eds): *Vocal Fold Physiology*, 127—137, Denver: The Denver Centre for the Performing Arts.

Hombert, Jean-Marie; John Ohala and William Ewan 1979. Phonetic explanations for the development of tones. *Language* 55.37—58.

Hombert, Jean-Marie 1978. Consonant types, vowel quality, and tone. In Fromkin, V.(ed), *Tone*: *A Linguistic Survey*. New York: Academic Press.

Hombert, Jean-Marie 1977. Consonant type, vowel height and tone in Yoruba. *Studies in African Linguistics 8*, 173—190.

Hogg, Richard and C.B. McMully 1987. *Metrical Phonology*: *a coursebook*. Cambridge University Press.

Hockett, Charles 1958. *A course in linguistics*. New York: Macmillan.

Henderson, Eugéne J.A. 1978. The larynx and language: A missing dimension? *Phonetica*, 34, 256—263.

Henderson, Eugéne J.A. 1967. Grammar and tone in South-East Asian languages, *Wissenschaftliche Zeitschrift der Karl-Marx-Uniersität-Leipzig*, Desellschafts- und Sprachwissen-schaftliche Reihe, Parl/2, 171—178.

Hart, Johan't; Rene Collier and Antonie Cohen 1990. *A Perceptual Study of Intonation*: *An Experimental Phonetic Approach to Speech Melody*. Cambridge University Press.

Harshman, Richard 1970. PARAFAC: Models and conditions for an 'explanatory' multi-model factor analysis. *Working Papers in Phonetics 16*. UCLA Phonetics Laboratory.

Halle, M. and J.-R. Vergnaud 1980. Three dimensional phonology. *Linguistic Research 1*, 83—105.

Gwan, Julia Jin 1971. Ch'ing Chiang Miao phonology. *Tsing Hua Journal of Chinese Studies*. New series 9, 289—305.

Grstman, L.H. 1968. Classification of self-normalized vowels. *IEEE Transactions on Audio and Electroacoustics AU—16*, 78—80.

Goldsmith, J. 1990. *Autosegmental and Metrical Phonology*. NY: Basil Blackwell.

Goldsmith, J. 1976. *Autosegmental Phonology*. PhD dissertation, MIT.

Gimson, A. G. 1970. *An Introduction to the Pronunciation of English*, 2nd edition. London: Edward Arnold.

Gandour, Jack 1974. Consonant types and tone in Siamese. *Journal of Phonetics 2*, 337—350.

Gandour, J. and I. Maddieson 1975. Measuring larynx movement in Standard Thai using the cricothyrometer. *Phonetica 33*, 241—267.

Gandour, J. and B. Weinberg 1980. On the relationship between vowel height and fundamental frequency: evidence from oesophageal speech. *Journal of Phonetics 37*, 169—172.

Fujisaki, Hiroya 1983. Dynamic characteristics of voice fundamental frequency in speech and singing. In Peter F. MacNeilage(ed) *The Production of Speech*, 39—55. New York: Springer-Verlag.

Fry, D.B. 1979. *The Physics of Speech*. Cambridge University Press.

Fry, D.B. 1958. Experiments in the perception of stress. *Language and Speech 1* (1958), 126—152. Also in Fry, D.B.(ed) 1976, 401—424.

Fry, D.B.(ed) 1976. *Acoustic Phonetics: a course of basic readings*. Cambridge University Press.

Fromkin, Victoria(ed) 1985. *Phonetic Linguistics: Essays in Honor of Peter Ladefoged*. Orlando: Academic Press.

Fromkin, Victoria(ed) 1978. *Tone: A Linguistic Survey*. New York: Academic Press.

Frank, Harry 1974. *Introduction to Probability and Statistics: Concepts and Principles*. New York: John Wiley & Sons, Inc.

Fónagy, Iván 1966. Electro-physiological and acoustic correlates of stress and stress perception. *Journal of Speech and Hearing Research 9*, 231—244. Cited in Lehiste 1970.

Foley, James 1977. *Foundation of Theoretical Phonology*. Cambridge University Press.

Flanagan, James L. 1972. *Speech Analysis, Synthesis and Perception*, second edition. Berlin: Springer-Verlag.

Flanagan, James L. 1957. Estimates of the maximum precision necessary in quantizing certain 'dimensions' of vowel sounds. *Journal of the Acoustical Society of America 29*, 533—534.

Flanagan, J. and M. Saslow 1958. Pitch discrimination of synthetic vowel. *Journal of the Acoustical Society of America 30*, 435—442.

Fischer-Jørgensen, E. 1964. Sound duration and place of articulation. *Zeitscrift für Sprachwissenschaft und Kommunikationsforschung 17*, 175—207. Cited in Lehiste 1970.

Fischer-Jørgensen, E. 1975. *Trends in Phonological Theory: A Historical Introduction*. Copenhagen: Akademisk Forlag.

Firth, J.R. and B.B. Rogers 1937/1957a. The structure of the Chinese monosyllable in a Hunanese dialect(Changsha). In Firth, J. R. *Papers in Linguistics. Sounds and prosody*, 76—91. London: Oxford University Press, 1957. Originally published in *Bulletin of the School of Oriental Studies*, viii.4, 1937.

Firth, J.R. 1957. *Papers in Linguistics. Sounds and prosody*. London: Oxford University Press.

Firth, J.R. 1948/1957b. Sounds and prosodies. In Firth, J. R. *Papers in Linguistics. Sounds and prosody*, 121—138. London: Oxford University Press, 1957. Originally published in *Transactions of the Philological Society*, 1948.

Fant, Gunnar 1973. *Speech sounds and features*. Cambridge, MA: MIT Press.

Fant, Gunnar 1968. Analysis and synthesis of speech processes. In Malmberg (ed), *Manual of Phonetics*, 173—277. Amsterdam: North-Holland Publishing Company.

Fant, Gunnar 1966. A note on vocal tract size factors and nonuniform F-pattern scaling. *Speech Transmission Laboratory Quanterly Progress and Status Report 4/66* (Stockholm: Royal Institute of Technology). Reprinted in Fant *Speech Sounds and Features*, Cambridge MA: MIT Press.

Fant, Gunnar 1956. On the predicability of formant levels and spectrum envelopes from formant frequencies. In M. Halle, H. Lunt, and H. Maclean(eds), *For Roman Jakobson*. The Hague: Mouton, 1956.

Ewan, W.G.(1979) Can intrinsic vowel F0 be explained by source/tract coupling? *Journal of the Acoustical Society of America 66*, 358—362.

Edmondson, J.A. & Li, Shaoni. 1990. Voice quality and pitch in Bai language of Yunnan province.中译文见《中央民族学院学报》1990.5.

Edkins, Joseph 1869. *A Vocabulary of the Shanghai dialect*. Shanghai: Presbyterian Mission Press.

Edkins, Joseph 1868. *A Grammar of Colloquial Chinese as exhibited in the Shanghai dialect*. Shanghai: Presbyterian Mission Press.

Earle M.A. 1975. *An Acoustic Phonetic Study of Northern Vietnamese Tones*. Speech Communications Research Laboratory monograph No.11. Santa Barbara, California.

Dyhr, Niels 1990. The activity of the cricothyroid muscle and the intrinsic fundamental frequency in Danish vowels. *Phonetica 47*, 141—154.

Durie, Mark 1984. *A Grammar of Acehnese*. PhD dissertation, Australian National University.

Durand, Jacques 1990. *Generative and Non-Linear Phonology*. London: Longman.

Duanmu, San 1995. Stress patterns in two Chinese dialects. *Language* 71:2.

Duanmu, San 1990. *A Formal Study of Syllable, Tone, Stress and Domain in Chinese Languages*. PhD dissertation, MIT.

Duanmu, San 1988. Shanghai tone: representation and spreading. Cited in Yip 1993.

Draper, M.H.; P. Ladefoged; and D. Whitteridge 1960. Expiratory pressures and air flow during speech.*British Medical Journal 18*, 1837—1843.

Dixit, R. Prakash 1989. Glottal gestures in Hindi plosives. *Journal of Phonetics* 17, 13—237.

Disner, S. 1980. Evaluation of vowel normalizarion procedures. *Journal of Acoustic Association of America, 67:1*, 253—261.

Dart, Sarah 1987. An aerodynamic study of Korean stop consonants: measurements and modelling. *Journal of the Acoustical Society of America 81:1*, 138—147.

Condax, I. D. and R. R. Krones 1976. Duration of four vowels in manually produced synthetic speech. *Journal of Phonetics 4*, 255—264.

Clements, George N. and Samuel J. Keyser 1983. *CV Phonology: A Generative Theory of the Syllable*. Cambridge, MA: MIT Press.

Clements, G.N. 1985. The geometry of phonological features. *Phonology Yearbook 2*, 225—252.

Clements, G.N. 1984. Principles of tone assignment in Kikuyu. In G. N. Clements and Goldsmith(eds) *Autosegmental Studies in Bantu Tone*. Dordrecht: Foris Publications.

Clark, John and Colin Yallop 1990. *An Introduction to Phonetics and Phonology*. Oxford: Basil Blackwell.

Chuang, Chiu-Kuang and William S-Y. Wang 1978. Psychophysical pitch biases related to vowel quality, intensity difference, and sequential order. *Journal of Acoustical Society of America 64:4*, 1004—1014.

Chomsky, Norm and Morris Halle 1968. *The Sound Pattern of English*. New York: Harper & Row.

Cheng, Robert 1966. Mandarin Phonological Structure. *Journal of Linguistics 2*, 135—158.

Cheng, Chin Chuan 1973. *A Synchronic Phonology of Mandarin Chinese*. The Hague: Mouton.

Chen, Matthew 1970. Vowel length variation as a function of the voicing of the consonant environment. *Phonetica 22*, 129—159.

Chao, Yuen Ren 1976. *Aspects of Chinese Sociolinguistics*. Stanford University Press.

Chao, Yuen Ren 1968. *A Grammar of Spoken Chinese*. Berkeley: University of California Press.

Chao, Yuen Ren 1967. Contrastive aspects of the Wu dialects. *Language 43:1*, 92—101. Also in Chao 1976, 32—47.

Chao, Yuen Ren 1936. Types of plosives in Chinese. *Proceedings of the 2nd International Congress of Phonetic Sciences*, 106—110. Cambridge: Cambridge University Press.

Chao, Yuen Ren 1934. The non-uniqueness of phonemic solutions of phonetic systems. *Bulletin of the Institute of History and Philology, Academia Sinica 4:4*, 363—398. Reprinted in Martin Joos(ed)1957, *Readings in the Linguistics*,

38—54. Washington D.C.: American Council of Learned Societies.

Chao, Yuen Ren 1930. ə sɪst əm ə v toun lɛtəz. *Le Maître Phonétique 45*, 24—27.

Chang, Kun 1953. On the tone system of the Miao-Yao languages. *Language 29*: *4*, 374—378.

Chan, M.K.M. 1985. *Fuzhou Phonology: A Non-linear Analysis of Tone and Stress*. PhD dissertation, University of Washington, Seatle.

Catford, J. C. 1977. *Fundamental Problems in Phonetics*. Edinburgh University Press.

Catford, John C. 1964. Phonation types. In *In Honor of Danial Jones*. London: Longmans.

Cao, Jianfen and Ian Maddieson 1992. An exploration of phonation types in Wu dialects of Chinese. *Journal of Phonetics 20*, 77—92.

Bourgeois, A.M. 1941, *Grammaire du dialecte de Chinghai*. Shanghai.

Borden, Gloria J. and Katherine S. Harris 1980. *Speech science primer*. Baltimore: Williams & Wilkins.

Bloomfield, L. 1933. *Language*. New York: Holt(13th edition, 1976).

Bloomfield, L. 1926. A set of postulates for the study of language. *Language 1*, 1—5.

Beranek, Leo Leroy 1954. *Acoustics*. New York: McGraw-Hill.

Ballard, W.L. 1988. *The History and Development of Tonal Systems and Tone Alternations in South China*. Institute for the Study of Languages and Cultures of Asia and Africa.

Ballard, W.L. 1983. Mother soup: a south Chinese recipe for tonnometamorphogenesis.

Ballard, W.L. 1977. *On Some Aspects of Tone Sandhi*. Atlanta: Georgia State University.

Baken, R.J. 1987. *Clinical Measurement of Speech and Voice*. Boston: College-Hill Press.

Austerlitz, Robert 1987. Preliminary remarks on Shanghai Phonology. In The Chinese Language Society of Hong Kong (ed) *Wang Li Memorial Volumes* (English Volume), 1—16. HK: Joint Publishing Co.

Atkinson, J. E. 1973. *Aspects of Intonation in Speech: implications from an experimental study of fundamental frequency*. PhD dissertation, University of Connecticut.

Antoniadis, Z. and H. W. Strube 1981. Untersuchungen zum "intrinsic pitch" deutscher Vokale. *Phonetica 38*, 277—290.

Anderson, Stephen Robert 1985. *Phonology in the Twentieth Century*. Chicago: University of Chicago Press.

Anderson, Stephen R. 1981. Why phonology isn't "natural". *Linguistic Inquiry 12:4*, 493—539.

Abramson, Arthur S. 1960. *The Vowels and Tones of Standard Thai: Acoustical Measurements and Experiments*. PhD dissertation, Colombia University.

Abercrombie, David; D.B. Fry; P.A.D. MaCarthy and N.C. Scott(eds)1964. *In Honour of Daniel Jones*. Papers contributed on the occasion of his eightieth birthday 12 September 1961. Longman.

语 图 例

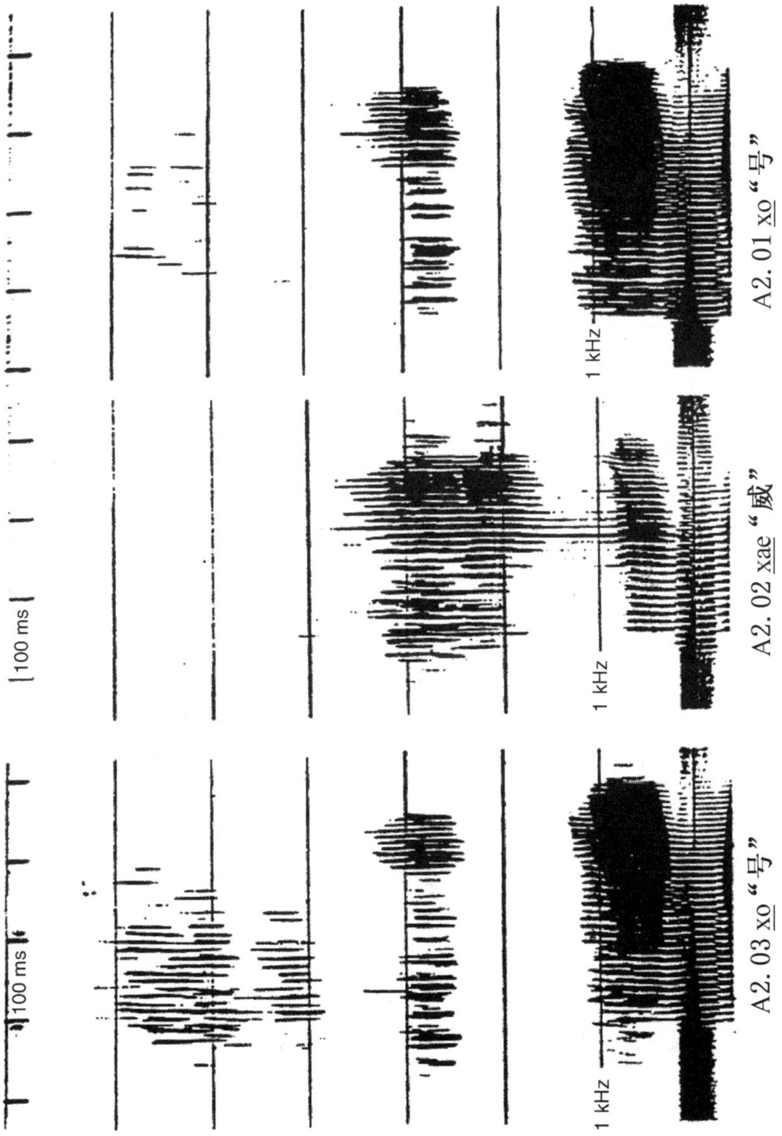

A2.01—2.03　M2 哞声/x/的语音表现形式，［从上到下］xo 号，xae 咸，xo 号

(见 § 2.1.1)

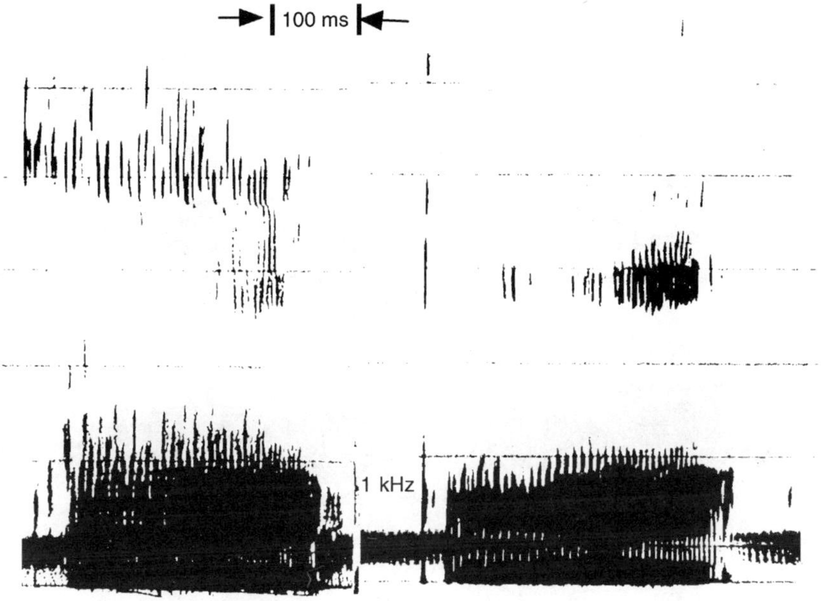

A2.05　wu 河　　　　　　　　A2.04　xo 号

A2.04—2.05　M2/x/的语音表现形式

(见§2.1.1)

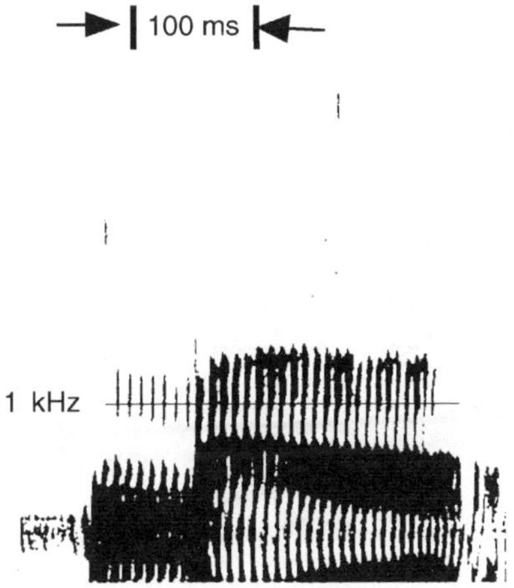

A2.06　meu 谋

A2.06　发音人 M2 所发“谋” meu 中的中元音/eu/

(见§2.1.2。注意：F2 大约在 1 100 Hz 上下，而 F1 跌落约 150 Hz)

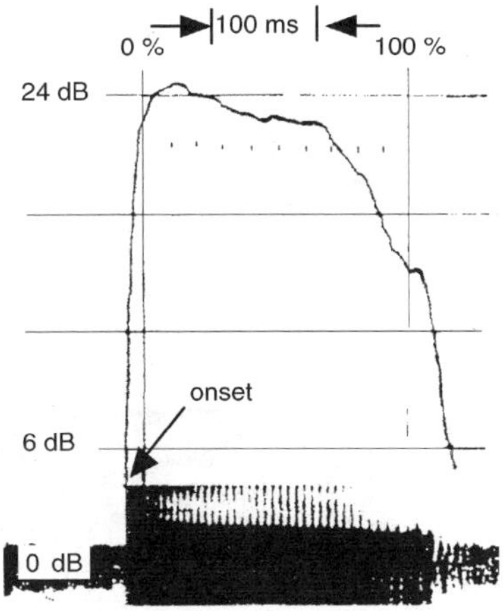

A3.02　单音节音强曲线的分段测量，发音人 W1

(见§3.1.4)

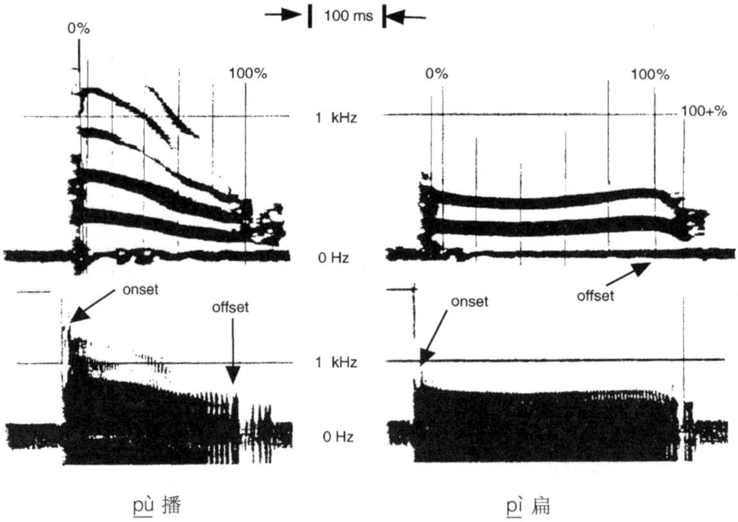

A3.01 单音节基频曲线的切分，发音人 W1

(见 § 3.1.4)

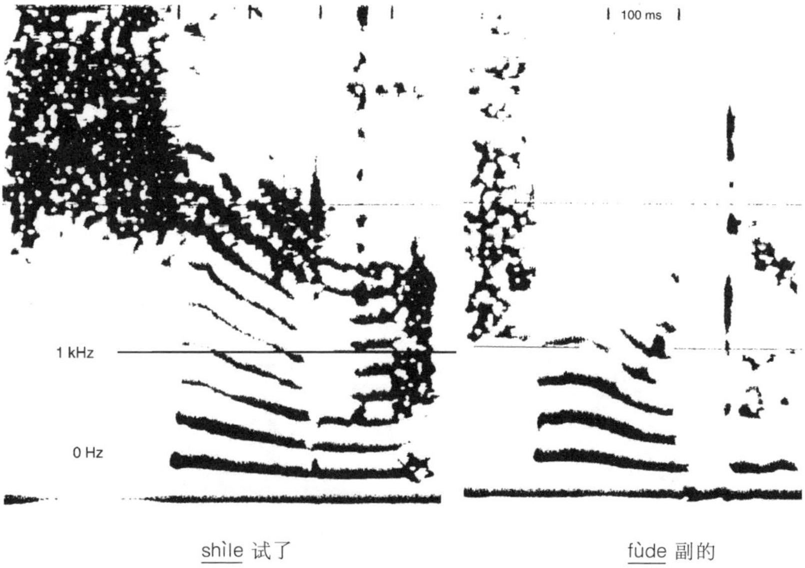

A4.01 北京话双音节词的降调辖域中的最大程度的正曲线模式/hl+l/,女发音人 TY

(见 § 4.2.6.2)

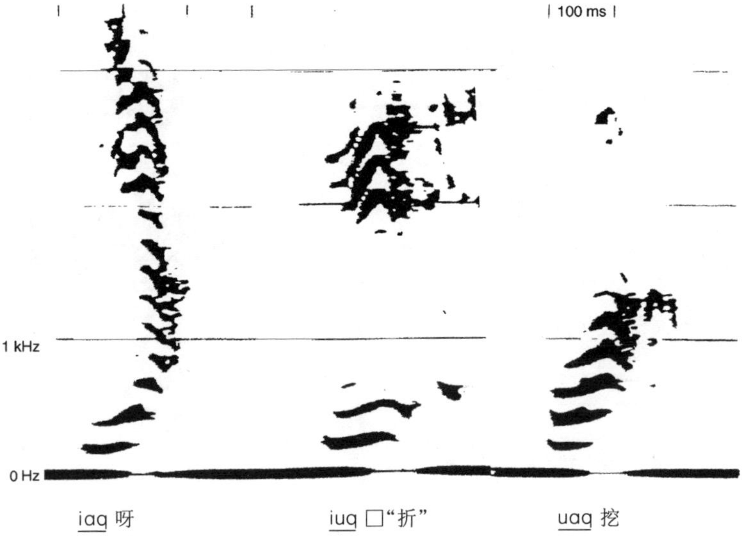

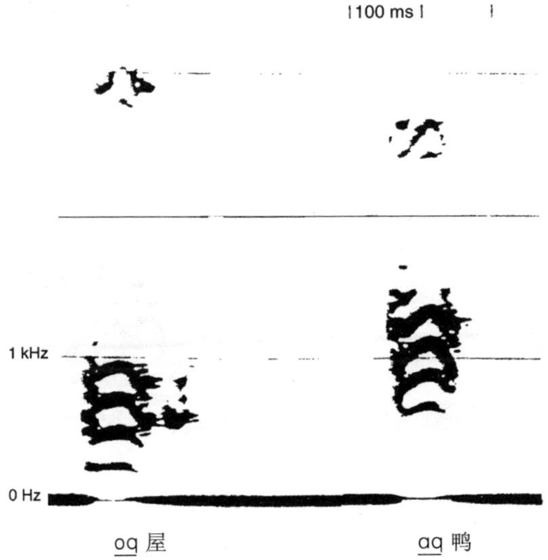

时长，单位 ms	
iaq	92
iuq	94
uaq	106
oq	50
aq	59

A7.01　零声母阴入 T4 字的上升基频形状，发音人 M2

（见 § 7.2.5。注意：零声母实际上有一前喉塞）

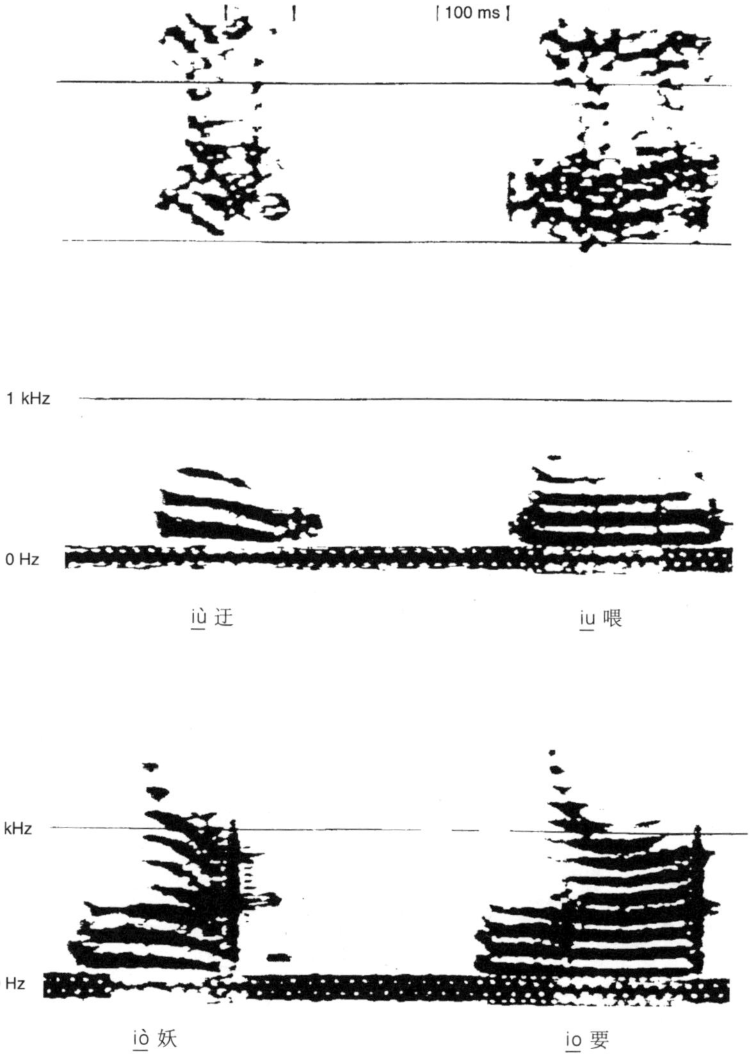

A7.02　零声母阴舒音节的降调头，发音人 M1

（见 § 7.2.5.注意：起首有前喉塞）

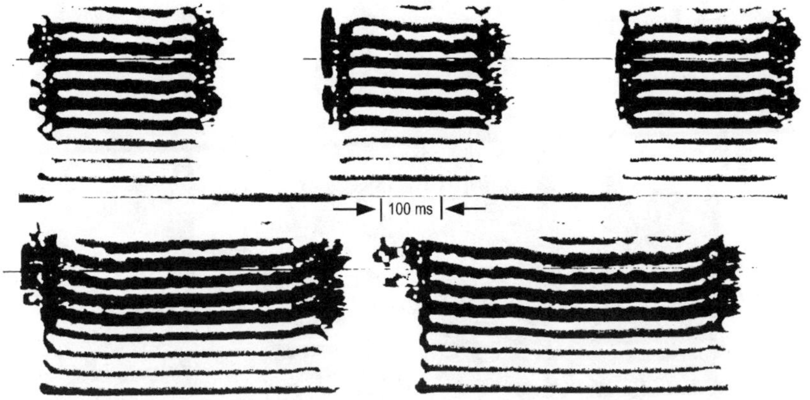

A7.03　无意义音节[ʔaʔaʔa]的平调头，[上]英语发音人，[下]中文发音人

（见 § 7.2.5.注意：音节开头的喉塞音没造成基频干扰）

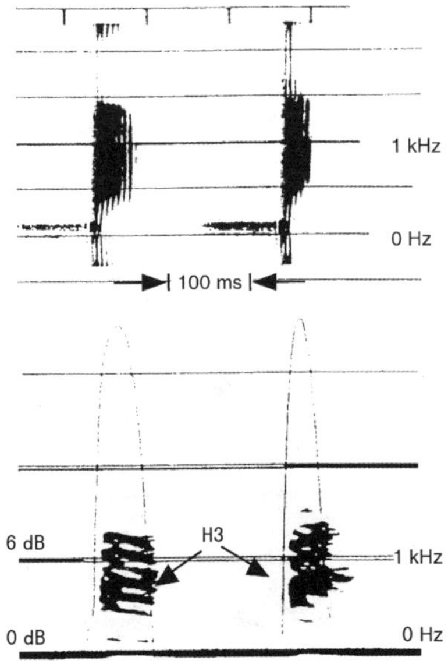

paqpaq 八百

A10.01　T4＋T4 组合的基频、音强和时长，发音人 M2

(cf. § 10.0.2)

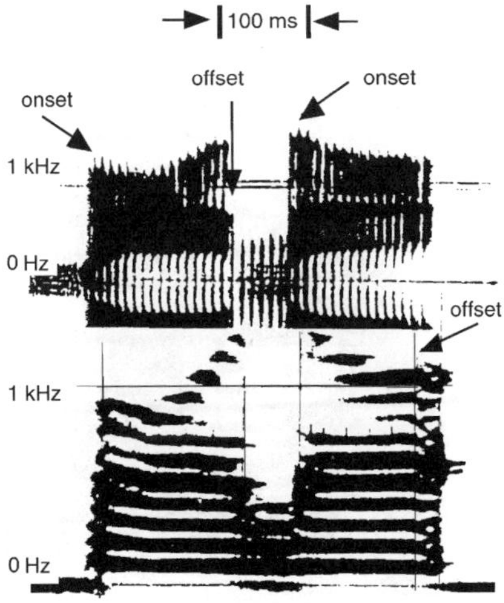

podo 报导

A10.02　双音节词的前字和后字的基频起点和终点，发音人 M4

(cf. § 10.1.4)

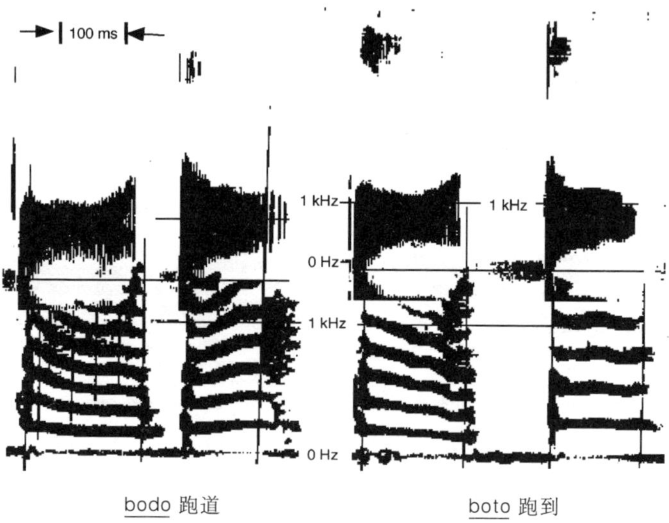

A10.03　清 C2 声母(右)和清化了的 C2 声母(左)之间的时长对立,发音人 W3

(见 § 10.2.2)

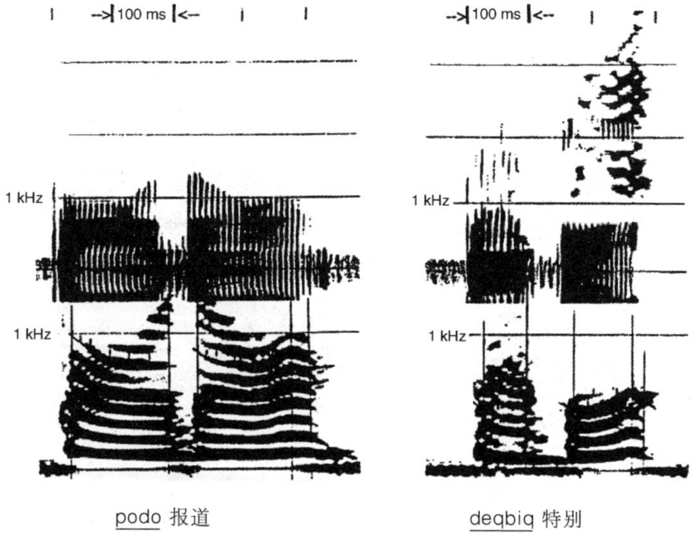

A10.04　在浊 C2 声母后的后字调的降调头,发音人 M2

(见 § 10.3.7, § 10.3.2-5)

省略符号和主要术语对照

～	在 0.05 水平上无显著性 ($p \geqslant .05$)
*	$.01 \leqslant p < .05$
**	$.001 \leqslant p < .01$
***	$p < .001$
S/ $	音节
i	阴/上声域
a	阳/下声域
AD	绝对差异
BS	人际
BSV	人际方差
C2	词间辅音
DC	离散系数
DF	自由度
diff	差
F0	基频
F1, F2…	第 1、第 2 共振峰
Fmax	最大 F0
Fmin	最小 F0
FOR	频域分数转换法
Hi	高标(高终点目标)
INT	音强
LD	对数半音差比转换法
Lo	低标(低终点目标)
LPOR	对数频域比例法
LZ	对数 z-分法
m	算术平均
M(1/2 …)	男性发音人(No.1, No.2 …)
MAD	平均绝对差
MBSV	平均人际方差
ND	归一化时长
NI	标准化指数
P	长调/舒声调
p	概率
POR	频域比例转换法
Ps	喉下气压
q	短调/入声调
r	Pearson 相关系数
Rg	声域
r_s	Spearman 排序相关性
coefficient	系数
S(1/2)	首/次音节
s/SD	标准差
s_2/Var	方差
SV	样本方差
T	声调
T1d	缓降型 T1
T1s	直降型 T1
T3d, T5d	凹型 T3 或 T5
T3r, T5r	升型 T3 或 T5
u	清
v	浊
W(1/2 …)	女性发音人(No.1, No.2 …)
X	任何声调
XX	两字调
X[ ]	前字调
[ ]X	后字调
ˎP	低标舒声调/长调
ˎX	低标声调
ˊP	高标舒声调/长调
ˊX	高标声调

初 版 跋

本书是在我博士论文的基础上修订而成。原文于 1995 年 1 月在澳大利亚国立大学 ANU 完成。现在编译成中文,是因为看到还有些用。

借此机会特别感谢费国华师 Phil Rose。我师从他多年,从喉到唇,亦步亦趋,在狭窄的声波通道中,熬过了无尽的历程。运用国华师训练学生的 well-formed, globe 规则,我完成了从深层古汉语语文学者到表层语音学家的转换。虽然我说镇海话的低吼发声(growling phonation)说得不如国华师那么糙,我还是要尽力折磨我的声带来吼一声:[ˈz̥ɛ͌ɪk ɰʊ zɛɪk ɰʊ]。

还要感谢 Bob Dixon, Anna Wierzbicka, Harold Koch, Ulrike Mosel 和其他 ANU 的老师,我在他们课上学到的东西终身受益。感谢吕叔湘、王均、曹先擢先生,没有他们三位的帮助,我可能会失去在 ANU 学习的机会。感谢王力、唐作藩先生,没有他们对我在硕士论文中使用数理统计解决历史音韵学问题的支持,我的语言学生涯大概在那时就夭折了,当然也就不会有进一步使用数学方法解决共时音系学问题的博士论文了。感谢濮之珍、许宝华先生在我最初的学步阶段所给予的指导和鼓励。特别感谢一位前辈,没有他的热情误导,我不会一头撞进语言学。还要感谢我的很多同学朋友:刘大春、陆丙甫、Lyn Heywood、张洪明、Mandy Scott、徐维源、余志鸿,尤其是 WONG Ngiap-Hua;感谢我的发音人;感谢所有这些年来直接间接帮助我完成此书的人。

我尤为感激我的亲人。他们对我永不衰竭的期望是我力量的来源,它帮我挺过了从中学停课后到完成本书原稿的 28 年,走过了从土插队到洋插队,从国内大串联到国际大串联,那漫长漫长的长征。本书献给他们。

最后感谢本丛书编者张洪明、刘丹青、唐发铙,没有他们的好意催促,中文本可能永远不会面世。

图书在版编目(CIP)数据

上海声调实验录/朱晓农著.—2 版.—上海：
上海教育出版社，2020.6
(中国当代语言学丛书)
ISBN 978 - 7 - 5720 - 0134 - 5

Ⅰ.①上…　Ⅱ.①朱…　Ⅲ.①吴语-声调-方言研究
-上海　Ⅳ.①H173

中国版本图书馆 CIP 数据核字(2020)第 100642 号

责任编辑　朱宇清
封面设计　郭伟星　周　吉

上海声调实验录(第二版)
朱晓农 著

出版发行　上海教育出版社有限公司
官　　网　www.seph.com.cn
地　　址　上海市永福路 123 号
邮　　编　200031
印　　刷　上海展强印刷有限公司
开　　本　965×640　1/16　印张　26　插页　1
字　　数　635 千字
版　　次　2020 年 7 月第 1 版
印　　次　2020 年 7 月第 1 次印刷
书　　号　ISBN 978 - 7 - 5720 - 0134 - 5/H・0006
定　　价　82.00 元

如发现质量问题，读者可向本社调换　电话：021 - 64377165